50 *Klassiker*
RELIGIONEN

Glaubenslehrer von Abraham bis Zarathustra

dargestellt von Peter KÖHLER

unter Mitarbeit von Birgit Fricke

Religion als eine schöne Kunst betrachtet

Weit verbreitet ist der Gedanke vom Fortschritt in der Religion, die sich vom Glauben an Naturdämonen über die Vielgötterei zum Monotheismus entwickelt habe. Dem steht entgegen, dass die heutige Ausplünderung und Vernichtung der Natur nicht möglich wäre, wenn die Menschheit noch Naturreligionen anhinge. So gesehen liegt eher ein Rückschritt vor.

Es sind die großen Fragen der Menschheit: Was ist der Sinn des Lebens? Woher kommen wir, wohin gehen wir? Ist der Tod das Ende, oder gibt es ein Leben danach? Wie ist die Welt entstanden, und gibt es etwas jenseits dieser Welt? Gibt es einen Gott? Warum gibt es überhaupt etwas? Warum ist nicht nichts?

Zugegeben: Diese Rätsel treiben nicht jeden Menschen um. Für manche sind sie so wichtig wie die Frage, wer den Käse zum Bahnhof gerollt hat. Doch hin und wieder werden wohl selbst sie vom Verlangen nach tieferer Sinngebung gestreift, nach einem Schicksalsschlag vielleicht oder, mehr poetisch: wenn ihr Blick zum gestirnten Himmel hinaufwandert, sie die überwältigende Schönheit und Größe des Weltalls bewundern – und die Winzigkeit der eigenen Person fühlen.

Das Staunen über das Erhabene ist eine der Wurzeln der Religion, ebenso die Erfahrung der Machtlosigkeit gegenüber den Naturgewalten und dem Tod. Mehr noch: Verlangt nicht auch das scheinbar Selbstverständliche eine tiefere Erklärung? Warum ist etwas so, wie es ist? Denn siehe, die Welt ist nicht genug. Der Mensch hat zu viel Gehirn, um das Gegebene bloß hinzunehmen.

■ Mahavira. Indische Skulptur, 1470. Brüssel, Cinquantenaire-Museum

Er fragt weiter, und das seit vielen tausend Jahren: Warum und wozu das alles? Was oder wer steckt dahinter?

So kam der Mensch auf die Religion. Als eine frühe Form von Philosophie deutet sie die Welt, verleiht dem Dasein einen tieferen Sinn und weist unbegreiflichen Naturvorgängen eine Ursache zu (es ist der zornige Göttervater Zeus, der den Blitz schleudert). Damit schlägt die Religion zwei Fliegen mit einer Klappe: Sie erklärt, und sie beruhigt. Sie nimmt dem Bedrohlichen den Schrecken und den Menschen einen Gutteil ihrer Angst: Viele Gläubige sterben ruhig. Die Religion tröstet und spendet Hoffnung. Sie gibt dem Menschen Sicherheit und nimmt ihm das Gefühl von Kleinheit und Bedeutungslosigkeit, indem sie ihn in das große Ganze einbezieht und ihm einen Platz zuweist, ja ihm persönlich die Liebe Gottes garantiert. Das Dasein

erscheint nicht mehr zwecklos und absurd, sondern sinnvoll; die Welt erhält eine Ordnung und – zumindest war es in grauer Vorzeit so – die menschliche Gesellschaft ihre Rechtfertigung. Die Religion regelt das Leben äußerlich durch Gebote und Rituale und sorgt für innere Balance, weil man für die Ungerechtigkeit und das Leid auf Erden durch die Hoffnung aufs Paradies oder auf Wiedergeburt in einem besseren Körper entschädigt wird.

Die Sehnsucht nach Erlösung kann so groß sein, dass sie die Lösung vom Dasein erheischt, wie im Jainismus. Oder sie erschafft sich einen übermenschlichen Erlöser, der hienieden das Gottesreich errichtet. Zoroastrismus, Judentum, schiitischer Islam und Christentum kennen diese Hoffnungsträger, die im doppelten Sinn phantastische Wesen sind. Jesus Christus zum Beispiel, der vielleicht nie existiert hat. Womöglich ist er bloß ein judaisierter Julius Cäsar, und das Christentum entstand aus einem in die jüdische Kultur und Religion übersetzten römischen Kult, den Legionäre und Veteranen nach Palästina brachten. Dann wäre Jesus in Wahrheit weder ein Glaubensreformer, der das Judentum liberalisieren wollte, noch ein Religionsstifter – sondern eine Gestalt der Sage, der Dichtung, erfunden von einer kollektiven Phantasie. Er wäre eine künstlerische Figur, vergleichbar den Helden alt-

■ *Der ungläubige Thomas.*
Gemälde, um 1600, von
Caravaggio (um 1571–1610).
Potsdam, Sanssouci

Kluge Köpfe und Genies, kühne Träumer und Neurotiker: Wie unter Künstlern gibt es sie unter Glaubensgründern. Überhaupt ist das Spektrum der Charaktere recht breit. Die einen predigen Güte und wollen die Welt verbessern, andere sind getrieben von Herrschsucht und Hass. Es gibt Menschenfreunde und Fanatiker; Selbstlosigkeit begegnet ebenso wie Egozentrik, Weltfremdheit ebenso wie Geschäftssinn, Drang nach Erkenntnis ebenso wie die Liebe zur Einfalt.

Martin Luther auf dem Reichstag zu Worms. Szenenphoto aus dem Film *Luther* (D 2003) von Eric Till mit Joseph Fiennes in der Rolle des Reformators

In Politik und Alltag gibt es viele Beispiele für quasireligiöse Bewegungen. Eines ist der Kommunismus des 20. Jh.s der das Paradies der klassenlosen Gesellschaft verhieß. Ein anderes der Glaube an Gesundheit und Wellness, dem falsche Ernährung und Lebensweise als Sünde, Diät als Buße und Krankheit als Strafe gelten. Ein drittes: die Ideologie der Menschenrechte, die als absolute Wahrheit verkündet wird und unbedingte Geltung beansprucht.

indischer Epen, die später als Avatare, Mensch gewordene Götter, gedeutet wurden; die von seinem Leben und Reden abgeleitete Lehre wäre – ein Kunstwerk.

In Literatur und Religion geht es um eine Aneignung und Deutung der Wirklichkeit. Während Literatur den Menschen in einer mehr oder weniger realistisch nachgezeichneten Umgebung schildert, stellt Religion ihn in eine metaphysisch überhöhte Welt (die Grenzen sind allerdings fließend). Die Verwandtschaft mit der Kunst zeigt sich indes auch im ästhetischen Charakter vieler heiliger Schriften: Die Bibel, Mohammeds Koran, Zarathustras Hymnen und der Adigrantha der Sikhs sind Beispiele für die dichterische Sprache, in der Religion verkündet werden kann. Das schöne Wort ist heilig, so scheint es; und heißt es nicht im Neuen Testament, dass Gott höchstpersönlich sich in das Wort verwandelte?

Literatur braucht Phantasie; Religion ebenso. Die bunte Vielzahl der Gottheiten im Hinduismus oder das in den antiken Mythen geschilderte Treiben der Götter sind genauso eine Frucht dichterischer Einbildungskraft wie die von Mohammed im Koran beschworenen Höllenstrafen oder die mit künstlerischem Formwillen vorgetragenen Gleichnisse Jesu. Nur ein Schritt ist es manchmal von der Phantasie zur Fantasy, wie der Schöpfungsmythos der Manichäer beweist. Mit Ron Hubbard, dem Urheber von Scientology, hat sich sogar ein Science-Fiction-Autor zum Kirchengründer aufgeschwungen.

Erstaunlich ist, dass die schöpferischen Höhenflüge der Religion des Öfteren – auf dem Boden der Wissenschaft landen. Es war kein moderner Astronom, sondern ein englischer Theologe namens Robert Grosseteste, der bereits im Hochmittelalter eine Urknalltheorie ersann. Dass der Hindu Ramanuja lehrte, Brahman habe die Welt aus sich entfaltet und dabei, warum auch immer, kleine Fehler zugelassen (wodurch das Leid in die Welt kam), greift der modernen Kosmologie voraus, wonach sofort nach dem Urknall, warum auch immer, kleine Unregelmäßigkeiten in der Verteilung der Materie auftraten (wodurch die Gestirne und Galaxien entstanden).

Die Auffassung des Buddha, das Ich sei Illusion, findet ein Echo in der Neurowissenschaft. Luthers Gewissenserforschung bei gleichzeitiger Billigung des Trieblebens (»Denn ohne unser Fleisch wären wir nicht und könnten nicht wirken, noch könnten wir ohne die Fleischeslust dasein und wirken«) – ähnelt das nicht der Freud'schen Psychoanalyse? Schließlich die altbekannte – und für den Quäkerglauben zentrale – Vorstellung von Gott als innerem Licht, innerer Stimme: Die Neurologie hat die Areale im Gehirn ausfindig gemacht, die beim spirituellen Erleben aktiv sind und durch deren Stimulierung sich Erlebnisse übersinnlicher Präsenz, außerkörperliche Erfahrungen, visuelle und akustische Halluzinationen erzeugen lassen.

Wenn das alles ist, sitzt Gott nicht im Himmel, sondern im Hirn. Religion wäre kein Resultat göttlicher Eingebung oder Offenbarung, sondern ein Produkt des menschlichen Geistes – wie Philosophie, Wissenschaft und Kunst. Anders als diese drei tritt zwar manche Religion mit dem Anspruch auf absolute Wahrheit auf; aber das bedeutet nicht, dass sie wahr ist. Jeder, der einer anderen Religion angehört, wird das bestätigen.

Goethe nannte die Literatur das »weltliche Evangelium«. Umgedreht heißt das: Religion ist metaphysische Dichtung. Und wie jedes Kunstwerk, jede Dichtung hat jede Religion ihre besondere Beziehung zur Wirklichkeit und ihre eigene Wahrheit. Und ihre eigene, mitunter faszinierende Ästhetik.

Gott erschuf die Welt, er selbst aber war vor Beginn von Raum und Zeit da, existiert ohne äußere Ursache und also aus sich heraus. Das ähnelt überraschenderweise dem Weltbild der modernen Physik, dem zufolge das Universum aus sich heraus entstanden sei; Gott als Urheber annehmen hieße bloß, ihn wie in frühen Zeiten als Lückenbüßer einzusetzen, als Erklärung für das Unerklärliche. Ohnehin würde es das Problem nur verlagern: Denn sobald man Gottes Existenz postuliert, muss man ungeachtet aller religiösen Verbote fragen, wie er denn aus sich heraus entstanden sein soll.

■ Die Imam-Ali-Moschee in Nadschaf im Irak soll über dem Grab Ali ibn Abi Talibs errichtet worden sein.

Der Stammvater der Juden und Araber

Abraham
um 1900 v. Chr.

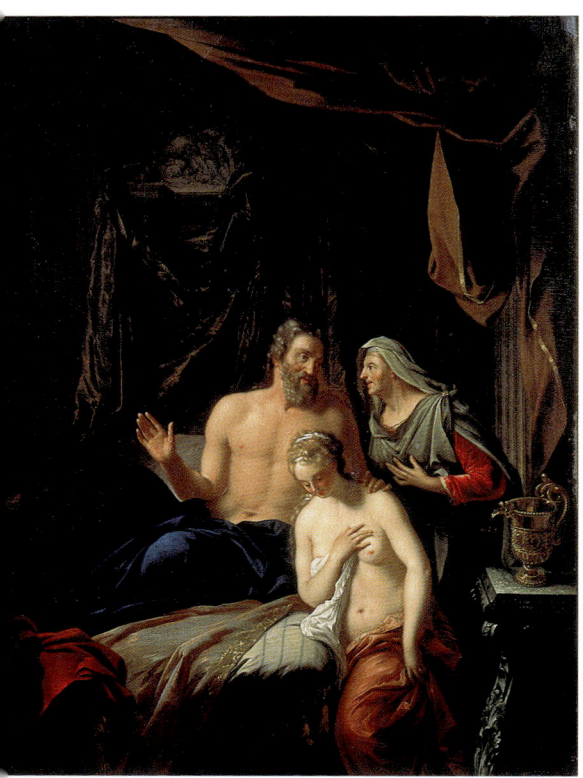

■ *Sarah führt Hagar zu Abraham* (1 Mose 16). Undatiertes Gemälde nach Adriaen van der Werff (1659–1722). Paris, Louvre

Mit 175 Jahren ist Abraham im Vergleich zu anderen Gestalten des Alten Testaments, die ein »biblisches Alter« erreichten, recht jung gestorben: Adam wurde stolze 930 Jahre alt, Noah sogar 950. Rekordhalter ist Methusalem, Noahs Großvater, mit 969 Jahren.

Wer das Buch Genesis nicht als Gläubiger, sondern mit den Augen des Skeptikers liest, kommt um eine Feststellung nicht herum: Gott lief die Schöpfung mehrfach aus dem Ruder. Adam und Eva waren ungehorsam und mussten aus dem Paradies vertrieben werden; anschließend wurde die Menschheit so verderbt, dass Gott sich veranlasst sah, sie mit einer Sintflut nahezu auszurotten; danach wollten die Nachfahren der einzigen überlebenden Sippe, der des Noah, in ihrer Vermessenheit einen Turm bauen, der in den Himmel reichte, weshalb der Allmächtige ihre Sprache verwirrte, so dass keiner den anderen mehr verstand und sich die Menschen in alle Länder zerstreuten.

Im vierten Anlauf klappte es besser. Bislang hatte Gott immer die ganze Menschheit im Auge. Diesmal beschloss er, nur ein auserwähltes Volk ins Leben zu rufen, das den rechten Glauben haben sollte. Zum ersten Träger dieser wahren Religion und Stammvater dieses Volkes erkor er einen reichen Beduinen aus dem südlichen Zweistromland: einen gewissen Abram aus Ur. Ihm, dessen sprechender Name »Vater ist erhaben« bedeutet, sollte die Erkenntnis des einen Gottes zufallen, denn »Vater« meint eben auch »Gott«. Er hatte die Aufgabe, diesen Glauben an seine Nachkommen weiterzugeben; zum Lohn verhieß ihm Gott das Land Kanaan. (Danach, so die christliche Deutung, sollen schließlich alle Völker, die ganze Menschheit zum wahren Glauben bekehrt werden.)

Abram war ein Nomade. Die Bibel berichtet ausführlich von seinem Wanderleben, das ihn mit seiner Frau und Halbschwester Sarai (und weiteren Verwandten) von Ur in Chaldäa zunächst nach Haran in Nordmesopotamien führte – damals ein Knotenpunkt von Karawanenstraßen und als Zentrum eines Mondkults auch ein viel besuchter Pilgerort. Dort starb sein Vater Tharah, und Abram wurde mit 75 Jahren das Oberhaupt der Sippe. Die Länder und Orte, die er danach besuchte, sollten noch eine bedeutsame Rolle in der Geschichte des Volkes Israel spielen: Er zog auf Gottes Befehl nach Kanaan, lagerte in Sichem, wo später Josua das Land unter die zwölf Stämme Israels verteilte, und errichtete bei Bethel (deutsch: »Haus Gottes«), der heiligen Stadt des höchsten kanaanitischen Gottes El, einen Altar. Er

WER IST GOTT?
Im Alten Testament konkurrieren drei Namen für ihn: El, was eigentlich die höchste kanaanitische Gottheit bezeichnet, Elohim, was der Plural ist und »Götter« bedeutet, und Jahwe, dessen Bedeutung bis heute unklar ist. »Er ist« oder »Er erweist sich« sind mögliche Erklärungen. Noch 587 v. Chr. stand im Jerusalemer Tempel ein Kultbaum für Jahwes göttliche Gemahlin Aschera. Sie war auch die Gattin des El, und eines ihrer siebzig Kinder war Baal.

weilte, stets von Gott angeleitet, in Ägypten, wo einst seine Nachkommenschaft in die Knechtschaft geraten sollte, bevor er nach Kanaan zurückkehrte und als steinalter Mann jene Aufgabe in Angriff nahm, die in der patriarchalischen Beduinengesellschaft zu den wichtigsten gehörte.

Noch immer hatte ihm seine Frau keinen Sohn geschenkt. So zeugte er ihn, inzwischen 86-jährig und mit Sarais Einverständnis, mit der ägyptischen Magd Hagar: Ismael. Jahre später aber versprach Gott auch der greisen Sarai einen Knaben, was Abram nicht glauben wollte: »Da fiel Abraham auf sein Angesicht und lachte«, heißt es in der Bibel, »und sprach in seinem Herzen: Soll mir, hundert Jahre alt, ein Kind geboren werden, und Sara, neunzig Jahre alt, gebären?« Das Wunder geschah: Sarai gebar Isaak. Auf Veranlassung des Allerhöchsten vollzog Abram an ihm die Beschneidung und begründete damit endgültig den Bund mit Gott, der nun beschloss, dass Sarai künftig Sara (»Fürstin«) und Abram fortan Abraham (was als »Vater einer Menge«, also eines Volkes, gelesen werden kann) heißen sollte. Auch den Namen Isaak wählte Gott aus – er bedeutet »Gelächter« und erinnerte Abraham an das einzige Mal, an dem er in seinem biblisch langen Leben an Gott gezweifelt hatte.

Umgekehrt zweifelte Gott häufiger an Abraham. Warum sonst wiederholte er mehrfach sein Versprechen, dass Abram Stammvater eines großen Volkes werde und diesem ein Land verheißen sei; warum sonst erneuerte er immer wieder den Bund mit Abraham auf dessen langer Lebensreise; warum sonst wirkte er

■ Szene aus dem Film *Die Bibel* (1966) von John Huston mit George C. Scott als Abraham und Alberto Lucantoni als Isaak. Abraham, sein Sohn Isaak und sein Enkel Jakob gelten als die Patriarchen oder Erzväter, weil aus ihnen das Volk Israel hervorging. Israel (»Gott wird siegen«) war Jakobs Beiname. Nach seinen zwölf Söhnen sind die zwölf Stämme benannt. Seine Tochter Dina ging leer aus.

■ *Abraham zieht nach Kanaan.*
Holzstich, 1865, nach einer
Zeichnung von Gustave Doré
(1832–1883)

das Wunder an Sara, wenn nicht, um sie und Abraham von seiner alle irdische Wahrscheinlichkeit übersteigenden Macht zu überzeugen. Um seine letzten Bedenken auszuräumen, beschloss Gott eines Tages sogar, Abraham auf die Probe zu stellen: Er verlangte von ihm, sein Wertvollstes herzugeben, seinen Sohn Isaak zu opfern. Das Ungeheuerliche geschah: Abraham gehorchte ohne Widerrede. Er errichtete den Altar, schichtete das Holz auf, fesselte Isaak, legte ihn obenauf und »reckte seine Hand aus und fasste das Messer, dass er seinen Sohn schlachtete« – da endlich griff ein Engel ein und befahl ihm, an Isaaks Stelle einen Widder zu opfern.

Religionsgeschichtlich deutet man das als eine symbolische Erzählung, die die Abkehr vom archaischen Menschenopfer und die Hinwendung zum Tieropfer schildert, das im Judentum einst einen zentralen Platz innehatte. Im Lichte der späteren Geschichte des Volkes Israel wirkt sie zugleich wie ein Menetekel: Sie führt vor Augen, dass Gott unbedingten Gehorsam, ja buchstäblich Kadavergehorsam fordert; er verlangt unbedingte Treue von seinem auserwählten Volk, das er bei Unbotmäßigkeit grausam bestraft.

Im Juden- wie im Christentum gilt Abraham als Inbegriff und Vorbild des Gläubigen, da er Gottes Anordnungen ohne Zweifel oder Murren befolgt. Sofern Abraham keine Kunstfigur ist, erfunden von Schriftgelehrten, um Israels Vorgeschichte bildhaft zu vermitteln, sondern tatsächlich um 1900 v. Chr. gelebt haben sollte: Dann lassen die historischen Umstände und die persönliche Lebensgeschichte – wobei besonders an die Herkunft aus dem polytheistischen Südmesopotamien (mit der Mondgöttin Nanna an der Spitze) und an die Stationen in Haran und Bethel zu denken ist – vermuten, dass Abraham wohl einen höchsten, vielleicht auch nur einen Gott verehrte, aber andere Gottheiten nicht leugnete. Das aber ist noch kein Monotheismus, sondern erst dessen Vorstufe: Monolatrie. Die Durchsetzung des Monotheismus, der blutige Kampf gegen die anderen Gottheiten sollte sich, wie die Bibel schildert, noch lange hinziehen. Viele Ungläubige und Skeptiker sollten dabei auf der Strecke bleiben.

DER ARABISCHE ABRAHAM

Ismael, den Abraham (arabisch: Ibrahim) und Sara nach der Beschneidung Isaaks in die Wüste schickten, gilt als legendärer Stammvater der Araber. Mit seiner Mutter Hagar, so die Sage, ließ er sich bei Mekka nieder und baute mit Abraham die Kaaba wieder auf, die zu jener Zeit in Ruinen lag.

ABRAHAM
JUDENTUM, CHRISTENTUM, ISLAM

 DATEN UND FAKTEN

Biographie: Die Frage, ob es sich bei Abraham um eine historische Gestalt oder um eine biblische Kunstfigur handelt, ist nicht geklärt; genaue oder auch nur ungefähre Lebensdaten sind jedenfalls nicht überliefert. Aus der Angabe, dass seine Heimatstadt Ur in Chaldäa (im heutigen Südirak) von Feinden besetzt sei, lässt sich folgern, dass sich das Geschehen, von dem die Bibel berichtet, um 1900 v. Chr. abspielt, doch ist das keine gesicherte Erkenntnis. Laut Bibel soll Abraham das Oberhaupt einer Nomadensippe in Mesopotamien gewesen sein, die er nach Kanaan (zu jener Zeit das gesamte Land westlich des Jordan, heute teils israelisches, teils palästinensisches Staatsgebiet) führte. Abraham, der ein Alter von 175 Jahren erreicht haben soll, gilt als Stifter des Jahwe-Kults und damit als Stammvater Israels. Sein erstgeborener, mit einer ägyptischen Magd gezeugter Sohn Ismael wird zum Ahnherrn der Araber.

Quelle: das 1. Buch Mose (Genesis) im Alten Testament

Wirkungsstätten: Mesopotamien (der heutige Irak); Ägypten; Kanaan (heute Israel und Palästinensergebiete)

Heiligtümer: Im Felsendom auf dem Tempelberg in Jerusalem befindet sich der Stein, auf dem Abraham seinen Sohn Isaak opfern wollte. Die Kaaba in Mekka soll Abraham gemeinsam mit seinem Sohn Ismael errichtet haben. Das Grab Ismaels wird in Hebron im Westjordanland verehrt.

heilige Schriften: die Thora; das Alte Testament (insbesondere das 1. Buch Mose); der Koran

Verbreitung: Insgesamt gehören heute weltweit etwa 3,3 Mrd. Menschen einer abrahamitischen Religion an. Von den rund 13,6 Mio. Juden leben etwa 5,2 Mio. in Israel, 5,7 Mio. in den USA und 600 000 in Frankreich. Von den rund 2,1 Mrd. Christen leben etwa 560 Mio. in Europa, 481 Mio. in Lateinamerika, 360 Mio. in Afrika, 313 Mio. in Asien, 260 Mio. in Nordamerika und 25 Mio. in Australien und Ozeanien. Von den etwa 1,2 Mrd. Muslimen leben rund 835 Mio. in Asien, 320 Mio. in Afrika, 32 Mio. in Europa, 5,6 Mio. in Nordamerika und 2 Mio. in Lateinamerika. Im weiteren Sinne können auch die Samaritaner, die Sikhs, die Drusen, die Mandäer und die Rastafaris zu den abrahamitischen Religionsgemeinschaften gezählt werden.

Kernaussage: Gott hat mit dem Volk Israel einen Bund geschlossen. Er schenkt ihm das Land Kanaan. Dafür verlangt er bedingungslosen Gehorsam.

 WISSENSWERTES

Baal-Kult
Bevor sich der Monotheismus endgültig durchsetzte, war der Baal-Kult im gesamten Alten Orient sehr verbreitet. In der Sprache der Westsemiten bedeutete der Name Baal einfach »Herr«, weshalb mehrere Gottheiten diese Bezeichnung als Beinamen trugen, etwa die großen mesopotamischen Götter Enlil, Marduk und Assur. In Kanaan, insbesondere im Stadtstaat Ugarit, war Baal in erster Linie ein Fruchtbarkeitsgott; sein Gegenspieler war Mot, der Todesbringer. Im mythischen Ringen der beiden Götter, in dem mal der eine, mal der andere unterliegt, spiegelt sich der Wechsel von Dürre und fruchtbaren Zeiten im Jahreslauf.

 EMPFEHLUNGEN

Lesenswert:
Jonathan Magonet: *Abraham – Jesus – Mohammed. Interreligiöser Dialog aus jüdischer Perspektive*, Gütersloh 2000

Erich Zenger u. a.: *Einleitung in das Alte Testament*, Stuttgart 2008

Martin Bauschke: *Der Spiegel des Propheten. Abraham im Koran und im Islam*, Frankfurt / M. 2008

Michael Jursa: *Die Babylonier. Geschichte, Gesellschaft, Kultur*, München 2008

Hörenswert:
Ignaz Seyfried: *Abraham. Melodram* 1817

Sehenswert:
Die Bibel – Abraham. Regie: Joseph Sargent; mit Richard Harris, Barbara Hershey. USA / I / D 1993

 AUF DEN PUNKT GEBRACHT

Gott offenbart sich seinem Knecht Abraham und macht ihn über dessen Sohn Isaak zum Stammvater des auserwählten Volkes. Zum Zeichen des Bundes mit Gott muss Abraham seinen Sohn beschneiden. Die Beschneidung der Jungen wird zur Vorschrift im Judentum.

Der erste Monotheist

Echnaton

regiert 1364–1347 v. Chr.

■ Echnaton. Gipsstuck-skulptur, um 1340 v. Chr., aus Achet-Aton (Amarna). Berlin, Ägyptisches Museum. Echnaton begründete den Monotheismus, indem er im 14. vorchristlichen Jahrhundert Aton, die Sonnenscheibe, zur einzigen Gottheit erhob.

Wer erfand den Monotheismus? Islam und Christentum scheiden von vornherein aus. Aber auch beider Stammreligion, das Judentum, war es nicht. Es war ein Ägypter, der als Erster den Eingottglauben proklamierte: Pharao Echnaton, der im 14. vorchristlichen Jahrhundert die Sonne zur einzigen Gottheit erhob. Aus heutiger Sicht, wo der »Sonnenanbeter« nur eine scherzhafte Bezeichnung ist, wirkt das eher naiv, und wer im Tierfilm gesehen hat, wie sich Paviane morgens auf einem Felsen versammeln, um die aufgehende Sonne zu begrüßen, mag den Sonnenglauben sogar lächerlich finden. Doch die Naturbeobachtung spricht für ihn: So gut wie alles Leben hängt vom Licht und der Wärme der Sonne ab; fast hundert Prozent aller Energie auf der Erde stammen mittel- oder unmittelbar von ihr.

Nichtsdestoweniger kam der Sonnenkult in Ägypten, wo man eine Unzahl Götter verehrte, fast einer Revolution gleich. Zwar hatte die Sonne im ägyptischen Pantheon schon immer einen wichtigen Platz. Doch obenan stand im 14. Jahrhundert Amun (oder: Amon), ursprünglich der Schutzgott der Hauptstadt Theben und mit der aus ihr stammenden Herrscherdynastie zum Reichsgott aufgestiegen. Dabei verstand es Thebens Priesterkaste, Amun durch Verschmelzung mit einer Sonnengottheit namens Re zum universellen Fruchtbarkeits- und Schöpfergott zu machen.

»Re« war eine der Erscheinungsformen, in denen das Zentralgestirn angebetet wurde. Daneben verehrte man speziell die Morgensonne Chepre und die Abendsonne Atum. Außerdem gab es ein ähnliches Wort für die Sonnenscheibe, »Aton«, das nur die äußere Gestalt des Gestirns meinte, weshalb man sagte: »Der Leib des Re ist der Aton.« Echnaton aber dachte zusammen, was zusammengehört – er nahm die Sonnenscheibe als das eine sichtbare Zeichen der nur scheinbar verschiedenen Sonnengottheiten und erhob den Aton erst zum obersten und schließlich zum einzigen Gott. Damit war Amun entmachtet, und das drückte der Pharao programmatisch in seinem Namen aus: Hatte er den Thron bestiegen als Amenhotep IV. (gräzisiert: Amenophis; deutsch: »Amun ist zufrieden«), so nannte er sich nun Echnaton, das heißt »Diener des Aton« oder »Dem Aton gefällig«.

Ganz unvorbereitet kam das nicht. Schon Echnatons Vater Amenhotep III. hatte einen Sonnentempel errichtet und den Beinamen »leuchtende Sonnenscheibe« geführt. Aber erst Echnaton verschmolz die Sonnengötter zu einem und machte für diesen den Alleinvertretungsanspruch geltend. Andere Gottheiten durften allenfalls als eine besondere Inkarnation Atons weiterhin verehrt werden; der Name des Amun aber wurde aus allen Inschriften gekratzt und musste sogar von privaten Gebrauchsgegenständen entfernt werden.

Ägypten war eine Theokratie, ein Gottesstaat. Eine Revolution in der Religion veränderte daher auch Staat, Gesellschaft und Kultur. Vermutlich verfolgte Echnaton sowieso nicht nur religiöse Ziele: Dem jungen, ehrgeizigen Gottkönig dürfte bei seinem Regierungsantritt bald aufgegangen sein, dass in Wahrheit nicht er, sondern Priester und Generäle die Macht innehatten und der Pharao nur ein Pharaodarsteller war. Echnaton aber wollte selbst herrschen; wie Aton im Himmel sollte auf Erden der Pharao uneingeschränkter Regent sein. Insofern war die neue Religion Mittel zum Zweck – durch sie wurde die Priesterschaft entmachtet, während Echnaton selbst zum irdischen Repräsentanten des Aton aufstieg, zum neuen Hohepriester. Um sich von den alten Eliten abzusetzen, verließ der Pharao die Hauptstadt Theben und gründete nilabwärts eine eigene, die er Achet-Aton (»Horizont des Aton«) nannte, weil er in einem Felsen des

■ *Auffliegende Enten.* Bemaltes Stuckfragment, um 1350 v. Chr., aus dem Palast Echnatons in Achet-Aton (Amarna). Kairo, Ägyptisches Museum.

Echnaton führte nicht nur einen neuen Glauben ein und machte Achet-Aton zur Hauptstadt, sondern förderte auch eine neue Art von Kunst: In seiner Zeit werden Gegenstände mit Darstellungen von Pflanzen, Blumen und Vögeln, die für Licht und Himmel stehen, verziert.

■ Echnaton, Nofretete und ihre Kinder. Kalksteinrelief, um 1350 v. Chr. Berlin, Ägyptisches Museum.
Im Neuen Museum in Berlin ist die berühmte Büste der Nofretete, der Ehefrau des Echnaton, ausgestellt. Einer neueren These zufolge führte Nofretete nach dem Tod des Pharao die Regierungsgeschäfte weiter – indem sie den Namen Semenchkare annahm und sich als Mann ausgab.

Niltals das ägyptische Schriftzeichen für »Achet«, Horizont, zu erkennen wähnte (wobei »Horizont« auf Sonnenauf- und -untergang anspielt).

Ein neuer Name, ein neuer Glaube, eine neue Hauptstadt, ja sogar eine neue Kunst, in der sich eine neue Weltsicht ausdrückte, hielten Einzug: Auf den Bildwerken der Echnatonzeit wimmelt es von realistisch dargestellten Pflanzen, Blumen und Vögeln, Lebewesen also, die in augenfälliger Weise mit Licht und Himmel zu tun haben. Die Sonne bringt es an den Tag: Selbst die Gestalt des Pharao wird nicht idealisiert, sondern mit Hängebauch, dün-

GOTTES THRON
Ausgerechnet einer der Begründer der modernen Naturwissenschaft war ein Esoteriker, der seinen Erkenntnissen in Physik und Astronomie durch theologische Spekulationen und alchemistische Experimente einen tieferen Sinn geben wollte: Isaac Newton (1643–1727). Zum Beispiel sah er im himmlischen Jerusalem einen realen Ort; laut Newton ist es ein Würfel, in dessen Mitte sich Gott befindet. Der Würfel aber ist das Sonnensystem, und in seinem Zentrum steht Gottes Thron – die Sonne.

nen Armen und grotesk dicken Oberschenkeln, mit Wulstlippen, hängendem Kinn, schweren Lidern und fast weiblichen Brüsten abgebildet. Ein Realismus herrscht in der Kunst, der die Dinge zeigt, wie sie sind, ohne Rücksicht darauf, ob es opportun ist. Das Leben der königlichen Familie ist ebenso Gegenstand der bildenden Kunst wie der Markt und die Soldatenstube – und auch die orientalische Despotie wird unverbrämt ins Bild gesetzt: In keiner anderen Epoche der ägyptischen Geschichte erscheint das Volk so gebückt und demütig und die Beamtenschaft so herrisch.

Vielleicht waren die Herrscher und ihre Künstler zu anderen Zeiten zu verschämt, um das zu zeigen. Aber Offenheit allein ist noch keine Verbesserung. Es spricht manches dafür, dass Echnatons Herrschaft keine Erleichterung für das Volk war, dessen alteingewurzelte Glaubensvorstellungen und dessen Anhänglichkeit an die Priesterkaste bekämpft wurden und das sich nicht länger selbst an einen Gott wenden durfte, weil allein der Pharao mit Aton Verbindung aufnehmen konnte; man musste den Herrscher anrufen, damit der ein gutes Wort bei der Sonne einlegte. Da half es im Alltag der kleinen Leute wenig, dass Aton in der neuen Religion als freundliche Gottheit galt, nicht als launisch, grausam und rachedurstig wie zuvor viele andere.

In mancher Hinsicht war das Neue eben keine Revolution, sondern eine Restauration. Politisch war es die Rückkehr zur Autokratie, die Wiederaufrichtung des persönlichen Regimes des Pharao. Religiös knüpfte der Atonglaube an die uralte Vorstellung von Atum an, dem ursprünglichen Schöpfergott in der ägyptischen Mythologie, der am Beginn alles Seins steht. Atum, verkörpert als Abendsonne und mit Aton nicht nur buchstabenverwandt, stand für das urzeitliche Chaos, aus dem Himmel und Erde hervorgegangen waren, und hatte am Anfang der Zeit das erste Götterpaar erschaffen: Schu, »Lufthauch«, und Tefnut, »Feuchtigkeit« (ein nachvollziehbarer Mythos, kommt doch mit der Abendkühle Wind auf, und in der Nacht bildet sich Tau).

Echnatons Neuerungen waren das Werk eines Einzelnen, das mit ihm zugrunde ging. Bereits sein Sohn (oder Schwiegersohn) und Nachfolger Tutanchaton musste sich in Tutanchamun umbenennen. Nach dessen frühem Tod wurde das alte Religionssystem reinstalliert. Die Priesterschaft kam erneut ans Ruder, die Generalität war wieder obenauf: Echnaton, ein Träumer auf dem Thron, hatte sich um Außenpolitik nicht geschert und keinen einzigen Krieg geführt. Jetzt konnte das Militär darangehen, Ägyptens Weltmachtstellung zu erneuern.

■ Weihetäfelchen mit kniendem König und Kartuschen von Aton, Echnaton und Nofretete. Berlin, Ägyptisches Museum

■ Diese rekonstruierte Säule gehörte einst zu dem großen Aton-Tempel in Achet-Aton (Amarna).
Um seine Macht zu stärken, gründete Echnaton eine neue Hauptstadt. Er nannte sie Achet-Aton (»Horizont des Aton«), weil er in einem Felsen des Niltals das ägyptische Schriftzeichen für »Achet«, Horizont, zu erkennen meinte.

Kurzfristig gesehen war Echnaton gescheitert. Doch sein Glaube sollte späte Früchte tragen. Ob durch reisende Kaufleute, ob durch Soldaten in Grenzgarnisonen: In Palästina (dem biblischen Kanaan) fasste die Vorstellung von einem einzigen Gott Fuß. Gewiss ist Jahwe nicht Aton, aber dass Echnaton die sichtbare Sonnenscheibe als Erscheinung einer in Wahrheit unsichtbaren Kraft verehrte, die als »innere Glut des Aton«, als ewige lebenspendende Kraft, der eigentliche Adressat des Gebets war, deutet auf eine auch spirituelle Traditionslinie, die zum unsichtbaren Gott der Israeliten führt.

Die Bibel selbst weist darauf hin: Psalm 104 greift Echnatons berühmten »Sonnengesang« auf. »Licht ist dein Kleid, das du anhast«, heißt es da nicht etwa von Aton, sondern von Jahwe. »Wie mannigfaltig sind alle Deine Werke! Du schufst die Erde nach Deinem Begehren – Menschen und alles Vieh, alles, was auf der Erde ist.« Das ist wieder Aton; das biblische Echo lautet: »Herr, wie sind deine Werke so groß und viel! Du hast sie alle weislich geordnet, und die Erde ist voll deiner Güter.« So wurde aus der göttlichen Kraft, die in der Sonne wohnt, der unsichtbare Gott der Juden.

ECHNATON
KULT DES SONNENGOTTES ATON

 DATEN UND FAKTEN

Biographie: Wann Echnatons Regierungszeit als ägyptischer König der 18. Dynastie unter dem Namen Amenhotep (Amenophis) IV. in Theben beginnt, ist ungewiss: Wahrscheinlich im Jahr 1364 v. Chr., aber auch 1354, 1351 oder 1340 v. Chr. kommen in Frage. Nach dem Tod seines älteren Bruders und ersten Thronfolgers Thutmosis teilt er sich vermutlich zunächst die Herrschaft mit seinem Vater Amenhotep III., doch nach zwei oder drei Jahren regiert er allein. Man geht allerdings davon aus, dass ihn seine Mutter Teje anfangs bei der Führung der Amtsgeschäfte unterstützte. Ungefähr im vierten Jahr seiner Regierung entmachtet er den Hohepriester des Reichsgottes Amun sowie die gesamte Priesterkaste und stärkt den Kult des Sonnengottes Aton. Bald darauf gründet er ihm zu Ehren eine neue Hauptstadt: Achet-Aton, »Horizont des Aton« (später: Amarna), in die er den Regierungssitz verlegt; die Verwaltung bleibt in Theben und Memphis. Echnaton stirbt wahrscheinlich 1347 v. Chr.; andere mögliche Daten sind 1336, 1334 oder 1324 v. Chr.

Quellen: die sog. Amarna-Briefe, Tontafeln mit Keilschrift, die im 19. Jh. nahe Amarna, dem ehemaligen Achet-Aton, gefunden wurden und u. a. über die Korrespondenz Echnatons Aufschluss geben; weitere archäologische Grabungsfunde in Amarna

Wirkungsstätte: Ägypten, vor allem die von Echnaton gegründete neue kulturelle und religiöse Hauptstadt Achet-Aton (Amarna)

Heiligtümer: Achet-Aton als Kultzentrum; Gem-pa-Aton, ein (heute zerstörter) Tempel im Amunbezirk der Tempelanlage von Karnak bei Luxor

heilige Schriften: die von Echnaton verfassten Sonnenhymnen

Verbreitung: Der Kult des Aton, für etwa zwei Jahrzehnte die Staatsreligion Ägyptens, wurde bald nach Echnatons Regierung wieder abgeschafft. Er bildet aber eine wesentliche Vorstufe der großen monotheistischen Religionen.

Kernaussage: Aton, der Sonnengott, ist der einzige Gott Ägyptens.

 WISSENSWERTES

Semenchkare und Nofretete

In den letzten Lebensjahren Echnatons geschah an seinem Hof etwas Seltsames: Seine Ehefrau, Königin Nofretete, verschwand aus der Öffentlichkeit; gleichzeitig nahm ein junger Mann namens Semenchkare den Platz eines Mitregenten ein. Die Forschung geht derzeit davon aus, dass es sich bei Semenchkare um niemand anders als Nofretete selbst handelte: Die Ägypter bevorzugten einen männlichen Herrscher, also gab sich Nofretete eine männliche Identität, um die Thronfolge ihres Mannes antreten zu können. Um den Schein zu wahren, heiratete sie sogar ihre eigene Tochter, Meritaton. Etwa drei Jahre regierte »Semenchkare« an der Seite Echnatons, nach seinem Tod noch ein weiteres Jahr allein. Nachdem Nofretete gestorben war, wurde Echnatons Sohn oder Schwiegersohn Tutanchamun Pharao.

 EMPFEHLUNGEN

Lesenswert:
Echnaton: *Sonnenhymnen*, hrsg. und übersetzt von Christian Bayer, Stuttgart 2007

Hermann A. Schlögl: *Echnaton*, München 2008

Erik Hornung: *Echnaton. Die Religion des Lichts*, Zürich 1995

Jan Assmann: *Re und Amun. Die Krise des polytheistischen Weltbilds der 18.–20. Dynastie*, Fribourg 1983

Michael Höveler-Müller: *Am Anfang war Ägypten. Die Geschichte der pharaonischen Hochkultur von der Frühzeit bis zum Ende des Neuen Reiches ca. 4000–1070 v. Chr.*, Mainz 2005

Joyce Tyldesley: *Ägyptens Sonnenkönigin. Biographie der Nofretete*, München 2002

Hörenswert:
Philip Glass: *Akhnaten*. Oper 1984

Sehenswert:
Sinuhe der Ägypter. Regie: Michael Curtiz; mit Edmund Purdom, Jean Simmons, Peter Ustinov. USA 1954

 AUF DEN PUNKT GEBRACHT

Die traditionelle ägyptische Vielgötterei hat ein Ende. Der einzige Gott soll fortan Aton sein, die Sonne, oder genauer: die von ihr ausgehende unsichtbare Kraft. Damit wird erstmals ein Monotheismus Staatsreligion – und bereitet den Glauben an den unsichtbaren Jahwe vor.

Ein Ägypter in jüdischem Dienst?
Moses
um 1200 v. Chr.

Für das Christentum ist Jesus (s. S. 68), für den Islam Mohammed (s. S. 120) die wichtigste Gestalt. Doch beide hätte es nicht gegeben ohne ihn: Moses, den Stifter des Judentums. Im Christentum wie im Islam gilt er nächst den eigenen Glaubensgründern als wichtigster Prophet; 136-mal, so oft wie kein anderer außer Mohammed, kommt er im Koran vor. Urszenen des werdenden Monotheismus verbinden sich mit ihm: Gottes Rede aus dem brennenden Dornbusch, der Auszug der Israeliten aus Ägypten, die vierzig Jahre während Wanderung durch die Wüste, die Verkündigung der Zehn Gebote, der Tanz des abtrünnigen Volkes ums Goldene Kalb, die Ankunft im Land, wo Milch und Honig fließen.

Erst mit Moses nimmt der jüdische Glaube Form an, festgelegt in den 613 Gesetzen, die Gott mit dem Finger auf zwei Steintafeln schreibt. Erst jetzt wird das ganze Volk Israel zum Träger des Monotheismus, nachdem Gott zuvor nur einzelne Personen dazu auserwählt hatte. Moses' Namen tragen denn auch die ersten fünf Bücher des Alten Testaments, die die Thora (»Lehre, Gesetz«) bilden und aus denen bis heute bei jedem jüdischen Gottesdienst gelesen wird.

Vieles, was die Bibel vom Exodus berichtet, ist legendenhaft. Weder ist die Zeit angegeben, in der die Israeliten aus Ägypten ausziehen, auf dem Sinai den Bund mit Gott schließen und endlich das Gelobte Land erreichen, noch ist die Gestalt des Moses historisch greifbar; die Wunder, die den biblischen Bericht schmücken, entrücken die Sache vollends ins Märchenhafte. So liegt es nahe, den erst im 5. Jahrhundert v. Chr. in die heutige Form gegossenen Text als Endprodukt einer langen, schöpferischen Überlieferung zu werten, in der vielfältige Erinnerungen an geschichtliche Ereignisse und Figuren zusammenflossen und in etwas Neues, Eigenes verwandelt wurden: in den

■ Moses. Handkolorierte Lithographie, um 1874, von Henry Schile. Washington, D.C., Library of Congress. Eine der berühmtesten Moses-Darstellungen in der Kunst stammt von Michelangelo und zeigt den Propheten als »Gehörnten«. Diese Darstellung beruht auf einem Übersetzungsfehler: Die Vulgata, die lateinische Übersetzung der Bibel, gibt ein hebräisches Adjektiv mit *cornuta* – »gehörnt« – wieder; korrekt wäre *coronata* – »von strahlendem Glanz umgeben«.

Mythos der Glaubensoffenbarung und der Gründung des Volkes Israel, erzählt als spannende Geschichte, fasslich auch für einfache Gemüter, denen die erhabene und furchtbare Größe Gottes vor Augen geführt wird.

   Was die Wunder betrifft, so gibt es für die meisten natürliche Erklärungen. Die zehn Plagen, mit denen Gott Ägypten straft, sind Seuchen und Naturkatastrophen, die es in der Geschichte des Nillandes häufiger gab. Heuschrecken, die die Ernte auffressen, Pocken, die die Bevölkerung dahinraffen, Rinderpest, die das

■ *Pharaos Tochter – Die Auffindung Moses. Gemälde, 1886, von Edwin Long (1829–1891). Bristol, Bristol City Museum and Art Gallery.*
Nicht nur in der Bibel, auch in diversen altorientalischen Sagen taucht das Motiv der Pharaotochter auf, die einen Säugling in einem Körbchen am Fluss findet.

MENORA, KIPPA UND DAVIDSTERN

Drei Symbole des Judentums sind weltweit bekannt: Die Menora, der in 2 Mose 25 beschriebene siebenarmige Leuchter, erinnert an den Tempel von Jerusalem und versinnbildlicht Gottes Gegenwart. Die Kippa, ein Käppchen, wird von strenggläubigen Männern ständig, von anderen nur in der Synagoge getragen und bezeugt Ehrfurcht vor Gott; der älteste Hinweis findet sich in 2 Mose 28,4, doch ist sie von der Bibel nicht ausdrücklich vorgeschrieben. Der sechszackige Davidstern wurde erst in der Römerzeit bekannt und wohl durch eine mittelalterliche Legende populär, wonach Davids Schild mit ihm verziert war.

■ An dem Ort, von dem aus Moses der Überlieferung nach das Gelobte Land erblickte, dem Berg Nebo in Jordanien, befindet sich heute eine Bronzeskulptur, die zweierlei symbolisiert: die eiserne Schlange, die von Moses in der Wildnis geschaffen wurde (4 Mose 21,4–9), und das Kreuz, an dem Jesus den Tod fand.

Nutzvieh dezimiert, treten immer wieder auf. Die Erzählung von der ägyptischen Finsternis kann – sofern sie nicht auf die zwischen März und Mai den Himmel verdunkelnden Sandstürme zielt – ihren Ursprung im tagelangen Ascheregen nach der Explosion der ägäischen Vulkaninsel Santorin 1645 v. Chr. haben; der Bericht vom Blut gewordenen Nilwasser hat seinen wahren Kern in der Roterde, die der Blaue Nil nach heftigen Regenfällen aus Äthiopien mitbringt, wobei mitgeschwemmte Geißelalgen das Wasser vergiften und ein Fischsterben verursachen.

Der brennende Busch, aus dem Gott spricht, ist der Diptam, der ein ätherisches Öl entwickelt, das sich bei Hitze, wenn die Tropfen wie ein Brennglas wirken, von selbst entzünden kann. Ebenso gibt es den Mannastrauch, sein wissenschaftlicher Name lautet *Alhagi maurorum* (doch könnte es sich beim Manna auch um die honigartige Ausscheidung der Mannaschildlaus handeln, die auf Tamarisken lebt).

Die Ursache für die Teilung des Meeres schließlich kann ein Tsunami sein, bei dem das Wasser zunächst weit zurückweicht, bevor es als Riesenwelle wiederkehrt – oder hinter dieser Geschichte steht schlicht der Wunsch von Flüchtlingen, dass ihre Verfolger den Tod finden mögen.

ISRAELITEN, JUDEN UND HEBRÄER

Israel war der Beiname des Erzvaters Jakob; seine Nachkommen sind deshalb die »Kinder Israels«. Als Name eines Landstrichs wird er erstmals auf einer Stele des Pharao Merenptah Ende des 13. Jahrhunderts v. Chr. erwähnt. Jakobs vierter Sohn hieß Juda; der nach ihm benannte Stamm gründete das gleichnamige Königreich. Da er (neben dem Priesterstamm Levi) als einziger überdauerte – die anderen sind »die zehn verlorenen Stämme« –, heißen alle Menschen mit mosaischem Bekenntnis seither Juden. Unklar ist, ob die »Hebräer« mit den »Hapiru« aus ägyptischen und mesopotamischen Texten zu tun haben: Die »Hapiru« waren Außenseitergruppen, Fremde, die sich aus Not verdingen, Zwangsarbeiter, Söldner, Sklaven, auch Gesetzlose.

Was die Zeit betrifft, so kann die Epoche der asiatischen Hyksos, die um 1650 v. Chr. die Macht im Nilland an sich rissen, eine Rolle spielen; ihre gewaltsame Vertreibung 110 Jahre später kann eines der Vorbilder für die Erzählung vom Exodus der Israeliten sein (inklusive der Geschichte von der befohlenen Tötung aller Erstgeborenen der Hebräer). Freilich ist ein solches singuläres Vorbild nicht nötig, denn immer wieder suchten Beduinengruppen in Dürrejahren Weideland im Nildelta und mussten dafür Frondienst leisten, dem manche durch Flucht entkommen wollten. Das könnte gerade im 13. Jahrhundert v. Chr., als Pharao Ramses II. große Bauvorhaben verwirklichte, des Öfteren geschehen sein. Dem Bericht vom langen Zug durch die Wüste schließlich mag die Erinnerung an die ungezählten Beduinenwanderungen zugrunde liegen, die über Jahrtausende hinweg aus Arabien und dem Sinai in die Länder des fruchtbaren Halbmonds führten.

Und Moses selbst? Das Rätsel beginnt schon mit dem Namen. »Moses« ist ägyptisch, bedeutet »Kind, Sohn« und ist häufig Bestandteil des Namens von Pharaonen. Die Geschichte von der Pharaotochter, die den Säugling in einem Körbchen am Fluss findet – übrigens ein Motiv auch in anderen altorientalischen Sagen –, wäre demnach der Versuch, einen ägyptischen Prinzen zum Israeliten zu machen. Moses könnte also beispielsweise ein Atonpriester gewesen sein, der sich nach dem Scheitern von Echnatons (s. S. 14) Glaubensreform zum Führer einer Gruppe ausgebeuteter

■ Szene aus dem Film *Die zehn Gebote* (USA 1956) von Cecil B. DeMille: Moses, gespielt von Charlton Heston, teilt das Rote Meer.

Ausländer aufwarf – und sich, weil er die Sprache der Fremden nicht beherrschte, einen Dolmetscher nahm: Aaron, den angeblichen Bruder Moses' und ersten Hohepriester der Israeliten. Oder Moses hat ein Vorbild in Amun-Masesa (auch: Amenmesse), der um 1200 v. Chr. – der ungefähren Zeit des Exodus – als Rebellenpharao den Thron usurpierte. Zuvor hielt er sich zehn Jahre im Land Kusch (dem heutigen Sudan) auf und heiratete eine Kuschitin; darin Moses ähnlich, der, nachdem er einen Ägypter erschlagen hat, zu den Midianitern im nordöstlichen

Sinai flieht und die Tochter eines Priesters heiratet, die merkwürdigerweise eine Schwarze, eine »Mohrin« (4 Mose 12,1) gewesen sein soll.

Im Lande Midian erfährt Moses seine Berufung. Als er die Schafherde seines Schwiegervaters am Berg Horeb hütet, erscheint ihm in einem brennenden Strauch Gott. Der nennt zum ersten Mal seinen Namen, in der hebräischen Bibel wiedergegeben durch die Buchstaben JHWH, die man als »Jahwe« vokalisiert und meist mit »Ich bin, der ich bin« übersetzt. Und er befiehlt Moses, die Kinder Israels »aus dem Elend Ägyptens« zu führen »in das Land, darin Milch und Honig fließt«.

Ob Moses nun eine reale Gestalt war oder eine mit dichterischer Freiheit aus mehreren Einzelpersonen komponierte Figur, ist für die Religion letztlich von zweitrangiger Bedeutung. Was zählt, ist der mit seinem Namen verbundene Mythos der von Gott geoffenbarten Religion für ein auserwähltes Volk. Dieser Glaube wird nun auf dem Sinaiberg erstmals genau bestimmt: 248 Gebote und 365 Verbote regeln das Leben und bilden bis heute die Grundlage des Judentums. Hofft die Protestantin auf die Gnade, setzt der Katholik auf gute Werke, so vertrauen die Juden auf den Gehorsam gegen die göttlichen Gebote, auf die Treue zum Gesetz, durch die sie Gottes Herrschaft auf Erden verwirklichen.

■ *Moses und der brennende Dornbusch*. Gemälde, 1641, von Nicolas Poussin (1594–1665). Kopenhagen, Statens Museum for Kunst.
Eine der Urszenen des werdenden Monotheismus ist die Rede Gottes aus dem brennenden Dornbusch, in der er Moses seinen Namen offenbart.

DIE HYKSOS

Um 1650 v. Chr. eroberten die semitischen Hyksos das Nilland. Einer ihrer Herrscher hieß Ja'qub-Haru – was an die biblische Erzählung von Jakob (und Joseph) erinnert. Joseph wiederum soll der Bibel zufolge achtzig Jahre als Wesir in Ägypten amtiert haben und mit 110 gestorben sein; 110 Jahre aber währte die Hyksosherrschaft. Laut der Bibel verließen die Israeliten Ägypten 430 Jahre nach Abraham. Zieht man diese Zahl von 1650 ab, so kommt man auf die Zeit des Exodus.

Insgesamt sind es 613 Vorschriften, von denen die Zehn Gebote, der Dekalog, bis heute zum moralisch-religiösen Rüstzeug auch der Christen gehören. Die meisten anderen Anordnungen betreffen die Glaubenspraxis; sie regeln das Beten, Opfern, Feiern oder beschreiben wie eine Gebrauchsanleitung die Anfertigung der Bundeslade. Nicht wenige befassen sich aber auch mit Fragen des sozialen Miteinanders, der Rechtsprechung und des Arbeitslebens. So wird jedermann verpflichtet, Nachbarschaftshilfe zu üben, den Armen zu geben und gegen Ausländer gerecht zu sein, denn »die Fremdlinge sollst du nicht schinden noch unterdrücken«; Wucher wird untersagt, Schadensersatz geregelt, das Erbrecht festgelegt, die Heirat mit nahen Blutsverwandten ausgeschlossen und – ein wichtiger Schutz für die arbeitende Bevölkerung – Sonntagsarbeit verboten. Schließlich werden Anleitungen zur Hygiene gegeben und Speisevorschriften erlassen; besonders sinnvoll das Verbot von Schweinefleisch, denn die Haltung der Borstentiere ist untunlich in Regionen, wo es heiß ist (Schweine können nicht schwitzen und sterben bei Temperaturen über 36 Grad an Hitzschlag), an Wasser fehlt (Schweine brauchen feuchte Suhlen) und kaum Wald gibt (den eigentlichen Lebensraum der Schweine); als Waldtiere eignen sich Schweine, anders als Schafe und Rinder, auch nicht für das Wanderdasein von Nomaden.

Vermutlich handelt es sich um Gesetze, die über lange Zeit erarbeitet und nicht ein für allemal bei einer einzigen Gelegenheit erlassen wurden – angesichts von 613 Gesetzestexten hätten es

■ Vor rund 3 000 Jahren mag sich Moses ein ähnlicher Blick geboten haben, als er von diesem Punkt, dem Berg Nebo in Jordanien, in das Gelobte Land hinabsah (5 Mose 34,1–5).

■ *Anbetung des goldenen Kalbes.* Holzschnitt, 1548, von Matthias Gerung (um 1500–1570). Berlin, Staatliche Museen Preußischer Kulturbesitz, Kupferstichkabinett

zwei riesige Steinplatten sein müssen, die ein übermenschlich starker Moses vom Gipfel des Berges hinab zum Volk Israel geschleppt hätte. Genauso wenig darf man darin, dass Moses beim Abstieg das Volk Israel um das Goldene Kalb tanzen sieht, einen historischen Bericht sehen; eher zeigt diese Erzählung symbolisch und konzentriert den Auftakt zum Kampf um den richtigen Glauben und um die Treue zu Jahwe, den Moses (und später andere Führer) fortan mit dem Volk ausfechten und der gewaltsam gewonnen wird: Die Tänzer ums Goldene Kalb, diesem Symbol einer älteren Fruchtbarkeitsreligion, werden getötet; das ungeduldige Volk, das über den von Gott verhängten Wüstenaufenthalt murrt, wird durch Niederlagen gegen fremde Völker bestraft; die meuternden Vornehmen, die sich unter Führung eines gewissen Korah zu einer »Rotte« zusammenschließen, werden von Gott mit Feuer vertilgt; sogar Moses' Schwester Mirjam bezweifelt seine Autorität und wird prompt mit Aussatz geschlagen.

Tatsächlich brauchte es Jahrhunderte, bis sich der Eingottglaube durchsetzte, JHWH seine Konkurrenten besiegt und alle Attribute fremder Gottheiten abgelegt hatte – der Rinderkult war ihm bis ins 7. Jahrhundert selbst nicht fremd, geflügelte Stiere schmückten den Deckel der Bundeslade. Vermutlich erst im 6. Jahrhundert v. Chr., während des Babylonischen Exils, wurde der HErr zu jenem abstrakten, irdischer Dinghaftigkeit baren Gott: einem Gott, wie er weniger im Christentum, rein aber im Islam fortlebt.

MOSES
JUDENTUM

DATEN UND FAKTEN

Biographie: Historisch ist Moses nicht greifbar. Aus den biblischen fünf Büchern Mose lässt sich nur erschließen, dass der Auszug aus Ägypten etwa zur Zeit Ramses' II., also im 13. Jh. v. Chr., stattgefunden haben könnte. Laut biblischer Schilderung ist Moses das Kind hebräischer Eltern aus dem Stamm Levi. Er kommt in Ägypten zur Welt und wird nach der Geburt ausgesetzt; die Tochter des Pharao findet den Säugling und zieht ihn auf. Als junger Mann muss Moses, nachdem er einen ägyptischen Aufseher getötet hat, nach Midian im nordöstlichen Sinai fliehen. Dort heiratet er Zippora, die Tochter des Priesters Jitro, der ihn freundlich aufgenommen hat. In einer Vision wird Moses von Gott beauftragt, die in Ägypten versklavten Israeliten zu befreien und ins Gelobte Land zu führen. Moses gehorcht. Vierzig Jahre ziehen die Israeliten auf dem Weg nach Kanaan durch die Wüste. Moses selbst erreicht das Ziel nicht mehr: Er stirbt auf dem Berg Nebo im heutigen Jordanien.

Quellen: der Pentateuch (griechisch für »fünfteiliges Buch«), die fünf Bücher Mose im Alten Testament (Genesis, Exodus, Leviticus, Numeri, Deuteronomium), in letzter Fassung entstanden um 440 v. Chr.; Philon von Alexandria: *De vita Mosis* (1. Jh. n. Chr.)

Wirkungsstätte: Ägypten

Heiligtum: Auf dem Berg Nebo in Jordanien befindet sich ein Gedenkstein für Moses, der hier, mit Blick ins Gelobte Land, gestorben sein soll.

heilige Schriften: Die Thora (bestehend aus den fünf Büchern Mose, die auch Teil des Alten Testaments der Christen sind) bildet zusammen mit den prophetischen und historischen Büchern der Bibel die sog. schriftliche jüdische Lehre.

Verbreitung: Das Judentum ist die erste Weltreligion, da es schon am Ende der Antike nicht nur im Römischen Reich, sondern auch in Afrika, Indien und sogar China Anhänger hatte. Heute gibt es weltweit etwa 13,6 Mio. Juden. Davon leben rund 5,2 Mio. in Israel, 5,7 Mio. in den USA und 600 000 in Frankreich. Auch in Kanada, Russland, Großbritannien und Argentinien gibt es eine relativ große jüdische Bevölkerung. Moses spielt auch im Christentum und im Islam eine bedeutende Rolle.

Kernaussage: Es gibt nur einen Gott. Er hat seinen Bund mit Israel erneuert.

WISSENSWERTES

Das Kind im Körbchen
Das Motiv von Aussetzung, Errettung und Aufstieg eines Götter- oder Königskindes findet sich in zahlreichen Mythen. So wird Sargon von Akkon (um 2350–2295 v. Chr.), der Begründer des ersten Großreiches in Mesopotamien, von seiner Mutter, einer Fürstin, am Euphrat abgelegt, von Akki, dem Wasserschöpfer, gerettet und steigt unter dem Schutz der Göttin Ischtar zum König auf. Ähnliche Legenden gibt es in der ägyptischen, persischen, indischen, griechischen und römischen Mythologie, z. B. die Sage von den Zwillingen Romulus und Remus, Nachfahren des trojanischen Helden Aeneas, die ausgesetzt und von einer Wölfin aufgezogen werden und schließlich Rom gründen, dessen erster König Romulus wird. Bemerkenswerterweise kehrt die Geschichte von Moses den Mythos um: Ein Kind niedriger Herkunft wächst am Königshof auf.

EMPFEHLUNGEN

Lesenswert:
Die Tora: Die fünf Bücher Mose in der Übersetzung von Moses Mendelssohn, Berlin 2004

Eckart Otto: *Moses. Geschichte und Legende*, München 2006

Erich Zenger u. a.: *Einleitung in das Alte Testament*, Stuttgart 2008

Herbert Donner: *Geschichte des Volkes Israel und seiner Nachbarn in Grundzügen*, Göttingen 2001

Sigmund Freud: *Der Mann Moses und die monotheistische Religion*, Frankfurt / M. 2006

Hörenswert:
Georg Friedrich Händel: *Israel in Ägypten*. Oratorium 1739

Sehenswert:
Moses – der Gesetzgeber. Regie: Gianfranco De Bosio; mit Burt Lancaster. GB / USA 1975

AUF DEN PUNKT GEBRACHT

Moses erneuert Israels Bund mit Gott, fasst den Glauben durch 613 Ge- und Verbote in eine strenge Form und führt das Volk aus Ägypten in vierzigjähriger Wanderschaft bis an die Pforten des Gelobten Landes.

Der die Götter Mores lehrte

Zarathustra
um 628–um 551 v. Chr.

■ Zarathustra. Wandmalerei, 9./8. Jh. v. Chr., aus dem Mithräum von Dura Europos, Syrien. New Haven, Yale University Art Gallery. Zarathustra wird nicht nur als Religionsstifter, sondern auch als Philosoph, Astronom und Zauberer betrachtet, so etwa in Händels Oper *Orlando*.

Der Glaube an ein Jüngstes Gericht, die Vorstellung vom Fortleben nach dem Tod, die Hoffnung auf ein Paradies als Lohn für die guten Werke und die Furcht vor der Hölle als Strafe für die Missetaten, endlich der Glaube an den Messias (griechisch-lateinisch: an den Christus) – das alles scheint durch und durch christlich. In Wahrheit ist es altes iranisches Erbe, das über die Juden an die Christen weitergereicht wurde.

Vor zweieinhalb-, vielleicht dreitausend Jahren begründete der Prophet Zarathustra (gräzisiert: Zoroaster) im Iran eine Religion, die Gut und Böse in einem weltumspannenden, unversöhnlichen Kampf sieht. Jeder Mensch hat sich in diesem Ringen für eine Seite zu entscheiden und nach dem Tod Rechenschaft vor dem Allerhöchsten abzulegen. Die Juden glaubten, sofern sie überhaupt eine Vorstellung von einem Jenseits hatten, an *eine* Unterwelt für alle Toten. Zarathustra aber unterschied Himmel und Hölle, und er hatte als Erster die Vision von einem Erlöser, einem »Saoschjant«, der am Weltende auftritt.

Im Babylonischen Exil und nach ihrer Rückkehr ins Heilige Land, als sie unter persischer Oberherrschaft standen, waren die Juden der Einwirkung des Zoroastrismus ausgesetzt. Der lehrte, dass Gott, der »Weise Herr«, persisch: Ahura Masda, ausschließlich Gutes verkörpere, während alles Schlechte im »Bösen Geist«, Angra Mainyu (später: Ahriman), konzentriert sei. Unter diesem Einfluss wurde der launische, rachsüchtige HErr der Juden milder, und einen seiner dienstbaren Geister namens Satan, der den Menschen übel gesonnen war und einst Hiob zur Verzweiflung trieb, machte man zum Teufel.

Der Zoroastrismus des 6. Jahrhunderts v. Chr., den die Juden kennenlernten, hatte schon eine lange Entwicklung hinter sich.

»ALSO SPRACH ZARATHUSTRA«

Vermutlich aufgrund der Tatsache, dass Zarathustra als Erster über
Gut und Böse nachgedacht hatte, legte ihm Friedrich Nietzsche
(1844–1900) seine eigene Philosophie in den Mund. Die hat allerdings mit dem iranischen Propheten nichts zu tun; auch geht es in
dem Buch von 1892 nicht um Gut und Böse, sondern um die Ablehnung jeder metaphysischen Überhöhung des Daseins, um die
vorbehaltlose Bejahung der Welt, ohne ihr einen transzendenten,
gar religiösen Sinn anzuheften.

Was Zarathustra selbst gelehrt hat, lässt sich nur in Grundzügen
nachzeichnen. Sicher ist, dass er auf der altiranischen Religion
aufbaute, wonach man zwei Klassen von Göttern unterschied: die
Ahuras, die unsichtbare Kräfte symbolisierten, und die Daevas,
die in der Regel Naturgewalten repräsentierten. Zarathustra
brachte nun als Erster in der Weltgeschichte Ethik und Moral in
die Götterwelt und sortierte die Gottheiten nach sittlichen Maß-
stäben. Die Guten, die Ahuras, kamen ins Töpfchen, die Bösen,
die Daevas, ins Kröpfchen. Als Priester eines Ahura mit dem Beinamen Masda stellte Zarathustra diesen über alle anderen Ahuras
und erklärte ihn zum Inbegriff der Gerechtigkeit, des Lichts und
des Lebens. Angra Mainyu, den obersten Dämon, machte er zu
seinem Gegenspieler, zum Fürsten der Finsternis, dem Unheil,
Leid und Tod entspringen.

■ Dieses Relief aus dem 4. Jh.
zeigt die Einsetzung des sassa-
nidischen Königs. Dargestellt
ist vermutlich Ardaschir II.
(gest. 383; Mitte), der von
Ahura Masda die Insignien
der Macht empfängt. Die
Figur zu seiner Linken wird als
Sonnengott Mithras gedeutet;
zu Füßen des Königs befindet
sich ein besiegter Gegner. Iran,
Taq-e Bostan

Damit begründete Zarathustra einen neuen, ethischen Dualismus, der zugleich monotheistisch fundiert war, weil der Ursprung allen Seins einzig Ahura Masda zugeschrieben wurde. Erst nach ihm kam das Böse in die Welt: Ahura Masda, so der Mythos, habe nämlich Zwillinge gehabt, von denen der eine, Spenta Mainyu, der Heilige Geist, getreu das Licht gewählt habe, der andere, abtrünnige aber die Finsternis.

Die Vielgötterei rottete Zarathustra nicht ganz aus. Stattdessen machte er die anderen Ahuras zu Gehilfen Ahura Masdas und die übrigen Daevas zu Helfershelfern des »angry man« Angra Mainyu. Von besonderer Bedeutung sind die »Amescha Spentas«, die »wohltätigen Unsterblichen«, die als personifizierte Charakterzüge Ahura Masdas gelten: Wohu Mana (gute Gesinnung), Ascha Wahischta (Wahrhaftigkeit), Chschathra Warja (gerechte Herrschaft), Armati (Frömmigkeit), Haurwatat (Gesundheit), Ameretat (Unsterblichkeit) und eben Spenta Mainyu selbst. Vermutlich inspirierten solche guten Geister das Judentum zur Erfindung von Engeln. Auch die Vorstellung vom persönlichen Schutzengel kann ihr Vorbild im Zoroastrismus haben: in den »Frawaschis« oder Ahnengeistern, die den Lebenden beistehen.

Ob das ewige Licht, das in christlichen Kirchen brennt, zoroastrischen Ursprungs ist, steht dahin. Licht mit Erkenntnis, Wahrheit und Leben zu assoziieren, ist allgemein menschlich. Auch Zarathustra wird den Feuerkult, der heute als echt zoroastrisch gilt, nicht erfunden, sondern sich dienstbar gemacht haben. Das Feuer zu beherrschen ist eine Grundlage der Zivilisation; es zu feiern und seinen Wert religiös zu verkleiden, liegt nahe. Zarathustra selbst bezeichnete mit »Feuer« eher den feurigen Strom geschmolzenen Metalls: Der Iran war eines der ersten Länder, in denen Kupfer verhüttet wurde. In der Verehrung des Feuers spiegelte sich also auch die mythische Überhöhung einer damals fortschrittlichen Technik. Das ewige Feuer, das heute in zoroastrischen Tempeln unterhalten wird, hat von solchen Erinnerungen nichts bewahrt. Es symbolisiert das Gute, das Licht, Ahura Masda. Wenn im Schein des Feuers aus dem Awesta, der heiligen Schrift, rezitiert und kleine Gaben von Brot, Milch und einem Schnaps namens Haoma geopfert werden, ist gleichwohl

■ Der König Persiens vor einem zoroastrischen Altar mit dem ewigen Feuer. Kupferstich, 18. Jh. Zwar gilt der Feuerkult heute als echt zoroastrisch, doch wird Zarathustra ihn nicht erfunden, sondern sich eher dienstbar gemacht haben. Bis heute wird in zoroastrischen Tempeln ein ewiges Feuer unterhalten. Es symbolisiert das Gute, das Licht, Ahura Masda.

resenting a King of PERSIA, Standing in a posture of Adoration ore an Altar, bearing the SACRED FIRE.

das Knistern einer fernen Vergangenheit zu hören, einer uralten Gesellschaft von Ackerbauern und Viehzüchtern, die sich auf ihren Festen mit Haoma betranken.

Nicht für die Ahuras, sondern für die Daevas wurden in der altiranischen Religion rauschhafte Gelage gefeiert, bei denen Rinder in Massen geschlachtet wurden und der Schnaps in Strömen floss. Diese Feste, die den Wohlstand dahinrafften und bei denen im »Unflat dieses Rauschgetränks« (so spricht Zarathustra) die Vernunft abhandenkam, schalt der Prophet böse. Zwar konnte er die Bräuche nicht völlig abschaffen, da sie zu tief im Volk verwurzelt waren. Aber er lenkte den Genuss von Haoma in kontrollierte Bahnen und gewann die Priester des Stierkults für sich, indem er das Rind als leibhaftiges Sinnbild erdhaften Segens verherrlichte und an die Spitze der Schöpfung stellte (wie in vielem anderen ist die Parallele zu Indien offensichtlich) und den Stiergott Mithra als Helfer Ahura Masdas akzeptierte: So wurde eine schlechte Sache zur guten.

Doch lohnt sich Gutes überhaupt? Indem Zarathustra auf diese Frage mit Religion antwortete, stärkte er das Vertrauen der Rechtschaffenen in ihren Lebensweg und weckte die Hoffnung auf einen wenigstens himmlischen Lohn (beziehungsweise schürte die Furcht vor ewiger Verdammnis für die Bösen), ja auf mehr: »Wer mir, Zarathustra«, versichert der Prophet im Awesta, »gemäß dem heiligen Recht erfüllt, was meinem Willen am besten entspricht, ihm soll als Lohn, ihm, der den des künftigen Lebens verdient, ein Paar trächtiger Kühe werden samt allem, worauf sein Sinn steht: und das wirst Du mir bewirken, o Masda, der Du es am besten zu verschaffen weißt.« Von jedem sind daher um des irdischen und

■ Relief, Kalkstein, aus der 518 v. Chr. gegründeten und 330 v. Chr. von Alexander dem Großen zerstörten Hauptstadt des Achämenidenreiches, Persepolis, im heutigen Iran. Seit dem 19. Jh. dient der »Faravahar« oder »Fravahar« als Symbol des Zoroastrismus. Über seine Bedeutung wird in akademischen Kreisen bis heute debattiert: Handelt es sich um eine Darstellung Ahura Masdas oder des menschlichen Geistes, in dem gute und böse Kräfte miteinander ringen?

DAS AWESTA

Das Awesta (»Grundschrift«) ist die heilige Schrift der Zoroastrier. Erst im 3. Jahrhundert wurden die mündlich umlaufenden Texte gesammelt und verschriftet; gut drei Viertel gingen wieder verloren. Von Zarathustra selbst stammt nur ein kleiner Teil, die Gathas (»Lieder«), in denen er seine Gotteserfahrung, seine Missionserfolge, seinen Kampf gegen die alte Religion und die Grundzüge seines Glaubens festgehalten hat.

Zu den prominenten Zoroastriern jüngerer Zeit gehörte Freddie Mercury, der 1991 verstorbene Sänger der Rockband Queen.

■ Im iranischen Kerman re-
zitieren zoroastrische Priester
während des Sadeh-Festes
aus der heiligen Schrift, dem
Awesta. Sie sind in Weiß, das
Reinheit symbolisiert, geklei-
det und zelebrieren das Ende
des Winters und den Sieg des
Lichts über die Dunkelheit.

Im traditionellen Zoroastrismus werden die Toten nicht
begraben, sondern in den
»Türmen des Schweigens« abgelegt, auf Hügeln errichteten
runden Bauwerken, wo sie von
Geiern ausgeweidet werden.
Die Knochen werden später
in eine Mulde in der Mitte ge-
schüttet. Im Iran, wo trockener
Wüstenboden die Verwesung
erschwert, war diese Praxis
sinnvoll; heute ist sie verboten.
In Indien ist sie noch üblich,
doch schafft inzwischen der
Mangel an Geiern Probleme.

himmlischen Lohnes willen »gute Gedanken und gute Reden und
gute Taten« gefordert. Wer nach diesen Maximen lebt, dem ist
Ahura Masda ein Freund. Wer hingegen Böses denkt, sagt oder
tut, ist verloren, denn der Gott Zarathustras ist gnadenlos gerecht:
die Guten ins Himmelreich, die Bösen in die Hölle.

Indessen ist, weil es Beichte und Buße gibt, niemand verloren.
Jeder Mensch kann entsprechend vorbeugen, damit er nach seinem Tod, wenn er über »die Brücke des Gerichts« schreitet – die
auch der Evangelist Matthäus kennt und die den Muslimen ebenso geläufig ist –, in den »Ort der Lobgesänge«, in Ahura Masdas
Reich des Lichts und der Freude, eingeht und nicht ins »Haus
der Lüge«, in die Hölle, abstürzt, wo ihn »langes Schmachten in
Finsternis, Sudelfraß und Jammergeschrei« erwarten.

Mit dem Schicksal des Einzelnen ist der welthistorische Kampf
Gut gegen Böse nicht entschieden. Deshalb kennt der Zoroastrismus neben dem persönlichen ein allgemeines Endgericht: Jener
Streit, der die Weltgeschichte antreibt, gipfelt am Ende aller Tage
in einer gewaltigen Schlacht, in der Ahura Masda triumphiert und
wie im Trivialroman das Gute siegt. Der Zoroastrismus allerdings
ist von einem großen Sieg noch ein gutes Stück entfernt: Weltweit zählt er heute nurmehr etwa 130 000 Anhänger. Oder trifft,
da seine Grundideen in andere Weltreligionen eingeflossen sind,
vielleicht sogar das Gegenteil zu?

ZARATHUSTRA
ZOROASTRISMUS, PARSISMUS

 DATEN UND FAKTEN

Biographie: Die Lebensdaten Zarathustras sind äußerst vage. Wahrscheinlich wird er um 628 v. Chr. in Rhagai (heute zu Teheran) geboren. Als Spross einer adligen Familie heiratet er standesgemäß die Tochter eines Adligen. Er begibt sich auf Wanderschaft als Priester und Sänger, nach der er sich zum Propheten Ahura Masdas, des »Weisen Herrn«, berufen fühlt. Fortan verkündet er diesen einzigen, guten Gott, der die Welt vom Anfang bis zum Ende umschließt. Dafür wird er von der Priesterschaft angefeindet, doch gelingt es ihm, mit der Unterstützung des persischen Fürsten Wischtaspa eine Anhängerschaft zu gewinnen. Er stirbt vermutlich um 551 v. Chr. im Alter von 77 Jahren.

Quelle: Das Awesta gibt Aufschluss über Zarathustra und seine Lehre. In mündlicher Form entstand die Textsammlung zwischen dem 7. und 4. Jh. v. Chr. in Persien; die heutige Fassung stammt aus dem 5. Jh. n. Chr.

Wirkungsstätte: Persien (Iran)

Heiligtümer: Im Iran, vor allem in Yazd, werden noch heute zoroastrische Feuertempel unterhalten. In der Umgebung von Yazd stehen auch einige Türme des Schweigens.

heilige Schrift: Das Awesta enthält u. a. den Yasna, eine Sammlung liturgischer Texte aus dem alten Persien. Teil des Yasna sind die 17 von Zarathustra verfassten Gathas (»Hymnen, Gesänge«).

Verbreitung: Ob der Zoroastrismus je die Staatsreligion des persischen Reichs

war, ist umstritten. Man kann jedoch davon ausgehen, dass die Lehre sowohl zur Zeit der Achämeniden als auch unter den Parthern viele Anhänger fand. Ihre Blütezeit hatte sie vom 3. bis zum 7. Jh. n. Chr., als sie die bedeutendste Religion im Sassanidenreich war. Mit dessen islamischer Eroberung Mitte des 7. Jh.s verlor der Zoroastrismus rapide an Einfluss und verschwand ab dem 10. Jh. nahezu in der Bedeutungslosigkeit. Allerdings flossen wichtige zoroastrische Elemente in das Judentum, das Christentum und den Islam ein. Bereits in der Antike waren der Mithras-Kult und der Manichäismus aus dem Zoroastrismus hervorgegangen. Heute gibt es noch etwa 130 000 Zoroastrier, und zwar im Iran, in Indien (die Parsen), in Pakistan sowie in Kanada und in den USA.

Kernaussage: Der gute Gott Ahura Masda befindet sich in ewigem Kampf gegen den bösen Dämon Angra Mainyu. Zwischen ihnen steht der Mensch und muss sich für den einen oder den anderen entscheiden.

 WISSENSWERTES

Persien
In Zarathustras letzten Lebensjahren begann unter dem Königsgeschlecht der Achämeniden der Aufstieg Persiens (heute Iran) zum Weltreich. Kyros II. (gest. 529 v. Chr.) unterwarf die Meder,

die Persien bis dahin regiert hatten, und das Neubabylonische Reich. Unter Kambyses II. und Dareios I. dehnten die Achämeniden ihre Herrschaft bis an den Nil, den Indus und die Ägäis aus. Erst Alexander der Große machte der Expansion ein Ende: Bei Issos konnte er dem persischen Großkönig Dareios III. im November 333 v. Chr. die erste empfindliche Niederlage beibringen; die Entscheidung fiel im Oktober 331 v. Chr. in der Schlacht von Gaugamela. Nach Alexanders Tod kam es zur Verschmelzung der griechischen und der orientalischen Kultur – damit begann die Zeit des Hellenismus.

 EMPFEHLUNGEN

Lesenswert:
Avesta. Die heiligen Bücher der Parsen, hrsg. und übersetzt von Fritz Wolff, Straßburg 1910

Michael Stausberg: *Zarathustra und seine Religion,* München 2005

Josef Wiesehöfer: *Das antike Persien. Von 550 v. Chr. bis 650 n. Chr.,* Düsseldorf 2005

Hermann Hesse: *Zarathustras Wiederkehr und andere Denkschriften gegen den Radikalismus von rechts und links,* Frankfurt / M. 1993

Friedrich Nietzsche: *Also sprach Zarathustra,* Stuttgart 1978

Hörenswert:
Richard Strauss: *Also sprach Zarathustra.* Sinfonische Dichtung 1896

 AUF DEN PUNKT GEBRACHT

Gott ist das personifizierte Gute. Er hält Gericht über den Menschen: Wer gleich ihm Gutes tut, den belohnt er mit dem ewigen Leben im Paradies. Wer aber dem Bösen folgt, stürzt in die Hölle. Im Judentum, Christentum und Islam leben diese Ideen Zarathustras fort.

Der radikale Weg zur Erlösung
Mahavira
599 – um 527 v. Chr.

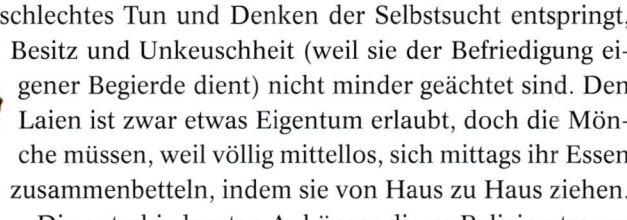

■ Mahavira. Indische
Skulptur, 1470.
Zwar beten Jainas nicht zu
Gott oder irgendwelchen
Göttern. Doch sie meditieren
in ihren Tempeln vor den
Statuen ihrer Erlösergestalten,
den Furtbereitern; und nicht
nur haben die Hindus diese
Furtbereiter im Lauf der Zeit
in ihr Pantheon aufgenommen,
sondern umgekehrt werden
längst auch Hindugottheiten
in Jaina-Tempeln verehrt.

Fernreisenden sind sie unvergesslich, Fernsehzuschauern durch Auslandsreportagen bekannt: jene Menschen im Straßenbild Indiens, die mit einem Besen den Weg vor sich fegen, um kein Lebewesen zu zertreten, und ein Mundtuch tragen, um nicht aus Versehen ein Insekt zu verschlucken. Was diese Menschen tun, ist praktizierte Religion, ist »Ahimsa«. Das bedeutet »Nichtverletzen« und meint völlige Gewaltlosigkeit gegenüber allem Lebenden. Töten und Verletzen insbesondere von Mensch und Tier ist tabu. Mönche und Nonnen, die diesem Glauben sozusagen professionell anhängen, nehmen ausschließlich vegetarische Kost zu sich; nur Laien aber dürfen bei ihrer Ernährung keimfähige, also neues Leben hervorbringende Pflanzen schädigen, indem sie sie zum Beispiel kochen. Das Gebot, pflanzliches Leben zu schonen, hat zudem die Folge, dass Mönche und Nonnen die heiligen Texte ihres Glaubens auswendig lernen und mündlich weitergeben, weil man zur Buchherstellung Bäume fällen müsste.

Da die Schädigung von Lebewesen sowohl materiell wie moralisch verboten ist, sind auch Diebstahl und Lüge ein Sakrileg; schon verletzende Gedanken sind von Übel. Wobei, da solch schlechtes Tun und Denken der Selbstsucht entspringt, Besitz und Unkeuschheit (weil sie der Befriedigung eigener Begierde dient) nicht minder geächtet sind. Den Laien ist zwar etwas Eigentum erlaubt, doch die Mönche müssen, weil völlig mittellos, sich mittags ihr Essen zusammenbetteln, indem sie von Haus zu Haus ziehen. Die entschiedensten Anhänger dieser Religion tragen nicht einmal Kleidung und gehen als Nackte, als Digambaras (»Luftbekleidete«); weniger strenge Parteigänger kleiden sich statt mit Luft mit einem weißen Gewand und heißen entsprechend Shvetambaras (»Weißgekleidete«).
Viele im Westen halten das alles für echt indisch und richtig hinduistisch. In Wirklichkeit sind die Jainas, die Anhänger des Jainismus oder Dschainismus, wie die Religion heißt, eine kleine Minderheit, der nicht einmal ein

halbes Prozent der Bevölkerung angehört. Begründet wurde diese Glaubensrichtung, die ihren Namen von dem Sanskritwort Jina (»Sieger, Weltüberwinder«, ein Ehrentitel für Religionsgelehrte) hat, vor zweieinhalbtausend Jahren von dem Prinzen Vardhamana, genannt Mahavira (»großer Held«). Ähnlich wie der Buddha (s. S. 42) verließ er Stellung und Familie, ging nackt als Asket und Bettler auf Wanderschaft und entwickelte seine Lehre der »begierdefreien Loslösung«.

Diese hat ihren Ursprung zwar im Hinduismus und teilt mit ihm insbesondere den Glauben an den ewigen Kreislauf (Sanskrit: Samsara) von Geburt, Tod und Wiedergeburt, in dem sowohl das Individuum gefangen ist als auch die Welt selbst, die einen endlosen Zyklus von auf- und absteigenden Geschichtsperioden durchläuft. Doch die Veden erkennt der Jainismus ebenso wenig als heilige Schriften an wie die Macht der sie auslegenden Priester, der Brahmanen, da er statt auf deren Rituale auf ein verinnerlichtes Glaubens-, ja Erlösungserlebnis setzt; das religiös begründete Zwangssystem der Kastenordnung wird genauso abgelehnt wie die Idee eines Schöpfergottes, der etwa Brahman heißen kann wie im Hinduismus und dann von der Brahmanenkaste verwaltet wird. Überhaupt werden die unzähligen Hindugottheiten nicht anerkannt – oder genauer: Sie sind wie der Mensch dem Samsara unterworfene, erlösungsbedürftige Wesen. Sie teilen das mit allem, was in der Welt ist. Selbst Steine gelten als belebt und im ewigen Kreislauf der Wesen befindlich.

Wie die Hindus glauben die Jainas an eine individuelle, unsterbliche Seele. Hindus nennen sie Atman (»Hauch, Atem«), Jainas sagen Jiva (»Lebensträger«). Beide glauben an das Karma (»Tat«), wonach die guten und schlechten Handlungen die See-

■ Ein Priester der Jainas mahlt vor dem Tempel von Ranakpur im westindischen Bundesstaat Rajasthan Getreide. Der Mundschutz verhindert das versehentliche Einatmen von Insekten.

DAS RAD DER GESCHICHTE
Dass es Fortschritt gibt und die Weltgeschichte ein Ziel hat, ist eine moderne Auffassung. Griechen und Römer glaubten an die gegenteilige Lehre vom Abstieg, der vom Goldenen Zeitalter über das Silberne und Bronzene zum Eisernen führt. Vier absteigende Weltzeitalter kennen auch Hinduismus und Jainismus. Bei ihnen bilden die vier eine Weltperiode, nach deren Ende alle Dinge in ihre feinstofflichen Elemente zerfallen, aus denen wieder eine neue Welt ersteht, die abermals vier Zeitalter durchläuft, und so weiter. Nach dieser Lehre befinden wir uns im vierten Weltzeitalter, das von Unordnung und Zerstörung geprägt ist.

■ Zwei Shvetambaras auf Pilgerreise. Die Wedel, die sie hier geschultert tragen, dienen den Jainas dazu, Insekten beiseitezufegen, um sie nicht zu zertreten.

DIE HEILIGE KUH

Der Jainismus ist eine tierfreundliche Religion, doch die Kuh wurde bereits lange vorher verehrt. Das hatte praktische Gründe, weil Milch, Fleisch, Fell und Horn für den Menschen lebenswichtig waren. Entgegen dem Augenschein im indischen Straßenverkehr, den die heiligen Kühe nach Kräften behindern dürfen, werden Rinder deshalb auch heute geschlachtet – allerdings nicht von den Jainas.

le reinigen beziehungsweise beschmutzen und eine bessere oder schlechtere Existenz im nächsten Leben zur Folge haben. Nur die Jainas aber meinen, dass der Weg zur Befreiung vom Karma und zum Verlassen des Hamsterrads von Geburt und Wiedergeburt von einem »Furtbereiter« (Sanskrit: Tirthankara) gezeigt wird. Dieser Furtbereiter, deren es bislang 24 gegeben haben soll und als deren letzter Mahavira gilt, hat durch die Überwindung seiner körperlichen Begierden bereits die Befreiung erlangt und führt nun die Gläubigen über den »Strom der Seelenwanderung«.

Wie der Hinduismus behauptet der Jainismus, dass Existieren Leiden heißt. Er zieht daraus den Schluss, dass der Weise Mitleid mit allen Wesen hat und kein einziges quält oder tötet; durch Gewaltlosigkeit, Armut und Enthaltsamkeit löst er sich bereits zu Lebzeiten von der Welt. Sittliches Verhalten nach den vom Furtbereiter verkündeten Ahimsa-Geboten, verbunden mit einem jährlichen Schuldbekenntnis und der Bitte um Vergebung, läutert die Seele, beendet schließlich den Samsara und verhindert die Rückkehr ins leidvolle Dasein. Das ist der eine Weg. Radikaler ist ein anderer: Um jeden eigenen Wunsch abzutöten, gilt strenge Askese als vorbildlich, und deren äußerste Form ist das Sterbefasten, das willentliche Hungern bis zum Tod, das das Karma aufhebt, die Seele buchstäblich aus den Fesseln des Körpers befreit und in das über allen Götterhimmeln gelegene Paradies führt.

Jainas halten, wie gesagt, die Götter nur für eine eigene Art von Lebewesen, die wie alle anderen im Rad der Wiedergeburt stecken und der Befreiung bedürfen. Für einen Gott, der die Welt hervorgebracht hat und beherrscht, haben sie keinen Platz. In ihrem Weltbild ist der Kosmos nicht geschaffen worden, hat weder Anfang noch Ende und wird ausschließlich von einem Satz ihm innewohnender sittlicher Gesetze regiert. Das hat sogar eine Parallele in der modernen Physik: Sie nimmt ebenfalls keinen Schöpfergott an und behauptet, dass sich die Bewegung und die Naturgesetze des Universums aus der Materie selbst entfalten. So treffen sich uralte Religion und heutige Wissenschaft.

MAHAVIRA
JAINISMUS

 DATEN UND FAKTEN

Biographie: Prinz Vardhamana wird 599 v. Chr. in Vaishali oder im nahe gelegenen Kundalpur (heute im indischen Bundesstaat Bihar) geboren – so die Überlieferung der Jainas. Dreißig Jahre genießt er seine Privilegien als Prinz und Angehöriger der Kshatriya, einer Kriegerkaste; er heiratet und hat eine Tochter. Dann aber steigt er aus: Er verteilt seine Habe, verlässt seine Familie, reißt sich die Haare aus, kasteit sich und wandert zwölf Jahre lang als nackter Asket schweigend und meditierend durch das Land. So gelangt er zur Allwissenheit und zu den Ehrennamen Jina (»Sieger«) und Mahavira (»großer Held«). Als Prediger, Lehrer und religiöser Führer gründet er einen Orden für Mönche und Nonnen und wird als Nachfolger Parshvas, der um 750 v. Chr. lebte, zum Reformer des Jainismus. Der Jainatradition zufolge stirbt er als 24. und letzter Tirthankara (»Furtbereiter«) 527 v. Chr. in Pavapuri (heute in Bihar); die westliche Forschung nimmt 477 oder 467 v. Chr. als Sterbejahr an.
Quelle: Das Kalpasutra, entstanden im 4. Jh. v. Chr., enthält die Biographien Parshvas und Mahaviras.
Wirkungsstätte: Indien
Heiligtümer: Shravana Belgola im südindischen Bundesstaat Karnataka ist eine bedeutende Pilgerstätte der Jainas, wo auf dem Indragiri-Hügel die 17 Meter hohe Statue des legendären Bahubali emporragt, des ersten Jaina, der die Erlösung erlangt haben soll. Schon bevor im 10. Jh. die gewaltige Statue errichtet wurde, war der Indragiri heilig: Hier wurde das Todesfasten, das Sallekhana, praktiziert. Ebenfalls heilig ist der Berg Parasnath im Bundesstaat Jharkhand, auf dem Parshva, der 23. Tirthankara, die Erlösung erlangt haben soll. Für die 24 Furtbereiter stehen hier 24 Tempel.
heilige Schriften: Agama (»Quelle der Lehre«) ist die Bezeichnung für den (nur von den Shvetambaras, den »Weißgekleideten«, anerkannten) jainistischen Kanon, der im 5. Jh. n. Chr. niedergeschrieben wurde. Er enthält elf Anga (Regelwerke für Mönche und Laien), zwölf Upanga (Bücher betreffend Systematik, Dogmatik, Kosmographie, Geographie sowie Legenden), zehn Prakirna (Verschiedenes), sechs Chedasutras (Schriften über die Ordensdisziplin, Viten der Tirthankaras), vier Mulasutras (Asketendichtungen) und vier Einzeltexte.
Verbreitung: Von Bihar und Orissa aus gelangte der Jainismus nach Nord- und Südindien. Mit der Ausbreitung des Hinduismus und des Islam im 13. Jh. verlor er an Bedeutung, doch behauptet er bis heute seinen religiösen und kulturellen Einfluss in Indien. Dort leben etwa 4,2 Mio. Jainas. Kleine jainistische Gemeinden gibt es in Großbritannien und in den USA.
Kernaussage: Wende gegenüber allem Lebendigen niemals Gewalt an.

 WISSENSWERTES

Wiedergeburt
Die Vorstellung von der Wiedergeburt gibt es nicht nur im indischen Kulturkreis. So glaubt man in vielen Stammeskulten, dass die Seele eines Ahnen in den Körper eines Neugeborenen eingehte und in ihm weiterlebte; die Germanen z. B. gaben deshalb einem Kind oft den Namen des Großvaters. Im antiken Griechenland glaubten die Pythagoreer, die Orphiker und auch Platon, dass die Seele nach dem Tod in ein anderes Lebewesen, sei es Mensch, Tier oder Pflanze, übergehen könne. Fest steht, dass der Glaube an die Seelenwanderung von der Hoffnung auf ewiges Leben bestimmt und insofern der christlichen Idee von der Wiederauferstehung verwandt ist.

 EMPFEHLUNGEN

Lesenswert:
Walther Schubring: *Worte Mahaviras. Kritische Übersetzungen aus dem Kanon der Jaina*, Göttingen 1998

Helmuth von Glasenapp: *Jainismus*, Hildesheim 1984

Heinrich Zimmer: *Philosophie und Religion Indiens*, Frankfurt / M. 1973

Jenner Zimmermann: *Indien. Das Licht der Weisheit und die Farben des Lebens*, Hildesheim 2009

 AUF DEN PUNKT GEBRACHT

Leben heißt leiden. Deshalb habe Mitleid mit allen Wesen, und übe niemals Gewalt gegen sie. Löse dich durch Besitzlosigkeit und Askese von allem, was dich an die Welt fesselt. Dann erlangst du Erlösung, wirst nicht wiedergeboren und kehrst nie mehr in das leidvolle Dasein zurück.

Die Welt ist Zahl

Pythagoras
um 570–um 497 v. Chr.

$a^2 + b^2 = c^2$: Diese Formel hat jeder im Mathematikunterricht gelernt. Es ist der berühmte Lehrsatz des Pythagoras, dem zufolge im rechtwinkligen Dreieck die Summe der Quadrate über den Katheten a und b gleich dem Quadrat über der Hypotenuse c ist.

Wenngleich der Grieche, der im 6. Jahrhundert v. Chr. in Unteritalien lebte, bei babylonischen Mathematikern, die die Formel lange zuvor gefunden hatten, abgekupfert haben dürfte – es ist kein Zufall, dass man seinen Namen mit ihr verbindet, denn die Beschäftigung mit Zahlen war Pythagoras' Lebensinhalt. Diese Arbeit trug ihm reiche Früchte auch und gerade auf scheinbar wesensfremden Gebieten ein: Die Entdeckung der Kugelgestalt der Erde, die Verwendung der Begriffe »Kosmos« und »Sphärenmusik«, das geht auf ihn zurück.

■ Pythagoras demonstriert die geometrische Ordnung der Welt. Kupferstich, 16. Jh. Paris, Bibliothèque Nationale. Pythagoras vertrat die Ansicht, dass sich alles in Zahlen ausdrücken ließe und das ganze Weltgebäude harmonisch geordnet sei.

Seiner Behauptung, alles ließe sich in Zahlen ausdrücken, könnte ein heutiger Informatiker wohl zustimmen. Der US-Amerikaner Stephen Wolfram, der eine intelligente Suchmaschine für das Internet entwickelt, hat es ausdrücklich gesagt: »Alles ist Berechnung.« Folgerichtig hält er sogar das Universum für einen Automaten, gebaut aus allerkleinsten Zellen, die, winziger als die Elementarteilchen, in stetem Gleichtakt ihren nächsten Zustand berechnen. Gewiss ist das Spekulation. Ebenso gewiss ist, dass das Prinzip der Zahl ungemein fruchtbar für die Entfaltung der modernen Naturwissenschaften war.

Seinen Anfang nahm alles in der Musik. Hier fand Pythagoras heraus, dass die Tonhöhe einer schwingenden Saite von ihrer Länge abhängt und der Wohlklang der Akkorde, also die Harmonie der Töne, festen Zahlenverhältnissen der Saitenlängen entspricht. Die Schwingungszahlen des Grundtons verhalten sich zur Oktave wie 1:2, zur Quinte wie 2:3, zur Quarte wie 3:4. Die Prinzipien der Zahlen seien die Prinzipien der Dinge überhaupt, verallgemeinerte Pythagoras kühn seinen Befund und erhob den Begriff der Harmonie als rechnerisch nachweisbar zur Grundtatsache.

Mit Hilfe der ästhetischen Kategorie »Harmonie« kam er nun nicht nur zu der Ansicht, die schönste Fläche sei der Kreis und

der schönste Körper die Kugel, sondern auch zu dem Schluss, die Erde selbst müsse Kugelgestalt haben. Mehr noch: das ganze Weltgebäude sei harmonisch geordnet. Kosmos taufte er es deshalb, was eigentlich »Ordnung, Schmuck« bedeutet. Zudem meinte er, die Himmelskörper erzeugten bei ihren schönen Kreisbewegungen Töne. Er selbst war der Einzige, der diese »Himmelsharmonie« oder »Sphärenmusik« zu hören vermochte, aber der Begriff blieb. Tatsächlich gibt es eine astronomische Theorie, nach der Schwarze Löcher wie gigantische Lautsprechermembranen aberwitzig tiefe Töne erzeugen, viel zu langsam für menschliche Ohren, aber in Millionen Jahren fügen sie sich zu einer Art Klangteppich.

■ *Der Sonnenhymnus des Pythagoras. Gemälde, 1869, von Feodor Andrejewitsch Bronnikow (1827–1902). Moskau, Tretjakow-Galerie*

Dass eine zweite Sonne, Nemesis genannt, oder eine Gegenerde existiert, sind weitere Theorien, die von modernen Astronomen diskutiert werden. Pythagoras war ihnen abermals voraus: Fasziniert von der runden Zahl Zehn, behauptete er, es gebe genau zehn Himmelskörper. Umgeben von der äußeren Fixsternschale (von deren Vorhandensein man im Altertum überzeugt war) kreisen die fünf Planeten Merkur, Venus, Mars, Jupiter und Saturn sowie Erde, Mond und sogar die Sonne um ein Zentralfeuer. Dieses ist allerdings unsichtbar, weil es stets seine feuerabgewandte Seite zeigt; ebenfalls nicht zu sehen ist die der Feuerseite zugekehrte Gegenerde.

Pythagoras' Verehrung der Zehn war kein Zufall, obgleich sie nicht unmittelbar mit der trivialen Tatsache des zum Rechnen verwendeten Dezimalsystems zusammenhängt: Wieder waren es die Musikintervalle, die zunächst das Zusammenspiel der Ziffern Eins bis Vier offenlegten; die Quersumme dieser ersten vier Zahlen ergibt dann – zehn. Zugleich lässt sich mit ihnen das vollendet harmonische, gleichseitige Dreieck bilden, wenn man als Basis vier Zählsteine legt, darüber drei, dann zwei, schließlich einen. In ihm sind, von unten nach oben gelesen, die Intervalle 4:3, 3:2, 2:1 lesbar.

ORPHEUS UND DIE SEELEN-WANDERUNG

Eine Sage aus dem griechischen Altertum erzählt von Orpheus, der so begnadet die Lyra (Leier) spielte, dass sogar die Bäume zuhörten. Von seiner Musik betört, erlaubte ihm der Unterweltgott Hades, seine verstorbene Gattin Eurydike auf die Erde zurückzuführen, sofern Orpheus sich auf dem Weg in die Oberwelt nicht zu ihr umdrehe. Doch ebendas tat er, Eurydike entschwand für immer. Auf angeblich von Orpheus stammende Schriften beriefen sich die Orphiker, die sich bereits vor Pythagoras mit der Seelenwanderung und der Seligkeit im Jenseits beschäftigten.

Überall Harmonie! Überall der Wohllaut der Zahlenproportionen! Und weil die Zahlen und ihre Verhältnisse die harmonische Ordnung der Welt abbilden, muss Einklang der Grundton auch im Leben sein: Kein rachsüchtiger, despotischer Gott regiert die Welt, sondern die Götter sind dem Menschen freund, wie die Menschen einander freund sein sollen und allem, was eine Seele hat, also auch den Tieren.

JEDES BÖHNCHEN GIBT EIN TÖNCHEN
Pythagoras hielt die Bohne (die in Europa damals bekannte Saubohne, nicht die aus Amerika stammende Gartenbohne) vermutlich für beseelt und verbot ihren Verzehr: nicht weil sie den Hoden ähnelt, sondern weil sie »Winde« auslöst. Ein Wind ist nämlich auch die Seele: Griechisch *psyche* heißt Lebens-»Hauch«.

»Seele« meint bei Pythagoras kein mystisches Etwas wie in anderen Religionen, sondern eine fassbare Dreiheit aus Gefühl, Vernunft und Verstand, wovon allein der Verstand unsterblich sei. Der ist ansatzweise den Tieren eigen – womit, lange bevor die Genetik eine im Erbgut nachweisbare Verwandtschaft selbst mit primitiven Lebensformen nachwies, ein Seelenband zwischen Mensch und Tier geknüpft war. Mehr noch: Da für Pythagoras die Seele nicht mit dem Körper stirbt, sondern in andere Wesen wandert, war nicht auszuschließen, dass einen Freund aß, wer Fleisch verzehrte. Die Konsequenz hieß Vegetarismus: »Des Beseelten enthalte dich!«, so Pythagoras' Maxime.

Bereits in der Antike wurde ein Überflieger wie Pythagoras, der sich mit allem Möglichen beschäftigte und seiner Zeit oft weit voraus war, ziemlich disharmonisch als »Oberschwindler« beschimpft und sein Schaffen als »Betrugskunst« abgetan. Indes – womöglich verfehlt das nicht nur die Sache, sondern auch die Person, weil vielleicht nicht Pythagoras, sondern erst die sogenannten Pythagoreer diese erstaunlichen Zahlentheorien in die Welt setzten, indem sie ihres Meisters Spekulationen über Harmonie und Seelenwanderung auf ihre Berechenbarkeit prüften. Dass er vielleicht diese beiden Ideen östlichem Einfluss verdankt, kann niemand mehr nachweisen. Dass der Satz des Pythagoras nicht von ihm stammt, glaubt man aber zu wissen.

PYTHAGORAS
PYTHAGOREISMUS

 DATEN UND FAKTEN

Biographie: Pythagoras wird wahrscheinlich um 570 v. Chr. auf der griechischen Insel Samos als Sohn eines Kaufmanns geboren. Seine philosophische Ausbildung soll er bei Pherekydes von Syros erhalten haben. Danach setzt er seine Studien in Ägypten und Babylonien fort, kehrt aber nach Samos zurück. Mit etwa vierzig Jahren verlässt er Griechenland endgültig, möglicherweise auf der Flucht vor dem Tyrannen Polykrates, und geht nach Kroton in Unteritalien, wo er einen »Bund für sittlich-religiöse Lebensreform« gründet. Dieser ordensähnlichen Gemeinschaft steht er als spiritueller Führer vor. Im Jahr 510 v. Chr. kommt es zum Krieg zwischen Kroton und der Stadt Sybaris, den Kroton gewinnt. Die Unruhen und die folgenden Auseinandersetzungen um das neu eroberte Land veranlassen Pythagoras, erneut den Wohnsitz zu wechseln: Er zieht nach Metapontion, wo er um 497 v. Chr. stirbt.

Quellen: die Pythagorasbiographien des Porphyrios (*Vita Pythagorae*) aus dem 3. Jh., des Iamblichos (*De vita Pythagorica*) aus dem 3./4. Jh. und des Diogenes Laertios (*Vitae philosophorum*), entstanden um 220 n. Chr.

Wirkungsstätten: Kroton (heute Crotone im süditalienischen Kalabrien); Metapontion (heute Metaponto in der süditalienischen Basilikata)

Heiligtum: Das Kloster der Pythagoreer in Kroton wurde wahrscheinlich um 510 v. Chr. zerstört.

heilige Schriften: Pythagoras soll eine Reihe von Gedichten verfasst haben, darunter die *Heilige Rede* und die *Goldenen Verse*. Da ihm diese Werke aber erst ab dem 5. Jh. v. Chr. zugeschrieben wurden, ist seine Autorschaft fraglich. Möglich wäre, dass Teile seiner *Heiligen Rede* von seinen Schülern ergänzt und zu den *Goldenen Versen* zusammengestellt wurden.

Verbreitung: Nach dem Tod des Pythagoras gerieten seine Anhänger zunehmend unter Druck. Mitte des 5. Jh.s v. Chr. versuchten sie, politisch Einfluss zu nehmen, woraufhin es zu Verfolgungen kam. Nach den Unruhen, bei denen viele Pythagoreer fliehen mussten oder getötet wurden, konnten sie sich noch einmal neu formieren, doch gegen Ende des 4. Jh.s v. Chr. löste sich die Schule auf. Die pythagoreische Lehre blieb jedoch bis in die Spätantike lebendig und ist als »Neupythagoreismus« ein wichtiger Bestandteil der Philosophiegeschichte.

Kernaussage: Der Welt liegt eine Zahlenordnung zugrunde. Durch sie ist alles in Harmonie.

 WISSENSWERTES

Mathematik und Philosophie
In der Antike waren Mathematik und Philosophie eng verwandte Wissenschaften. An der von Platon (427–347 v. Chr.) gegründeten Akademie in Athen hatte die Mathematik, sicher beeinflusst durch pythagoreisches Gedankengut, einen hohen Stellenwert; sie galt als unverzichtbare Vorstufe zur Philosophie: Nur mit Hilfe der reinen Mathematik konnten, so Platons Überzeugung, die Schüler lernen, logische Schlüsse zu ziehen. Da Platon lehrte, dass wahre Erkenntnis nicht durch die trügerischen Sinne zu erlangen sei, war es unabdingbar, sich im klaren Denken zu üben. Ebendies, eine strenge Beweisführung mit Ergebnissen, die jedes vernunftbegabte Wesen nachvollziehen und bestätigen konnte, schulte man durch die Beschäftigung mit der Mathematik.

 EMPFEHLUNGEN

Lesenswert:
Diogenes Laertios: *Leben und Lehre der Philosophen*, hrsg. und übersetzt von Fritz Jürß, Stuttgart 1998 (Buch 8, Abschnitt 1–50 über Pythagoras)

Christoph Riedweg: *Pythagoras: Leben, Lehre, Nachwirkung. Eine Einführung*, München 2007

Leonid Zhmud: *Wissenschaft, Philosophie und Religion im frühen Pythagoreismus*, Berlin 1997

Platon: *Phaidon*, Stuttgart 1986 (Platons Versuch, Pythagoras' Lehre von der Unsterblichkeit der Seele zu widerlegen)

Hörenswert:
Claudio Monteverdi: *L'Orfeo*. Oper 1607

 AUF DEN PUNKT GEBRACHT

Alles in der Welt lässt sich zählen, und an den Proportionen der Zahlen kann man die harmonische Ordnung der Welt erkennen: Einklang allenthalben! Darum herrsche Einklang auch im Verhältnis der Götter zu den Menschen, der Menschen zueinander und des Menschen zu den Tieren.

Religion (fast) ohne Gott
Buddha
um 560–um 480 v. Chr.

■ Bodhisattva. Schiefer-
skulptur, 1.–3. Jh. Paris,
Musée Guimet.
Die Skulptur im sog. greco-
buddhistischen Stil stellt
vermutlich Prinz Siddhartha
Gautama vor seiner Abkehr
von weltlichen Dingen und der
Erleuchtung zum Buddha dar.

Man könnte es sich leichtmachen und bloß ein paar leere Seiten drucken. Dass die Leerheit alles ist und es in Wahrheit nichts gibt, ist eine Kernaussage des Buddhismus, und man könnte allenfalls hinzufügen, dass die Sinneseindrücke und das Bewusstsein bloße Illusionen sind und das einzig Reale – das Nirvana ist.

Gewöhnlich versteht man darunter das Nichts. Doch das wäre eine oberflächliche Übersetzung. Wie im Hinduismus meint Nirvana im Buddhismus das Erlöschen der Begierden, den Ausstieg aus dem Kreislauf der Wiedergeburten und damit das Ende des Leids, das mit dem Dasein verbunden ist. Aber es gibt einen Unterschied: Im Hinduismus vereint sich die Seele im Nirvana mit Gott, mit Brahma oder wie das Absolute heißen mag. Nicht so im Buddhismus, der weder ein unsterbliches Ich und eine ewige Seele kennt noch einen Gott oder ein Absolutes. Folglich können sie auch nicht zueinanderfinden. Im buddhistischen Nirvana hat alles aufgehört, und es gibt keinerlei Wechselwirkung mit irgendetwas. Trotzdem bedeutet Nirvana nicht Auslöschung, sondern ist eine letzte, unpersönliche Wirklichkeit. Das klingt paradox, aber nur so lässt es sich beschreiben: Das Nirvana ist Sein, Nichtsein, beides zugleich und keines von beiden – und Buddha setzt noch einen drauf und verneint alle vier Möglichkeiten.

Ähnlich widersinnig ist, was sich über die Welt sagen lässt. Einerseits ist alles, was existiert, in ihr gefangen, andererseits ist alles nur Schein. Schein schon deshalb, weil nichts von Dauer, sondern vergänglich ist – die Seele inklusive. Im Buddhismus gibt es kein von Daseinsform zu Daseinsform wanderndes, unzerstörbares Ich, keine Seelenwanderung. Für ihn gibt es nur verschiedene, nicht weiter reduzierbare Wirkkräfte oder Daseinsfaktoren, die sich stets neu und anders zu einem Einzelwesen zusammensetzen, trennen und wieder verbinden – eine Auffassung, die, jenseits der spirituellen Welt, den chemischen Tatsachen entspricht.

Der Buddhismus kennt genau fünf solcher Faktoren und nennt sie Körperlichkeit, Empfindung, Wahrnehmung, Wille

und Bewusstsein. Das durch sie begründete Dasein, lehrt Buddha wie schon der Hinduismus, ist leidvoll. Dem Einwand, es gebe auch Freude, hält er entgegen, dass sie vergehe, während das Leid kein Ende habe. Buddha fasst seinen Befund zu »Vier edlen Wahrheiten« zusammen: 1. Alles Dasein ist leidvoll und vergänglich. 2. Das Begehren – der Durst nach Leben, der Trieb nach Besitz, die Gier nach Geschlechtsverkehr – ist die Ursache des Leidens. 3. Um das Leiden zu überwinden, muss man das Begehren besiegen, den Lebenstrieb. 4. Man besiegt den Lebenstrieb und zerbricht das Rad der Wiedergeburt, indem man den mittleren Weg zwischen Vergnügen und Kasteiung geht.

Dieser mittlere Weg besteht im »Edlen Achtfachen Pfad«, der die praktischen Schritte zur Erlösung weist: rechte Anschauung (die Einsicht in die vier Wahrheiten), rechtes Denken (der Entschluss zur Entsagung von den Begierden und zum Wohlwollen gegen alles Lebende), rechte Rede (die Absage an Falschheit, Verleumdung, Geschwätz), rechtes Tun (die fünf Gebote für alle Buddhisten: nicht töten, nicht stehlen, keinen unerlaubten Geschlechtsverkehr vollziehen, nicht lügen, keine berauschenden Mittel einnehmen; fünf weitere Gebote für Mönche und Nonnen:

■ Die ersten fünf Schüler des Buddha mit dem Dharma-Chakra, einer symbolischen Darstellung der buddhistischen Lehre als Rad mit acht Speichen. Die Speichen stehen für den »Edlen Achtfachen Pfad«, der den Weg zur Erlösung weist. Teil einer Buddha-Statue, Isipatana Wildpark, Sarnath, Indien

HINDUISMUS UND BUDDHISMUS

Der Buddhismus wurzelt im Hinduismus. Neben vielen Gemeinsamkeiten in Theorie und Praxis – leidvolles Dasein, Wiedergeburt, Nirvana, Schonung alles Lebenden – gibt es eine Reihe Unterschiede: Der Buddhismus stützt sich nicht auf die altindischen Veden, glaubt nicht an eine unsterbliche Seele, lehnt das Kastensystem ab (billigt aber scharfe soziale Gegensätze wie im alten Tibet) und erkennt Götter allenfalls als Illusionen an, wie der tibetische Buddhismus, der die Götzen, Dämonen und Zauberpraktiken der alten Volksreligion toleriert.

Im Jahr 1856 plante Richard Wagner eine buddhistische Oper in drei Akten mit dem Titel *Die Sieger*. Sie blieb unvollendet; lediglich Prosatexte sind erhalten.

■ Liegender Buddha beim Übergang vom Diesseits ins Nirvana. Ausschnitt aus einem Thangka, einem traditionellen Rollbild des tibetischen Buddhismus, 1750. Paris, Musée Guimet

LOTOS

Wie im Hinduismus ist der Lotos die wichtigste Symbolpflanze im Buddhismus: Wie seine Stängel und Blüten aus dem Wasser nach oben streben, der Sonne entgegen, so strebt der Mensch aus der irdischen Existenz nach Erlösung; und wie der Lotos, der im Wasser schwimmt und doch nicht von ihm benetzt wird, lebt der Weise in der Welt, ohne sich von ihr berühren zu lassen.

auf Musik, Tanz und Schauspiel verzichten, weder Parfüm noch Schmuck verwenden, nicht in weichen Betten schlafen, Geld meiden, Wertsachen entsagen), rechter Lebensunterhalt (kein Handel mit Fleisch, Alkohol, Gift oder Waffen, keine Berufe wie Jäger, Fischer, Schlachter, Henker), rechtes Streben (schlechte Gemütsregungen nicht entstehen lassen, gute fördern), rechte Achtsamkeit (sich seines Körpers, seiner Gefühle, seiner Gedanken bewusst und ihrer doch als vergänglicher Erscheinungen gewiss sein) und rechtes Sichversenken (den Geist sammeln und meditieren).

Wer endlich auf der achten Stufe den letzten Grad vollkommener Versenkung erreicht, löst sich von der illusionären Außenwelt und seinem trügerischen Ich. Ihn überkommt die Erlösung gleich dem Buddha (»der Erleuchtete«), als er einst unter dem Bodhi-Baum, dem Baum der Erkenntnis, nachsann. Der Erleuchtete entkommt dem Kreislauf des Daseins, betritt bereits zu Lebzeiten das Nirvana und wird ein Heiliger, um beim leiblichen Tod endgültig

DER BODHI-BAUM

Der Feigenbaum am Ufer des Nairanjana im indischen Bundesstaat Bihar ist zwar nicht das Exemplar, unter dem Siddhartha Gautama jene Erleuchtung (Sanskrit: *bodhi*) kam, die ihn zum Buddha machte. Aber er soll sich aus einem Ableger des Originalgewächses entwickelt haben. Der Mahabodhi-Tempel, der um dieses Naturheiligtum herum erbaut wurde, zählt zum Weltkulturerbe und wird täglich von Touristen und Wallfahrern besucht.

Da er der Familie der Shakya entstammte, wurde der Buddha auch Shakyamuni, »Einsiedler der Shakya«, genannt.

ins Nirvana einzugehen und in jenem unbeschreiblichen Zustand des ewigen Friedens zu versinken.

Die Doktrin vom Nirvana teilen alle Buddhisten ebenso wie das Bekenntnis zum Triratna, den »Drei Edelsteinen«, dem von Buddha formulierten Glaubensbekenntnis, das die Treue zu ihm, seiner Lehre (Dharma) und seiner Mönchsgemeinschaft (Sangha) ausdrückt: »Ich gehe zu Buddha als meinem Führer; ich gehe zu Dharma als meinem Führer; ich gehe zu Sangha als meinem Führer.« Von solchen Grundlagen abgesehen, zerfällt der heutige Buddhismus jedoch in mehrere Schulen. Die wichtigsten sind das »Große Fahrzeug« (Mahayana), das »Kleine Fahrzeug« (Hinayana) und der tibetische Buddhismus, auch Vajrayana oder »Diamantfahrzeug« genannt.

■ Der heilige Bodhi-Baum im Mahabodhi-Mahavihara-Tempel in Bodh Gaya, Bihar, Indien

»Fahrzeug« heißt es, weil man den Ozean des Daseins überqueren muss, um ans jenseitige Ufer, das Nirvana, zu gelangen. Beim in Südostasien verbreiteten Hinayana-Buddhismus, der ältesten Richtung, ist die Erlösung wenigen möglich, in der Regel den asketisch und weltfern lebenden Mönchen. Normalsterblichen bleibt die Hoffnung, durch gute Werke ihr Karma zu verbessern, indem sie den Mönchen zu essen geben und den Klöstern spenden, um im nächsten Leben selbst Mönch werden zu können.

Anders beim in Ost- und Mittelasien populären Mahayana-Buddhismus, der den Laien die Erlösung in Aussicht stellt, ohne dass sie ein weltfremdes Leben führen müs-

■ Tibetische Gebetsmühle. Bei dem in Tibet entstandenen Lamaismus spielen meditative Rituale eine wichtige Rolle, etwa der Gebrauch der von Hand, Wind oder Wasser angetriebenen Gebetsmühlen. In ihnen befindet sich ein Papierstreifen mit dem Mantra »Om mani padme hum«.

sen. Wesentlich ist vielmehr der Glaube an die eigene verborgene Buddha-Natur, die erweckt werden kann, sodann an den Buddha, der nicht mehr bloßer Wegweiser zum Heil, sondern eine Art Gott geworden ist, sowie an die Bodhisattvas, die »erleuchteten Seelen«.

Im Hinduismus gibt es die Idee von den Gottheiten, die in Menschengestalt auf die Erde herabsteigen, den Avataren. Der Mahayana-Buddhismus hat daraus die Vorstellung von den Bodhisattvas abgeleitet: Heilanden, die den Zustand der Erlösung erreicht haben, aber nicht ins Nirvana eingehen, sondern sich aus Mitleid mit den übrigen Lebewesen wiedergebären lassen, um sie den rechten Weg zu lehren. Sie als Einzige scheinen zu diesem Zweck eine Art eigener unsterblicher Seele erworben zu haben.

Ein solcher Bodhisattva ist der Dalai Lama. Er, der »ozeangleiche Lehrer«, gilt als Reinkarnation des Buddhas der Barmherzigkeit, des Avalokiteshvara. Der tibetische Buddhismus gehört zur Mahayana-Schule, und wie diese räumt er Laien die Chance auf Erlösung ein. Allerdings ist die Anleitung durch einen Lama, einen besonders befähigten Mönch, notwendig; als spiritueller Lehrer gleicht der Lama dem hinduistischen Guru. Aus Indien stammen außerdem tantrische Elemente: Der Tantrismus (Tantra: »Gewebe, Zusammenhang«) sucht Erlösung durch Rituale, die die Gedanken und Sinne betäuben und das Ichbewusstsein ausschalten. Dazu dienen heilige Formeln, die Mantras, und bildliche Meditationshilfen, die Mandalas. Ähnliche Methoden praktiziert der Lamaismus, zum Beispiel in Gestalt der von Hand, Wind oder Wasser angetriebenen Gebetsmühlen. In ihnen befindet sich ein Papierstreifen mit dem Mantra »Om mani padme hum«, was sinngemäß übersetzt wird mit »Erhabenes Lob der höchsten göttlichen Kraft, die sich gleich einem Juwel im Lotos entfalten möge«. Das Wort für Juwel, »mani«, bedeutet freilich auch Penis, und das Wort für den Lotos, »padme«, bezeichnet auch die Vagina. »Om« und »hum« sind lediglich Urlaute, angenehme Klangworte. So hält die Gaukelwelt der Sinne doch noch Einzug in den Buddhismus.

BUDDHA
BUDDHISMUS

 DATEN UND FAKTEN

Biographie: Siddhartha Gautama wird der Überlieferung zufolge um 560 v. Chr. in Lumbini (heute Rummindai in Nepal) als Sohn des Fürsten Shuddhodana geboren. Seine Mutter, Maya, stirbt kurz nach der Geburt. Siddhartha wächst im Luxus auf, heiratet mit 16 seine Cousine Yashodhara. Mit ihr hat er einen Sohn, Rahula. Als er 29 Jahre alt ist, erscheint ihm sein bisheriges Leben plötzlich sinnlos: Er verlässt Heimat und Familie und führt ein Leben in Askese. Nach sieben Jahren erlangt er in Uruvela (heute Urel) bei Bodh Gaya die Erleuchtung, als er unter einem Feigenbaum meditiert. In Sarnath bei Benares (heute Varanasi im nordindischen Bundesstaat Uttar Pradesh) trifft er auf fünf Asketen, die seine ersten Jünger werden; mit ihnen gründet er einen Bettelmönchorden. Danach zieht Siddhartha, jetzt der Buddha, »der Erleuchtete«, weiter predigend durchs Land. Er stirbt vermutlich um 480 v. Chr. in der Nähe von Kushinagara, heute in Uttar Pradesh, an der Grenze zu Nepal.
Quellen: Der Buddha hat keine eigenen Schriften hinterlassen. Ab dem 1. Jh. v. Chr. haben Jünger die Predigten des Erleuchteten in der heiligen Sprache Pali aufgeschrieben. In die mündliche Überlieferung seiner Vita mischen sich zahlreiche Legenden.
Wirkungsstätten: Nepal; Nordindien
Heiligtümer: Lumbini (Rummindai) in Nepal, der Geburtsort des Buddha; der Mahabodhi-Tempel im indischen Bodh Gaya, der Ort der Erleuchtung; Anu-

radhapura in Sri Lanka mit dem ältesten Ableger des Bodhi-Baumes
heilige Schriften: Der auf Pali verfasste Kanon der Hinayana-Schule soll die Worte des Buddha enthalten. Die Sammlung, genannt Tipitaka (»Dreikorb«), entstand im 1. Jh. v. Chr. und gliedert sich in das Vinayapitaka (»Korb der Ordensdisziplin«), das Suttapitaka (»Korb der Lehrreden«) und das Abhidhammapitaka (»Korb der Dogmatik«). Zum Tipitaka gibt es zahlreiche Kommentare.
Verbreitung: Weltweit gibt es etwa 360 Mio. Buddhisten. Davon leben 355 Mio. in Asien, 2,7 Mio. in Nordamerika, 1,5 Mio. in Europa, 645 000 in Südamerika und 400 000 in Russland. Exakte Zahlen sind schwer zu ermitteln, da der Buddhismus keine ausschließliche Zugehörigkeit kennt; so sind viele Shintoisten, Daoisten und Konfuzianer zugleich Buddhisten, ohne statistisch erfasst zu sein.
Kernaussage: Alle irdischen Taten werden vergolten. Nur wer seine Begierden überwindet, wird belohnt und entkommt dem Samsara.

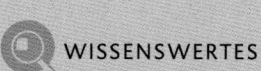 WISSENSWERTES

Maya und Maria
Nicht nur Jesus Christus hatte eine jungfräuliche Mutter: Auch Buddhas Mutter Maya soll der Legende zufolge empfangen haben, ohne den Geschlechtsakt zu vollziehen. Über sie kam jedoch

nicht der Heilige Geist, sondern der Buddha drang, während sie schlief, in Gestalt eines weißen Elefanten in ihre Seite ein. Auf diesem Weg verließ er den Körper der Mutter auch wieder, die ihren Sohn stehend und ohne Schmerzen gebar. Wie Maria war Maya durch himmlische Wesen auf das seltsame Geschehen vorbereitet worden und wusste, dass sie einen Auserwählten auf die Welt brachte, und wie Jesus wurde Buddha gleich nach der Geburt von großen Weisen als Erlöser gepriesen. Selbst die Namen Maya und Maria haben einen ähnlichen Klang, wahrscheinlich besteht aber keine sprachhistorische Verwandtschaft.

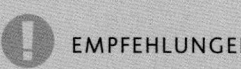 EMPFEHLUNGEN

Lesenswert:
Reden des Buddha, Stuttgart 1986

Thich Nhat Hanh: *Wie Siddhartha zum Buddha wurde. Eine Einführung in den Buddhismus*, München 2004

Verena Reichle: *Die Grundgedanken des Buddhismus*, Frankfurt / M. 2007

Hermann Hesse: *Siddhartha. Eine indische Dichtung*, Frankfurt / M. 2006 (Erzählung)

Sehenswert:
Little Buddha. Regie: Bernardo Bertolucci; mit Keanu Reeves, Bridget Fonda. GB / F / I 1993

 AUF DEN PUNKT GEBRACHT

Alles Dasein ist leidvoll und vergänglich. Schuld sind die Begierden, sind die Illusionen, denen der Mensch nachhascht. Sie muss man überwinden, um den Kreislauf von Tod und Wiedergeburt zu beenden und ins Nirvana zu gelangen, das Reich ewigen Friedens.

Harmonie soll herrschen
Konfuzius
um 551–um 479 v. Chr.

Die einen verehrten ihn als heilig und vergötterten ihn buchstäblich, die anderen schmähten ihn und verfolgten seine Anhänger. Einerseits galt seine Lehre als Inbegriff der chinesischen Kultur und Garant der staatlichen Ordnung, andererseits lastete man ihr Chinas Rückständigkeit in Wirtschaft, Wissenschaft und Technik an und machte sie für die feudal erstarrte Gesellschaft verantwortlich. Hundert Jahre lang war »Meister Kong« alias Kong Fuzi, latinisiert: Konfuzius, umstritten wie kein anderer.

■ Konfuzius, Laotse und ein Arhat, ein buddhistischer Heiliger. Buchmalerei, 6./17. Jh., von Ding Yunpeng (tätig von 1584 bis 1638). Peking, Palastmuseum

Mittlerweile liegt die Große Proletarische Kulturrevolution über dreißig Jahre zurück. Die zerstörten Tempel sind wiedererrichtet, und die Partei- und Staatsführung propagiert nach dem Vorbild des Philosophen, der vor 2500 Jahren lebte, eine »harmonische Gesellschaft«, um Regierung und Volk zu einen und die soziale Stabilität zu sichern. »Ohne die Lehre des Konfuzius kann das Reich nicht einen Tag bestehen«, lautet eine Inschrift aus der Ming-Zeit (1368–1644), und Mao Ze-dongs Nachfolger beherzigen sie inzwischen.

Maos Kulturrevolutionäre hielten Fachwissen für zweitrangig, wichtiger war die korrekte politische Überzeugung. Heute sieht man es wieder umgekehrt und stellt, getreu Konfuzius, die Gebildeten und Staatsdiener über das gemeine Volk, weil China bei seiner wirtschaftlichen Aufholjagd die Wissenschaftler und Ingenieure als Motor und den Staat als Lenker braucht. Chinas Reformer Deng Xiaoping führte die konfuzianische Eliteschulung für die Beamten wieder ein und erneuerte jene Tradition, wonach, so die Idee, die Besten dem Staat dienen sollen.

Zugleich finden, nachdem die kommunistische Ideologie ausgedient hat, mehr und mehr Chinesen ihren Lebenssinn in den Werten des

Konfuzius. Ob der Konfuzianismus auch wieder Staatsdoktrin wird, steht gewiss dahin; aber 2200 Jahre lang, bis zur Ausrufung der Republik 1912, war er es. In den Konfuzius-Tempeln hatten die Beamten an den Zeremonien zu Ehren des Staatsphilosophen teilzunehmen, der in den Kult des Kaisers, des »Sohnes des Himmels«, einbezogen war und von den Buddhisten als Buddha-Anwärter, als Bodhisattva, verehrt wurde.

Dass Konfuzius' Lehren zur Leitkultur avancierten, war kein Zufall. Er war vor zweieinhalb Jahrtausenden in einer Epoche des politischen Niedergangs bestrebt, Staat und Volk zu versöhnen, Alltag und Moral in Einklang zu bringen. Konkret strebte er die Festigung des überkommenen Feudalsystems an, nur dass er ihm jetzt ein ethisches Fundament geben wollte; zugleich strebte er danach, Regierung und Verwaltung zu reformieren, indem nicht mehr Geburt, sondern Bildung und Sittlichkeit zur Herrschaft befähigen sollten. So mochte die Welt ins Lot kommen: »Wer mittels Tugend regiert, gleicht dem Polarstern. Er bleibt an seinem Platz, während alle anderen sich ihm zuwenden«, sagt Konfuzius.

Sein Ansatz entspricht dem des Laotse (s. S. 54): Der Mensch soll sich der Weltordnung einfügen und gemäß ihrem innersten Gesetz, dem Dao, tugendhaft leben; dann waltet Harmonie. Wenn jeder seinen eigenen Interessen nachgeht, herrschen Unruhe und Zwietracht; wenn man sich als Teil eines höheren Ganzen begreift, herrscht Ordnung. Diese soll den ganzen Erdkreis bestimmen,

■ *Mao ist die rote Sonne in unseren Herzen.* Propagandaplakat, 1969. Das aus der Zeit der Kulturrevolution stammende Plakat zeigt Staatschef Mao Ze-dong, dem Bürger mit roten »Mao-Bibeln« in den Händen zujubeln.

RELIGION IN CHINA

Daoismus, Konfuzianismus und Buddhismus sind in China am weitesten verbreitet. Die Grenzen zwischen ihnen sind fließend, da es sich nicht um dogmatisch ausgebildete Glaubenssysteme handelt. Zudem haben sie sich dadurch angeglichen, dass sie Elemente des archaischen Volksglaubens – so den Ahnenkult – integriert haben. Im Übrigen sind Religion und Philosophie nicht streng unterschieden: Noch im 19. Jahrhundert gab es im Chinesischen keinen Begriff für »Religion«, sondern nur das Neben- und Ineinander von »Lehren«, »Schulen« und »Vorstellungen«.

»Die Tugend des Herrschers ist die des Windes, die Tugend des Volkes ist die des Grases«, sagt Konfuzius, und die Kommunistische Partei Chinas befolgt mittlerweile diese einst als reaktionär verfemte Maxime: Das Volk hat sich anzupassen, zu beugen.

und um dieses große Ziel zu erreichen, muss man klein anfangen: Konfuzius ist überzeugt, dass jeder Mensch erziehbar ist.

Sein Programm für Individuum, Gesellschaft und Welt schreitet von unten nach oben. »Ist die eigene Person in Ordnung, so ist die Familie in Ordnung. Ist die Familie in Ordnung, so ist der Staat in Ordnung. Ist der Staat in Ordnung, so ist die Welt in Ordnung«, sagt Konfuzius. Keine fremdartige Sicht: Wer die Welt verbessern will, muss bei sich selbst anfangen, und die Familie ist die Keimzelle des Staates, so drückt man es einige tausend Kilometer weiter westlich aus.

Während Laotse zum Aussteiger wurde und der Gesellschaft wortwörtlich den Rücken kehrte, wollte Konfuzius auf die sozialen Strukturen einwirken. »Fünf Beziehungen« betrachtete er als grundlegend: das Verhältnis zwischen Herrscher und Untertan (hoch und niedrig), Vater und Sohn (alt und jung), Mann und Frau, älterem und jüngerem Bruder, Freund und Freund. Gleichheit ist nach Konfuzius allein unter Freunden möglich, in allen anderen Bereichen regiert Ordnung durch Unterordnung unter den Herrscher, den Vater, den Mann, den Älteren, unter das Alte und die Tradition überhaupt. Hierarchie ist für Konfuzius das Bauprinzip der Gesellschaft.

Damit zwischen den Ungleichen die Beziehungen reibungslos funktionieren, sollen sie von Menschlichkeit, Gerechtigkeit und Ehrerbietung bestimmt sein. Der Herrscher beweist Güte und Humanität, die Untertanen danken mit Gehorsam und Pflichterfüllung – so das Ideal. In der Realität waren die Kaiser, die Beamten, die Familienoberhäupter nicht immer so tugendhaft; die hierarchische Ordnung ermunterte zu Willkür und Machtmissbrauch.

Immerhin wohnt Konfuzius' Regelwerk, sosehr es die patriarchalische Sippenordnung der Feudalzeit zu verewigen trachtet, insofern ein revolutionärer Gehalt inne, als Herrschaft nicht mehr durch Abstammung, sondern durch Moral und Wissen gerechtfertigt wird. Wo es daran mangelt, entsteht Unordnung. Konfuzius sagt: »Der Fürst ist das Schiff. Sei-

■ Konfuziustext. Japanische Kalligraphie von Hokusai Katsushika (1760–1849). Vermutlich schon im 5., spätestens aber im 7. Jh. fanden Konfuzius' Texte unter Japans Gelehrten Verbreitung. Die Auseinandersetzung mit seiner Lehre führte zu der Frage, ob die konfuzianische Maxime, dass allein Menschlichkeit Machtausübung legitimiere, auch in Japan Geltung habe.

ne Untertanen sind das Wasser. Das Wasser ist dasjenige, was das Schiff trägt, aber es kann es auch umwerfen.«

Indes sind solche umstürzlerischen Ideen vor allem eines: Papiertiger. In der Praxis ist der Konfuzianismus als Staatslehre ein herrschaftssicherndes Instrument, schon weil um der großen Harmonie willen die von den Untertanen verlangte Folgsamkeit mit Gewalt erzwungen werden kann. Die Beherrschten

hingegen verfügen in der Regel nicht über die Machtmittel, um ihre Vorstellung von Harmonie durchzusetzen.

Zwar steht »Harmonie«, der zentrale Begriff der konfuzianischen Weltanschauung, dem Begriff »Freiheit«, um den westliches Denken kreist, nicht notwendig entgegen. Doch die Spannung ist deutlich. Sie beruht darauf, dass westliche Freiheit als die des Individuums verstanden wird, mit dem letzten Ziel der Selbstverwirklichung, während Harmonie die Einbettung des Einzelnen in die Gemeinschaft bezweckt – und diese Gemeinschaft ist keine von gleichberechtigten Bürgern, sondern eine von Untertanen.

Was unter Harmonie zu verstehen ist, bestimmen daher nicht sie, sondern wird oben entschieden, vom Familienvater, vom Kaiser. Allerdings ist in der Theorie selbst der Kaiser nicht die höchste Instanz, sondern – der Himmel. Er wird als eine moralische Macht gedeutet, die im Verein mit der Erde alle Dinge hervorbringt und an die Menschen sittliche Forderungen stellt. Der Kaiser muss die Weisheit besitzen, diesen allerhöchsten Willen zu erkennen; dass

■ Dieser Wandbehang aus dem 12. Jh. zeigt Kinder, die, dem konfuzianischen Ideal des kindlichen Gehorsams folgend, ihren Eltern Respekt zollen.

DIE KONFUZIUS-INSTITUTE
Nach dem Vorbild der deutschen Goethe-Institute betreibt China die Konfuzius-Institute. Derzeit ist geplant, weltweit rund zweihundert neue zu gründen, um die chinesische Kultur im Ausland bekannter zu machen und den chinesischen Sprachunterricht zu fördern. Bereits heute gibt es in Deutschland elf Konfuzius-Institute, und zwar in Berlin, Düsseldorf, Frankfurt am Main, Hannover, Hamburg, Leipzig, Trier, Heidelberg, Duisburg, München und Erlangen. Ein weiteres soll in Freiburg im Breisgau entstehen.

Man hat Konfuzius unterstellt, er habe darauf spekuliert, als integrer Philosoph selbst die Herrschaft zu erlangen, indem er darauf beharrte, alle politischen Positionen rein moralisch zu rechtfertigen. Für diese Vermutung gibt es jedoch keinen Beweis.

■ Der Himmelstempel in Peking diente dem Kaiser zur Durchführung von Riten, die seinen Untertanen zeigen sollten, dass er dem Willen des Himmels entsprechend handle.

er im Bund mit dem Himmel ist, hat er regelmäßig durch getreue Befolgung der Riten im Himmelstempel vorzuführen. So demonstriert und garantiert er die Harmonie des Weltganzen.

Ursprünglich war der Konfuzianismus kein regelrechtes politisches Programm zur Herrschaftssicherung und auch kein philosophisches System; eigentlich ist er nur ein Bündel praktischer Lebensweisheiten. Dass er im Lauf der Zeit sogar religiöse Züge annahm, obwohl er nichts über einen Schöpfergott, die Seele und das Fortleben nach dem Tod aussagt, hat zwei Gründe: Zum einen korrespondiert die Verehrung der Tradition und der Alten mit dem chinesischen Ahnenkult, der denn auch in den Konfuzianismus integriert wurde und Konfuzius zu einer Gottheit werden ließ. Zum anderen greift die Lehre von der Harmonie alte, volkstümliche Vorstellungen von himmlischen Mächten auf. Konfuzius verwirft zwar magische Bräuche, fordert aber, unter Verzicht auf den Zauberglauben die alten Riten zu befolgen, denn darin liege der Wille des Himmels. Und ihm sich zu unterwerfen, das ist auch in richtigen Religionen bekanntlich die Hauptsache.

KONFUZIUS
KONFUZIANISMUS

 DATEN UND FAKTEN

Biographie: Kong Qiu, später Kong Fuzi (»Meister Kong«) genannt, wird vermutlich 551 v. Chr. in Qufu im chinesischen Staat Lu (heute in der Provinz Shandong) geboren. Obwohl seine Familie dem Kleinadel angehört, wächst er nicht im Luxus auf; sein Vater stirbt früh, Kong Qiu wird von seiner Mutter aufgezogen und vom Großvater unterrichtet. Mit 19 Jahren heiratet er. Lange verrichtet er niedere Arbeiten, macht aber ab 500 v. Chr. politische Karriere, wird erst Bauminister von Lu, 498 sogar Vizekanzler. Doch ein Jahr später geht er auf Wanderschaft, sammelt Schüler um sich, mit denen er philosophische Fragen diskutiert. Nach 13 Jahren kehrt er nach Lu zurück, stirbt 479 v. Chr. in Qufu. Im 2. Jh. n. Chr. wird er vergöttlicht.

Quellen: Lun-yu (Gespräche), eine Sammlung der Gespräche des Konfuzius mit seinen Schülern, zusammengestellt zwischen dem 2. Jh. v. Chr. und dem 1. Jh. n. Chr.; das Shi-ji von Sima Qian aus dem 2. Jh. v. Chr.

Wirkungsstätte: China

Heiligtümer: die Grabstätte des Konfuzius, die Residenz der Familie Kong und der Konfuzius-Tempel in Qufu; Konfuzius-Tempel in jeder Provinzhauptstadt Chinas

heilige Schriften: die Fünf Klassiker, bestehend aus dem Yi-jing (auch: I Ging; »Buch der Wandlungen«), dem Shi-jing (»Buch der Lieder«), dem Shu-jing (»Buch der Urkunden«), den Li-ji (»Aufzeichnungen über die Riten«) und den Chun-qiu (»Frühlings- und Herbstannalen«)

Verbreitung: Die kultische Verehrung des Konfuzius in China lässt sich ab dem 2. Jh. v. Chr. nachweisen. Der Kaiser brachte erstmals 174 v. Chr. an Konfuzius' Grab ein Opfer dar und erklärte den Konfuzianismus zur offiziellen Weltanschauung Chinas. Bereits vor seiner Vergöttlichung im 2. Jh. n. Chr. wurde Konfuzius als »geistiger König« oder »Welterlöser« verehrt. Im Jahr 555 n. Chr. wurde per Edikt angeordnet, dass jede Provinzhauptstadt einen Konfuzius-Tempel zu errichten habe. Nachdem noch 1906 ein Erlass bekräftigt hatte, dass Konfuzius den höchsten chinesischen Gottheiten gleichgestellt sei, machte die Ausrufung der Republik 1912 seinem Kult vorübergehend ein Ende. Mit dem Tod Mao Ze-dongs 1976 lebte der Konfuzianismus wieder auf. Außer in China hat er in Taiwan und Singapur zahlreiche Anhänger.

Kernaussage: Ist die eigene Person in Ordnung, so ist die Familie in Ordnung. Ist die Familie in Ordnung, so ist der Staat in Ordnung. Ist der Staat in Ordnung, so ist die Welt in Ordnung.

 WISSENSWERTES

Die Fünf als heilige Zahl
Dass es im Konfuzianismus gerade fünf klassische Bücher gibt, ist kein Zufall: Wie in vielen Kulturen war die Zahl Fünf auch im alten China von besonderer Bedeutung. So gibt es beispielsweise fünf heilige Berge, fünf Beziehungen, fünf moralische Qualitäten und fünf Elemente. Der Grund dafür ist, dass die Fünf als vollendete Zahl gilt; sie repräsentiert die vier Himmelsrichtungen und den magischen Punkt, an dem sie sich kreuzen. Auch für das Christentum ist sie wichtig: Im Alten Testament gibt es die fünf Bücher Mose, im Neuen Testament die fünf Wunder Christi sowie die fünf Wundmale des Gekreuzigten. Da überrascht es kaum, dass auch der Islam auf genau fünf Säulen ruht.

 EMPFEHLUNGEN

Lesenswert:
Die Lehren des Konfuzius. Die vier konfuzianischen Bücher, chin.-dt., übersetzt und erläutert von Richard Wilhelm, Neu-Isenburg 2008

Konfuzius: Gespräche, Stuttgart 1998

Heiner Roetz: Konfuzius, München 2006

Richard Wilhelm: Chinesische Philosophie. Eine Einführung, Wiesbaden 2007

Marcel Granet: Das chinesische Denken. Inhalt. Form. Charakter, Frankfurt / M. 2007

Sehenswert:
Der letzte Kaiser. Regie: Bernardo Bertolucci; mit John Lone, Joan Chen, Peter O'Toole. CHN / I / GB / F 1987

 AUF DEN PUNKT GEBRACHT

Harmonie ist das Wichtigste zwischen Himmel und Erde. Einordnung des Einzelnen in die Gemeinschaft, Unterordnung unter die Autorität und Achtung der Tradition gewährleisten sie. Sagt Konfuzius.

In der Ruhe liegt die Kraft

Laotse
6. Jh. v. Chr.

Es war eine Zeit der Kriege und des Elends, eine Epoche politischer Wirren und moralischen Verfalls. Wer es sich leisten konnte, zog sich zurück und wurde, was man heute einen Aussteiger nennt; damals, im China des 6. vorchristlichen Jahrhunderts, ritt so einer zum Beispiel auf einem Wasserbüffel auf und davon und ward nimmer gesehen. Oder er blieb vorerst und ging ins innere Exil, um, wenn schon der äußere Friede nicht eintrat, wenigstens den Seelenfrieden zu finden. Wenn man Laotse hieß, machte man daraus sogar eine Philosophie: eine, die dem ehrgeizigen, zweckhaften Tun, weil es durch Fürsten und Generäle diskreditiert war, eine Absage erteilte und stattdessen den Rückzug, das Nichthandeln, die Kontemplation rühmte. »Ohne das Tor zu verlassen, / Kannst du das Erdreich erfassen; / Ohne durchs Fenster zu späh'n, / Den Weg des Himmels seh'n. / Je weiter wir hinausgegangen, / Desto geringer wird unser Versteh'n. / Deshalb der Heilige Mensch: / Ohne zu wandeln, versteht er. / Ohne zu seh'n, benennet er; / Ohne zu tun, vollendet er.«

Der zentrale Begriff von Laotses Philosophie ist das »Dao«. Dieses Wort bedeutete ursprünglich schlicht »Weg« oder »Ge-

■ Laotse schreibt das Dao-dejing nieder. Tintenzeichnung, die Li Gonglin (um 1049–1106) zugeschrieben wird. Washington, D.C., Freer Gallery of Art. Typisch für die traditionelle chinesische Malerei und Dichtung sind Darstellungen, die Mensch und Natur in vollkommener Harmonie zeigen. Es handelt sich freilich um eine Idealisierung, die die Grausamkeit in der Natur vollständig ausblendet.

setz« und bezeichnete den »Ablauf« (eines Vorgangs in der Natur) oder die »Methode« (bezogen auf die Arbeitsweise eines Handwerkers). Bei Laotse wird aus dem Dao ein geistiges Prinzip, eine Chiffre für die dem Kosmos innewohnende Ordnung, ein Name für den Welturgrund, der hinter den Erscheinungen steht und als etwas Absolutes, Ewiges, Unwandelbares allem Sein immanent ist. »Man kann es als die Mutter aller Welt bezeichnen«, schreibt Laotse.

Da alles, was ist, miteinander verbunden ist durch das Dao, erwirkt es im Großen wie im Kleinen eine die Welt durchwaltende Harmonie, die im Staat ebenso herrschen soll, wie der einzelne Mensch sie erstreben soll. Dann wird er eins mit dem Dao und lebt im Einklang mit den Prinzipien des Universums. Dem Dao folgen heißt also: dem ewigen Gesetz gehorchen, das Leben mit der richtigen Methode führen, Ordnung und Harmonie in sich und in der Gesellschaft verwirklichen. Wer angesichts solch großer Ziele verzagt, dem hält Laotse das Beispiel des Wassers vor Augen, das still und friedlich fließt und doch jedes Hindernis bezwingt: »Es gibt auf der Welt nichts Weicheres und Schwächeres als Wasser. / Und doch vermag es die härtesten und größten Felsbrocken zu bewegen und auszuhöhlen.«

Zwar ist das Dao geheimnisvoll und unerklärlich: »Das Dao, über das ausgesagt werden kann, ist nicht das unwandelbare Dao«, stellte zweihundert Jahre nach Laotse der Philosoph Zhu-

■ Laotse. Buchmalerei, 1920, von Jaroslav Snajds.
In der chinesischen Astrologie steht das Tierkreiszeichen des Wasserbüffels für Sanftmut. Das macht ihn zu einem passenden Reittier für den friedfertigen Laotse.

DAS DAO-DE-JING
Das in anderer Transkription auch »Tao-te-ching« betitelte Büchlein besteht aus 81 Sprüchen, wobei sich die ersten 37 dem Dao widmen (der weltschaffenden Urenergie, dem Kern aller Dinge), die folgenden 44 dem De (der auf Gehorsam gegen das Dao fußenden Tugend, die das Leben des Einzelnen und der Gemeinschaft regelt). Es handelt sich um ein spekulatives Werk, das das weise Leben lehrt: Dieses verwirklicht sich durch Nicht-Tun und Nicht-Behindern – so werden am ehesten Friede und Wohlstand ermöglicht.

黃河陣

angzi klar. Doch das stille Wirken des Dao lässt sich in der Natur
beobachten, wo alles an seinem Platz ist. Wer das zur Richtschnur
nimmt und für sein eigenes Leben auf das Vorbild des Wassers
vertraut, ist weise. Das Wort dafür ist »De«. Es meint die in der
Welt sichtbare »Kraft« des Dao und bedeutet für den einzelnen
Menschen »Tugend«.

De beinhaltet Demut, Milde, Friedfertigkeit, heißt, ohne Leidenschaft und Selbstsucht zu sein, und ist vor allem eines: grenzen-
lose Güte. »Zu den Guten bin ich gut, / Zu den Nichtguten bin ich
auch gut, / So werden sie alle gut«, behauptet Laotse. Die Güte ist
gleich dem Dao das Band, das alle Menschen umschlingt – eine
Sichtweise, die sich gegen die traditionelle Kultur richtet, die den

ZHUANGZI

Der auch »Zhuang Zhou« oder »Dschuang-tse« genannte chinesische Philosoph entwickelte in seinem Hauptwerk *Das wahre
Buch vom südlichen Blütenland* die Philosophie des Laotse weiter.
In immer neuen Beispielen führt er die geringe Bedeutung, also
die Relativität, alles Seienden vor Augen und verkündet, dass einzig Vertrauen in das Wirken des Dao dem Menschen Sicherheit
und Rückhalt gebe.

Menschen mit ihrem Katalog von Pflichten, der Unterscheidung von Oben und Unten, dem Respekt vor dem Alten an die Kandare nimmt und die Welt in eine hierarchische Ordnung presst. Im Gegensatz dazu geht Laotse von einer Gleichwertigkeit aller Dinge aus: »Seid gut zu den Menschen, zu den Pflanzen und zu den Tieren! Hetzt weder Menschen noch Tiere, noch fügt ihnen ein Leid zu!« – Ideengut, das mit dem zur gleichen Zeit in Indien entstehenden Jainismus Mahaviras (s. S. 34) korrespondiert.

Anders als der extreme Jainismus jedoch erblickt der Daoismus im freiwilligen Dahinscheiden, praktiziert im Todesfasten, keine Lösung. Er begnügt sich damit, den Abschied nicht vom Dasein überhaupt, sondern von einem betriebsamen Leben zu lehren, dessen äußerste Form ja der Krieg wäre; er wirbt für das »Nicht-Tun« und »Nicht-Begehren«. »Viel reden und immer geschäftig sein: Dann ist dein Leben ohne Hoffnung«, meint Laotse. An die Stelle von Tatkraft, Beredtheit und Gelehrsamkeit – Letztere ist schon darum unnütz, weil das Weltgeheimnis Dao als eine mystische Größe nicht vom Verstand ergründet werden kann – tritt als Höchstes die Meditation: Nur wer seine Begierden überwindet und, »um leer zu werden«, in stiller Versenkung sich selbst vergisst, erfasst das Dao und wird eins mit ihm.

Nichtsdestoweniger zeitigt der Höhenflug dieser Philosophie Folgen auch in den Niederungen der Politik. Lehnt man Klugheit und Wissen ab, so billigt man den Unverstand, das Unwissen. »Lass fallen den Körper, leg ab den Leib! / Spei aus den Klarblick, den wachen Verstand!«, bringt es Laotses Nachfolger Zhuang-zi auf den Punkt. Lehnt man aktives Handeln ab, so kann man keinen Übelstand abstellen. »Das Universum ist heilig, so wie es ist. / Du kannst es nicht besser machen«, meint Laotse und verkündet: »Wer Wünsche hat, wird nur Scheinbares entdecken«; daher ist es richtig, wenn »das Volk ohne Wissen und ohne Wünsche bleibt« und »sich die Besserwisser nicht einzumischen wagen«. In der chinesischen Geschichte sollte sich das als bequeme Ausrede anbieten, um das Volk in materieller Dürftigkeit und geistiger Einfalt zu belassen, statt seine Lebensumstände und seine Bildung zu heben. Die Lehre von der Harmonie erweist sich bis heute als nützlich gegen unliebsame, die bestehende Ordnung störende Reformbestrebungen. Gleichwohl wäre es zu einfach, Laotse den Missbrauch seiner ein wenig weltfremden Philosophie vorzuwerfen, zumal sie auch umgekehrt ausgelegt wurde: Im 5. Jahrhundert v. Chr. fand Laotse in Mo Di einen Schüler, der aus dem allen Wesen innewohnenden Dao die Gleichheit der

■ Li Tieh-Kuai, einer der »acht Heiligen« im Daoismus, wird als Bettler mit einer eisernen Krücke und einer Kalebasse dargestellt. Chinesische (?) Holzstatue, 18./19. Jh.

■ Mitglieder der »Boxer«-
Bewegung, die in Tianjin,
China, vom 6. U.S.-Kavallerie-
regiment gefangen genom-
men wurden. Photographie,
um 1901. Washington, D.C.,
Library of Congress

Jahrhundertelang war der
Daoismus eine reine Volksreligion ohne zentrale Führung.
Die einheitliche Organisation
der Daoisten, die Chinesische
Daoistische Gesellschaft,
wurde erst 1957 gegründet.

Menschen folgerte, was bis in die jüngere Vergangenheit Bauernaufstände inspirierte.

Bevor Laotse der Welt endgültig den Rücken kehrte und auf dem Wasserbüffel gen Westen ritt, schrieb er, so die Legende, das Dao-de-jing (etwa: »Buch der Wahrheit und der Kraft«), das als Gründungsurkunde des Daoismus gilt. Doch nicht als Leitfaden zur Weltflucht und Innerlichkeit, auch nicht als politischer Wegweiser entfalteten die Ideen des »Alten Meisters« (chinesisch: Lao-tse) ihre breiteste Wirkung, sondern indem sie sich mit alten Glaubensvorstellungen und Riten verbanden und in eine Volksreligion verwandelten, die Klöster, Tempel und Opferkulte kennt und nicht länger bloß höhere geistige Bedürfnisse stillt. Der Daoismus verwandelte sich unter anderem zur Gesundheitslehre, die auch für körperliche Harmonie sorgt und manchen Quacksalber sogar zur Herstellung von Unsterblichkeitselixieren antreibt.

Laotse wurde zu einem Gott erhoben, der als »Allerhöchster Alter Herr« gemeinsam mit Yuanshi Tianzun (»dem Himmelsehrwürdigen des Ur-Anfangs«) und Taishang Daojun (»dem Allerhöchsten Herrn des Weges«) selbdritt ein Pantheon regiert, in dem sich zahllose volkstümliche Gottheiten tummeln. Besonders verehrt werden ferner »acht Heilige«, die durch Befolgung des Dao das ewige Leben erlangt haben sollen; unter ihnen der Zwerg Zhongli Quan, der mit einem Wink seines Fächers Tote erwecken konnte.

Der Glaube an Unsterblichkeit wurzelt in der Tat im Dao-de-jing. Dort heißt es: »Wer es versteht, richtig zu leben, / Kann überall hingehen, / Ohne Angst vor dem Nashorn oder dem Tiger; / Er wird auch nicht verwundet werden im Kampf«; weder das Horn des Nashorns noch die Pranken des Tigers noch »andere Waffen«, so Laotse, finden eine Stelle, »wo sie treffen könnten. / Warum ist das so? / Weil es für einen solchen Menschen / Kein Reich des Todes gibt.« Das war philosophisch gemeint, wurde aber wörtlich verstanden: Noch die Rebellen des Boxeraufstands von 1900 wähnten sich unverwundbar.

LAOTSE
DAOISMUS

 DATEN UND FAKTEN

Biographie: Als historische Person ist Laotse (auch: Lao-tzu, Laozi) nicht greifbar. Die Tradition sieht ihn als Zeitgenossen des Konfuzius; er hätte demnach im 6. Jh. v. Chr. gelebt. Frühe Biographien haben jedoch rein legendären Charakter. Sie berichten, dass Laotse als Li Erh im Jahr 571 v. Chr. in einem Dorf im südchinesischen Staat Chu (heute in der Provinz Hunan) geboren worden sei, als Archivar am Hof der Herrscher der Zhou-Dynastie in Luoyang gelebt habe und dort Konfuzius begegnet sei. Laut den Legenden reitet er, den Zusammenbruch des Reiches voraussehend, auf einem Wasserbüffel nach Westen und verschwindet, nachdem er dem Wächter des Shan-Gu-Grenzpasses das Dao-de-jing hinterlassen hat, spurlos. Weiteren Legenden zufolge soll er über 160 Jahre alt geworden sein. Im 2. Jh. n. Chr. wurde Laotse vergöttlicht.

Quellen: das Dao-de-jing, entstanden frühestens im 6. Jh. v. Chr., wahrscheinlicher jedoch im 4. / 3. Jh. v. Chr.; ferner die Laotse-Biographie des Geschichtsschreibers Sima Qian aus dem 2. Jh. v. Chr.

Wirkungsstätten: Luoyang (heute in der ostchinesischen Provinz Henan); Louguantai am Shan-Gu-Pass im Zhongnan-Gebirge

Heiligtümer: Die Tempelanlage Zhongnanshan bei Louguantai, wo Laotse das Dao-de-jing verfasst haben soll, ist das wichtigste daoistische Heiligtum. Der Tempel der Weißen Wolken (Baiyun guan) in Peking ist der Sitz der Chinesischen Daoistischen Gesellschaft. Ebenfalls in Peking befindet sich der Dagaoxuandian, der daoistische Tempel der Ming- und Qing-Kaiser.

heilige Schrift: das Dao-de-jing

Verbreitung: Zunächst war der Daoismus eine rein philosophische Strömung. Erst 184 n. Chr. wurde eine daoistische Kirche gegründet, das Klosterwesen entwickelte sich, und religiöse Schriften wurden kanonisiert. Nach der Gründung der Volksrepublik im Jahr 1949 wurde der Daoismus in China jahrzehntelang unterdrückt. Zuverlässige Angaben über die derzeitige Anhängerschaft gibt es nicht; Schätzungen zufolge leben heute in der VR China etwa 60 Mio. Daoisten, weitere 8 Mio. gibt es in Taiwan.

Kernaussage: Der Mensch ist abhängig von der Erde, die Erde ist abhängig vom Himmel (dem Kosmos), der Himmel ist abhängig vom Dao, Dao ist abhängig von sich selbst.

 WISSENSWERTES

Yin und Yang
In den Daoismus sind Elemente älterer chinesischer Naturlehren eingeflossen, etwa die Lehre von Yin und Yang. Diese Begriffe bezeichnen die polaren Grundprinzipien des Universums: Erde und Himmel, Wasser und Feuer, weiblich und männlich. Yin steht dabei für das weibliche Prinzip, dem Attribute wie dunkel, feucht, passiv zugeordnet werden; zu Yang, dem männlichen Prinzip, gehören die Attribute hell, trocken, aktiv. Diese gegensätzlichen Prinzipien stehen in ständigem Wechselspiel miteinander und bestimmen so das Geschehen im Universum. Beide Prinzipien wirken auch in jedem Individuum: Nach Auffassung der traditionellen chinesischen Medizin ist ein Mensch gesund, wenn sich Yin und Yang in seinem Körper in einem harmonischen Gleichgewicht befinden.

 EMPFEHLUNGEN

Lesenswert:

Lao-tse: *Tao-Tê-King*, Stuttgart 1979

Hans-Georg Möller: *Laozi*, Freiburg / Br. 2003

Die Weisheit des Laotse, hrsg. von Lin Yutang, Frankfurt / M. 2002

Wolfgang Bauer: *Geschichte der chinesischen Philosophie. Konfuzianismus, Daoismus, Buddhismus*, München 2006

Heinrich Detering: *Bertolt Brecht und Laotse*, Göttingen 2008

Dschuang Dsi: *Das wahre Buch vom südlichen Blütenland*, München 2008

Hörenswert:
Qu Xiao-song: *Versuchung*. Oper 2004 (nach einer Parabel über Zhuangzi)

 AUF DEN PUNKT GEBRACHT

Das Dao ist der gütige Urgrund aller Dinge und das innerste Weltgesetz. Wer seine im Makro- wie im Mikrokosmos wirkende Kraft, das De, walten lässt und nicht durch eigenes Handeln stört, ist tugendhaft, stiftet Harmonie zwischen Mensch und Natur und sorgt für Einklang des Menschen mit sich selbst.

Der Erneuerer des Judentums
Esra
5. Jh. v. Chr.

■ *Esra arbeitet an der Erneuerung der Bibel.* Buchmalerei aus dem Codex Amiatinus, 7. Jh. Florenz, Biblioteca Medicea Laurenziana.
Wie Esra kam auch der Prophet Nehemia aus der babylonisch-persischen Diaspora. Dieser Begriff stammt aus dem Griechischen und bedeutet »Zerstreuung«. Er bezeichnet jüdische Gemeinden außerhalb Israels. Ziel aller Juden ist das Ende der Diaspora und die Vereinigung in Israel. Beim Pessachfest lautet ihr Trinkspruch daher: »Nächstes Jahr in Jerusalem!«

Fast hätte das Judentum geendet, ehe es richtig begonnen hatte. 722 v. Chr. hatten die Assyrer das Nordreich Israel erobert und die Bevölkerung zum großen Teil umgesiedelt. Seither spricht man von den »zehn verlorenen Stämmen«. Zwischen 597 und 587 v. Chr. hatten die Babylonier das kleine Königreich Juda unterworfen, den Tempel in Jerusalem zerstört und die jüdische Oberschicht ins Exil nach Babylon verschleppt. Wundersamerweise erwies sich die Katastrophe als Chance: In der Fremde erkannten die Juden das, was sie von anderen Glaubensgemeinschaften unterschied, umso deutlicher, und um ihre religiöse Eigenart zu bewahren, beschlossen sie, systematisch zusammenzufassen und schriftlich aufzuzeichnen, was bisher fast nur mündlich überliefert worden war: Damit begann die Arbeit an dem, was einmal das Alte Testament und der Talmud werden sollten.

Gleichwohl hätte das Judentum kaum seine religions- und weltgeschichtliche Bedeutung erlangt, hätten nicht die Perser 538 v. Chr. Babylon eingenommen und ein eigenes Großreich errichtet. Die Perser tolerierten fremde Religionen, setzten loyale einheimische Herrscher ein, womit sie den Besiegten eine beschränkte Autonomie einräumten, und verstanden es so, sich die unterworfenen Völker gewogen zu halten. König Kyros II. also erlaubte den Juden die Rückkehr. Nicht wenige, die als Händler, Beamte, Bauern in Mesopotamien eine feste Heimat gefunden hatten, blieben, doch eine starke Gruppe unter der Führung eines gewissen Serubabel, der zum Statthalter von Juda ernannt worden und ein Enkel des bis 597 regierenden jüdischen Königs Jojachin war, zog wieder ins Gelobte Land und erbaute in Jerusalem einen neuen Tempel. Im Jahr 515 v. Chr. war er fertiggestellt.

Das religiöse Leben in Juda lag nichtsdestoweniger im Argen. Die im Land verbliebenen Israeliten hatten sich längst mit Siedlern aus anderen Ländern vermischt, und ihr Glaube schien verfälscht, mit fremden Vorstellungen vermengt. Es fiel den Rückkehrern schwer, den jüdischen Kultus zu reorganisieren. So machte sich schließlich im Jahr 458 v. Chr. ein Priester und Schriftgelehrter aus Babylon auf, um mit rund 1500 Begleitern, vornehmlich Priestern, Leviten, Tempeldienern und Sängern, nach Juda zurückzukehren und die Restauration oder besser Erneuerung der jüdischen Kultgemeinschaft durchzusetzen: Esra, der im Judentum zur wichtigsten Persönlichkeit nach Moses (s. S. 20) werden sollte.

DIE BÜCHER ESRA UND NEHEMIA
Über die Zeit nach dem Exil bis zur endgültigen Konstituierung der neuen jüdischen Gemeinde in Jerusalem berichten die Bücher Esra und Nehemia. Ersteres trägt teilweise autobiographischen Charakter, doch nimmt man alles in allem eine kollektive Autorschaft an, die auch für die zwei Bücher der Chronik verantwortlich zeichnet; Esra 1,1–3 greift fast wörtlich 2 Chr 36,22f. auf.

Am persischen Königshof war er eine Art Staatssekretär für jüdische Angelegenheiten gewesen. Jetzt sollte er auf Befehl von Artaxerxes I. die religiöse und staatliche Ordnung im Land der Verheißung garantieren und – ein Beleg dafür, wie weltliche und religiöse Dinge im Judentum ineinandergriffen – beispielsweise Richter in den jüdischen Gemeinden einsetzen. Der politische Hintergrund: Die Perser wollten die Juden für sich gewinnen und vom ägyptischen Einfluss abschneiden. Das altehrwürdige Ägypten gehörte zwar ebenfalls zum Perserreich, war aber eine unsichere Provinz, die stets danach strebte, die Fremdherrschaft abzuschütteln.

■ In Ugarit, einem antiken Ort in der Nähe des heutigen Ras Shamra in Syrien, fand man diese bronzene Baal-statue aus dem 14.–12. Jh. v. Chr. Paris, Louvre

Esras erste Maßnahme löst heute Befremden aus: Kaum im Land, ordnete er an, dass alle jüdischen Männer, die in Mischehen lebten, sich von ihren heidnischen Frauen zu trennen und ihnen die gemeinsamen Kinder mitzugeben hätten. Die Maßnahme zeigt, wie sehr die Reinheit des Glaubens mit der des Volkes Israel in eins gedacht wurde; noch heute streitet man ja, ob der Begriff vom jüdischen Volk ethnisch oder religiös zu verstehen sei. Für Esra stand die Glaubensfrage im Vordergrund: Er wollte den Einfluss falscher Götter und insbesondere den phönizisch-kanaanitischen Baal-Kult, der schon in vorbabylonischer Zeit große Wirksamkeit unter den Juden entfaltet hatte, endgültig ausmerzen; vermutlich gelang es erst ihm, den reinen Jahweglauben durchzusetzen und alle Nebengötter – selbst Jahwe hatte einst eine Frau namens Aschera – abzuschaffen. Dass es Esra um Glaube, nicht um ethnische Zugehörigkeit ging, lässt auch eine Stelle im Buch Nehemia 10,30 erkennen, der zufolge »alle, die sich von den Völkern in den Landen abgesondert hatten zum

Eroberung Jerusalems und *Wegführung der Juden in die Babylonische Gefangenschaft* und *Drei Paare aus dem Stammbaum Christi.* Buchmalerei, 13. Jh. Aschaffenburg, Hofbibliothek

Gesetz Gottes«, als vollwertige Mitglieder anerkannt wurden: Nicht die Herkunft, sondern die eigene Entscheidung war demnach ausschlaggebend.

Unterstützt wurde Esra bei seinem religiösen Reformwerk seit 445 v. Chr. von Nehemia, der als Statthalter die staatliche Verwaltung leitete. Die Arbeitsruhe am Sabbat wurde verbindlich gemacht. Eine Religionssteuer wurde festgesetzt, die alle Juden verpflichtete, Opfergaben an den Tempel in Jerusalem abzuführen. Dieser Tempel wiederum wurde zum alleinigen Mittelpunkt des Judentums erhoben; die älteren Heiligtümer in Betel, Dan und Sichem wurden aufgegeben. Vor allem aber erhob Esra die Thora, die fünf Bücher Mose, offiziell zur Grundlage des Glaubens und machte die mosaischen Ge- und Verbote, die in den Jahrhunderten zuvor weitgehend in Vergessenheit geraten waren, verbindlich: Wenn heute für Juden die Thora, »das Gesetz«, ein Synonym für ihren Glauben ist, so geht das nicht nur auf Moses, sondern auch auf Esra zurück. Damit dieses Gesetz jedermann bekannt sei, führte er die Thora-Lesung im Gottesdienst ein, verbunden mit der Auslegung und Erläuterung der Bibelstelle. Aus dieser Praxis entwickelte sich über Jahrhunderte hin das Rabbinertum, das bis heute das Judentum prägt.

Gewiss hat sich nach Esras Zeit das Judentum weiterentwickelt; die Kanonisierung der heiligen Schriften dürfte frühestens im 4. Jahrhundert v. Chr. abgeschlossen worden sein. Auch weiß niemand genau, ob vor, während oder nach Esra Elemente des persischen Zoroastrismus in die jüdische Glaubenswelt einflossen. Sicher ist aber, dass sich unter ihm ein reifer und reiner Eingottglaube ausformte. Mehr noch: Ohne Esras Reformen hätten sich aus dem Schoß des erneuerten Judentums nie das Christentum und der Islam entwickeln können.

DIE SAMARITANER

Nicht alle Juden trugen die Reformen mit. Die Samaritaner – benannt nach Samaria, dem heutigen Dorf Sebastija nordwestlich von Nablus – halten sich bis heute für die Rechtgläubigen: Ihr uralter kultischer Mittelpunkt ist der Berg Garizim (nahebei liegt Sichem, wo Josua das Land Kanaan unter die israelitischen Stämme verteilte); sie verfügen über eine eigene Thora und praktizieren noch Tieropfer. Erst 1842 wurden sie als Teil des jüdischen Volkes anerkannt. Heute sind sie eine winzige, etwa 350 Köpfe zählende Gemeinschaft.

ESRA
JUDENTUM

 DATEN UND FAKTEN

Biographie: Esra gilt als Nachfahre des ersten jüdischen Hohepriesters Aaron. Er lebt zur Zeit des Perserkönigs Artaxerxes I., also im 5. Jh. v. Chr. Sein Titel »Schreiber des Gesetzes des Himmelsgottes« (Esra 7,12 und 21) weist darauf hin, dass er als persischer Beamter für Angelegenheiten der jüdischen Religion zuständig ist. Mit Vollmachten des persischen Königs ausgestattet, begibt sich Esra etwa 458 v. Chr. nach Juda. Er hat den Auftrag, »auf Grund des Gesetzes deines Gottes, das in deiner Hand ist, nachzuforschen, wie es in Juda und Jerusalem steht« (Esra 7,14) – das heißt, er soll dafür sorgen, dass die dort lebenden Juden die jüdischen Gesetze einhalten. Bei dieser Arbeit wird er einige Jahre später von Nehemia, ehemaliger Mundschenk des persischen Königs und nun Statthalter der persischen Provinz Juda, unterstützt.
Quellen: die alttestamentlichen Bücher Esra, Nehemia und Chronik, verfasst in der 2. Hälfte des 4. Jh.s v. Chr.
Wirkungsstätte: Juda (heute ein Teil Israels)
Heiligtum: Vom zweiten Tempel in Jerusalem, seit Esra einziger Mittelpunkt des Judentums, steht heute nur noch die westliche Mauer. Sie ist Anziehungspunkt für Juden aus aller Welt, die dort kleine Gebetszettel in die Mauerritzen schieben. Die gängige Bezeichnung »Klagemauer« ist unzutreffend, da die Gebetszettel nicht nur Klagen, sondern auch Dank und Lobpreis enthalten. Die

Juden nennen diese heilige Stätte daher einfach »die Mauer« (*kotel*).
heilige Schriften: Die Thora (die fünf Bücher Mose) bildet zusammen mit den prophetischen und historischen Büchern der Bibel die sog. schriftliche jüdische Lehre. Der Talmud (»Studium«), das Hauptwerk des rabbinischen Judentums, ist aus der mündlichen Überlieferung entstanden; er besteht aus der Mischna (»Wiederholung«), einer Sammlung religionsgesetzlicher Texte, und der Gemara (»Vollendung«), einer Erläuterung der Mischna.
Verbreitung: Heute gibt es weltweit etwa 13,6 Mio. Juden. Rund 5,2 Mio. leben in Israel, 5,7 Mio. in den USA.
Kernaussage: Jahwe ist Gott. Es gibt keine Götter neben ihm.

 WISSENSWERTES

Rabbi und Rabbiner
Ursprünglich war der Begriff »Rabbi« (hebräisch: *ravvî*, »mein Meister« oder »mein Lehrer«) im Judentum nur eine höfliche Anrede. Erst zwischen 200 v. Chr. und 500 n. Chr., in der sog. talmudischen Zeit, wurde daraus ein Titel für einen Thora-Gelehrten in Palästina. In der Regel wurde dieser Titel durch einen Patriarchen verliehen, der wiederum den Ehrentitel »Rabban« trug. Im Hochmittelalter bildete sich der Begriff »Rabbiner« heraus, der einen Richter in einer

jüdischen Gemeinde bezeichnete. Heute erfüllt ein Rabbiner meist eine ganze Reihe von Funktionen: Er ist zugleich Prediger, Religionslehrer, Seelsorger und Autorität in religionsgesetzlichen Fragen. 1937 wurde Regina Jonas in der Jüdischen Gemeinde zu Berlin zur weltweit ersten Rabbinerin ordiniert.

 EMPFEHLUNGEN

Lesenswert:
Christoph Dohmen, Thomas Hieke: *Die Bücher Esra und Nehemia*, Bd. 9/2, Stuttgart 2005

Die Tora: Die fünf Bücher Mose in der Übersetzung von Moses Mendelssohn, Berlin 2004

Der babylonische Talmud, übersetzt von Lazarus Goldschmidt, 12 Bde., Darmstadt 2002

Herbert Donner: *Geschichte des Volkes Israel und seiner Nachbarn in Grundzügen*, Göttingen 2001

Paul Spiegel: *Was ist koscher? Jüdischer Glaube – jüdisches Leben*, Berlin 2005

Johann Maier: *Judentum von A bis Z. Glauben, Geschichte, Kultur*, Freiburg / Br. 2001

Michael Jursa: *Die Babylonier. Geschichte, Gesellschaft, Kultur*, München 2008

Hörenswert:
Giuseppe Verdi: *Nabucco*. Oper 1842 (über das Babylonische Exil der Israeliten)

 AUF DEN PUNKT GEBRACHT

Esra formt die noch von polytheistischen Elementen durchsetzte Jahwereligion zum reinen, reifen Monotheismus aus. Er macht die Thora zur Basis des Glaubens und Lebens und schafft die Voraussetzungen für das Rabbinertum, das das Judentum bis heute prägt.

Vorläufer versus Verführer

Johannes der Täufer

vor 4 v. Chr.–um 30/35 n. Chr.

■ *Johannes der Täufer.*
Gemälde, um 1340–1350,
von Barna da Siena (tätig
zwischen 1325–1360). Alten-
burg, Lindenau-Museum

Ein Ritus ist allen christlichen Kirchen und Gruppen gemein: die Taufe. Dabei stammt sie gar nicht von Jesus (s. S. 68), sondern von Johannes dem Täufer. Das Neue Testament kennt ihn als unmittelbaren Vorläufer Jesu, den er wie viele andere im Jordan getauft habe. Die Bibel deutet auch an, dass einige der Jesusjünger ursprünglich Gefolgsleute des Johannes gewesen seien. Vermuten kann man darüber hinaus, dass Jesus selbst zu seinen Anhängern zählte. Nicht nur übernahm er Johannes' wichtigsten Brauch und trug seinen Jüngern auf, jedermann zu taufen (Mt 28,19; Mk 16,15f.). Auch eines seiner Hauptthemen ist bei Johannes vorgezeichnet: die nahe Endzeit, das bevorstehende Reich Gottes.

Johannes beschwor allerdings nicht das Paradiesische dieser Zukunft, sondern malte ihre Schrecken für die Sünder aus; seine Reden waren keine Verheißung, sondern eine Drohung mit dem baldigen Weltgericht. Um vor ihm zu bestehen, waren Umkehr und Buße nötig. Wer dazu ehrlich bereit war, an dem vollzog Johannes als Symbol der Rettung die Taufe. Der Zorn Gottes bedrohte Johannes zufolge auch jene Juden, die die mosaischen Vorschriften befolgten und eigentlich sicher sein durften, vor Gott zu bestehen: die Sadduzäer und die Pharisäer. Letztere legten außer auf die Einhaltung der Riten viel Wert auf gottgefällige gute Werke, hingen gewissermaßen einer Art moralischer Leistungsreligion an. Gleichwohl schmähte Johannes sie ebenso wie die konservativen Sadduzäer als »Otterngezüchte« (Mt 3,22) und verweigerte ihnen die Taufe.

Auch mit dieser grundsätzlichen Ablehnung der herrschenden Religionsvertreter ging Johannes also Jesus voran. Als religiöser Abweichler und politischer Dissident, der den judäischen König Herodes öffentlich schmähte, fand er ein gewaltsames Ende und nahm, zumindest der Darstellung der Evangelien zufolge, auch hierin Jesu Schicksal vorweg.

Andererseits sind die Unterschiede zwischen beider Lehren unübersehbar. In Sonderheit fehlt Johannes

vollständig, was Jesus das Wichtigste ist: die Liebe. Die Liebe zu Gott (anstelle der bloßen Furcht), die Liebe zu den Menschen, ja die Liebe zum Leben selbst, die Jesus auch dadurch ausdrückt, dass er gern üppig speist, statt zu fasten wie die anderen Juden oder sich von Heuschrecken und wildem Honig zu nähren wie Johannes.

■ Szenenphoto aus dem Film *König der Könige* (USA 1961) von Nicholas Ray mit Robert Ryan als Johannes der Täufer

Die frühen Christen hatten Gründe, Johannes als Wegbereiter ihres Messias ein- und herabzustufen. Bei einer anderen Religionsgemeinschaft jedoch steht Johannes der Täufer im Mittelpunkt, während Jesus als Verführer, falscher Prophet und buchstäblich »Lügen-Messias« gilt: bei den Mandäern. Als Johannes am Jordan tätig ist, so steht es in ihrer heiligen Schrift, der Ginza (»Schatz«), die auch Sidra Rabba (»Großes Buch«) genannt wird, »kommt Jesus Christus, geht in Demut einher, empfängt die Taufe des Johannes und wird durch die Weisheit des Johannes weise. Dann aber verdreht er die Rede des Johannes, verändert die Taufe im Jordan und predigt Frevel und Trug in der Welt«.

Die »Rede des Johannes« muss, folgt man den Mandäern, für die neben der Ginza das »Johannesbuch« (Sidra d'Iahia) eine zentrale Rolle spielt, eine ganz andere gewesen sein als die aus der Bibel zu erschließende. Mit Christus hat sie wenig zu tun. Es gibt einen eigenen Schöpfungsmythos, eine besondere Weltdeutung und eine spezielle Erlösungslehre. Kern des Ganzen ist ein ausgeprägter Dualismus, der im Makrokosmos streng zwischen der materiellen Welt eines bösen Schöpfers, eines Demiurgen oder auf Mandäisch des »Ptahil«, und dem guten, geistigen Reich des Lichts unterscheidet. Letzterem entstammt auf der Ebene des Mikrokosmos die Seele, die im Körper gefangen ist, aber durch Erkenntnis ihres göttlichen Ursprungs Erlösung finden und auf den Weg zurück zum wahren Gott gelangen kann – wobei Gott nicht wie im Christentum als Person, sondern als eine höchste, formlose Ganzheit gedacht und als »Lichtkönig« oder »Großer Mana« (»Großes Gefäß«) verehrt wird.

UNTERTAUCHEN STATT BEGIESSEN
Die frühen Christen vollzogen die Taufe so, wie sie Johannes der Täufer eingeführt hatte: durch Untertauchen im Wasser, nicht durch bloßes Besprengen des Kopfes. Die Ostkirchen halten das bis heute so, ebenso die Baptisten. Auch wurden im frühen Christentum, wie von Johannes dem Täufer praktiziert, nur Erwachsene getauft.

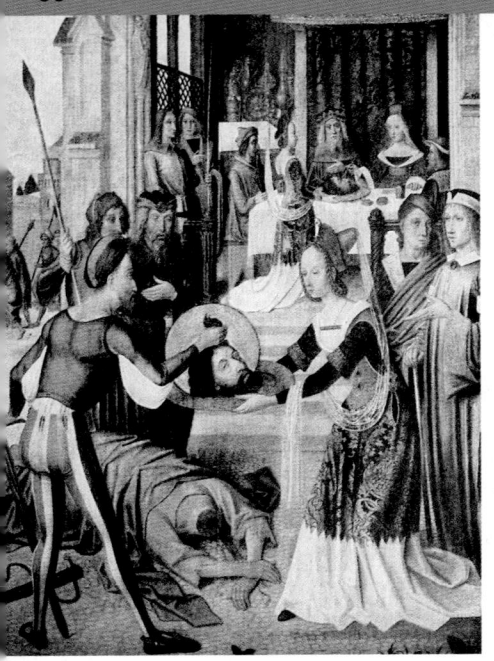

■ Die Enthauptung Johannes' des Täufers.
Die Wagner-Oper *Die Meistersinger von Nürnberg* spielt am Vorabend des Johannistags, des 24. Juni, und enthält zahlreiche biblische Motive. Hans Sachs, die Hauptfigur, lässt sich als Darstellung Johannes des Täufers deuten.

Geoffenbart wurde den Menschen diese Erkenntnis durch eine Reihe von Gesandten, deren wichtigster Johannes der Täufer ist. Er lehrte das Mittel, um sich vom Bösen reinzuwaschen: die Taufe (Masbuta) durch Untertauchen in fließendem Wasser, die zudem, anders als die christliche, häufig wiederholt werden kann und soll. Der zweite zentrale Ritus der Mandäer ist die Totenmesse (Masiqta), die der Seele den Aufstieg in die Lichtsphäre erleichtert. Vorgenommen wird sie von Priestern im fensterlosen »Haus der Erkenntnis« (Sit manda); Teil des Rituals ist eine – ans christliche Abendmahl erinnernde – Mahlzeit aus ungesäuertem Brot (Pihta) und Wasser (Mambuha).

Die Glaubensgemeinschaft der Mandäer hat als einzige unter den einst zahlreichen gnostischen Sekten der Antike überlebt. Der griechische Begriff *gnosis* meint »Wissen, Erkenntnis«, und nichts anderes als »Wissen« bedeutet das ostaramäische Wort *manda*. Die Wurzeln des mandäischen Glaubens reichen womöglich sogar vor die Zeit Johannes des Täufers ins 2. Jahrhundert v. Chr. zurück, als sich in Palästina und Syrien Taufbewegungen ausbreiteten; ja der Kult religiöser Reinigung, der die körperliche Hygiene spirituell überhöht, weist vom Judentum zurück bis in die Zeit der Sumerer und Chaldäer im südlichen Mesopotamien – jenem Gebiet, in dem die Mandäer seit alters siedeln und wo in den ersten nachchristlichen Jahrhunderten viele jüdische, judenchristliche und andere Täufersekten beheimatet waren. Möglicherweise entstand das Mandäertum dort aus der Vermischung täuferischen und zoroastrischen Gedankenguts.

Schriftlich fixiert wurden seine Lehren wohl erst, als das Land von den Arabern erobert wurde und die Mandäer ihren Glauben in eine Buchreligion verwandeln mussten, da der Islam nur eine solche duldet. Vielleicht erhoben sie sogar erst damals Johannes den Täufer zu ihrem großen Glaubenskünder, denn der Koran erkennt ihn als Propheten an.

DER NAME JOHANNES

Im Namen des Täufers steckt jahrtausendealtes Glaubenserbe. Enki hieß der sumerische Gott der Quellen und des Grundwassers. Die Babylonier nannten ihn Ea. Dieser Name floss mit dem anderer Götter, insbesondere dem des höchsten Gottes, sumerisch An, babylonisch Anu, zu »Eanna« zusammen. Daraus wurde in hellenistischer Zeit der Wassergott Oannes. Das entwickelte sich zu griechisch »Ioannis«, hebräisch »Johanan« und lateinisch »Johannes«.

JOHANNES DER TÄUFER
MANDÄISMUS, CHRISTENTUM, ISLAM

 DATEN UND FAKTEN

Biographie: Johannes wird wahrscheinlich vor 4 v. Chr. »im Bergland von Judäa« geboren (Lk 1,39). Dem Lukasevangelium zufolge ist er der Sohn des Priesters Zacharias; seine Mutter Elisabeth ist eine Verwandte Marias, der Mutter Jesu. Um 28 n. Chr. tritt Johannes als Bußprediger öffentlich auf und schart Jünger um sich, zu denen eine Weile auch Jesus gehören dürfte – jedenfalls berichtet das Neue Testament, er habe sich von Johannes taufen lassen. Laut Bibel müsste Johannes etwa 30 n. Chr. in Tiberias in Galiläa hingerichtet worden sein; dem widerspricht Flavius Josephus, dem zufolge das Todesurteil erst 35 n. Chr., also nach dem Tod Jesu, auf der Festung Machärus am Toten Meer vollstreckt wurde.

Quellen: Neben den vier Evangelien des Neuen Testaments sind die *Antiquitates Judaicae* des jüdischen Geschichtsschreibers Flavius Josephus, ebenfalls aus dem 1. Jh. n. Chr., die wichtigste Quelle. In den zwanzig Büchern der *Jüdischen Altertümer* berichtet Flavius Josephus über die Geschichte der Juden von der Erschaffung der Welt bis zum ersten Jüdischen Krieg (66–70 n. Chr.). In Buch XVIII, Kapitel 5,2 beschäftigt er sich mit Johannes dem Täufer.

Wirkungsstätten: Laut den Evangelien trat Johannes in der Wüste am Jordan, in der Wüste von Judäa, in Bethanien und in Änon bei Salim öffentlich auf; heute nimmt man das Gebiet von Peräa (im heutigen Jordanien) als Hauptwirkungsstätte an.

Heiligtümer: Die Grabstätte des Johannes in Samaria (im Westjordanland); das Haupt des Täufers soll sich in Konstantinopel (Istanbul), Emesa (Homs in Syrien) oder Damaskus befinden.

heilige Schriften: die vier Evangelien des Neuen Testaments; die Ginza und das Sidra d'Iahia (der »Schatz« und das »Johannesbuch« der Mandäer, beide kanonisiert im 7./8. Jh.); die Qolasta (»Lobpreisungen«, Sammlung von Ritualen, Gebeten und Hymnen der Mandäer); der Koran

Verbreitung: Weltweit gibt es etwa 2,1 Mrd. Christen. Die Zahl der Mandäer liegt bei rund 50 000; größere Gemeinschaften gibt es im Nahen und Mittleren Osten, in den USA, Australien und Schweden. Im Irak leben noch rund 5 000 Mandäer.

Kernaussage: Tut Buße und lasst euch taufen: Das Ende ist nah.

 WISSENSWERTES

Taufe
Die Taufe ist ein archaisches Ritual. Das Ein- oder Untertauchen in Wasser reinigt nicht nur, es wird auch gedeutet als Abstieg ins Reich der Toten und Aufstieg zur Wiedergeburt. Während die Taufe des Johannes eine Umkehrtaufe ist, ein Bußzeichen des Neubeginns, stellt die christliche Taufe eine Aufnahme in den »Leib Christi«, die Kirche, dar: Das Taufwasser ist das Grab, in dem der alte Mensch bestattet wird, und zugleich der Mutterschoß, der den neuen Menschen hervorbringt. Der Getaufte trägt die Taufe als Siegel, das ihn als Eigentum Christi kennzeichnet.

 EMPFEHLUNGEN

Lesenswert:
Ginza. Der Schatz oder Das Große Buch der Mandäer, übersetzt und erklärt von Mark Lidzbarski, Göttingen u. Leipzig 1925

Ulrich B. Müller: *Johannes der Täufer. Jüdischer Prophet und Wegbereiter Jesu*, Leipzig 2002

Hartmut Stegemann: *Die Essener, Qumran, Johannes der Täufer und Jesus*, Freiburg / Br. 1993

Flavius Josephus: *Jüdische Altertümer*, übersetzt und mit einer Einleitung und Anmerkungen versehen von Heinrich Clementz, Wiesbaden 2006

Gerhard Barth: *Die Taufe in frühchristlicher Zeit*, Neukirchen 2002

Steve Mason: *Flavius Josephus und das Neue Testament*, Stuttgart 2000

Hörenswert:
Richard Strauss: *Salomé*. Oper 1905

Sehenswert:
Der Messias. Regie: Roberto Rosselini; mit Pier Maria Rossi, Carlos de Carvalho. F / I 1975

 AUF DEN PUNKT GEBRACHT

Als einzige gnostische Sekte der Antike hat das Mandäertum überlebt. Es beruft sich auf Johannes den Täufer, praktiziert die wiederholte Taufe als Akt der Reinigung vom Bösen und lehrt den Aufstieg der menschlichen Lichtseele aus dem Gefängnis der Materie zu Gott, dem Lichtkönig.

Ein Mensch wird Gott

Jesus von Nazareth
vor 4 v. Chr.–um 31 n. Chr.

Jesus ist von den Toten auferstanden! Diese Überzeugung bildet den Kern des christlichen Glaubens. Die Auferstehung ist der Beweis, dass Jesus der Sohn Gottes ist und alle, die an ihn glauben, das ewige Leben erlangen werden. Doch hat sie wirklich stattgefunden?

Seltsam ist schon, dass Maria Magdalena, die im Johannesevangelium als Erste dem Auferstandenen begegnet, ihn zunächst für den Friedhofsgärtner hält. Auch die Jünger am See Genezareth erkennen ihn nicht, und jene beiden, die auf dem Weg nach Emmaus mit ihm wandern, merken erst nach Stunden, wer er ist – da aber »verschwand er vor ihnen« (Lk 24,31). Stutzig macht ferner die Geschichte vom ungläubigen Thomas: Nachdem Jesus unter die versammelten Jünger getreten ist, obwohl »die Türen verschlossen waren«, fordert er den Skeptiker auf, seine Wunde zu berühren – was Thomas aber nicht tut (Joh 20,24–29).

Gut möglich, dass der Auferstandene bloß eine ätherische Erscheinung war, lebendig nur in Visionen und Halluzinationen, und

■ *Der ungläubige Thomas.* Gemälde, um 1600, von Caravaggio (um 1571–1610). Potsdam, Sanssouci. Der Apostel Thomas hatte Zweifel an der Auferstehung Christi. Erst als Jesus den Jüngern erneut erschien und ihm anbot, die Wunde zu berühren, glaubte Thomas; anders, als hier dargestellt, ohne das Angebot anzunehmen.

es sich in Fällen wie dem Geschehen am See Genezareth um einen Mann von christlichem Geist handelte, aus dem in der Erinnerung Christus selbst wurde. Seine Gegenwart – »Ich bin bei euch alle Tage bis an der Welt Ende«, lauten seine letzten, das Matthäusevangelium beschließenden Worte (28,20) – muss in der Tat geistig gemeint sein. Vor dem geistigen Auge erscheint er dem ersten Märtyrer Stephanus, der gesteinigt wird und zum Himmel aufblickt, wo er Jesus zur Rechten Gottes sitzen sieht (Apg 7,55); das Damaskuserlebnis, das aus Saulus Paulus (s. S. 76) macht, ist keine Begegnung mit einem körperlich Aufer-standenen, sondern beruht auf »Licht vom Himmel« und einer »Stimme, die sprach: Ich bin Jesus« (Apg 9,1–5).

Man kann sogar bezweifeln, ob Jesus überhaupt begraben wurde und nicht sein Leichnam, wie bei Kreuzigungen üblich, den Hunden und Vögeln über-lassen werden musste. Mit der Geschichte von der Bestattung durch Joseph von Arimathia wollten die Jünger, die ihren Meis-ter im Stich gelassen hatten, vielleicht ihr Gewissen beruhigen; womöglich ist die ganze Erzählung von der Auferstehung eine

■ *Die Bergpredigt.* Bibel-illustration, 1866, von Gustave Doré (1832–1883)

JESUS UND CHRISTUS

»Jahwe ist das Heil« ist die Bedeutung des hebräischen Vor-namens Josua oder Joschua, woraus griechisch-lateinisch »Jesus« wurde. »Christus« ist eine Übersetzung von hebräisch »Messias«. Das heißt »der Gesalbte« und meinte ursprünglich den jüdischen König, der durch die Salbung mit Öl in sein Amt eingesetzt wurde. Später ging der Beiname auf den erwarteten Erlöser aus königli-chem Geschlecht über und wurde schließlich für »Jesus von Naza-reth, König der Juden« (Joh 19,19) gebraucht. Nicht auszuschließen ist, dass »Jesus Christus« eine Lehnübersetzung von »Julius Cäsar« ist: »Cäsar« als Beiname des römischen Imperators und Kaisertitel stimmt überein mit »Christus«; »Julius« als Name eines Gottes, eben des »Divus Iulius«, entspricht Jesus, in dem »Jahwe« steckt.

■ *Flucht nach Ägypten.* Fresko, um 1305, von Giotto di Bondone (um 1266–1337). Padua, Arenakapelle. Ob die Flucht tatsächlich stattfand, ist bis heute umstritten.

Fiktion, mit der sie ihr Schuldgefühl kompensierten. Andererseits kann man fragen, ob Jesus wirklich tot war, weil der Todeskampf am Kreuz meistens Tage dauerte, nicht Stunden wie hier.

Es gibt weitere Fragen, doch am Ende steht eines fest: dass sich in einem abgelegenen Winkel des Römischen Reiches etwas abspielte, woraus eine Weltreligion wurde. Die christliche Lehre und Praxis muss Bedürfnisse befriedigt haben, die das mächtige Rom vernachlässigte. So nahm das Christentum dem Tod den Stachel und stellte jedem Menschen das ewige Leben in Aussicht. Obendrein verhieß es das Dasein bereits auf Erden zu verbessern, durch die in der Bergpredigt (Mk 5–7) verkündete Friedfertigkeit und Nächstenliebe. Solche sozialen Tugenden sprachen vor allem die Frauen an, die ihre Kinder im selben Geist erzogen. Dass Jesus mit den Armen und Außenseitern verkehrte und die Reichen attackierte, machte Eindruck; seine Verachtung der religiösen Elite, der die kleinen Leute bevormundenden Sadduzäer und Pharisäer, wird vielen ebenso gefallen haben. Jesus selbst glaubte sogar, das irdische Paradies stünde bevor oder sei bereits eingetroffen: »Die Zeit ist erfüllt, das Reich Gottes ist nah«, sagt er zu Johannes dem Täu-

DER ANDERE JUDAS

Nur dank Judas' Verrat konnte Jesus seine Mission, für die Sünden der Menschheit zu sterben und vom Tod wiederaufzuerstehen, erfüllen. War Judas also ein williges Werkzeug, eingeweiht in den göttlichen Heilsplan und Jesu engster Vertrauter? Das apokryphe Judasevangelium behauptet genau das. Allerdings ist es ein anderer Jesus, den man hier kennenlernt: Er verkündet eine gnostische Lehre von Licht und Geist und entpuppt sich zudem als scharfer Kritiker der frühen Christen; er lehnt Leid, Unglück und Martyrium als sichtbare Zeichen der Nähe zu Gott ab und verurteilt Gewalt im Namen des Glaubens.

fer (Mk 1,15; s. S. 64); und, geheimnisvoller, zu den intellektuellen Pharisäern: »Das Reich kommt nicht so, dass man's mit Augen sehen kann; man wird auch nicht sagen: hier! oder: da! Denn siehe, das Reich Gottes ist mitten unter euch« (Lk 17,20f.).

Aber wo war es denn? Was die frühen Christen sahen, war, dass die Welt sich weiterdrehte und sich nichts besserte. So wurde das Reich Gottes in die Zukunft und schließlich in den Himmel verlegt. Zugleich wurde Jesus, je größer der zeitliche Abstand zu ihm wurde, umso göttlicher. Vom Markusevangelium als dem ältesten, das ihn als einen besonderen Menschen schildert, zieht sich die Linie zum Johannesevangelium als dem jüngsten, das Christus als weise, fleischgewordene Gottheit vorführt. Augenzeuge war keiner der Evangelisten; alle vier Berichte stammen aus zweiter Hand. Wegen der Vergöttlichung einer charismatischen Persönlichkeit brauchten sie aber kein schlechtes Gewissen zu haben. Es gab Vorbilder: »Sohn Gottes« war als Beiname von Philosophen wie Platon und Kaisern wie Augustus nicht unüblich. Indem man den Heiden den Ehrentitel nahm und dem gab, dem er gebührt – tat man da nicht ein gottgefälliges Werk?

Ohnehin war Jesu besondere Beziehung zu Gott offensichtlich. Häufig sprach er von ihm als seinem »Vater«, und wenn er sich, beispielhaft für alle Menschen, als den »Menschensohn« bezeichnete, so konnte gefolgert werden, dass er auch für alle am Kreuz starb. Seine Osterpassion musste demnach ein Opfer für die Menschheit sein, zu dem ein gewöhnlicher Sterblicher gar nicht berechtigt ist, sondern nur ein höheres Wesen – womit sich die

Strömungen der jüngeren Theologie interpretieren die »fleischliche Auferstehung« dahingehend, dass der Verstorbene sein »Ich-Bewusstsein« und seine Erinnerungen an das irdische Leben ins Jenseits »mitnimmt«. Er wird also nicht Teil einer einzigen »Weltseele«, sondern bleibt, obgleich körperlos, als der erkennbar, der er war.

■ *Die Hochzeit von Kana.* Gemälde, 1819, von Julius Schnorr von Carolsfeld (1794–1874). Hamburg, Kunsthalle. Deutlich zu sehen sind die Krüge, die mit Wasser befüllt werden, das Jesus dem Johannesevangelium zufolge (Joh 2,1–12) in Wein verwandelte.

■ *Die Auferweckung des Lazarus.* Gemälde, zwischen 1510 und 1518, von Juan de Flandes (um 1460–1519). Madrid, Prado

Lehre vom Opfertod Gottes für die Sünden der Menschen durchzusetzen begann.

Dann waren da Jesu Wunder. Er trieb Dämonen aus, heilte Kranke, erweckte Tote, machte aus Wasser Wein, sättigte mit wenigen Broten und Fischen fünftausend Leute und ging über Wasser. Allerdings gehörten Wunder in der Antike bei großen Persönlichkeiten dazu; so sollten etwa Kranke gesunden, wenn sie die Kleidung des Kaisers berührten. Wundertaten waren weniger der Beweis einer göttlichen Mission als das Zeichen, dass einer über den gewöhnlichen Menschen steht und zu bewundern ist – im Fall Jesus auch der Hinweis, dass er ein Herrscher war, einer, dessen Reich freilich nicht von dieser Welt sein musste.

Wundersame Genesungen gibt es bis heute bei körperlichen Symptomen, die eine starke seelische Beteiligung aufweisen. Dass amputierte Glieder nachwachsen oder Verweste leibhaftig zurückkehren, hat hingegen niemand fertiggebracht. Ohnehin ist nicht mehr nachzuprüfen, welche Wunder wahr sind und welche Jesus angedichtet wurden. Dass die Evangelien voller Legenden stecken, ist dagegen sicher: Die göttliche Zeugung (mit der man Jesus den griechischen Halbgöttern anähnelte) ist ebenso fraglich wie die Geburt in Bethlehem, der Stadt König Davids, oder die Flucht nach Ägypten.

Glaubwürdiger sind Berichte, die eben nicht ins Bild passen: Jesus, der die Nächstenliebe verkündet, will von seiner Familie nichts wissen (vielleicht weigerte er sich nach Josephs Tod, als

DER KÖNIG VON POLEN
Im Jahr 2007 ging eine kuriose Nachricht um die Welt: 46 polnische Parlamentsabgeordnete der Partei »Recht und Gerechtigkeit«, der Bauernpartei und der »Liga polnischer Familien« beantragten, Jesus Christus zum König von Polen zu erheben. Wäre der Antrag erfolgreich gewesen, hätte Polen zu einer Art Erbmonarchie werden können, da die Gottesmutter Maria bereits seit ihrer symbolischen Vermählung mit König Kasimir im Jahr 1656 als »Königin der Krone Polens« amtiert.

Erstgeborener für sie zu sorgen); auf die Mahnung: »Deine Mutter und deine Brüder und deine Schwestern fragen nach dir«, gibt er vor, sie nicht zu kennen (Mk 3,32f.); Jesus, der die Feindesliebe predigt, verflucht die Städte Chorazin, Bethsaida und Kapernaum (Mt 11,20–24); er, der die Friedfertigkeit lehrt, widerruft: »Ich bin nicht gekommen, Frieden zu senden, sondern das Schwert« (Mt 10,34).

Unwille, Ärger und Wut sind menschlich. Aber Jesu Nächstenliebe ging zu Lasten seines Familienclans. Sein Fluch traf rechtgläubige Gemeinden, die ihm ebendeshalb nicht gehorchten. Er lehnte die mosaischen Speisevorschriften ab (Mk 7,14–23); er hatte Umgang mit Prostituierten, den verachteten Samaritanern und sogar Heiden; er suchte Streit mit den Kaufleuten und griff den jüdischen Kultus selbst an, denn unter denen, die er aus dem Tempel jagte, waren auch Viehhändler, die den Gläubigen die zum Opfer bestimmten Tiere verkauften; schließlich setzte er allem die Krone auf und ließ sich als Messias feiern. Dieser Jesus war sozial ein Außenseiter und religiös ein Gesetzloser, ein Abtrünniger in den Augen des Jerusalemer Hohen Rates, schuldig der Gotteslästerung. Für die römische Besatzungsmacht war er ein Unruhestifter, ein Staatsfeind. Sie statuierte ein Exempel. Sowieso kam es für Pontius Pilatus auf den einen nicht an, als Statthalter in Judäa befahl er tausende Kreuzigungen.

Ob Jesus die Hinrichtung überlebte oder nicht: Seine Lehre blieb. Er schuf eine radikale Ethik, predigte einen von innen erneuerten Glauben, der Rituale durch moralisches Denken und Tun ersetzte, und verkündete das Bild eines freundlichen Gottes, der »für alle Völker« (Mk 11,17) da sein sollte. So gelang es ihm als Einzigem unter den zeitgenössischen Wanderpredigern – 21 Erlöser, Propheten und Rebellen sind bekannt –, Weltgeschichte zu machen.

Fürwahr eine bewunderungswürdige Leistung – umso mehr, als es Jesus womöglich nie gab. Die jüngste These lautet: Jesus Christus war eigentlich Julius Cäsar,

BELEGE FÜR CHRISTI EXISTENZ?
In der römischen Geschichtsschreibung findet gelegentlich ein gewisser Christus Erwähnung. Tacitus schreibt um 117 n. Chr. in seinen *Annalen*, »der Stifter dieser Sekte, Christus« sei durch den Prokurator Pontius Pilatus hingerichtet worden. Auch Sueton und Plinius d. J. berichten über »Christus«, geben aber keine Details zu seiner Biographie.

■ Szene aus dem Film *Die größte Geschichte aller Zeiten* (USA 1965) von George Stevens mit Joanna Dunham als Maria Magdalena und Max von Sydow als Jesus Christus

■ *Auferstehung Christi.* Darstellung auf dem Wittingauer Altar, um 1380–1390. Prag, Národni Galerie

das Leben Jesu ist eine Kopie von Cäsars Biographie. Ein erstes Indiz sind die Initialen JC, ein zweites der ähnliche Klang von »Gallien«/»Galiläa« und von Ortschaften wie »Corfinium«/»Kapernaum«. Wichtiger ist: Cäsar war berühmt für seine »clementia«, seine Milde gegenüber seinen Feinden, und freigebig gegen das Volk; beides spiegelt sich in Jesu Barmherzigkeit und Volksnähe. Mehr noch: Beide wurden von Vertrauten verraten, die im Dienst der alten Mächte (des Senats beziehungsweise des Synedriums) handelten. Cäsar starb als Diktator und Pontifex maximus, Jesus als »König der Juden« und Messias; der eine am 15. März, der andere am 15. Nizan. Bei Cäsars Totenfeier auf dem Kapitol (ursprünglich: »Schädelstätte«; griechisch-hebräisch: Golgatha) wurde ein Wachsbild mit seiner blutbefleckten Toga an ein kreuzförmiges Siegesmal, ein Tropaeum, gehängt; die Parallele ist klar. Cäsar wie Jesus wurden nach ihrem Tod vergöttlicht, und die Feiern für den Gott Julius wurden auch in Palästina begangen. Mitte des 1. Jahrhunderts verschwindet der Kult. Zur gleichen Zeit beginnt der Aufstieg des Christentums.

Ein Beweis, dass Jesus nie existierte, ist das gleichwohl nicht. Möglich ist, dass Jesu Leben und Lehre nach dem Muster der Cäsarbiographie zurechtgemodelt wurden, um das Christentum für die Römer attraktiv zu machen. Die Frage nach der historischen Wahrheit bleibt damit freilich offen, ebenso die nach der religiösen.

JESUS VON NAZARETH
CHRISTENTUM

 DATEN UND FAKTEN

Biographie: Historisch betrachtet ist es unwahrscheinlich, dass Jesus in Bethlehem zur Welt kam; die Geschichte von seiner Geburt soll die Erfüllung der alttestamentlichen Prophezeiungen (z. B. Micha 5,1) belegen. Wahrscheinlich wird Jesus in Nazareth geboren, zur Zeit des Königs Herodes (bis 4 v. Chr.). Aus den Angaben, die das Neue Testament zu den römischen Kaisern und Statthaltern macht, lässt sich errechnen, dass Jesus um 28/29 n. Chr. mit seiner Lehre an die Öffentlichkeit tritt, nachdem er zuvor wohl ein Schüler Johannes' des Täufers war. Sein Wirken ist nur von kurzer Dauer, die Angaben schwanken zwischen eineinhalb und drei Jahren. Um das Jahr 31 n. Chr. soll er gemäß römischem Strafrecht in Jerusalem als politischer Verbrecher gekreuzigt worden sein, weil er sich als »König der Juden« bezeichnet habe.
Quellen: die vier Evangelien des Neuen Testaments (Matthäus, Markus, Lukas, Johannes), entstanden zwischen 65 und 100 n. Chr.
Wirkungsstätten: Galiläa; Jerusalem
Heiligtümer: Geburtskirche in Bethlehem; Nazareth; Grabeskirche in Jerusalem
heilige Schrift: Die christliche Bibel, bestehend aus dem Alten und dem Neuen Testament; Letzteres ist ein Kanon von 27 urchristlichen Schriften, die größtenteils aus dem 1. Jh. n. Chr. stammen
Verbreitung: Nachdem das Christentum Ende des 4. Jh.s zur Staatsreligion des Römischen Reiches geworden war,

breitete es sich schnell aus, zunächst rund ums Mittelmeer, bis 600 auch über weite Teile Mittel- und Westeuropas. Bis 1100 waren Nordeuropa und die slawischen Gebiete weitgehend christianisiert. Heute gibt es weltweit insgesamt etwa 2,1 Mrd. Christen. Davon leben rund 560 Mio. in Europa, 481 Mio. in Lateinamerika, 360 Mio. in Afrika, 313 Mio. in Asien, 260 Mio. in Nordamerika und 25 Mio. in Australien und Ozeanien.
Kernaussage: Die Zeit ist erfüllt, das Reich Gottes ist nah. Kehrt um, und glaubt an das Evangelium (Mk 1,15).

 WISSENSWERTES

Jesus jenseits des Christentums
Seit dem 18. Jh. beschäftigt sich auch die jüdische Theologie mit der Person Jesu. Sie betrachtet sein Leben und seine Lehre unter dem Aspekt seiner jüdischen Herkunft und sieht ihn mittlerweile als einen jüdischen Apokalyptiker, auch als Rabbi, als Thora-Gelehrten. Das christliche Verständnis von Jesus als Sohn Gottes und Erlöser wird von der jüdischen Theologie nicht geteilt. Auch Muslime lehnen diese christliche Deutung ab, doch respektieren sie Jesus als von Allah erwählten Propheten und vorbildlichen Menschen. Für viele Hindus ist Jesus ein Guru, ein spiritueller Führer, für die Buddhisten ein Bodhisattva, ein geistlicher Lehrer, der, obwohl selbst schon erleuchtet, so

lange auf sein Eingehen ins Nirvana verzichtet, bis auch seine Mitmenschen den Weg zur Erlösung gefunden haben.

 EMPFEHLUNGEN

Lesenswert:
Das Neue Testament. Einheitsübersetzung der Heiligen Schrift, Stuttgart 2007

Jürgen Becker: *Jesus von Nazareth,* Berlin 1995

Schalom Ben-Chorin: *Bruder Jesus. Der Nazarener in jüdischer Sicht,* München 1987

Francesco Carotta: *War Jesus Cäsar? Eine Suche nach dem römischen Ursprung des Christentums,* Kiel 2008

Albert Schweitzer: *Geschichte der Leben-Jesu-Forschung,* Stuttgart 1984

Gerald Messadié: *Ein Mensch namens Jesus,* München 2006 (Roman)

Sehenswert:
Die letzte Versuchung Christi. Regie: Martin Scorsese; mit Willem Dafoe. USA 1988

Das Leben des Brian. Regie: Terry Jones; mit Graham Chapman, John Cleese. GB 1979

Das 1. Evangelium – Matthäus. Regie: Pier Paolo Pasolini; mit Enrique Irazoqui, Natalia Ginzburg. I / F 1964

 AUF DEN PUNKT GEBRACHT

Nicht äußere Treue zum Gesetz und pedantische Befolgung von Riten, sondern moralisches Handeln will Gott. Wunder wirkend, Friedfertigkeit und Nächstenliebe predigend, fordert Jesus die Menschen auf, sich zu bessern und sich auf Gottes nahes, herrliches Reich vorzubereiten.

Glaube, Hoffnung, Liebe
Paulus
gest. zwischen 60 und 67

Kleiner Mann ganz groß: Ausgerechnet einer, der sich lateinisch »Paulus« nannte, was auf Deutsch ein »Kleiner« oder »Geringer« ist, wurde zur bedeutendsten Gestalt des frühen Christentums. Ihm ist es zu verdanken, dass aus einer winzigen Sekte eine Weltreligion wurde. Indem er aus dem Leben und den Worten des Jesus von Nazareth (s. S. 68) eine Lehre formte und diese auf Reisen durch den östlichen Mittelmeerraum und bis nach Rom, ins Zentrum eines Weltreichs, verbreitete, wurde er zum eigentlichen Begründer des Christentums.

Paulus war es, der die junge Glaubensgemeinschaft, die bis dahin eine von vielen Sondergruppen innerhalb des Judentums bildete, für Nichtjuden öffnete; ihretwegen wurden die mosaischen Speisegesetze, die besonderen Gebetsregeln und nicht zuletzt das Gebot der Beschneidung außer Kraft gesetzt. Erst mit Paulus, der als Auslandsjude in einer kosmopolitischen Umgebung aufgewachsen war, von klein auf in Berührung mit der griechischen Kultur gelebt und vom Vater das römische Bürgerrecht geerbt hatte, ging das Christentum auf alle Menschen zu: »Hier ist nicht Jude noch Grieche, hier ist nicht Knecht noch Freier, hier ist nicht Mann noch Weib; denn ihr seid allzumal *einer* in Christus Jesus«, schreibt Paulus im Brief an die Galater (3,28). Dass vor Gott alle Menschen gleich sind, war ein Gedanke, der viele ansprach, insbesondere jene, die in der sozialen Wirklichkeit unter der Ungleichheit litten: Arme, Sklaven, Frauen. Das Christentum versprach die Schranken von Kultur, Geschlecht und Gesellschaft einzureißen – das war eine der Voraussetzungen für seinen Siegeszug.

Eine weitere: Der Glaube an den auferstandenen Christus verhieß den Sieg über den Tod. Viele antike Religionen kannten kein ewiges Leben, allenfalls einen trostlosen Hades nach Art der griechischen

■ *Paulus von Tarsus.* Die 1461 von Paolo Romano (um 1445–um 1470) geschaffene Marmorskulptur des Apostels befindet sich auf dem Petersplatz in Rom.

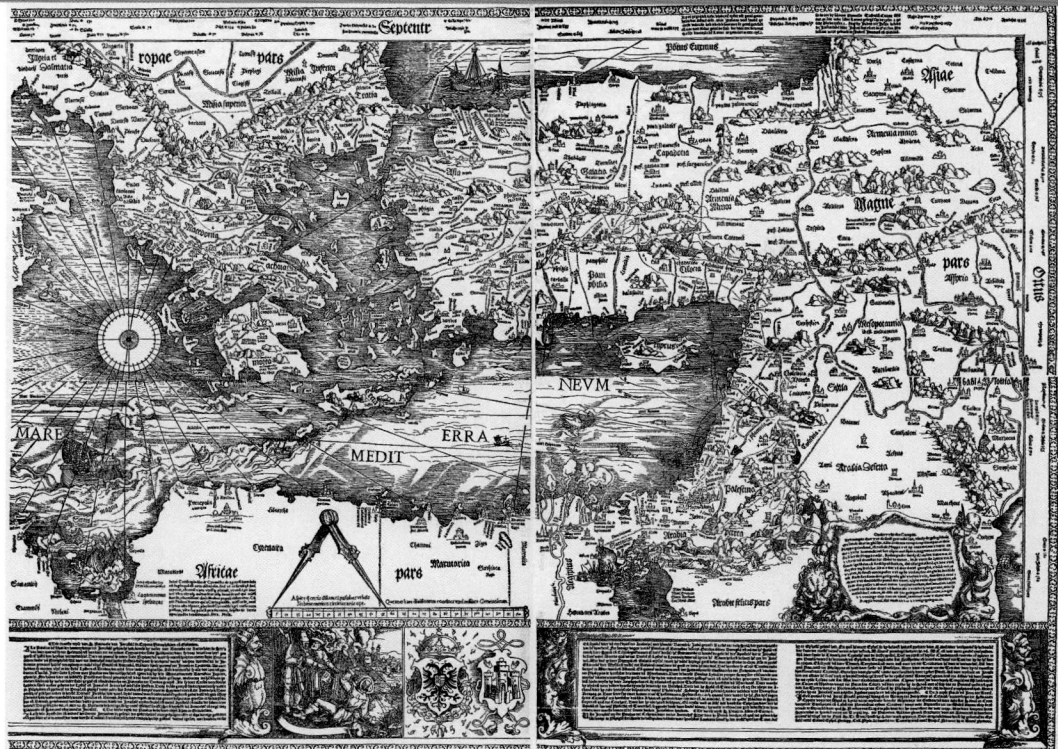

Mythologie. Lediglich dem Judentum und dem persischen Zoroastrismus waren paradiesische Vorstellungen eigen, doch der
Gläubige musste viele Hürden auf dem Weg ins Jenseits überwinden. Das Christentum machte es ihm einfach, weil es nicht länger
auf Äußerlichkeiten wie die penible Einhaltung von Ritualen und
Dekreten ankam, denn, so Paulus: »Wir wissen, dass der Mensch
durch des Gesetzes Werke nicht gerecht wird, sondern durch den
Glauben an Jesus Christus« (Gal 2,16). Der Glaube genügt, das
war ein fundamentaler Gedanke.

Ganz so simpel war der Glaube, den Paulus predigte, freilich
nicht. Die entscheidende Crux, vor der die Urchristen standen,

■ *Karte der Reisen des
Paulus.* Holzschnitt, um 1540,
von Hans Sebald Beham
(1500–1550). Wien, Graphi-
sche Sammlung Albertina

NICHT ZU BREMSEN
Selbstbewusst und sendungsbewusst ist Paulus; vom Glauben
besessen, predigt er, ohne zu ermüden. Die Apostelgeschichte
(20,7ff.) erzählt, dass er einst bei einer Zusammenkunft in einem
»Obergemach« so lange redete, bis ein Jüngling, der in einem
Fenster saß, einschlief, vom dritten Stock hinunterstürzte und
»tot aufgehoben« wurde. Zum Glück war er nur bewusstlos, so
dass Paulus die Leute besänftigen konnte. Dann redete er weiter,
»bis der Tag anbrach; und so zog er hinweg«.

war die Frage, warum ihr charismatischer Anführer gekreuzigt worden war. Der rabbinisch geschulte Paulus fand den tiefen Sinn in dem Ostergeschehen heraus: Ihm zufolge ist Jesus zum Heil der Menschheit ans Kreuz geschlagen worden, hat mit seinem Tod alle Menschen erlöst und wird wiederkehren, um mit allen, die zu ihm gehören, für immer zu leben. Paulus' Gedankengang lässt sich ungefähr folgendermaßen nachvollziehen: Hingerichtet wird man wegen eines Verbrechens. Gottes Sohn konnte jedoch nichts verbrochen haben. Also starb er für die Verfehlungen anderer. »Dass Christus gestorben ist für unsere Sünden« (1 Kor 15,3), sagt Paulus ausdrücklich. »Uns« meint alle; hieraus entspringt dann die Idee der von Adam und Eva herrührenden »Erbsünde«, die unterschiedslos jedem Menschen, selbst dem gerechtesten, anhaftet. Er ist folglich der Erlösung bedürftig und muss, um seine angeborene Sündhaftigkeit loszuwerden, sich zu Christus bekennen – ein Motiv für die mit Paulus beginnende Weltmission.

Die Sache mit der Erbsünde wird erstmals im Römerbrief (15,12f.) formuliert, um zu erklären, wie der Tod in die Welt gekommen sei. Der Tod aber kann besiegt werden, wie Jesus gezeigt hat. Paulus selbst war der lebende Christus erschienen, damals auf dem Weg nach Damaskus, wie die Apostelgeschichte berichtet (22,5–16 sowie 26,12–18). Aus der Begegnung mit dem Auferstandenen zieht Paulus den Schluss, dass das Unheil, das Adam mit dem Sündenfall angerichtet habe, durch Jesus behoben sei: »Denn

DIE ZEUGEN JESU

Es gibt keine Augenzeugenberichte von Jesu Leben und Sterben. Keines der Evangelien wurde von einem Jünger geschrieben. Das älteste, dasjenige »nach« (nicht »von«) Markus, wurde wohl um um das Jahr 65 verfasst. Die ersten Berichte des frühen Christentums sind vielmehr die um 50 einsetzenden Briefe des Paulus. Von den 13 unter seinem Namen überlieferten gelten sieben als echt.

da durch *einen* Menschen der Tod gekommen ist, so kommt auch durch *einen* Menschen die Auferstehung der Toten« (1 Kor 15,21) – wobei allerdings nur die »Toten in Christus« (1 Thess 4,16) diese Hoffnung haben; ein weiterer Grund für alle Heiden, ihrem alten Glauben zu entsagen.

Warum aber tut Gott das alles und opfert seinen eigenen Sohn zur Sühne für die Sünden der Menschheit? Die einzig mögliche Erklärung ist, so Paulus, dass Gott die Menschen liebt. Bereits das nachbabylonische Judentum hatte sich von der Vorstellung eines fürchterlichen und rachsüchtigen Jahwe abgewandt und unter dem Einfluss der Lehren des Zarathustra (s. S. 28) das Bild eines guten Gottes entworfen. Paulus malt dieses Bild weiter aus, indem er die Liebe hinzufügt. Sie wird zum zentralen Begriff des Glaubens, und wie jede Liebe verlangt sie nach Gegenliebe, also der Hingabe der Menschen an Gott und seinen gekreuzigten Sohn – eine Liebe, die aber keine Sache nur der spirituellen Versenkung ist, sondern sich praktisch bewähren und in »brüderlicher Liebe« äußern soll: »Ihr seid von Gott gelehrt, euch untereinander zu lieben«, mahnt Paulus (1 Thess 4,9) die Christen.

»Glaube, Hoffnung, Liebe, diese drei; aber die Liebe ist die größte unter ihnen« (1 Kor 13,13), lautet Paulus' Formel für ein Leben im Geist Christi. Es versteht sich für ihn, dass damit keine sinnliche, körperliche Liebe gemeint ist: »Es ist dem Menschen gut, dass er kein Weib berühre«, schreibt Paulus (1 Kor 7,1), wenngleich er die Ehe billigt, sofern »ein jeglicher sein Weib zu gewinnen suche in Heiligung und Ehrbarkeit, nicht in gieriger Lust wie die Heiden« (1 Thess 4,4f.). Die Leibfeindschaft des Christentums nimmt hier erste Gestalt an, und im Römerbrief heißt es bereits: »Fleischlich gesinnt sein ist wie eine Feindschaft wider Gott« (8,7).

Mit der Liebe ist es überhaupt so ein Ding, denn ausgerechnet ihrem Propagandisten lagen, wie seine Briefe zeigen, auch Rechthaberei und das Eifern gegen Andersmeinende, Abtrünnige und Unwillige im Blut – ein Vorbild, das das Christentum für lange Zeit prägen sollte. Obendrein bereitete Paulus jener Opfer-

■ Verdammter mit Figuren der Unterwelt. Detail aus dem Fresko *Das Jüngste Gericht*, 1535–1541, von Michelangelo (1475–1564) an der Altarwand der Sixtinischen Kapelle in Rom. Wer an Christus glaubt, so predigt Paulus, wird auferstehen von den Toten und der ewigen Verdammnis entgehen.

■ Der heilige Paulus auf dem Weg nach Damaskus. Pergamentmalerei, 9. Jh. Rom, Biblioteca Apostolica Vaticana. Nach seinem Damaskuserlebnis ist Saulus / Paulus drei Tage mit Blindheit geschlagen. Dieses Motiv findet sich oft in Mythen und Märchen: Wer für die irdische Welt blind ist, öffnet sich für die Innenschau und somit für die Erkenntnis einer höheren Wahrheit.

bereitschaft der Gläubigen, die dem Leiden für Christus den höchsten Wert beimisst, den Weg, wenn er betont, auf seinen Missionsreisen trotz Verfolgung, Gefangenschaft und Körperstrafen ein treuer Christ geblieben zu sein: »Von den Juden habe ich fünfmal empfangen vierzig Streiche weniger einen; ich bin dreimal gestäupt, einmal gesteinigt« worden, brüstet er sich (2 Kor 24f.) und verweist darauf, dass er alles aufgegeben habe und sogar sein Leben für Christus zu opfern bereit sei, denn »ich möchte ja ihn erkennen und die Kraft seiner Auferstehung und die Gemeinschaft seiner Leiden und so seinem Tode gleichgestaltet werden, damit ich gelange zur Auferstehung von den Toten« (Phil 3,10f.). Das Leiden als Weg zum Heil: Diese paradoxe Auffassung wird vielen Märtyrern zur Richtschnur.

Paulus hat Theorie und Praxis des Christentums geformt wie kein anderer, doch Korrekturen blieben nicht aus. Jesus hatte beispielsweise vom Reich Gottes gesprochen, als werde dies bereits auf Erden verwirklicht. Auch Paulus scheint das zu meinen, denn »die Zeit ist kurz«, bis »das Wesen dieser Welt vergeht« (1 Kor 7,29 und 31 sowie 51), und folgert daher, dass die Christen nicht etwa sterben werden, sondern »dass wir leben und übrig bleiben bis zur Ankunft des Herrn« (1 Thess 4,15). Das erwies sich als Irrtum, und es bedurfte der Kunst späterer Kirchenlehrer, um darzulegen, dass Paulus dennoch Recht hatte: Weil in dessen Brief an die Kolosser geschrieben steht, die Gemeinde symbolisiere Christus (1,24), wollte nun die Kirche selbst (nach Mt 28,20) der bis ans Ende aller Tage auf Erden anwesende Christus sein und die Gläubigen ins Reich Gottes führen – das nun freilich ins Jenseits entrückt ist und das Himmelreich meint.

PAULUS
CHRISTENTUM

 DATEN UND FAKTEN

Biographie: Paulus wird Anfang des 1. Jh.s. n. Chr. in Tarsus (in der heutigen Türkei) als Saul(us) geboren. Neben dem tarsischen besitzt er das römische Bürgerrecht. Seine Eltern sind strenggläubige Juden. Er lernt den Beruf des Zeltmachers und absolviert möglicherweise eine theologische Ausbildung in Jerusalem bei einem Pharisäer namens Gamaliel; Letzteres wird jedoch nur in der Apostelgeschichte erwähnt, nicht in den Paulusbriefen. Da Saulus als pharisäisch geprägter Jude den Christen feindlich gegenübersteht, beteiligt er sich offenbar an ihrer Verfolgung. Auf dem Weg nach Damaskus, wo er ebenfalls Christen bekämpfen soll, hat er um 35 n. Chr. eine Vision: Jesus erscheint ihm und fragt ihn, warum er ihn verfolge. Saulus ist bekehrt, nennt sich fortan Paulus und beginnt seine Missionsarbeit. Insgesamt unternimmt er drei große Reisen, gründet zahlreiche christliche Gemeinden, gerät mehrmals in Gefangenschaft. Während eines Aufruhrs in Jerusalem im Jahr 57/58 wird Paulus erneut verhaftet und, da er römischer Staatsbürger ist, nach Rom überstellt. Dort soll er in den 60er Jahren als Märtyrer gestorben sein.
Quellen: Die Paulusbriefe im Neuen Testament wurden zwischen 50 und 56 n. Chr. geschrieben (die Briefe an die Römer, Korinther, Galater, Philipper, Thessalonicher sowie an Philemon sind mit hoher Wahrscheinlichkeit von Paulus selbst verfasst worden). Die Apostelgeschichte im Neuen Testament ist eine viel später entstandene Quelle und widerspricht mehrfach Paulus' eigenen Angaben.
Wirkungsstätten: Kilikien, Nordgalatien, Lykaonien und Ephesus in der Türkei; Syrien; Zypern; Jerusalem und Cäsarea in Israel; Philippi, Thessaloniki (heute Saloniki) und Korinth in Griechenland; Rom
Heiligtum: Die Kirche San Paolo fuori le mura in Rom beherbergt die Grabstätte des Paulus.
heilige Schriften: die vier Evangelien des Neuen Testaments (Matthäus, Markus, Lukas, Johannes), entstanden zwischen 65 und 100 n. Chr.
Verbreitung: Nach der Missionstätigkeit des Paulus und nachdem das Christentum Ende des 4. Jh.s zur Staatsreligion des Römischen Reiches geworden war, breitete es sich zunächst rund ums Mittelmeer, bis 600 auch über weite Teile Mittel- und Westeuropas aus. Bis 1100 waren Nordeuropa und die slawischen Gebiete weitgehend christianisiert. Heute gibt es weltweit insgesamt etwa 2,1 Mrd. Christen; davon leben rund 560 Mio. in Europa, 481 Mio. in Lateinamerika, 360 Mio. in Afrika, 313 Mio. in Asien, 260 Mio. in Nordamerika und 25 Mio. in Australien und Ozeanien.
Kernaussage: Hier ist nicht Jude noch Grieche, hier ist nicht Knecht noch Freier, hier ist nicht Mann noch Weib; denn ihr seid allzumal einer in Christus Jesus (Gal 3,28).

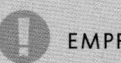 EMPFEHLUNGEN

Lesenswert:
Das Neue Testament. Einheitsübersetzung der Heiligen Schrift, Stuttgart 2007

Das Neue Testament in der deutschen Übersetzung von Martin Luther nach dem Bibeldruck von 1545, 2 Bde., Stuttgart 1989

Jürgen Roloff: *Einführung in das Neue Testament*, Stuttgart 1995

Eduard Lohse: *Paulus. Eine Biographie*, München 2003

Heike Omerzu: *Der Prozess des Paulus. Eine exegetische und rechtshistorische Untersuchung der Apostelgeschichte*, Berlin 2002

Joachim Gnilka: *Wie das Christentum entstand*, Freiburg / Br. 2004

Hans Conzelmann: *Geschichte des Urchristentums*, Göttingen 1989

Gerald Messadié: *Ein Mann namens Saulus*, München 1999 (Roman)

Hörenswert:
Winfried Radeke: *Damaskus*. Oper 1989

Felix Mendelssohn Bartholdy: *Paulus*. Oratorium 1836

Sehenswert:
A.D. – Anno Domini. Regie: Stuart Cooper; mit James Mason, Ava Gardner. USA / GB 1985 (TV-Miniserie)

 AUF DEN PUNKT GEBRACHT

So groß ist Gottes Liebe zu den Menschen, dass er seinen eigenen Sohn opfert, damit sein Sühnetod ihre Sünden tilgt. Seine Auferstehung verheißt allen, die an ihn glauben, das ewige Leben. Diese zentralen Dogmen gibt Paulus dem Christentum mit auf den Weg.

Zum Licht empor!
Mani
216–277

Manichäische Electi. Seidenmalerei, 10. Jh., aus der chinesischen Oasenstadt Kocho (Gaochang). Berlin, Museum für Asiatische Kunst. Die Electi übten sich in einer strengen Askese, die das »Siegel des Mundes« einschloss, das jeden Fleischgenuss verbot. So durften die »Auserwählten« nur Obst und Gemüse essen, und zwar vorzugsweise solches, das viele »Lichtpartikel« enthielt, wie Gurken und Melonen.

Das bekannteste Beispiel für eine Religion, die sich fremden Kulturen anzupassen und Einflüsse anderer Glaubenswelten ins eigene System aufzunehmen versteht, ist das Christentum. Um nicht nur ein einzelnes Volk zu erlösen, sondern alle Menschen, und ihnen den Beitritt zu erleichtern, hat es Mythen und Riten verschiedenster Provenienz sich anverwandelt. Aber das Christentum ist nicht das einzige Beispiel. Ein anderes ist der Manichäismus, in dem zoroastrische Vorstellungen mit christlichen und buddhistischen auf bizarre Weise verschmolzen sind.

»Apostel des Lichts«, was auf Zarathustra (s. S. 28) anspielt, und »Prophet Jesu Christi« (s. S. 68) nannte sich sein Begründer Mani, der im 3. Jahrhundert predigte und Buddha (s. S. 42) als »Vater der Gerechtigkeit« pries. Aufgewachsen in einer judenchristlichen Täufersekte im südlichen Babylonien, in deren Gedankengut uralte Reinigungsmythen um den sumerischen Wassergott Ea fortwirkten, war ihm der Synkretismus, das Zusammendenken unterschiedlicher Glaubenswelten, von Kindheit an vertraut. Als Bürger des Perserreiches, in dem die Religion des Zarathustra dominierte, in der Mitte zwischen Indien und dem römischen Imperium, wo sich das Christentum ausbreitete, sah Mani sich berufen, eine Mischreligion zu erfinden, die als neue, endgültige Weltreligion die anderen beerben sollte.

Ihre Grundlage war zoroastrisch: ein strenger Dualismus von Gut und Böse, von Licht und Finsternis, von Vernunft, Wahrheit und Leben auf der einen, Dummheit, Lüge und Tod auf der anderen Seite, von Gott hier und dem Prinzen der Finsternis da. Anders als die Zarathustra-Anhänger, die keine Welt- und Leibfeindschaft propagierten, ergänzte Mani diesen Dualismus um den – christlich und buddhistisch inspirierten – Gegensatz von Geist und Materie. Kern seiner Lehre:

Alle diese feindlichen Prinzipien seien in der Realität schuldhaft vermischt, und Erlösung erlange der Mensch nur, wenn er dies in einem Akt der Erkenntnis (griechisch: *gnosis*) durchschaue und ein Leben in Askese, Keuschheit und rechtem Glauben führe, damit die Seele nach dem leiblichen Tod heim ins göttliche Licht finde.

Um das plausibel zu machen, konstruierte Mani eine phantastische Kosmogonie oder Schöpfungslehre, die Stoff für einen Fantasyroman gäbe. Anknüpfend an die damalige Form des Zoroastrismus, der den Ursprung aller Dinge nicht mehr allein im guten Gott Ahura Masda sieht, behauptet Mani, dass beide, Gut und Böse, Gott und Teufel, von Anfang an da gewesen seien. Beider Bereiche sind ursprünglich scharf getrennt, doch als der Prinz der Finsternis das Reich des Lichts erblickt, will er daran teilhaben und erklärt Gott den Krieg. Da Gott die Güte selbst ist und nicht kämpfen will, »ruft« er die »Mutter des Lebens« (dass er sie »ruft« und nicht erschafft, mag eine Analogie sein zum »Logos«, zum christlichen Wort Gottes). Diese »ruft« ihrerseits den Urmenschen Gayomard, einen ungeheuren Riesen und die personifizierte Weltseele. Zwar unterliegt er den Archonten, den Heerscharen der Finsternis. Doch das gehört zu Gottes Plan, denn indem die Archonten den Urmenschen zu verschlingen beginnen, infizieren sie, die Materie, sich mit dem Licht, das sie zersetzen soll.

Bevor Gayomard gänzlich vernichtet ist, »ruft« Gott den »Lebendigen Geist«, der den Urmenschen aus den Tiefen der Finsternis herauszieht und, um die vom Bösen noch gefangenen Teile des Urmenschen zu retten, den Kosmos formt. Dessen Zweck ist es, die restlichen Lichtelemente aus der Materie zu läutern; daraus

■ Mani. Fresko, 9. Jh., aus der Oasenstadt Kocho (heute Gaochang im Autonomen Gebiet Xinjiang) in Nordwestchina.
Von Mani handelt das kleinste erhaltene Buch der Antike: Der Mani-Kodex, eine Schrift aus dem 5. Jh., die sich im Besitz der Universität zu Köln befindet, enthält neben Manis Vita auch Selbstaussagen des Religionsstifters.

PERFECTI UND CREDENTES
Die Katharer des Mittelalters teilten sich in »Vollkommene« (Perfecti) und »Gläubige« (Credentes) und predigten einen strengen Dualismus, wonach der böse Gott des Alten Testaments mit dem guten Gott des Neuen Testaments und seinem Engel Christus im Kampf liege. Die Katharer galten als Manichäer, doch ob sie deren direkte Nachfahren sind, ist unbewiesen. Unstrittig ist die Herkunft der Lehre aus dem Osten.

gehen Sonne, Mond und Sterne hervor. Der Fürst der Finsternis gibt sich aber nicht geschlagen und erschafft Adam und Eva, um in ihnen die Lichtpartikel an die Materie zu binden und die Menschen als Schutzschild gegen Gott zu verwenden. Der sendet daraufhin Jesus als Erlöser aus, dessen »Ruf« Adam vom Schlaf des Todes erweckt und ihm originellerweise in Gestalt der Schlange vom Baum der Erkenntnis zu essen gibt. Adams Verstand erwacht und begreift die erlösende Wahrheit, dass sein inneres Licht, seine Seele, als Teil der großen Weltseele in das Lichtreich Gottes zurückstrebt, und triumphiert über die teuflischen Regungen des Leibes. Genau so trägt fortan der manichäisch Erleuchtete zur weiteren Ausläuterung des Lichts bei, bis am Ende der Weltgeschichte die Wiederherstellung des Urzustands steht: die vollständige Trennung von Licht und Finsternis. (Unausgesprochen bleibt, dass damit alles von vorn beginnen kann.)

Da im manichäischen Glauben die Erschaffung Adams nicht göttliches, sondern Teufelswerk ist, ist das Leben des Menschen – darin spiegelt sich buddhistisches Denken – leidvoll. Bedingung für die Erlösung ist daher die Befreiung vom Dasein, von der Materie, mit weitreichenden praktischen Konsequenzen. Die manichäische Sittenlehre fordert »das Siegel des Mundes«: Fleisch- und Weingenuss sind ebenso untersagt wie das Töten von Tieren oder Schädigen von Pflanzen. Sie verlangt »das Siegel der Hände«: Jede Berührung von Materie ist möglichst zu vermeiden, und Besitz ist untersagt; körperliche und geistige Arbeit sind verboten, ausgenommen die manichäische Verkündigung. Und sie erheischt »das Siegel des Geschlechts«, also Enthaltsamkeit einschließlich des Verbots der Fortpflanzung, da diese auf den Erhalt des bösen Menschengeschlechts zielt.

Einige dieser Vorschriften gemahnen an den Buddhismus. Letzterer ist eine Mönchsreligion; im Zentrum buddhistischen Lebens

■ *Intermezzo. Adam und Eva und Tod und Teufel.* Radierung, 1887, von Max Klinger (1857–1920). Leipzig, Museum der Bildenden Künste. Die Manichäer glaubten, dass Adam und Eva vom Teufel erschaffen wurden, um in ihnen die Lichtpartikel, die zu Gott gehören, an die Materie, die das Werk des Teufels ist, zu binden. Damit soll die vollständige Trennung von Licht und Finsternis, die das Gute anstrebt, verhindert werden.

steht die Versammlung der Mönche. Nach dem Vorbild des Buddhismus, wo die Laien dazu da sind, den Mönchen Kleidung und Nahrung zu spenden, unterteilte Mani seine Anhängerschaft in »Auserwählte« (Electi), die den rechten Glauben lehren und leben, und »Hörer« (Auditores), die die Auserwählten unterstützen und dafür von ihnen unterwiesen werden, um im nächsten Leben selbst auserwählt zu sein. Die rigiden Vorschriften brauchten die Laien nicht einzuhalten; sie galten allein für die Electi, sozusagen die Profis des Manichäismus. Religiöse Pflichten wie Almosen geben, Fasten, Beichte und Teilnahme am einfachen Gottesdienst – es gab weder Tempel noch Altäre oder Opfer – mit Beten, Hymnensingen und Psalmenrezitation bestanden aber auch für die einfachen Gläubigen.

■ *Das Gute in der Gestalt Gottes und das Böse in Gestalt des Teufels sind überall auf der Welt gegenwärtig. Stich, 1866, von Cosson Smeeton (1840–1880), nach Emile Bayard*

Mani selbst hielt sich nicht nur für auserwählt, sondern für den Letzten in einer langen Reihe von Propheten, die mit Adam begonnen habe. Anders als seine Vorgänger, deren Lehren verfälscht worden seien, weil sie nichts Schriftliches hinterließen, konzipierte er seine Religion von Anfang an als Buchreligion. Sieben Titel bildeten den manichäischen Kanon: *Das lebendige Evangelium*, *Der Schatz des Lebens*, *Pragmateia* (»Traktat«, »Abhandlung«),

DAS GEHEIMNISVOLLE LICHT

Letztlich konnte sich der Manichäismus Gott, die Seele, das Licht, nicht als immaterielle Wesenheiten, sondern nur als äußerst »feinstoffliche« Substanz denken – was aber auf die moderne Physik vorausweist, die die Lichtteilchen als masselose Photonen definiert. Für die Meinung, die Seele strebe ins Reich des Lichts, sprechen immerhin Nahtod-Erlebnisse. Ob, wie es die Theorie von der Weltseele impliziert, alle Seelen miteinander verschmelzen (eine eher unappetitliche Vorstellung), steht aber dahin.

■ Der Tod Manis. Illustration, 1307, in einer Abschrift von Al-Birunis (973–um 1048) *Chronologie*. Edinburgh, Universitätsbibliothek.
Anders als diese Buchmalerei es vermuten lässt, wurde Mani nicht hingerichtet, sondern starb, ausgezehrt von der strengen Askese, im Gefängnis von Gundeschapur (heute im Iran).

Das Buch der Mysterien, Das Buch der Giganten, Briefe sowie *Psalmen und Gebete.* Die Ironie der Geschichte wollte es aber, dass die Werke im Mittelalter fast vollständig verlorengingen und erst im 20. Jahrhundert einiges wiederentdeckt wurde. Das heutige Wissen über den Manichäismus speist sich zu großen Teilen aus Aufzeichnungen Dritter.

Im Unterschied zum Christentum war dem Manichäismus keine Dauer beschieden. Mani selbst missionierte im Iran, im Irak und in Indien, wurde aber am Ende auf Betreiben des zoroastrischen Hohepriesters Karder ins Gefängnis geworfen, wo der von der Askese bereits Geschwächte starb. (Das Bema-Fest, eine Art manichäisches Ostern mit Abendmahl, erinnerte an den Tod des Religionsstifters und an die Erweckung Adams durch Jesus, der dem Menschen vom Baum des Lebens zu essen gab.) Im Mittelmeerraum war der Manichäismus im 4. Jahrhundert ein ernster Konkurrent des Christentums, ging dann aber schnell unter; länger hielt er sich im Osten, wo er sich über die Seidenstraße verbreitete. Er wurde im 8. Jahrhundert Staatsreligion im Uigurenreich und drang bis China vor, wo er erst im 14. Jahrhundert erlosch.

MANI
MANICHÄISMUS

 DATEN UND FAKTEN

Biographie: Mani wird am 14. April 216 im südlichen Babylonien (damals ein Teil Persiens, heute zum Irak gehörig) als Spross einer adligen Familie geboren. Sein Vater bringt ihm die Lehre der Elkesaiten nahe, einer Sekte, die jüdische, christliche und astrologisch-magische Einflüsse miteinander verbindet. Im Jahr 240 beginnt Mani – nach zwei Offenbarungen – eine eigene Lehre zu verkünden, wobei er sich selbst in die Reihe der großen Propheten stellt: Zarathustra, Buddha und Jesus. Er missioniert in Persien und Indien. In Persien gewinnt er die Gunst des Großkönigs Schapur I. und erlangt großen Einfluss am Königshof. Schapurs Nachfolger Bahram I. lehnt Manis Lehre jedoch ab und wendet sich wieder dem Parsismus zu; Mani wird angeklagt, inhaftiert und stirbt am 26. Februar 277 im Gefängnis von Gundeschapur (im heutigen Iran).
Quellen: Neben Manis eigenen Werken sind die wichtigsten Quellen die *Antimanichäischen Schriften* des Augustinus aus dem 4. und 5. Jh. sowie der Kölner Mani-Kodex, ein winziges Pergament aus dem 5. Jh., das erst im 20. Jh. entdeckt wurde und eine Vita des Mani enthält.
Wirkungsstätten: Persien; Indien
Heiligtümer: In China sind einige manichäische Tempel erhalten.
heilige Schriften: Das lebendige Evangelium, Der Schatz des Lebens, Pragmateia (»Traktat«, »Abhandlung«), Das Buch der Mysterien, Das Buch der Giganten, Briefe, Psalmen und Gebete; alle aus dem 3. Jh.

Verbreitung: Obwohl die Manichäer nach Manis Tod verfolgt wurden, breitete sich der Manichäismus über den Irak und Iran, Syrien, Ägypten und letztlich den gesamten Mittelmeerraum aus. Im 4. Jh. hatte er im Westen seine Blütezeit; in Nordafrika hielt er sich bis ins 8. Jh. Im Uigurenreich war er von 764 bis 840 sogar Staatsreligion. In China, wo die Lehre ab dem 7. Jh. an Beliebtheit gewann, hatte sie bis ins 14. Jh. Bestand. Danach finden sich nur noch bestimmte manichäische Vorstellungen und Einflüsse bei anderen Religionsgemeinschaften – etwa den Katharern – und in manchen philosophischen Systemen.
Kernaussage: Welt und Mensch bestehen aus dämonischer Substanz. Die menschliche Existenz wird nur durch eine göttliche Niederlage ermöglicht.

 WISSENSWERTES

Weltseele
Der Begriff der Weltseele findet sich zuerst bei Platon (427–um 347 v. Chr.), in seinem Dialog *Timaios*. Die Weltseele ist hier das Prinzip allen Lebens, die »Bewegerin der Welt«, die alles Körperliche enthält und daher auch alles (er)kennt. Bewegung meint hier nicht nur reine Mechanik, sondern auch ein Organisieren, im übertragenen Sinne »in Gang bringen«. In seinem Spätwerk nennt Platon die Weltseele auch das Prinzip, das die im Kosmos herrschende Vernunft mit der Materie in der Welt verbindet. Die Naturphilosophie Friedrich Wilhelm Joseph von Schellings (1775–1854) greift die Vorstellung von der Weltseele auf; bei ihm verknüpft sie »die ganze Natur zu einem allgemeinen Organismus«.

 EMPFEHLUNGEN

Lesenswert:
Alexander Böhlig: *Die Gnosis III. Der Manichäismus*, Düsseldorf 2007

Ludwig Koenen, Cornelia Römer: *Mani. Auf der Spur einer verschollenen Religion*, Freiburg / Br. 1993 (mit Übersetzung des Kölner Mani-Kodex)

Geo Widengren: *Mani und der Manichäismus*, Stuttgart 1982

Aurelius Augustinus: *Über die Lebensführung in der katholischen Kirche und die Lebensführung der Manichäer*, in: ders.: *Werke*, Bd. 25, lat.-dt., hrsg. von Elke Rutzenhöfer, Paderborn 2004

Anklickenswert:
www.uni-muenster.de/ Philologie/laek/mani.html (Website der Arbeitsstelle für Manichäismusforschung der Universität Münster mit dem Stand der Forschung, Literaturempfehlungen und Links zum Kölner Mani-Kodex)

 AUF DEN PUNKT GEBRACHT

Ein scharfer Dualismus von Licht und Finsternis, Gut und Böse, Geist und Materie prägt die Welt. Der Mensch ist Teufelswerk, geschaffen, um seine Lichtseele im Gefängnis der Materie festzuhalten. Wer dies durchschaut, dessen Seele wird frei und kann sich mit dem göttlichen Licht vereinen.

Gottes vornehmstes Geschöpf

Arius
um 260–336

»Im Namen des Vaters und des Sohnes und des Heiligen Geistes«: In den wenigen Worten, die in konzentrierter Form das christliche Gottesverständnis zum Ausdruck bringen, steckt erheblicher Sprengstoff. Denn klingt die Heilige Dreifaltigkeit nicht wie eine Abkehr vom Monotheismus, wie eine Rückkehr zur Vielgötterei?

Von Anfang an stand das Christentum vor einer fundamentalen Schwierigkeit: Aus dem Geist des Judentums geboren, glaubten seine Anhänger nur an den einen Gott; doch im Zentrum ihrer Religion stand ihr Stifter Jesus (s. S. 68). Der Glaube an ihn als den Messias, den Christus, war es, der sie von den Juden trennte. Wer aber war dieser Jesus Christus? In welcher Beziehung stand er zu Gott, war er selbst einer oder doch nur ein Mensch?

■ Weil Arius die Meinung vertrat, dass Jesus zwar mehr als ein Mensch – nämlich Gottes vornehmstes Geschöpf – sei, aber nicht wesensgleich mit Gott, wurde Arius nach Illyrien verbannt.

Solange das Christentum unterdrückt wurde, war die Antwort darauf nicht die vordringlichste Sorge. Praktische Fragen: das persönliche Überleben, der Fortbestand der Gemeinden und die Weitergabe der heiligen Schriften, standen im Vordergrund. Doch bald, nachdem der römische Kaiser Konstantin der Große im Jahr 313 die Verfolgung des Christentums beendet, es anderen Religionen gleichgestellt und, weil er mit staatsmännischer Weitsicht die große Zukunft dieser Religion voraussah, sogar begonnen hatte, es zu fördern, brach der theologische Streit offen aus.

Stein des Anstoßes war die Lehre des Priesters Arius in Alexandria, das damals die kulturelle Hauptstadt des Ostens war. Hochgebildet und belesen, philosophisch bewandert und im Alten wie im Neuen Testament zu Hause, lehnte er es ab, Jesus mit Gott zu identifizieren. Nach Arius' Verständnis war Jesus zwar mehr als ein Mensch, nämlich Gottes vornehmstes Geschöpf; aber, das war der springende Punkt, er war nicht wesensgleich mit ihm. Anders als Gott, der ja keinen Anfang hat, sei Jesus nicht schon vor Anbe-

ARRIVS BISCHOP.

ginn der Welt da gewesen, sondern habe erst mit ihrer Erschaffung zu existieren begonnen, mit
der, wie es im Johannesevangelium heißt, Fleischwerdung des
Logos, des Wortes Gottes. Arius
nahm damit einen Gedanken des
Philosophen Platon auf, der im
Timaios geschrieben hatte: »Es
gab eine Zeit, da die Welt nicht
war.« Der Christ Arius machte
daraus: Es gab eine Zeit, in der
Christus nicht war.

Überhaupt war Arius von der
griechischen Philosophie beeinflusst, die sich zu seiner Zeit schon
länger in monotheistischen Bahnen bewegte. Sie führte die zahlreichen Götter zurück auf *einen* Ursprung und nahm ein »letztes
Eines« an, das dem Begriff »Gott« entspricht. Sie setzte ferner
ein zweites, ebenfalls göttliches, aber dem ersten nachgeordnetes
Prinzip, das man als »Wort« oder »Geist« bezeichnen kann und
das als Demiurg (griechisch für »Schöpfer«) die Welt erschaffen
hat. Dieses zweite Prinzip gleicht dem in Jesus Christus fleischgewordenen göttlichen Wort.

Zudem konnte sich Arius auf das Neue Testament berufen, in
dem nirgends von Jesus als Gott die Rede ist. Wenn es im Matthäusevangelium angelegentlich der Taufe Jesu im Jordan heißt:
»Und siehe, eine Stimme vom Himmel herab sprach: Dies ist
mein lieber Sohn, an dem ich Wohlgefallen habe«, so könnte es
sich sogar um eine bloße Adoption handeln. Diese Ansicht, der
sogenannte Adoptianismus, wurde von einigen Christen vertreten, doch so weit ging Arius nicht. Jesus war für ihn nicht Gott,
aber weit mehr als ein göttlich inspirierter Mensch.

■ *Dreifaltigkeit.* Fresko, 1738/39, von Luca Rossetti da Orta (1708–1770). Ivrea, S. Gaudenzio. Das Fresko zeigt Gottsohn (links) und Gottvater (rechts) in menschlicher Gestalt und den Heiligen Geist symbolisiert durch eine Taube. Die Wahl dieses Symbols geht möglicherweise auf Jesaja 40,31 zurück, wo es heißt, dass jenen, die an Gott glauben, Flügel wachsen. Somit ist die Taube ein Bild für die Hoffnung, dass die Seele nach dem Tod in den Himmel aufsteigt.

WULFILA

Der erste Bischof der Goten war ein Arianer: Wulfila (»Wölflein«,
um 311–383), geweiht von Eusebius von Nikomedia. Er übersetzte
das Neue Testament und bereitete der arianischen Christianisierung weiterer Germanenstämme den Weg. Wertvoll ist die
Wulfila-Bibel bis heute, weil sie der älteste längere Text in einer
germanischen Sprache ist (die aber keine Vorstufe des Deutschen
darstellt).

■ *Kaiser Konstantin auf dem Konzil zu Nicäa.* Radierung, 1774, nach einer Zeichnung von Daniel Chodowiecki (1726–1801).
Das erste ökumenische Konzil fand im Jahr 325 in Nicäa (heute Iznik in der Türkei) statt.

Mit seiner Lehre traf Arius bei seinen Zeitgenossen auf offene Ohren – zumal er ein begabter Dichter und Musiker war, der seine Ansichten auch in Liedern unters Volk brachte. Aber ebenso stieß er auf erbitterte Gegnerschaft, vor allem in seiner eigenen Stadt, wo der Diakon und spätere Patriarch von Alexandrien, Athanasius (s. S. 94), sich zum Wortführer der Orthodoxie, der Rechtgläubigkeit, machte und auf die wahre und volle Gottheit Jesu pochte. Zum einen gab es dafür einen praktischen Grund: Die Christen beteten seit dreihundert Jahren zu Jesus Christus,

DIE UNITARIER

Die Unitarier (»Einheitler«) verwerfen das Dogma der Dreifaltigkeit und sprechen Jesus eine göttliche Natur ab. Begründet vom englischen Pfarrer Joseph Priestley (1733–1804), der 1794 in die USA auswanderte, geht der Unitarismus in seinem Kern auf die Theologie der Italiener Lelio Sozzini (1525–1562) und Fausto Sozzini (1539–1604) zurück. Letzterer war nach Polen emigriert, wo man seine Anhänger Mitte des 17. Jahrhunderts vertrieb. Viele emigrierten nach Holland, von wo aus seine Lehre nach England gelangte.

was nur gerechtfertigt werden konnte, wenn er Gott war. Zum anderen gab es einen theologischen Aspekt: Die Erlösung der Menschheit durch Jesu Opfertod und Auferstehung musste durch Gott persönlich beglaubigt sein; durch Gott persönlich musste die Offenbarung des christlichen Glaubens erfolgt sein, um wirklich überzeugen zu können.

Im Jahr 318 wurde Arius exkommuniziert, doch seine Lehre war nicht zu unterdrücken. So heftig wogte der Streit, dass Kaiser Konstantin um den Reichsfrieden fürchtete. Gerade, im Jahr 324, hatte er den Mitregenten Licinius besiegt, die Alleinherrschaft in Rom errungen und endgültig die staatliche Einheit hergestellt; nun sollte auch unter der Christenheit Eintracht sein. Deshalb berief er 325 das erste ökumenische (»allgemeine«) Konzil nach Nicäa (dem heutigen Iznik) im westlichen Kleinasien. Dort einigten sich die Bischöfe in der Tat auf jene Sichtweise, die Jesus für eines Wesens mit Gott hält und die Einheit von Gottvater und -sohn postuliert: Die »Irrlehre« des Arius wurde verworfen, er selbst auf den Balkan verbannt.

Nichtsdestoweniger konkurrierte der Arianismus noch lange Zeit mit der Orthodoxie um die Führung. Insbesondere im Osten des Reiches waren die Arianer zahlreich. Arius selbst sollte 335 auf kaiserlichen Befehl rehabilitiert werden, doch er starb im folgenden Jahr plötzlich und unerwartet. Am kaiserlichen Hof hatte er einen einflussreichen Fürsprecher gehabt, den Bischof Eusebius von Nikomedia (dem heutigen Izmit am Marmarameer). Von ihm ließ sich Kaiser Konstantin auf dem Sterbebett taufen – und zwar arianisch.

In den folgenden Jahrzehnten schien es immer wieder, als würde vor allem im Osten des Reiches der Arianismus die Oberhand behalten, nicht zuletzt weil Konstantins Nachfolger ihn bevorzugten. Doch das arianische Lager schwächte sich durch ideologische Flügelkämpfe; es bildeten sich mehrere Parteien heraus, womit sich schließlich folgende Situation in der christlichen Welt ergab: Auf der einen Seite geschlossen die Nicäaner, die Jesus für »wesensgleich« mit Gott hielten (griechisch *homoousios*). Auf der anderen zersplittert und uneins die Arianer: Radikale,

■ Die Taufe Christi durch Johannes den Täufer. Detail des Kuppelmosaiks, 5. / 6. Jh., im Baptisterium der Arianer in Ravenna.
Das Mosaik zeigt neben Jesus und Johannes auch den Heiligen Geist, der in Gestalt einer Taube über Jesus schwebt, sowie eine Figur, die ein grünes Sumpfrohr hält und die als Symbol für den Jordan gedeutet wird.

■ Chlodwigs Taufe. Glasmalerei, frühes 20. Jh. La Boissière de Montaigu.
Chlodwig I., ein fränkischer König aus der Dynastie der Merowinger, gilt als Begründer des Frankenreichs. Seine Entscheidung, sich um 498 katholisch taufen zu lassen, beeinflusste den Verlauf der europäischen Geschichte nachhaltig.

wonach Jesus »unähnlich« war (*anhomoios*); Kompromissler, für die Jesus »wesensähnlich« war (*homoiousios*); und eine mittlere Gruppe, die Jesus als »ähnlich« begriff (*homoios*). Schon die Worte zeigen, wie spitzfindig es zuging.

Entscheidend für den Ausgang war, dass die Arianer zuletzt falsche Verbündete bekamen: Ausgerechnet die ärgsten Reichsfeinde, die Goten, waren zum arianischen Christentum konvertiert. Die Politik, die auch ideologische Abgrenzung verlangte, erforderte daher den Triumph der Orthodoxie: Im Jahr 380 machte Kaiser Theodosius das Christentum auf der Grundlage von Nicäa verbindlich, und 381 wurde auf dem zweiten ökumenischen Konzil in Konstantinopel ein Glaubensbekenntnis verabschiedet, das den Arianismus endgültig hinter sich ließ und nicht nur Gottvater und -sohn, sondern nun auch den Heiligen Geist als dritte Ausfaltung Gottes definierte.

Und doch war die Macht des Arianismus nach wie vor nicht gebrochen. Bei den germanischen Stämmen der Völkerwanderungszeit lebte er fort. Die Westgoten in Spanien, die Vandalen in Nordafrika und die Langobarden in Norditalien schlugen sich erst im 7. und 8. Jahrhundert auf die Seite der römischen Kirche. Der Ostgotenkönig Theoderich der Große (gestorben 526) strebte sogar eine germanisch-arianische Reichseinheit an, die die römische Kirche ernsthaft bedroht hätte. Doch die Franken unter ihrem König Chlodwig scherten aus; er und seine Getreuen ließen sich um 498 in Reims katholisch taufen.

Dennoch ist der Arianismus nicht tot. Zwar verwendet heute niemand mehr den altmodischen Begriff, aber sein Gedankengut lebte im Reformationszeitalter wieder auf und ist bis heute in christlichen Sekten zu finden. Und wahrscheinlich werden heutzutage auch viele Christen der großen Konfessionen der Ansicht zustimmen, dass Jesus nicht Gott selbst sei.

ARIUS
ARIANISCHES CHRISTENTUM

 DATEN UND FAKTEN

Biographie: Um 260 in Alexandria geboren, wird der spätere Priester Arius zunächst ein Schüler des nachmaligen Märtyrers Lukian von Antiochia. Von ihm beeinflusst, vertritt Arius die Lehre, Jesus sei nicht mit Gott identisch – bestenfalls wesensähnlich, aber nicht wesensgleich. Das widerspricht der alexandrinischen Theologie, und Arius wird 318 exkommuniziert. Außerhalb seiner Heimat wird er zwar unterstützt: Eusebius von Nikomedia und Eusebius von Cäsarea verteidigen ihn und seine Lehre. Doch auf dem Konzil von Nicäa 325 werden Arius, seine Lehre und seine Anhänger verurteilt und er selbst nach Illyrien auf dem westlichen Balkan verbannt. Zwar soll er die Chance erhalten, sich zu rehabilitieren, indem er den »wahren Glauben« annimmt, doch dazu kommt es nicht mehr – 335 wird Arius von Kaiser Konstantin begnadigt, stirbt aber im folgenden Jahr in Konstantinopel, bevor er sich noch einmal erklären und die heilige Kommunion empfangen kann. Sein Gegner Athanasius soll Arius' Wiederaufnahme in die Kirche absichtlich verzögert haben.

Quellen: Arius' Werk *Thalia* (»Gastmahl«) ist nur noch in Form von Zitaten bei seinem Widersacher Athanasius erhalten, u. a. in den *Orationes contra Arianos I, 4–9 (Reden gegen die Arianer)*. Außerdem existieren noch drei Briefe des Arius: an Eusebius von Nikomedia, an Alexander von Alexandrien und an Kaiser Konstantin.

Wirkungsstätten: Alexandrien (Ägypten, Libyen); Kleinasien (Türkei)

Heiligtum: Die Taufkapelle der Arianer (5. Jh.) in Ravenna mit ihren Wand- und Deckenmosaiken gehört zum Welterbe der UNESCO.

heilige Schrift: die gotische Wulfila-Bibel aus dem 4. Jh.

Verbreitung: Die Blütezeit des Arianismus lag im 4. und 5. Jh. Zu dieser Zeit gehörten mehrere germanische Stammesführer und Könige dem arianischen Christentum an. Im 6. Jh. war die Anhängerzahl jedoch rückläufig, und im 7. und 8. Jh. wurde der Arianismus vom Katholizismus abgelöst. Im 16. Jh. erfuhr die Glaubensrichtung eine kleine Renaissance, allerdings in abgeänderter Form: Die antitrinitarischen Bewegungen des Unitarismus und des Sozianismus griffen arianisches Gedankengut auf.

Kernaussage: Auch Jesus ist ein Geschöpf Gottes. Es gab eine Zeit, in der er nicht existierte.

 WISSENSWERTES

Konstantin der Große
Lange Zeit galt Kaiser Konstantin als »erster christlicher Kaiser«. Dieser Ruf gründete sich vor allem auf die Überlieferung, Konstantin habe vor der Schlacht gegen Maxentius, der die Macht über Rom an sich gerissen hatte, eine Vision gehabt: Laktanz schreibt, Konstantin sei aufgefordert worden, »das himmlische Zeichen Gottes«, vermutlich ein Kreuz, auf die Schilden seiner Soldaten anzubringen. Daraufhin konnte er die Schlacht an der Milvischen Brücke (28. Oktober 312) für sich entscheiden. Nach seinem Sieg stiftete er eine Kirche und ließ Münzen prägen, die ihn mit dem Christogramm auf dem Helm zeigen. Die neuere Forschung mahnt jedoch, daraus könne man nicht auf eine persönliche Bekehrung schließen, denn Konstantin verwendete auch weiterhin heidnische Symbole und behandelte die übrigen Kulte gleichwertig. Erst 324 sagte er sich offiziell vom Heidentum los, verzichtete aber darauf, heidnische Kulte zu verbieten. Ob diese »Bekehrung« aus persönlicher Überzeugung oder aus reichspolitischen Gründen geschah, muss offenbleiben. Taufen ließ sich der »erste christliche Kaiser« erst auf dem Sterbebett.

 EMPFEHLUNGEN

Lesenswert:
Athanasius: *Werke. Bd. III / Teil 1: Urkunden zur Geschichte des Arianischen Streites 318–328*, hrsg. von Hans-Georg Opitz, Berlin 2007

Friedhelm Winkelmann: *Geschichte des frühen Christentums*, München 2001

Ders.: *Euseb von Kaisareia. Der Vater der Kirchengeschichte*, München 1991

Karen Piepenbrink: *Konstantin der Große und seine Zeit*, Darmstadt 2002

 AUF DEN PUNKT GEBRACHT

Dass Jesus Gott gewesen sei, sagt das Neue Testament an keiner Stelle. Er ist nur ein besonderer Mensch, Gottes vornehmstes Geschöpf. Diese Sichtweise ist noch im 8. Jh. weit verbreitet und findet bis heute Anhänger.

Der vergötterte Jesus
Athanasius der Große
um 295–373

»Säule der Kirche« nannte man ihn. Er galt als »Vater der Orthodoxie«, als Haupt der Rechtgläubigkeit. Man gab ihm den Beinamen »der Große«. Und doch kennt ihn heute kaum jemand
mehr: Athanasius, den wichtigsten Kirchenlehrer in der ersten
Hälfte des 4. Jahrhunderts, der der Lehre von der göttlichen Dreifaltigkeit aus Vater, Sohn und Heiligem Geist den Weg bereitete –
jenem einzigartigen Dogma, das im Mittelpunkt der christlichen
Gotteslehre steht.

■ Schon zu Lebzeiten erhielt
Athanasius die Beinamen
»Säule der Kirche« und
»Vater der Orthodoxie«.
Eines der drei christlichen
Glaubensbekenntnisse, das
Quicumque, wurde lange Zeit
Athanasius zugeschrieben.
Wahrscheinlich entstand es
jedoch erst im 5. Jh.

Um 295 wahrscheinlich in Alexandria als Sohn christlicher Eltern geboren und schon in jungen Jahren zum Diakon des Patriarchen Alexander aufgestiegen, war Athanasius in seiner Heimatstadt der schärfste Widersacher des Priesters Arius (s. S. 88), der
die Identität von Jesus (s. S. 68) und Gott verneinte und für den
Christus nur ein besonderes Geschöpf Gottes war, aber nicht Gott
selbst. Athanasius dagegen beharrte auf beider Wesensgleichheit:
Gott sei Christus geworden, um sich den Menschen offenbaren zu
können; das Gotteswort habe sich, wie es im Johannesevangelium steht, in das Fleisch Jesu verwandelt. Jene Passagen
im Neuen Testament, wo Jesus von Gott als seinem
»Vater« spricht beziehungsweise Gott von Jesus als
seinem »Sohn«, wertete er als Beweis für ihre sub-
stanzielle Gleichartigkeit.

Der Vater, der Schöpfergott, habe, so führte
Athanasius aus, die Gestalt des Erlösergottes,
seines eingeborenen Sohnes, angenommen,
um den Menschen, die durch den Sündenfall
das Paradies verloren hatten, das Himmelreich
wieder zu öffnen. Die Bezeichnung »eingebo-
ren« soll besagen, dass der Sohn bereits vor
seiner Fleischwerdung im Vater existiert habe;
ja, er sei schon immer im Vater gewesen und
habe deshalb wie der Vater bereits vor allem
Anfang, vor der Erschaffung der Welt, existiert.
Daraus wiederum folgte, dass Jesus nicht »geschaffen«, sondern vom Vater »gezeugt« worden sei, wobei Athanasius vielleicht in kühner Analogie an den Sa-

men des Mannes dachte, in dem ungeschaffen, aber bereit, gezeugt zu werden, das Kind steckt.

Athanasius' kniffliger Theorie zufolge hat sich also der eine Gott paradoxerweise in zwei Personen geteilt, die dennoch beide voll und ganz Gott sind. Das erklärte er – womit wieder der Evangelist Johannes ins Spiel kommt – mit dem göttlichen »Wort« (griechisch *logos*): Durch das Wort Jesu spricht der Vater und teilt sein eigenes Wesen mit. Um das zu veranschaulichen, kann man eine zweite Analogie bemühen: Ein Mensch, der einem anderen ein geistiges Gut *mit-teilt,* teilt dieses Gut fortan mit dem anderen und behält es doch weiterhin voll und ganz als sein Eigen.

Das alles war gewiss nicht leicht zu verstehen, doch die Schlussfolgerung, Christus ist Gott, traf den Nerv der Jesusgläubigen – und Athanasius verfocht seine Meinung mit solchem Feuereifer, dass der Patriarch Alexander ihn im Jahr 325 als Sekretär auf das Konzil von Nicäa (das heutige Iznik in der Westtürkei) mitnahm. In der Tat siegte dort dank des redegewaltigen Athanasius, der die Arianer als »gottlos« brandmarkte, die Theorie von der Wesenseinheit von Gott und Jesus. »Gott aus Gott, Licht aus Licht, wahrer Gott aus wahrem Gott, gezeugt, nicht geschaffen, wesensgleich mit dem Vater« lautet die Formel, auf die sich die Mehrheit der Bischöfe verständigte und die bis heute gültig ist.

Die arianische Lehre blieb nichtsdestotrotz mächtig, und der Kampf gegen sie sollte Athanasius' Leben weiterhin bestimmen. Im Jahr 328 hatte er die Nachfolge Alexanders als Patriarch von Alexandrien (das damals Ägypten und Libyen umfasste) angetreten, stritt in Rede und Schrift gegen die Arianer und schreckte nicht davor zurück, den römischen Kaiser Constantius, der dem Arianismus zuneigte, als den Antichrist zu verunglimpfen. Sein rücksichtsloser Einsatz gegen

■ Gottvater und Gottsohn. Ausschnitt aus dem Kuppelfresko *Glorie des Hl. Karl Borromäus,* 1725–1730, von Johann Michael Rittmayr (1654–1730). Wien, Karlskirche

DIE NUMMER DREI
Gott ist seinem Wesen nach eins, existiert aber in drei unterschiedlichen Seinsweisen, als Vater, Sohn und Heiliger Geist. Dass Christus dem Vater gleiche und ihm nicht untergeordnet sei, war 325 in Nicäa beschlossen worden. Der Heilige Geist als Dritter im Bunde kam auf dem Konzil von Konstantinopel 381 hinzu; das »Nicäno-Konstantinopolitianische Glaubensbekenntnis« schreibt die Trinitätslehre fest.

GOTT ALS ADOPTIVSOHN

»Brüder, wir müssen von Jesus Christus so denken wie von Gott«: Mit diesen Worten beginnt die älteste erhaltene christliche Predigt, der sog. 2. Clemensbrief, aus der Mitte des 2. Jahrhunderts. Sie lässt vermuten, dass Jesus damals keineswegs als eingeborener Sohn Gottes gesehen wurde. Wahrscheinlich hingen viele Christen dem »Adoptianismus« an, wonach der Mensch Jesus bei der Taufe im Jordan oder erst am Kreuz von Gott »adoptiert« worden sei. So heißt es im Römerbrief (1,3f.), dass »Jesus Christus … eingesetzt ist als Sohn Gottes in Kraft durch die Auferstehung von den Toten«.

die Arianer sorgte für eine solche Unruhe in seiner Kirchenprovinz und im ganzen Reich, dass Athanasius zwischen 335 und 366 wiederholt seines Amtes enthoben, ins Exil gejagt, wieder eingesetzt und abermals zur Flucht gezwungen wurde.

Ungestört konnte er erst seine letzten Lebensjahre verbringen. Eine Frucht dieser Ruhe war sein Osterbrief von 367, in dem er den Kanon der heiligen Schriften zusammenstellte und dem Neuen Testament jene 27 Texte zuordnete, die bis heute die gültige Auswahl darstellen: vier Evangelien, die Apostelgeschichte des Lukas, 21 Briefe und die Apokalypse des Johannes. Eine weitere Ausbeute: Fußend auf seinen Erfahrungen unter den ägyptischen Mönchen während einiger Exiljahre, brachte er die Biographie des Antonius von Ägypten zu Papier, der eine Einsiedlerkolonie gegründet hatte und damit zum Urahn des Klosterwesens avanciert war; die Lebensbeschreibung wurde zu einem Grundlagenwerk des Mönchtums.

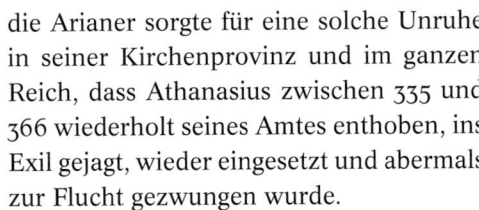

■ Der heilige Antonius. Französische Holzskulptur, 17. Jh. Le Lonzac, Saint-Martin-de-Tours

Athanasius' Hauptleistung aber war die Anerkennung von Jesu Göttlichkeit durch die Kirche. Ungeklärt blieb jedoch die Sache mit dem Heiligen Geist. In Nicäa hatte man für ihn nur einen lapidaren Satz übrig, den man dem Bekenntnis zu Vater und Sohn anfügte: »Und wir glauben an den Heiligen Geist.« Im Neuen Testament spielt er aber eine große Rolle. So sagt im Lukasevangelium der Engel zu Maria: »Der Heilige Geist wird über dich kommen, und die Kraft des Höchsten wird dich überschatten; darum wird auch das Heilige, das von dir geboren wird, Gottes Sohn genannt werden.« Und der Taufbefehl Jesu, den das Matthäusevangelium (Mt 28,19) festhält, lautet: »Darum gehet hin und machet zu Jüngern alle Völker: Taufet sie auf den Namen des Vaters und des Sohnes und des Heiligen Geistes.«

Die Beziehung des Heiligen Geistes zu Gottvater und -sohn war also unbedingt zu klären; ebenso musste das Verhältnis des göttlichen Christus zu seiner Menschennatur näher bestimmt werden. Athanasius, der 373 starb, erlebte die Lösung beider Probleme nicht mehr: Sie wurde erst 381 gegeben, auf dem zweiten ökumenischen Konzil in Konstantinopel.

ATHANASIUS DER GROSSE
ORTHODOXES CHRISTENTUM

 DATEN UND FAKTEN

Biographie: Athanasius wird um 295 wahrscheinlich in Alexandria geboren. Mit 23 Jahren wird der charismatische junge Mann zum Diakon des Patriarchen Alexander von Alexandrien geweiht. Auf dem Konzil von Nicäa 325 stellt er sich Arius entgegen und verteidigt vehement die Vorstellung von der Göttlichkeit Jesu. Am 8. Juni 328 tritt er die Nachfolge des Patriarchen Alexander an. Aufgrund seiner radikal anti-arianischen Ansichten und seiner Opposition gegen die Kaiser Konstantin, Constantius und Valens wird er mehrfach ins Exil geschickt, sogar des Mordes und Hochverrats angeklagt. 356, von Constantius seines Amtes enthoben, entkommt er knapp einer Soldateska, die auf der Jagd nach ihm in einer Kirche ein Blutbad anrichtet. Daraufhin lebt Athanasius einige Jahre bei den Mönchen in der Thebais. Insgesamt verbringt er 17 Jahre seiner Amtszeit als Patriarch im Exil. Er stirbt am 2. Mai 373 in Alexandria. Nach seiner Heiligsprechung machen die Katholiken und Protestanten den 2. Mai zu seinem Gedenktag, die orthodoxe Kirche den 18. Januar (Tag der Translation).

Quellen: Athanasius' eigene Schriften, insbesondere *De incarnatione verbi* (*Über die Menschwerdung des Logos und dessen leibliche Erscheinungsform unter uns*), die *Vita Antonii* (*Leben des hl. Antonius*), die Streitschrift *Contra gentes* (*Gegen die Heiden*) sowie Briefe, weitere Streitschriften und Fragmente exegetischer Werke, alle aus dem 4. Jh.

Wirkungsstätten: Alexandrien (Ägypten, Libyen); Trier; Rom; Oberitalien; die ägyptische Felswüste (Thebais)

Heiligtümer: Weltweit sind Athanasius zahlreiche Kirchen geweiht, darunter die Athanasiuskapelle im Dom zu Trier. Heilige Stätten der orthodoxen Christen sind zudem die Mönchsrepublik Athos, das Johanneskloster auf Patmos und das Katharinenkloster auf dem Sinai.

heilige Schriften: Die 27 Texte des Neuen Testaments (vier Evangelien, die Apostelgeschichte, 21 Briefe und die Apokalypse) wurden von Athanasius kanonisiert.

Verbreitung: Von den weltweit rund 2,1 Mrd. Christen gehören 150–170 Mio. den orthodoxen Kirchen an.

Kernaussage: Gott und Jesus sind wesensgleich.

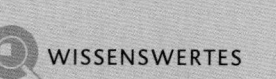 WISSENSWERTES

Dreifaltigkeitssymbolik
In der christlichen Ikonographie wird die Dreifaltigkeit oft durch ein gleichschenkliges Dreieck dargestellt. Das Dreieck galt schon in vorchristlicher Zeit als ein Bild für Vollkommenheit und konnte auch andere Dreieinigkeiten verkörpern als die christliche Variante Vater-Sohn-Geist: Himmel-Erde-Mensch, Vater-Mutter-Kind oder Körper-Seele-Geist. Die Bedeutung dieses universellen Symbols liegt in der Vereinigung von Gegensätzen in einem Dreischritt: These–Antithese–Synthese, also zwei Gegensätze und ein verbindendes Element. Der griechische Historiker Plutarch schreibt, dass die Ägypter die Vereinigung des männlichen Prinzips, verkörpert durch Osiris, mit dem weiblichen Prinzip, Isis, in Form eines Dreiecks darstellen, wobei die verbindende Seite für den gemeinsamen Sohn, Horus, steht. Bei den Griechen ist das Delta, der dreieckige Buchstabe »Δ«, ein Symbol für die Tür des Lebens, für Fruchtbarkeit; der Philosoph Pythagoras sieht im gleichseitigen Dreieck ein Sinnbild für Athene, die Göttin der Weisheit.

 EMPFEHLUNGEN

Lesenswert:
Athanasius von Alexandria: *Gegen die Heiden. Über die Menschwerdung Gottes*, Frankfurt / M. 2008

Uta Heil: *Athanasius von Alexandrien*, Berlin 1999

Hartmut Leppin: *Die Kirchenväter und ihre Zeit. Von Athanasius bis Gregor dem Großen*, München 2000

Hans-Georg Beck: *Geschichte der orthodoxen Kirche im byzantinischen Reich*, Göttingen 1997

Sehenswert:
Eremiten – Wüstenväter. Regie: Franz Leopold Schmelzer. Dokumentarfilm D 2000

✱ AUF DEN PUNKT GEBRACHT

Jesus Christus ist Gottes fleischgewordenes Wort, durch das er sich den Menschen offenbarte; ja, er ist Gott selbst und war mit ihm da vor Anbeginn der Zeit. Das Konzil von Nicäa schreibt es im Jahr 325 fest: Beide, Gottvater und Gottsohn, sind eines Wesens.

Dichter, Denker, Kirchenvater
Gregor der Jüngere von Nazianz
um 330–um 390

■ Gregor der Jüngere von Nazianz. Ikonostase, 1408, von Andrej Rubljow (um 1360/70–um 1430). Moskau, Andronikow-Kloster

Katholiken, Protestanten und Orthodoxe schließen ihre Gebete mit der Formel »Im Namen des Vaters und des Sohnes und des Heiligen Geistes« – das ist heute so sicher wie das Amen in der Kirche. Kaum zu glauben, welch erbitterte Kämpfe auszufechten waren, um ebendiese Formel durchzusetzen. Die entscheidenden Auseinandersetzungen fanden im 4. Jahrhundert statt. Zuerst hatte das Christentum seine Gleichberechtigung mit den anderen Religionen erlangt; damit war der Christengott offiziell anerkannt. Danach wurde man sich über die Göttlichkeit Jesu (s. S. 68) einig. Schließlich musste man sich über den Heiligen Geist klarwerden.

Hier brachte 381 das Konzil von Konstantinopel die Entscheidung: Der Heilige Geist wurde als Dritter im Bunde definiert. »Wir glauben an den einen Gott, den Vater, den Allmächtigen … und an den einen Herrn Jesus Christus, Gottes eingeborenen Sohn … Wir glauben an den Heiligen Geist, der Herr ist und lebendig macht, der aus dem Vater hervorgeht, der mit dem Vater und dem Sohn angebetet und verherrlicht wird« – dieser damals formulierte Text bildet bis heute, leicht abgewandelt, als Nicäno-Konstantinopolitanisches Glaubensbekenntnis eine der Säulen des christlichen Lehrgebäudes.

Eine treibende Kraft hinter dem Beschluss, der die Gottheit des Heiligen Geistes und seine Wesensgleichheit mit Vater und Sohn festschrieb, war Gregor von Nazianz. »Was die Dreieinigkeit ist, wie Gott Eins wird und sich wieder teilt«, wie »Einheit und zugleich Dreiheit« möglich sind, das war, wie er selbst in seiner *Rede über die Glaubenslehre* sagte, sein großes Thema. Er war es, der die Eigenart jeder der drei Personen Gottes herausarbeitete: für den Vater das Ungezeugtsein; für den Sohn das Gezeugtsein; für den Heiligen Geist den Hervorgang. Vor allem Letzteres war seine theologische Neuerung, für die Gregor das Johannesevangelium heranzog, worin Jesus den Jüngern verspricht, dass »der Tröster kommen wird, welchen ich Euch senden werde vom Vater, der Geist der Wahrheit, der vom Vater ausgeht« (15,26).

Gregor von Nazianz war sich bewusst, dass die Dreifaltigkeit das menschliche Fassungsvermögen übersteigt: »Der Vater ist anfangslos und ist Anfang, ist Ursache, Quelle, ewiges Licht; der Sohn aber ist nicht anfangslos und ist Anfang der Schöpfung. Wenn ich hier von Anfang rede, darfst du aber nicht an eine Zeit denken, nichts zwischen dem Erzeuger und dem Erzeugten annehmen, nicht die Natur dadurch teilen, dass du ungeschickt zwischen die Ewigen und Verbundenen etwas einschaltest. Wäre nämlich die Zeit älter als der Sohn, dann wäre offenbar der Vater zunächst Ursache der Zeit.« Gregor erkennt also das Problem, kann es aber nicht lösen und endet deshalb fast unwirsch: »Hörst du von Erzeugung des Sohnes, dann grüble nicht! Hörst du vom Ausgang des Geistes, dann forsche nicht nach dem Wie!«

■ Das vierte ökumenische Konzil von Chalkedon im Jahr 451. Kupferstich, 1630, von Matthäus Merian d. Ä. (1593–1650) aus der *Historischen Chronica* von Johann Ludwig Gottfried (1584–1633)

Gregors zweites Lebensthema war die Christologie, die Lehre von der Person Christi. Dass Jesus Gott und Mensch zugleich war, stand für ihn fest. Die entscheidende Frage war aber, wie die menschliche und die göttliche Natur sich zueinander verhalten, »welcher Art die Mischung der ungleichen Wesenheiten zur einen Herrlichkeit ist«. Nach seiner Auffassung war es die menschliche Seele Jesu, die beide grundverschiedenen Naturen vereinigt habe, und mit Ausdrücken wie eben »Mischung«, »Vermengung«, »wesenhafte Einigung« kreiste er das Problem ein. Darauf konnte 451 das Konzil in Chalkedon aufbauen.

Gregor, der sich mit vielen weiteren Aspekten der christlichen Theorie und Praxis befasste, war aber nicht nur Theologe, sondern auch Dichter. Der Drang nach Erkenntnis und das Gefühl für Schönheit flossen bei ihm zusammen. So verband er beispielhaft die These von der Unbegreiflichkeit Gottes mit einer Lobrede auf die Schönheit der Schöpfung, da die »Größe Gottes in seinen Geschöpfen und in den von ihm hervorgebrachten und von ihm durchwalteten Dingen« immerhin zu erahnen sei: Die Schöpfung »ist die Rückseite Gottes, das, was man von ihm nach seinem Vorbeigang erken-

GREGOR DER ÄLTERE VON NAZIANZ

Vielleicht hatte Gregors lebenslanges Nachdenken über die drei Personen Gottes mit seinem Vater zu tun: Bevor Gregor der Ältere von Nazianz (280–374) Christ und sogar Bischof wurde, gehörte er einer Sekte an, deren Gott eine Mischung aus Zeus und Jahwe war. Ihre Mitglieder hielten den Sabbat und die jüdischen Speisegesetze ein, lehnten aber die Beschneidung ab. Als Christ neigte Gregor der Ältere dem Arianismus zu.

Der heilige Gregor von Nazianz als Dichter. Mosaik, 14. Jh., in der Taufkapelle des Doms San Marco in Venedig

FILIOQUE

»Wir glauben an den Heiligen Geist … der aus dem Vater hervorgeht«, heißt es im Nicäno-Konstantinopolitanischen Glaubensbekenntnis. Im 6. Jahrhundert setzte Rom ein »filioque« hinzu: Der Heilige Geist geht aus dem Vater »und dem Sohn« hervor. Das sicherte die Gleichheit von Vater und Sohn gegen arianischen Zweifel, war aber durch die Bibel nicht begründbar. Die Ostkirche billigte den Zusatz nicht; so legte er den Keim zum Schisma von 1054, der Spaltung in eine römisch-katholische und eine orthodoxe Christenheit.

nen kann, so wie die Schatten und Spiegelungen der Sonne über den Wassern unseren schwachen Augen die Sonne zeigen, weil wir sie selbst nicht schauen können und ihr reines Licht stärker ist als unsere Sehkraft«.

Der Wissenschaft geht es ums Allgemeine und objektiv Wahre, der Dichtung um das Besondere und das menschliche Subjekt. Bei Gregor sind beide Weisen verschränkt; auch als Gelehrter sagt er oft »ich« und »mein«, ja sogar »mein Christus« und »meine Trinität« und verwandelt den Glauben in eine persönliche Angelegenheit. Denken und Dichten sind eins: Gregor sieht sich »als Diener des Wortes«, theologisch (nach Joh 1,1) wie literarisch. Was er denkt und fühlt, was er tut und lässt, seine Beziehungen zu anderen Menschen wie sein Verhältnis zu Gott, alles geht im Wort auf, und das Wort kommt über ihn wie ein Naturereignis: »Wozu das Herz mich zwingt, das muss ich zu Wort kommen lassen, auch wenn ich es gar nicht möchte.« So muss der gläubige Christ Gregor sogar gestehen: »Das Jenseits flößt mir Grauen ein.« Seine Subjektivität wirkt modern, seine Zweifel ebenso: »Wer bin ich gewesen, wer bin ich, wer werde ich sein? Ich kann es nicht sehen. Nebel und Wolken auf allen Seiten; nicht einmal ein Traum erfüllt meine Wünsche. Ich bin – gewiss! Doch was soll es bedeuten?«

Der christliche Dichter Gregor von Nazianz wird namentlich in der orthodoxen Christenheit heute noch gelesen. Nicht zuletzt, weil er Lebenshilfe gibt wie der Dalai Lama: »Denn zuweilen ist dem Menschen Schmerz dienlicher als Gesundheit, Anspannung nützlicher als Ausspannung, Zurechtweisung förderlicher als Nachsicht. So wollen wir an guten Tagen nicht übermütig werden und im Unglück nicht verzagen und zusammenbrechen.« Die Kunst des großen Denkers besteht eben auch darin, schlichte bis triviale Weisheiten für einfache Gemüter zu Papier zu bringen.

GREGOR DER JÜNGERE VON NAZIANZ
NICÄNISCH-ORTHODOXES UND RÖMISCH-KATHOLISCHES CHRISTENTUM

 DATEN UND FAKTEN

Biographie: Gregor wird um 330 in Arianz bei Nazianz (heute die Ruinenstätte Nenezi nahe dem türkischen Dorf Bekarlar) im kleinasiatischen Kappadokien als Sohn des Bischofs von Nazianz geboren. Er studiert im kappadokischen Caesarea (heute Kayseri in der Türkei) und in Caesarea Maritima (heute Sdod Yam in Israel, südlich von Haifa) sowie in Alexandria und in Athen, wo er sich mit Basilius von Caesarea anfreundet. Um 365 kehrt er nach Arianz zurück und versucht, mit Basilius in klösterlicher Askese zu leben, doch der Versuch scheitert. Nach dem Tod des Vaters im Jahr 374 verwaltet Gregor dessen Diözese. 379 wird er Bischof der nicänischen Gemeinde von Konstantinopel (Istanbul); 381 überträgt man ihm den Vorsitz des Konzils von Konstantinopel. Da er jedoch den staats- und kirchenpolitischen Anforderungen nicht gewachsen ist, legt er sein Amt nieder und zieht sich auf sein Landgut in Arianz zurück. Dort stirbt er um 390. In der orthodoxen Kirche ist der 25. Januar sein Gedenktag als Heiliger, in der katholischen Kirche der 2. Januar.
Quellen: Gregors Autobiographie, *De vita sua*; 45 Reden Gregors zu verschiedenen Anlässen (Theologie, Kirchenfeste, Trauerreden, Schmähreden gegen Kaiser Julian); 407 Gedichte mit insgesamt 17 000 Versen; 245 Briefe
Wirkungsstätten: Nazianz in Kappadokien; Konstantinopel
Heiligtümer: Gregors Gebeine sollen im Jahr 950 in die Apostelkirche von Konstantinopel gebracht worden sein.

Als die Stadt während des Vierten Kreuzzugs (1202–1204) erobert wurde, sollen die Reliquien geraubt und nach Rom in den Petersdom verschleppt worden sein. Erst Papst Johannes Paul II. gab sie 2004 dem Patriarchen von Konstantinopel zurück. Seither ruhen sie in der Kathedrale St. Georg in Istanbul. Weitere Gregor-Reliquien befinden sich in der Kathedrale der Unbefleckten Empfängnis der Heiligen Jungfrau Maria in Moskau.
heilige Schrift: die christliche Bibel
Verbreitung: Weltweit gehören etwa 150–170 Mio. Gläubige der orthodoxen Kirche an, 960 000 davon leben in Deutschland. Von den 2,1 Mrd. Christen weltweit sind 1,1 Mrd. römisch-katholisch.
Kernaussage: Gott ist Einheit und Dreiheit zugleich. Vater, Sohn und Heiliger Geist sind wesensgleich.

 WISSENSWERTES

Kirchenväter
Gregor von Nazianz gehört zu den Kirchenvätern. Mit diesem Ehrentitel werden seit dem 4. Jh. große Gelehrte bezeichnet, die durch ihre schriftstellerische Tätigkeit und »Rechtgläubigkeit« die frühe christliche Theologie entscheidend geformt und gefestigt haben. Die Väterzeit des 2.–7. Jh.s ist mitverantwortlich für den starken Einfluss der griechisch-römischen Kultur der Antike auf das entstehende Europa und prägte

das mittelalterliche Christentum entscheidend. Zu den westlichen Kirchenvätern gehören Ambrosius, Augustinus, Gregor der Große und Hieronymus, zu den östlichen, neben Gregor von Nazianz, Athanasius, Basilius der Große und Johannes Chrysostomos.

 EMPFEHLUNGEN

Lesenswert:
Gregor von Nazianz: *Über Vorsehung*, hrsg., übersetzt und kommentiert von Andreas Schwab, Tübingen 2009

Ders.: *Theologische Reden*, übersetzt und eingeleitet von Hermann Josef Sieben, Freiburg / Br. 1996

Ders.: *Briefe*, übersetzt, eingeleitet und mit Anmerkungen versehen von Michael Wittig, Stuttgart 1981

Hartmut Leppin: *Die Kirchenväter und ihre Zeit. Von Athanasius bis Gregor dem Großen*, München 2000

Hans Freiherr von Campenhausen: *Griechische Kirchenväter*, Stuttgart 1993

Besuchenswert:
Das nahe Nenezi gelegene Städtchen Güzelyurt in der Türkei mit der Gregoriuskirche und den Höhlenklöstern in der Umgebung

 AUF DEN PUNKT GEBRACHT

Eins ist drei und drei ist eins: Mit der Lehre von der Wesensgleichheit des Heiligen Geistes mit Gottvater und Gottsohn wird das Dogma der Dreifaltigkeit vollendet.

Der Architekt des Gottesstaats
Augustinus
354–430

»Mein Reich ist nicht von dieser Welt«, hatte Jesus (s. S. 68) zu
Pontius Pilatus gesagt. Selbst als das Christentum im Jahr 391
zur Staatsreligion aufgestiegen war, bestätigte sich dies, denn
das nun christliche Römische Reich verfiel zusehends. Einzelne
Germanenstämme ließen sich im Reichsgebiet nieder oder zogen
plündernd umher wie die sprichwörtlich gewordenen Vandalen.
Kaiser Valens fiel 378 in einer Schlacht gegen die Westgoten,
Kaiser Valentinian wurde 392 von einem in römischem Dienst
stehenden fränkischen Offizier ermordet, 410 gar Rom von den
Westgoten eingenommen.

Die Geschichte gab Jesus Recht; Aurelius Augustinus, Bischof
von Hippo Regius (heute Annaba in Nordostalgerien), sah es mit
eigenen Augen. Im Jahr 430 musste er als alter Mann noch die
Belagerung seiner Stadt durch die Vandalen erleiden. Er überlebte
sie nicht.

Sein großes Werk *Der Gottesstaat* trägt die Spuren dieser widrigen Zeit: Dem heillosen irdischen
Staat, der »Civitas terrena«, stellt er darin die
Gemeinschaft der Gläubigen, die »Civitas Dei«,
entgegen. Ersterer – Babylon zum Beispiel, aber
ebenso das christliche Rom – ist vergänglich; die
Menschen leben um flüchtiger irdischer Güter
und Freuden willen, es regiert die Sünde. Im Gottesstaat dagegen sind die Menschen in Liebe zueinander und mit Gott verbunden, leben im Geist
Christi und verwirklichen die Einheit der Seelen
bereits auf Erden. Einer Theokratie im heutigen
Sinn redet Augustinus dabei nicht das Wort. Der
Gottesstaat ist für ihn die Genossenschaft der
Gläubigen, nicht die Herrschaft der Priester. Im
Gegenteil: Die Kirche rechnet Augustinus nicht
einfach der Gemeinschaft der Gläubigen zu, da
sie Böses einschließt, Sünder, Ketzer, Irrlehren.
Erst das mittelalterliche Papsttum stutzte die au-
gustinische Theorie zurecht, um den Gegensatz
zwischen weltlicher Regierung (König) und geist-

■ Der heilige Augustinus
überreicht Norbert von
Xanten seine Ordensregeln.
Buchmalerei, um 1140. Staats-
bibliothek München.
Im deutschsprachigen Raum
wurde Augustinus zum Patron
für Augenleiden, weil sein
Name mit »Aug« beginnt. Die
tatsächliche Bedeutung ist
»der Erhabene«.

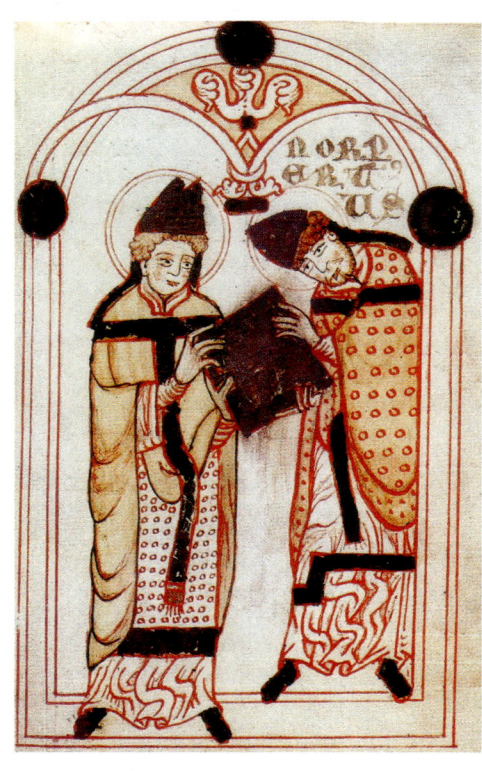

licher Herrschaft (eben die Kirche) zu begründen und sich selbst die Hegemonie zuzusprechen.

Angesichts der Zeitumstände musste Augustinus seine Hoffnungen auf die Zukunft richten. Entsprechend entfaltete er eine Geschichtstheologie, wonach der Kampf zwischen irdischem und Gottesstaat die Weltgeschichte vorantreibt und sich verschärft bis zum Jüngsten Gericht, an dem Gott beide Reiche für ewig trennt. Augustinus sieht die Geschichte also nicht als Kreislauf oder Abstieg, wie seinerzeit üblich, sondern als Aufstieg zu einem paradiesischen Endzustand: Diese Auffassung von Weltgeschichte als Heilsgeschichte sollte in Philosophie und Politik ungeahnte Früchte tragen.

■ Augustinus wird im Jahr 387 von Bischof Ambrosius getauft. Altarbild, um 1520, das Jan van Scorel (1495–1562) zugeschrieben wird. Jerusalem, Stephanskirche. Augustinus führte zunächst ein ausschweifendes Leben, zeugte gar – unverheiratet – ein Kind. Erst nach einem Bekehrungserlebnis konvertierte er zum Christentum und lebte zeitweise als Asket.

DIE AUGUSTINER

Augustinus hatte, wahrscheinlich mit einer Konkubine, einen Sohn. Doch als Christ wählte er die mönchische Gemeinschaft und wandelte als Bischof sein Amtshaus in ein Kloster um. Die Augustinusregel – brüderliche Eintracht und Weltabgeschiedenheit, Armut, Keuschheit und Gebet, Bibelstudium und Arbeit, die als Dienst an der Schöpfung verstanden wird, sind ihre Maximen – wurde für das gesamte abendländische Klosterwesen zum Vorbild. Martin Luther war übrigens Augustinermönch.

Für die Christen ist Augustinus einer der wichtigsten Kirchenlehrer. Dabei konvertierte er erst mit Mitte dreißig zum Christentum, das der Hochgebildete eigentlich für primitiv hielt. Die biblische Schöpfungsgeschichte etwa war schon nach dem Kenntnisstand der Antike nicht ernst zu nehmen. Die Wende ereilte Augustinus, als er Bischof Ambrosius von Mailand kennenlernte. Der lehrte ihn ein Denken, das einen Text aus seiner Zeit heraus zu begreifen sucht. Danach war Moses' (s. S. 20) Bericht von der Schöpfung genau richtig für sein einfaches Volk. Nur in schlichten Bildern und erzählt als spannende Geschichte konnte er ihm die verborgene Wahrheit mitteilen: dass alles Sicht- und Unsichtbare auf Gott zurückgeht. Statt also einen Text wörtlich zu nehmen, muss man seinen tieferen Sinn ergründen, ihn allegorisch auslegen. Das eröffnet dem Verstand ganz neue Möglichkeiten und kann einen anspruchsvollen Intellekt befriedigen: Viele Hochgebildete dürften in der Spätantike so Zugang zum Christentum gefunden haben.

Augustinus war ursprünglich ein Anhänger der Lehre Manis (s. S. 82). Im manichäischen Weltbild stehen sich Licht und Finsternis, Gut und Böse, geistiges Sein und stoffliche Welt unversöhnlich gegenüber. Augustinus' christliche Schriften lassen dieses Erbe erkennen. Nicht nur sein *Gottesstaat* zeigt die Spuren solch dualistischen Denkens. Ähnlich wie die Manichäer, die die Menschheit in eine Elite von Erwählten und eine breite Masse von Laien teilten, hat Augustinus zufolge der christliche Gott alle Menschen von Anfang an geschieden in unwandelbar böse – sie bilden die große Mehrheit und sind rettungslos der Verdammnis verfallen – oder für immer gut: Allein Letzteren, zu denen sich selbstverständlich Augustinus zählte, wird durch göttliche Gnade die Erlösung zuteil.

Seine eigene Vergangenheit, die alles andere als heiligmäßig war, widersprach nur scheinbar einer solchen Vorherbestimmtheit des

■ Der Teufel hält dem heiligen Augustinus das Buch der Laster vor. Darstellung auf dem Kirchenväteraltar, um 1480, von Michael Pacher (um 1435–1498). München, Alte Pinakothek.
Mit der Niederschrift seiner Verfehlungen, den autobiographischen *Confessiones (Bekenntnisse)*, machte Augustinus die jedem Christen auferlegte Gewissenserforschung zu einem öffentlichen Akt.

Schicksals: Vielmehr habe er dank seiner christlichen Mutter – die später heiliggesprochene Monnica – den rechten Glauben schon mit der Muttermilch eingesogen, wusste Augustinus seine Auserwähltheit zu rechtfertigen. Umso heftiger wütete er als Bischof gegen die nordafrikanischen Donatisten, benannt nach Donatus von Karthago (gestorben 354): Diese akzeptierten nur Priester ohne sündiges Vorleben und verfochten überdies soziale Ideen, die bei den ausgebeuteten Kleinbauern und den Sklaven mehr als nur Gehör fanden. Am Ende rief Augustinus, der gemäß seiner Sicht vom irdischen Staat die Sklaverei nicht verurteilte, das Militär zu Hilfe.

Gewalt als Mittel der Auseinandersetzung war ihm ohnehin nicht fremd. So entwickelte er eine Theorie des gerechten Krieges: Krieg sei, da in der sündhaften Natur des Menschen begründet, unvermeidlich, aber gerechtfertigt, wenn er einem guten Ziel wie der Bekämpfung der Heiden diene. Augustinus dachte an die Verteidigung des römischen Imperiums gegen die Barbaren, die Wiedergewinnung des Friedens und die Rückeroberung verlorenen Besitzes. Doch wie die Geschichte zeigt, kann man diese drei Begründungen stets passend machen.

Überhaupt sind Renegaten oft radikal. Sie müssen beweisen, dass sie ein anderer Mensch geworden sind und mit dem alten nichts mehr zu tun haben. Der alte steckt aber weiter in ihnen, ohne dass es ihnen bewusst sein muss. Wie sehr Augustinus mit dem Manichäer in sich zu kämpfen hatte, illustriert die Tatsache, dass er die skandalöse Hinrichtung des Bischofs Priscillus, der sehr deutlich manichäisches Gedankengut übernommen hatte, billigte. Die Todesstrafe im geistigen Kampf unter Christen war bis dato undenkbar; Augustinus aber verstand die Exekution wohl als Exorzismus seiner eigenen Vergangenheit.

■ *Sündenfall.* Fresko, um 1425, von Masolino (1383–nach 1439). Florenz, S. Maria del Carmine (Brancacci-Kapelle)

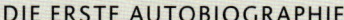

DIE ERSTE AUTOBIOGRAPHIE

Die Sorge um das eigene Seelenheil, die Ausforschung des eigenen Gewissens, die Rechenschaft über das eigene Denken und Tun, über Gut und Böse im eigenen Leben: Das legt das Christentum jedem nahe. Augustinus war der Erste, der ein Buch daraus machte – die *Confessiones (Bekenntnisse)*, die erste Autobiographie der Weltliteratur.

■ Die Ruinen Karthagos, des mächtigen antiken Stadtstaats, nahe der tunesischen Hauptstadt Tunis. Hier studierte Augustinus klassische Literatur und Rhetorik. Die Ruinen zählen seit 1979 zum Welterbe der UNESCO.

Immerhin die Verbannung ins Exil erreichte Augustinus im Fall des Theologen Pelagius. Der verwarf die Lehre von der Erbsünde, einen zentralen Bestandteil von Augustinus' Weltanschauung, ebenso wie die von der Prädestination. Pelagius betrachtete den Menschen als autonomes Wesen, das sich frei für das Gute entscheiden und durch sein Tun das ewige Leben verdienen könne – eine Theorie der Willensfreiheit und der Moral, die Augustinus' Auffassung widersprach, der zufolge der Mensch gegen sein von Gott auferlegtes Schicksal machtlos ist. (Erst später rückte die Kirche von Augustinus' gnadenloser Gnadenlehre ab: Nun reicht Gottes Barmherzigkeit für alle, und jeder Mensch kann selig werden.)

Der Herr, der aus undurchschaubaren Gründen einige erwählt und andere nicht: Diese Sichtweise entsprang Augustinus' persönlicher Erfahrung. In jungen Jahren hatte ihn, der aus kleinen Verhältnissen stammte, ein mächtiger Gönner auserwählt, ihm ein Studium bezahlt und damit den sozialen Aufstieg ermöglicht; unergründlich wie dieses Glück war im großen Maßstab der Wille des himmlischen Gebieters, der den Niedergang des christlichen Rom zuließ.

Das Verfahren der sinngemäßen Auslegung eines Schriftwerks, das Augustinus von Bischof Ambrosius lernte und das ihm den Zugang zum Christentum eröffnete, nennt man heute »hermeneutisch«, nach dem griechischen Wort *hermeneuein*, »auslegen«. Der Begriff leitet sich von Hermes ab, dem Götterboten, dessen Aufgabe es war, zwischen Göttern und Menschen zu vermitteln.

Unerforschlich sind die Wege des Herrn: So banal der Satz scheint, bei Augustinus erhielt er einen tieferen Sinn. Einen Sinn, der weit über die Lehren Jesu und die Überlegungen des Paulus (s. S. 76) hinausging, erhielt durch ihn das theologische Denken überhaupt. Bis ins hohe Mittelalter trägt es seinen Stempel. Noch die Reformatoren wurden durch ihn inspiriert. Und nicht nur in der Kirchengeschichte, auch in Philosophie und Politik hat er seine Spuren hinterlassen.

AUGUSTINUS
CHRISTENTUM

 DATEN UND FAKTEN

Biographie: Aurelius Augustinus wird am 13. November 354 in Thagaste im nordafrikanischen Numidien (heute Algerien) geboren. Sein Vater hängt einem römischen Kult an, die Mutter Monnica ist Christin. In Karthago (im heutigen Tunesien) studiert Augustinus klassische Literatur und Rhetorik, beschäftigt sich auch mit Philosophie. Er führt ein ausschweifendes Leben und findet mit 17 Jahren eine Lebensgefährtin, mit der er einen Sohn hat. Dass seine Mutter die Verbindung missbilligt, entfremdet Augustinus für 15 Jahre von ihr. Im Jahr 384 geht er nach Mailand und wird 385 zum kaiserlichen Rhetor berufen. Nach einem Bekehrungserlebnis lässt er sich 387 von Bischof Ambrosius christlich taufen, verwirft seine weltliche Karriere, zieht wieder nach Thagaste und lebt dort in Askese. Als er 391 zum Priester berufen wird, muss er sein einfaches Leben aufgeben. 396 wird er Bischof in Hippo Regius (Annaba in Algerien); dieses Amt hat er bis zu seinem Tod am 28. August 430 inne.

Quellen: Augustinus' eigene Schriften, u. a. *De beata vita* (*Über das Glück*) von 386, die *Confessiones* (*Bekenntnisse*), verfasst um 400, und *De civitate Dei* (*Vom Gottesstaat*), entstanden zwischen 413 und 426. Insgesamt hat Augustinus 93 Schriften in 232 Büchern, gut 300 Briefe und etwa 500 Predigten, die *Sermones*, hinterlassen.

Wirkungsstätten: Karthago; Mailand; Rom; Thagaste, Hippo Regius

Heiligtum: In der Kirche San Pietro in Ciel d'Oro im italienischen Pavia befindet sich das Grabmal des Augustinus.

Verbreitung: Im Jahr 1059 wurde der Orden der Augustiner-Chorherren gegründet, 1256 folgte der Bettelorden der Augustiner-Eremiten. Beide Orden leben nach den Vorschriften des heiligen Augustinus. Auch die Prämonstratenser, die Dominikaner und weitere christliche Orden folgen der Augustinusregel. Weltweit gibt es zahlreiche Augustinerklöster; zwölf befinden sich in Deutschland.

Kernaussage: Glaube, um zu erkennen; erkenne, um zu glauben.

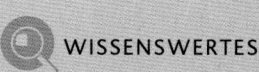 WISSENSWERTES

Neuplatonismus
Augustinus gilt als Begründer der christlichen Philosophie des Augustinismus. Seine Lehre ist vom Neuplatonismus geprägt, einer Strömung der griechischen Philosophie, die ihre Blütezeit vom 3. bis zum 6. Jh. hatte. In ihr verschmelzen platonisches, aristotelisches, stoisches und pythagoreisches Gedankengut mit orientalischer und christlicher Mystik. Eine der wichtigsten neuplatonischen Vorstellungen ist die einer Hierarchie vom »Ein und Alles« (Gott) bis hinab zur Materie; daraus folgt, dass sich der »stoffgefesselte Mensch« durch Ekstase oder Askese von der Körperlichkeit befreien und zur reinen Geistigkeit gelangen muss. Die Erkenntnis des Höchsten ist nur intuitiv möglich, nicht mit dem Verstand zu erfassen (hier ist die platonische Vorstellung von der »Ideenschau« erkennbar). Der Augustinismus prägte die christliche Theologie bis ins 13. Jh.; dann wurde er vom Aristotelismus, den Albertus Magnus und Thomas von Aquin vertraten, abgelöst.

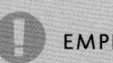 EMPFEHLUNGEN

Lesenswert:
Augustinus: *Vom Gottesstaat. Buch 1 bis 10*, München 2007

Ders.: *Bekenntnisse*, Frankfurt / M. 2004

Ders.: *Über das Glück*, Stuttgart 1982

Uwe Neumann: *Augustinus*, Reinbek 1998

Kurt Flasch: *Augustin. Einführung in sein Denken*, Stuttgart 1994

Hannah Arendt: *Der Liebesbegriff bei Augustin. Versuch einer philosophischen Interpretation*, Hildesheim 2007

Clemens Zintzen (Hg.): *Die Philosophie des Neuplatonismus*, Darmstadt 1977

Hörenswert:
Augustinus – *Vom Wesen des Guten*, gelesen von Hanns Zischler, Berlin 2006

Wilfried Hiller: *Augustinus – ein klingendes Mosaik*. Kirchenoper 2005

 AUF DEN PUNKT GEBRACHT

Kirche und Staat sind nicht eins: Die Grundlage für diesen europäischen Sonderweg legt Augustinus, als er zwischen der Gemeinschaft der in Liebe zu Gott vereinten Gläubigen, der Civitas Dei, und der vergänglichem Tun verhafteten »Bürgerschaft der Selbstliebe«, der Civitas terrena, unterscheidet.

Hat Gott eine Mutter?
Nestorius
nach 381–um 451

Juden und Muslime haben es einfach. Sie glauben an den einen Gott, und Moses (s. S. 20) beziehungsweise Mohammed (s. S. 120) ist sein wichtigster Prophet. Die Christen haben es sich schwerer gemacht; sie beten zu einem dreieinigen Gott aus Vater, Sohn und Heiligem Geist. Auch sind für Juden und Muslime ihre Glaubensstifter rein menschlicher Natur; Christen hingegen sehen in Jesus (s. S. 68) keinen bloßen Propheten und weit mehr als einen besonderen, vor allen anderen ausgezeichneten Menschen.

Diese Sichtweise hatte Folgen. Nach schweren Auseinandersetzungen einigte sich die Amtskirche im 4. Jahrhundert darauf, Christus nicht nur für göttlich inspiriert zu halten, sondern für eine Inkarnation Gottes selbst, für den fleischgewordenen Allerhöchsten persönlich. Damit stellten sich aber zwei neue Probleme: Wenn Jesus Gott war und also schon vor aller Zeit existierte, welchen Status hatte dann Maria, die ihn zur Welt brachte? Und wie steht es bei einem vergöttlichten Jesus überhaupt um sein Menschentum, inwiefern hat es noch Anteil an seiner Person? Die Suche nach einer Antwort auf diese Fragen prägte die geistigen Kämpfe in der ersten Hälfte des 5. Jahrhunderts.

In ihrem Mittelpunkt stand der Patriarch von Konstantinopel, Nestorius. Er hatte im Jahr 428 kaum sein Amt in der Hauptstadt des östlichen Imperiums angetreten, als er sich in einer Reihe von Predigten gegen Marias Beinamen einer »Gottesgebärerin« wandte. Dieser Begriff, ursprünglich ein Epitheton heidnischer Göttinnen, hatte sich zwar schon seit über fünfzig Jahren eingebürgert. Genauer, so Nestorius, sei jedoch die Bezeichnung »Christusgebärerin«.

■ Der heilige Kyrill. Kolossalstatue, 1760, von Ignaz Franz Platzer (1717–1787). Prag, St. Nikolaus.
Kyrill, Bischof von Alexandria, war einer der schärfsten Widersacher des Nestorius.

Sie bringe zum Ausdruck, dass Maria auch einen Menschen, den Menschen Jesus, zur Welt gebracht habe.

In den Ohren von vielen Gläubigen klang das verdächtig nach einer Abwertung ihres Heilands, nach einer Leugnung seiner Göttlichkeit und wie eine Rückkehr zu jener alten, längst als häretisch verworfenen Anschauung, dass Jesus von Gott lediglich als ein Sohn adoptiert und als sein Vermittler zu den Menschen eingesetzt worden sei. Nestorius widersprach: Er sehe in Christus sowohl einen Gott als auch einen Menschen, und beides sei er voll und ganz. Das wiederum hörte sich an, als sei Jesus eigentlich zwei Personen gewesen. Oder als habe seine Persönlichkeit zwei Seiten gehabt, die vielleicht nur moralisch, durch einen gemeinsamen Willen oder durch das Band der Liebe verbunden seien, ähnlich der Liebe zwischen Gott und den Menschen. Überhaupt, wie konnte einer ein Mensch sein, wenn er der vollkommen fleischgewordene Gott war?

■ Mit seinem Eintreten für die Bezeichnung »Christusgebärerin« anstelle des üblichen Marienbeinamens »Gottesgebärerin« machte sich Nestorius viele Feinde: Für sie kam die Umbenennung einer Leugnung der Göttlichkeit des Heilands gleich.

In Bischof Kyrill von Alexandria erwuchs Nestorius der schärfste Widersacher. Kyrill, der machtpolitische Gründe hatte, Nestorius missverstehen zu wollen, wandte sich gegen jede Trennung von Göttlichem und Menschlichem in Christus: Beides hätte sich vielmehr im Heiland zu einer einzigen Person vereint. Vor allem aber beharrte Kyrill auf dem Terminus der »Gottesgebärerin«. Dafür gewann er in Papst Celestinus I. einen wichtigen Verbündeten. Der konnte dem Begriff schon deshalb zustimmen, weil er jedem Zweifel an der Identität von Christus und Gott, wie ihn die im Geiste des Arius (s. S. 88) christianisierten germanischen Reichsfeinde hegten, den Boden entzog. Außerdem gefiel es dem Papst, durch ein Bündnis mit Alexandria die Stellung seines wichtigsten Konkurrenten, des Patriarchen von Konstantinopel, zu schwächen und den eigenen Anspruch auf Führung der Christenheit zu untermauern.

Kyrill muss ein meisterlicher Stratege gewesen sein. Er brachte Kaiser Theodosius II. dazu, das Konzil, auf dem die strittigen Fragen diskutiert werden sollten, im Jahr 431 nach Ephesus (das heutige Efes an der türkischen Westküste) einzuberufen. Ephesus war einst das Zentrum des griechischen Mutterkults der Artemis (römisch: Diana); den hatte im Zuge der Christianisierung, da die

■ *Unbefleckte Empfängnis.*
Gemälde, 1767–69, von Giam-
battista Tiepolo (1696–1770).
Madrid, Prado.
Der im 7. Jh. formulierte
Glaubenssatz von der »immer-
während en Jungfräulichkeit«
Marias gilt in der katholischen
Marienlehre bis heute.

außerbiblische Überlieferung Ephesus zu Marias Sterbeort machte, der Marienkult beerbt.
Beeindruckt von der Marienverehrung der Bevölkerung wandte sich die Stimmung unter den
Bischöfen des Konzils prompt gegen Nestorius. Der Begriff »Christusgebärerin« wurde
verworfen und Maria offiziell der Beiname
»Gottesgebärerin« zuerkannt. Zudem wurde
Nestorius' angebliche Lehre von der Trennung der göttlichen und menschlichen Natur,
seine vermeintliche Theorie von den zwei Personen in Christus verdammt und stattdessen
die Doktrin von der Einheit der Person Christi
festgeschrieben: Christus sei wesensgleich mit
Gott seit Ewigkeit, aber Mensch geworden in
der Zeit; die »eine Person« Christus habe also
»zwei Naturen« gehabt, eine göttliche und
eine menschliche.

Das besagte kaum anderes als das, was
Nestorius über Christi Wesen erdacht hatte.
Ausdrücklich wies er den Verdacht zurück, er
habe in Jesus zwei Personen gesehen oder ihm
zwei Naturen zugeschrieben, die nur Seite an
Seite existierten. Nichtsdestoweniger wurde er
des Patriarchats von Konstantinopel entbun-
den und kehrte nach Syrien in ein Kloster bei
Antiochia (heute Antakya in der Südosttürkei)
zurück, wo er zuvor schon als Abt gelebt hatte. Später verbannte Theodosius II. ihn, den
er nicht länger nahe der persischen Grenze dulden wollte, sogar
in die Libysche Wüste westlich des Nil. Viele Nestoriusanhänger
waren nämlich nach Persien ausgewandert, ins Sassanidenreich,
woher Nestorius' Eltern stammten. Dort gab es seit dem 3. Jahrhundert christliche Gemeinden, die jedoch, da sie die Religion des
Erzfeindes Rom pflegten, verfolgt wurden. Politisch war es daher
klug, dass die persischen Christen nun ihren Gegensatz zu Rom
hervorkehrten und sich zu Nestorius bekannten. Andererseits war
der Begriff »Christusgebärerin« fortan für die Römer politisch be-
lastet und somit indiskutabel.

Für die römische Christenheit war der Streit um Maria damit
entschieden. Nicht beendet war der Disput über die Natur von
Jesu Person. Im Gegenteil, das Ringen um die richtige Formu-

MARIOLOGIE

Mit dem Konzil von Ephesus im Jahr 431 beginnt die theologisch-systematische Auseinandersetzung mit der Rolle der »Gottes-mutter«, die sogenannte Marienlehre oder Mariologie. So wurde etwa im 7. Jahrhundert der Glaubenssatz von der »immerwäh-renden Jungfräulichkeit« Marias formuliert, der bis heute zu den Grundaussagen der katholischen Marienlehre gehört. Das jüngste Mariendogma wurde 1950 von Papst Pius XII. verkündet und be-trifft Marias leibliche und seelische »Aufnahme in die himmlische Herrlichkeit«.

lierung der Personeneinheit Jesu bei gleichzeitiger Unterschei-dung von menschlicher und göttlicher Natur ging nun erst richtig los. Eutyches, Abt eines ägyptischen Klosters in Konstantinopel, entwickelte eine radikale Position, den Monophysitismus (von griechisch *mónos*: allein, *phýsis*: Natur): Danach hat Jesus keine Doppelnatur, sondern nur *eine*, eine göttliche; bei der Vereini-gung von Gottes Wort mit Jesus sei dessen menschliches Wesen im

■ Das Konzil von Ephesus. Holzstich, 1875, von Auguste Trichon (geb. 1814)

göttlichen restlos aufgelöst worden »wie ein Honigtropfen im Meer«. Kyrill selbst hatte dieser Theorie zugeneigt. Auf der sogenannten Räubersynode von Ephesus 449 billigten die Bischöfe den Mono-physitismus schließlich unter dem Druck randalierender Mönche und Soldaten.

Und obwohl die Kopten in Ägyp-ten, die Kirchen Armeniens und Äthiopiens bis heute dieser Lehre anhängen: Am Ende siegte für die breite Mehrheit jene Zweinaturen-lehre, die als Dogma von der »hy-postatischen Union« (griechisch *hypostasis*: Substanz) bis heute die Glaubensgrundlage für Katho-liken, Orthodoxe und fast alle Pro-testanten bildet. Im Jahr 451 wurde diese Doktrin auf dem vierten öku-menischen Konzil von Chalkedon (das heute Kadiköy heißt und ein

■ Ein nestorianischer (ost-
syrischer) Erzbischof mit
seinem Sekretär und mehreren Dienern. Photographie,
spätes 19. Jh., aus Persien

Stadtteil von Istanbul ist) angenommen: Danach existieren in der *einen* Person Christus *zwei* Naturen, die göttliche *und* die menschliche, beide »unvermischt und ungetrennt, ungeschieden und unverwandelt« – eine paradoxe Formel, die äußerste gedankliche Akrobatik an den Tag legt und auch kaum nachvollziehbar ist, aber eben wegen ihres Rätselcharakters, genau wie das mit den Verstandeskräften nicht zu durchschauende Geheimnis der Heiligen Dreifaltigkeit, dem Mysterium Gottes passenden Ausdruck verleiht.

Die Nestorianer selbst werteten die Formel von Chalkedon als ihren eigenen Sieg. Die offizielle Kirche schloss sich dieser Sichtweise nie an, obwohl es vielleicht wirklich nur Missverständnisse waren, die 431 zur Spaltung geführt hatten.

THOMAS-CHRISTEN
Der nestorianischen Mission gelang im 5. und 6. Jahrhundert die Christianisierung der südwestindischen Malabarküste. Die dortigen Christen führen sich jedoch nicht unmittelbar auf die Nestorianer, sondern auf den Apostel Thomas zurück: Apokryphen Texten zufolge soll er ab dem Jahr 52 eine Missionsreise durch Indien unternommen haben. Dafür gibt es zwar keinerlei historische Belege, dennoch wurde seine Grabstätte in Madras zu einem vielbesuchten Pilgerziel.

NESTORIUS
NESTORIANISCHES CHRISTENTUM

 DATEN UND FAKTEN

Biographie: Nestorius wird nach 381 in Antiochia geboren. Dort erhält er eine Ausbildung zum Presbyter und Prediger. Nach seiner Berufung zum Patriarchen von Konstantinopel im Jahr 428 wird er in die theologischen Auseinandersetzungen der Schulen von Antiochia und Alexandria verwickelt. Auf dem Konzil von Ephesus 431 setzt sein Gegenspieler Kyrill von Alexandria durch, dass Nestorius als Häretiker verurteilt und seines Amtes enthoben wird. Später wird Nestorius sogar nach Oberägypten verbannt und verbringt den Rest seines Lebens im Exil. Er stirbt frühestens im Jahr 451.

Quellen: Von Nestorius selbst verfasst ist die fragmentarisch erhaltene Verteidigungsschrift *Tragoedia* sowie ein Abschnitt im *Liber Heraclidis*, in dem er seine Theologie darlegt. Beide Texte sind nach 436 entstanden. Eine weitere Quelle ist die christlich-arabische *Chronik von Seert*, entstanden etwa 1039, die auf älteren syrischen Quellen basiert.

Wirkungsstätten: Antiochia (heute Antakya in der Türkei); Konstantinopel (heute Istanbul); Oberägypten

Heiligtümer: Bethlehem; Nazareth; Jerusalem

heilige Schrift: die christliche Bibel

Verbreitung: Im Jahr 486 kappten die Christen im Sassanidenreich endgültig die Verbindung zur römischen Reichskirche. Ihre große Zeit kam mit der arabischen Eroberung Persiens (wobei sie vielleicht durch ihren Glauben den Siegeszug des Islam vorbereitet hatten):

Nestorianische Missionare drangen bis nach Indien, Java, China und Japan vor; auf dem Höhepunkt umfasste die nestorianische Kirche in Asien ein riesiges Gebiet mit 230 Diözesen. Der Mongolensturm des 13. Jh.s führte jedoch zu ihrem Zusammenbruch. Im Jahr 1553 kam es zu einem Ausgleich der nurmehr kleinen nestorianischen Kirche mit Rom, die heute dem Ökumenischen Rat der Kirchen angehört. Nestorianische Gemeinden gibt es im Nahen und Mittleren Osten – etwa die »chaldäischen« Christen im Irak –, in Indien und Nordamerika. Sie zählen insgesamt etwa 100 000 Mitglieder.

Kernaussage: Christus ist Gott und zugleich voll und ganz ein Mensch. Maria ist nicht die Gottesgebärerin, sondern die Christusgebärerin.

 WISSENSWERTES

Die Teilung des Römischen Reiches
Im Jahr 330 wurde Konstantinopel durch Kaiser Konstantin den Großen zur zweiten Hauptstadt des Römischen Reiches erhoben. Das hatte zur Folge, dass das Imperium 395 in eine West- und eine Osthälfte geteilt wurde. Aus dem Oströmischen wurde das Byzantinische Reich, das bis zur Eroberung Konstantinopels durch die Osmanen im Jahr 1453 Bestand hatte. Mit dem Römischen Reich teilte sich auch die Christenheit:

Während sich in Westrom die katholische Kirche mit ihrem Papsttum entwickelte, entstanden in der Osthälfte des Reiches mehrere christliche Kirchen. Die wichtigsten sind die orthodoxe Kirche, die orientalischen Nationalkirchen (altorientalische Kirchen) und die ostsyrische Kirche (Nestorianer).

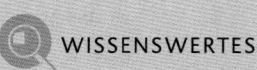 EMPFEHLUNGEN

Lesenswert:
Wolfgang Hage: *Nestorianische Kirche*, in: *Theologische Realenzyklopädie*, Bd. 24, Berlin 1994

Wilhelm Baum, Dietmar W. Winkler: *Die Apostolische Kirche des Ostens*, Klagenfurt 2000

C. Detlef G. Müller: *Geschichte der orientalischen Nationalkirchen*, Göttingen 1981

Klaus Wetzel: *Kirchengeschichte Asiens*, Wuppertal 1995

Robert Wallisch: *Die Entdeckung der indischen Thomas-Christen*, Wien 2008

Besuchenswert:
Ephesus in der Türkei: Die sog. Marienkirche soll der Ort gewesen sein, an dem das Konzil von Ephesus stattfand. Von der Kirche sind zwar nur Reste zu sehen, und ob sie tatsächlich der Ort des Konzils war, ist umstritten; dennoch lohnt sich ein Besuch des Ausgrabungsgeländes mit den zahlreichen restaurierten antiken Gebäuden.

 AUF DEN PUNKT GEBRACHT

»Unvermischt und ungetrennt« existieren Menschliches und Göttliches in Christus, sagt die Kirche. Nestorius denkt ähnlich, drückt sich aber so aus, als wohnten in Christus zwei Personen. Infolge dieses Missverständnisses wird er von der römischen Staatskirche geächtet.

Am Morgen des Abendlandes
Gregor der Große
um 540–604

■ *Die Bittprozession des heiligen Gregor während der Pest in Rom. Gemälde, um 1580, von Cesare Aretusi (1549–1612)*

Das Papsttum ist so langlebig wie keine andere Institution auf Erden. Dass es sich seit zweitausend Jahren behauptet, liegt nicht zuletzt daran, dass auf dem Stuhl Petri keineswegs bloß demütige Seelenhirten saßen, sondern auch energische Herrscher, die mit Weitblick und Geschick die Geschäfte der Kirche lenkten. Eine solche Führungspersönlichkeit war Gregor der Große, Papst von 590 bis 604.

Schon dass es heute einen Vatikanstaat gibt, geht letztlich auf ihn zurück; durch eine umfassende Verwaltungsreform legte er die Fundamente für jenen Kirchenstaat, der im Mittelalter ein bedeutender Machtfaktor werden sollte. Auch daran, dass sich ausgerechnet der Bischof von Rom, das längst nicht mehr die Hauptstadt eines Weltreiches war, zum geistlichen Oberhaupt aller Christen aufschwingen konnte, hat er großen Anteil – erlangte er doch vom Kaiser in Konstantinopel ausdrücklich die Bestätigung dieses Anspruchs. Dass, was heute selbstverständlich scheint, Spanien und Italien katholisch sind: Ohne Gregor wäre es vielleicht anders. Und dass in der Messe bis heute der einstimmige Choral gepflegt wird, eben der gregorianische Gesang: Gregor schuf dafür die Voraussetzung, indem er den Gottesdienst reformierte und sämtliche Kirchenlieder sammeln und ordnen ließ. Mit anderen Worten: Gregor der Große, der auch durch seine theologischen Schriften eine jahrhundertelange Wirkung entfaltete, war eine epochale Gestalt, bedeutend durch geistige Leistungen, politische und administrative Erfolge, Fortschritte in der Mission und bei der Kirchenreform sowie, nicht zu vergessen, durch soziale Verdienste.

Zunächst schlug der Sohn einer reichen Senatorenfamilie aber keine kirchliche Laufbahn, sondern eine als ziviler Beamter ein:

DREISSIG TAGE FEGEFEUER
Den Brauch, für einen Toten an dreißig Tagen hintereinander die Messe zu lesen, nennt man »gregorianische Messen«. Er geht auf Gregor zurück, der als Mönch in seinem Andreaskloster zu Rom für einen verstorbenen Mitbruder namens Justus erstmals so verfuhr. Nach Ablauf der dreißig Tage, heißt es, gibt der Verstorbene aus dem Jenseits seine Erlösung aus dem Fegefeuer bekannt.

Die Legende, nach der Papst Gregor auf dem Mausoleum des Kaisers Hadrian einen Engel sah, der sein Schwert in die Scheide steckte und damit das Ende der Pest verhieß, gab dem Bauwerk seinen neuen Namen: Bis heute kennt man es als »Engelsburg«.

Um 571 war er in Rom zum *praefectus urbi*, zum städtischen Verwaltungschef, und obersten Richter aufgestiegen. Dann starb sein Vater, Senator Gordianus, und für Gregor änderte sich alles. Die Hintergründe – vielleicht hatten sich die politischen und persönlichen Machtverhältnisse verschoben – sind unbekannt; Gregor jedenfalls zog sich von allen Ämtern zurück, verwandelte sein Elternhaus in ein Kloster, in das er mit zwölf Gefährten einzog, und ließ auf den vom Vater geerbten Landgütern in Sizilien weitere sechs Klöster errichten. Alle Mönche lebten nach der Regel Benedikts von Nursia; das sollte, als Gregor Papst geworden war und

■ *Der heilige Gregor der Große.* Gemälde, 1795–1799, von Francisco de Goya (1746–1828). Madrid, Museo Romántico

den Stifter des abendländischen Klosterwesens mit einer Biographie ehrte, wegweisend für die mittelalterliche Mönchskultur werden.

Gregor selbst fand sich aber nicht auf Dauer mit einem Dasein als Mönch ab. Er nahm den politischen Faden wieder auf, nur dass er – dessen Familie schon zwei Päpste gestellt hatte, Felix III. und Agapet I. – ihn diesmal mit Hilfe der Kirche weiterspann. Um 577 wurde er Regionardiakon und damit Vorsteher einer der sieben römischen Stadtbezirke; 579 ging er als päpstlicher Gesandter nach Konstantinopel und bat um militärische Hilfe gegen die Langobarden, die vor Rom standen – allerdings ohne Erfolg.

Die Weigerung Konstantinopels, Truppen nach Rom zu entsenden, sollte späte Folgen haben: Als 602 der Offizier Phokas den oströmischen Kaiser Maurikios ermorden und seine Familie abschlachten ließ, schlug sich Gregor sofort auf die Seite des Usurpators, der ihm den Anspruch auf die geistliche Führerschaft der Christenheit verbriefte. Im Gegenzug erkannte Gregor die weltliche Oberherrschaft des Kaisers an, der endlich Frieden mit den Langobarden schloss, womit Rom gerettet war. Gregor, dessen Denken durch Augustinus' (s. S. 102) *Gottesstaat* geprägt war, hatte sich moralisch zweifelhaft verhalten, aber eben so, wie es im irdischen Staat sein muss; zugutehalten konnte er sich, einem guten Ziel, der idealen Gemeinschaft der Gläubigen im Schoß der Kirche, gedient zu haben.

Zurück ins Jahr 585: Gregor weilt wieder in Rom, wird trotz seiner gescheiterten Mission in Konstantinopel Ratgeber von Papst Pelagius II. und 590 zu dessen Nachfolger gewählt. Gregor scheut die Verantwortung und lässt sich, heißt es in einer Legende, in einem Fass aus der Stadt schmuggeln, um sich als Eremit in die Berge zu begeben; doch eine himmlische Lichtsäule, an der Engel auf- und niedersteigen, verrät ihn. Der neue Papst sieht sich vor große Aufgaben gestellt: Das soziale Elend muss gelindert, die langobardische Gefahr endgültig abgewendet und vor allem die in Rom wütende Pest aufgehalten werden, die seinen Vorgänger dahingerafft hat (und vielleicht der wahre Grund für Gregors Flucht war). Bei der Pest, so eine weitere Legende, hilft ihm der Himmel: Während einer Bittprozession erblickt Gregor auf dem Grabmal des Kaisers Hadrian einen Engel, der sein Schwert in die Scheide steckt; das deutet er als göttlichen Hinweis auf das Ende der Seuche, die in der Tat zum Erliegen kommt. Die Langobarden wiederum versteht Gregor mit Tributzahlungen ruhigzustellen. Auch sonst hat der Papst Regierungsgeschäfte wahrzunehmen: Das römische Staatswesen ist zusammengebrochen, das soziale Elend groß, und so kümmert sich die Kirche außer um den Schutz der Bevölkerung gegen die germanischen Barbaren auch um Verwaltung und öffentliche Fürsorge.

Zwar geht der Angehörige des römischen Adels nicht gegen die Sklaverei vor, sondern rügt nur die inhumane Behandlung; er kann auch die harte byzantinische Steuerpolitik nicht mildern, die manche Eltern zwingt, ihre Kinder in die Sklaverei zu verkaufen. Aber Gregor verteilt, was er aus seinen Landgütern an Gewinn zieht und aus dem Vermögen der Kirche erlösen kann, als Korn an die Armen und verpflichtet Bischöfe und Klöster, in gleicher Weise an die Bedürftigen abzugeben. Um das zu kontrollieren, zentralisiert er die Kirchenverwaltung und begründet das Patrimonium Petri, die Landesherrschaft des Papsttums. Die

■ Der heilige Benedikt von Nursia. Ausschnitt aus einem Fresko, um 1305, von einem Maler aus dem Kreis um Giotto di Bondone (um 1266–1337). Pomposa, Kapitelsaal der Abtei. Nachdem Gregor der Große sich von seinen politischen Ämtern zurückgezogen hatte, gründete er mehrere Klöster. Das mönchische Leben dort folgte den Vorgaben Benedikts (um 480–547), dessen Ordensregel die älteste Grundlage des westlichen Klosterwesens darstellt.

riesigen Domänen der Kirche in Italien, Dalmatien, Gallien und Nordafrika werden fortan von einem Gregor direkt unterstellten Rektor verwaltet; damit sind die Ländereien in der Hand des Papstes zu einem Ganzen zusammengeschlossen und werden zur Keimzelle des Kirchenstaats.

Auch nach außen betreibt Gregor eine kluge Diplomatie, die mit geistlichen Mitteln Roms politischen Einfluss stärkt. Sowohl im norditalienischen Langobarden- wie im spanischen Westgotenreich, wo eine kleine germanische, arianisch-christliche Oberschicht über eine weit größere romanisch-katholische Bevölkerung herrscht, beschleunigt er – wie schon von Pelagius II. in

■ Die kleine Kirche, St. Kevin's Kitchen genannt, ist Teil des Klosters Glendalough in der irischen Grafschaft Wicklow. Das Kloster wurde im 6. Jh. vom heiligen Kevin gegründet, in ihrer heutigen Form stammen die Gebäude aus dem 12. Jh. Die irische Mönchskirche war Gregor dem Großen ein Dorn im Auge, weil sie sich nicht an Rom gebunden fühlte. Bis ins 7. Jh. konnte sie ihre Unabhängigkeit behaupten.

DAS OBLATENWUNDER

Zahlreiche Legenden ranken sich um Gregor. Eine schildert, wie er eine Zweiflerin von der Wahrheit der Eucharistie überzeugt: Zuerst erscheint, als Gregor die Messe zelebriert, der Gekreuzigte über dem Altar und gießt sein Blut in den Weinkelch. Dann verwandelt Gregor die Oblate in ein Stückchen Fleisch und dieses schließlich wieder zurück in eine Oblate: Die Frau – sie ist die Bäckerin, die die Oblaten für die Messe liefert – ist bekehrt.

CONSTAT QUIA PROXIMUM NON AMANT QUICQHABER
SOCIUM RECUSAT QUIS QUIS ERGO AB HAC UNITATE
MATERIS ECCLESIAE SUAC PERHERESCM DEDO PER
UERSA SENTIENDO SE UERRORE SCIS OMTIS PROXI
MUM NON DILIGENDO DIMITTIT CARITATIS bonas
GRATIA PRIUATUR DEQUA HOC QUOD PRAECONISIOus
PRULAS DICIT SITRADIDERO CORPUS MEUM UT
ARDEAT CARITATEM AUTEM NON HABEAM NIHIL ombi
prODEST AOS APERTA UOCE DICERET EXTRA LOCU
SUUM CON plationis ohhonis AD hibIrTas TORADES
MECRUCIAT MANDATIONE NON PARCAT banc
OMNES SCAE PACIS AOTATORES SUAOO STUDIO
LO   QUAERANT hUNC QUAERENTES IN
UC   NIUNT hUNC INUENIENTES TENENT

■ Fragment einer um 700 in England erstellten Abschrift der von Gregor dem Großen verfassten *Moralia in Iob,* einer Sittenlehre zum Buch Hiob.

Angriff genommen – die vollständige Katholisierung, indem er sich mit einzelnen Mitgliedern der Herrscherhäuser gutstellt und ihren Übertritt zum Katholizismus fördert. Ähnlich geht Gregor bei den heidnischen Angelsachsen vor, deren Missionierung auch die Ausbreitung der irischen Mönchskirche verhindern soll, die von der Ostkirche beeinflusst ist und sich nicht an Rom gebunden hat. In der Praxis, nicht aber in der Theorie beschränkt sich Gregor dabei auf friedliche Mittel: Dem byzantinischen Statthalter in Nordafrika gegenüber billigt er die gewaltsame Christianisierung, spricht vom heiligen Krieg gegen die Heiden und bahnt, ohne es zu ahnen, dem späteren Kreuzzugsgedanken den Weg.

Auch theologisch bleiben die Spuren von Gregors Wirken lange sichtbar. Im Mittelalter gehören sein Hiob-Kommentar, der zu einem Handbuch der Moral avanciert, und sein Ratgeber für die priesterliche Seelsorge zum Rüstzeug jedes Klerikers. Heute sind beide Bücher nur von historischem Interesse: Nicht als Theologe, sondern vor allem als Politiker und Kirchenreformer ist Gregor, der es vom römischen Beamten zum Weltstaatsmann und Freund des Volkes brachte, bis heute bedeutsam. Mit einer nicht immer ethisch sauberen, aber politisch klugen Diplomatie schuf er in den vierzehn Jahren seines Pontifikats wesentliche Voraussetzungen für die Herrschaft des Papsttums und die Macht der katholischen Kirche. So wurde er neben Leo I. zum einzigen Papst, dem der Beiname »der Große« zuerkannt wurde.

FLEISSIGER HEILIGER

Gregor der Große war nicht nur zu Lebzeiten emsig und tatkräftig, er hat auch als Heiliger nach seinem Tod viel zu tun: Er ist Patron des kirchlichen Schulwesens, der Gelehrten, der Lehrer, der Schüler und Studenten; selbstverständlich ist er für die Päpste zuständig, und er kümmert sich um den Choralgesang im Besonderen sowie um Sänger und Musiker im Allgemeinen, außerdem um Maurer und Knopfmacher. Schließlich kann man ihn gegen Gicht und Pest zu Hilfe rufen. Dargestellt wird er in päpstlichem Ornat, mit der Tiara und von der Taube, die den Heiligen Geist symbolisiert, umschwebt.

GREGOR DER GROSSE
RÖMISCH-KATHOLISCHES CHRISTENTUM

 DATEN UND FAKTEN

Biographie: Gregor wird um 540 in Rom geboren. Seine Familie gehört dem senatorischen Adel an. Wie sein Vater Gordianus hat er hohe Verwaltungsposten inne, wird um 571 zum Stadtpräfekten und obersten Richter ernannt. Einige Jahre später bestellt ihn Papst Pelagius II. zum Regionardiakon und schickt ihn 579 nach Konstantinopel, wo er den oströmischen Kaiser um militärische Unterstützung für das von den Langobarden bedrohte Rom bitten soll, doch kehrt Gregor unverrichteter Dinge nach Rom zurück. Als Papst Pelagius 590 an der Pest stirbt, wird Gregor zu seinem Nachfolger bestimmt. In seinem neuen Amt leistet er hervorragende Verwaltungsarbeit, erreicht mit diplomatischen Mitteln den Abzug der Langobarden und legt durch seinen geschickten Umgang mit dem päpstlichen Vermögen den Grundstein für das mächtige Papsttum des Mittelalters mit seinem starken Kirchenstaat. Auch Gregors Förderung der Benediktregel und seine Reformen der Liturgie prägen die mittelalterliche Kirche. Gregor I. stirbt am 12. März 604; Papst Bonifatius VIII. spricht ihn 1295 heilig. Sein Gedenktag ist der 3. September.

Quellen: Gregors Schriften, die *Regula pastoralis* (»Hirtenregel«), die *Moralia in Iob* (Kommentar zum Buch Hiob), die *Homiliae* (Auslegungen biblischer Texte) und die *Dialogi* (Heiligenlegenden), ferner 854 Briefe an Bischöfe, Fürsten und Missionare, alle aus dem 6. Jh. Zudem gibt es mehrere mittelalterliche Biographien.

Wirkungsstätte: Rom

Heiligtum: St. Peter im Vatikan (Grabstätte)

heilige Schrift: die christliche Bibel

Verbreitung: Von den weltweit etwa 2,1 Mrd. Christen gehören 1,1 Mrd. der römisch-katholischen Kirche an und bilden damit die größte der christlichen Kirchen. Drei Viertel aller Katholiken leben in Afrika, Asien und Lateinamerika.

Kernaussage: Der Papst soll der *servus servorum*, der Diener der Diener, sein.

 WISSENSWERTES

Die irische Mönchskirche
Bis ins 7. Jh. war die Kirche des keltischen Irlands, die sog. iroschottische Kirche, von Rom unabhängig. Im 5. Jh. wurde die Insel von Britannien aus christianisiert, zunächst durch den Missionar Palladius, dann durch den heiligen Patrick (um 385–461), der bis heute als Apostel und Patron Irlands verehrt wird. Die irische Missionsgeschichte verlief ungewöhnlich friedlich: Blutige Martyrien sind nicht überliefert, ehemalige Druiden traten sogar als Mönche in christliche Klöster ein. Die wichtigsten Klöster, Armagh, Bangor und Clonmacnoise, begründeten bedeutende theologische Schulen, die sich wenig um die römische Lehrmeinung kümmerten. Die irische Kirche pflegte eigene, oftmals keltisch beeinflusste Traditionen, etwa Rundpro-

zessionen oder die Privatbeichte; es gab sogar einen eigenen Termin für das Osterfest. Erst 664 machte die Synode von Whitby dem irischen Eigensinn ein Ende und setzte die Orientierung an Rom durch. In manchen Bereichen, etwa in der sakralen Kunst, blieben die heidnischen Elemente jedoch erhalten. Besonders schöne Beispiele dafür sind die keltischen Kreuze von Monasterboice oder das *Book of Kells*, ein kunstvoll verziertes Evangeliar aus dem frühen 9. Jh.

 EMPFEHLUNGEN

Lesenswert:
Pierre Riché: *Gregor der Große. Leben und Werk*, München 1996

Hartmut Leppin: *Die Kirchenväter und ihre Zeit. Von Athanasius bis Gregor dem Großen*, München 2000

Horst Fuhrmann: *Die Päpste. Von Petrus zu Benedikt XVI.*, München 2005

Isnard Wilhelm Frank: *Kirchengeschichte des Mittelalters*, Düsseldorf 2008

Hörenswert:
Die Mönche von Silos. Gregorianische Gesänge aus Spanien, Hamburg 1995. Audio-CD

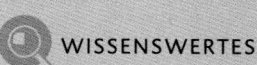 **AUF DEN PUNKT GEBRACHT**

Außenpolitische Erfolge, kirchliche Reformen, soziale Verdienste und Fortschritte in der Mission: Gregor der Große schafft die Grundlage für den Kirchenstaat und die Stellung des Papstes als geistliches Oberhaupt der Christenheit.

Prophet und Staatsmann
Mohammed
um 570–632

■ Arabische Kalligraphie
des Namens Mohammad
mit der gekürzten Eulogie
(Segenswunsch) *alaihi
s-salam* (»Friede sei auf ihm«).
Den auch als »a. s.« abge-
kürzten Segenswunsch fügen
Muslime bei der Nennung
von Engeln oder Propheten
ehrend hinzu.

In dem Film *Mohammed – Der
Gesandte Gottes* ist der Prophet
selbst weder zu sehen noch zu
hören: Da Mohammed nicht
abgebildet werden darf, taucht
er nur indirekt auf, indem
andere Figuren seine Worte
zitieren.

Nah und doch fern sind sich Judentum,
Christentum und Islam. Das Judentum
bindet den Glauben an Gott an 613 mitunter komplizierte Vorschriften, die dem
praktischen Leben ein enges Korsett an-
legen. Das Christentum hat diesen Zwang
beseitigt, aber ein geistiges Hemmnis an
seine Stelle gesetzt: die unbegreifliche
Lehre von den drei Personen Gottes.
Der Islam hebt diesen Schritt zurück in
die Vielgötterei, für den ihn die Muslime halten, auf. Gleichzeitig radikalisiert
er die Vorstellung von Gott: Allah wird
nicht als menschliches Ebenbild, als Va-
terfigur gemalt, sondern als vollkommen
transzendent gedacht, als rein geistige,
jenseits der Grenzen von Erfahrung und
sinnlicher Wahrnehmung befindliche Wesenheit.

In praktischer Hinsicht setzt der Islam manche jüdischen Glau-
bensvorschriften wieder in Kraft (die Beschneidung etwa und das
Verbot, Schweinefleisch zu essen) und verfügt einige neue. Und er
erhebt, anders als das Judentum, aber wie das Christentum, einen
missionarischen Anspruch. Eine gewisse Mittelstellung nimmt der
Islam auch hinsichtlich der Rolle seines Religionsstifters ein. Er
ist, wie die jüdischen Propheten, nur ein Mensch, kein fleischge-
wordener Gott, steht jedoch dem Allmächtigen auffällig nahe: »Es
gibt nur einen Gott, und Mohammed ist sein Prophet«, lautet das
Glaubensbekenntnis; im Koran sagt Mohammed mitunter »Wir«,
obwohl nur Gott spricht; und weil das, was der Allmächtige verkündete, offenbar nicht ausreichte, wurde daneben die Sunna
(»Brauch«) des Propheten zur Richtschnur, sein erst hundert Jahre nach seinem Tod erstmals aufgezeichnetes Leben in Worten
und Taten – was an Jesu Vorbildfunktion für Christen erinnert.

So wie die Überlieferung ihn schildert, muss Mohammed (»Der
Gepriesene«) eine außergewöhnliche Persönlichkeit gewesen
sein. Im Alter von vierzig Jahren nahm sein Leben eine dramati-

sche Wende, als ihn seine erste Vision überkam, die er als Erscheinung des Erzengels Gabriel deutete. Indem er die anfangs nicht
gewollte Rolle eines Sprachrohrs Gottes annahm, entwickelte er
sich zum Propheten und Staatsmann von welthistorischer Größe,
der eine Religion begründete, Recht und Gesellschaft reformierte
und sich durch Diplomatie ebenso wie durch blutige Gewalt zum
Führer Arabiens aufschwang und dessen Nachfolger seinen Glauben in siegreichen Kriegen in die Welt trugen.

Dabei hatte Mohammed viel Mühe, den Islam (»Hingabe an
Gott«) gegen die Anhänger der altarabischen Religion und die
zahlreichen Christen und Juden durchzusetzen – Arabien war
bis dato ein Rückzugsgebiet vor der Verfolgung durch Babylonier, Römer und eigene Glaubensgenossen gewesen. Der Koran
enthält eine Spur vom vorislamischen Glauben der Araber: Die
drei Göttinnen Allat, Al-Uzza und Manat nennt er Töchter Allahs
(Sure 53, Vers 20–23). Zwar widerruft Mohammed das sogleich,
doch bewahrt der Islam, wie das Christentum, bis heute Bräuche
aus dem früheren Volksglauben: Der Kult um den Meteoriten in
Mekka etwa beerbt den altarabischen Stein-
kult, und überhaupt war die Wallfahrt zur
Kaaba (»Würfel«) bereits vor dem Islam üblich, als Allah nur einer unter vielen Göttern
war. Um das Volk für sich zu gewinnen, nahm
Mohammed – wie es auch christliche Praxis
war und ist – Rücksicht auf die heidnischen
Sitten. Der islamischen Überlieferung nach
entfernte er die Standbilder aller anderen
Gottheiten und weihte die Kaaba Allah als
dem »alleinigen, einzigen und ewigen Gott«
(Sure 112). Doch muss er den Altgläubigen
auch hier entgegengekommen sein: 1979 kamen bei Bauarbeiten mehrere Götzenidole
unter dem Boden der Kaaba zum Vorschein
und wurden schnell beseitigt.

Breiten Raum nimmt im Koran die Auseinandersetzung mit Juden- und Christentum
ein. Der Islam wurzelt in beiden und erkennt
Abraham (s. S. 10), Moses (s. S. 20) und Jesus
(s. S. 68) als Propheten an. Juden und Christen selbst aber treten in vielen Suren des Korans als Gegner auf, die es zu tolerieren, zu
bekehren oder zu bekriegen gilt. Dabei dür-

■ *Die Geburt des Propheten
Mohammed. Buchmalerei,*
16. Jh., aus dem *Siyer-i Nebi.*
Istanbul, Topkapı Sarayı
Mözesi.
Das Gesicht des Propheten
ist verhüllt, da es verboten
ist, sich ein Bild von ihm zu
machen.

■ Aus Persien oder dem Irak stammendes Koranfragment. Pergament, 9. Jh., New Haven, Beinecke Library

fen die zur Anpassung eher bereiten Christen mit Wohlwollen rechnen, während die Juden (neben den Polytheisten) als ärgste Feinde der Muslime ausgemacht werden (5,82) und ihnen gedroht wird: »Sonst fürchte ich für euch die Strafe des großen Tages« (7,59). Zwei jüdische Stämme ließ Mohammed vertreiben, einen dritten womöglich sogar ausrotten: Obwohl sich alle ergeben hatten, soll er befohlen haben, die Männer zu töten und Frauen und Kinder als Sklaven zu verkaufen.

Mohammed hatte gehofft, von Juden und Christen als Prophet anerkannt zu werden. Deren Ablehnung nötigte ihn seinerseits zur Abgrenzung und führte zur Verselbständigung des neuen Glaubens: Jesus ist ein Mensch und Prophet, kein Sohn Gottes. Die Trinität wird verworfen. Statt Jerusalem gibt fortan Mekka die Gebetsrichtung vor, das Fasten während des jüdischen Versöhnungsfestes wird auf einen Monat, den Ramadan, ausgedehnt. Anstelle des Sabbats oder Sonntags wird der Freitag zum Ruhetag. Und statt dem reinen Bekenntnis zu Gott wird ergänzend das zu seinem Gesandten verlangt. Fortan gelten Juden und Christen als Gläubige zweiten Ranges; sie sind »Schriftbesitzer«, aber Verräter, die in ihren heiligen Büchern die Gebote des Allmächtigen verfälscht haben. Sie sind nicht länger das Volk Gottes, auserwählt sind allein die Muslime (3,110).

Das Wort Muslim (»Der sich Gott unterwirft«) ist mit *salam*, Friede, verwandt. Der Friede gilt jedoch vor allem für die eigene Glaubensgemeinschaft. »Die Ungläubigen werden von Allah wie das ärgste Vieh betrachtet« (8,55), sagt der Koran, droht ihnen mit der Hölle: »Sie werden nichts anderes in ihre Bäuche fressen als das Feuer« (2,174), und malt mit Inbrunst die furchtbaren Strafen Gottes aus. Zugleich verlangt er bereits auf Erden die Abrechnung mit den Nichtmuslimen und erklärt sie zu Freiwild: »So erschlaget die Götzendiener, wo ihr sie findet, und packt sie und belagert sie und lauert ihnen in jedem Hinterhalt auf« (9,5). Nur wenn sie »sich bekehren und Almosen geben« (9,5) oder »in Demut ihren Tribut entrichten« (9,29), ist Allah »barmherzig und bereit zu vergeben« (9,5).

DIE FRAU IM ISLAM

Der Koran schreibt die Überlegenheit des Mannes fest (4,34); gleich sind die Frauen nur vor Gott (33,35). Er verfügt das Scheidungsprivileg des Mannes (2,226ff. sowie 65,1ff.) ebenso wie das Verhüllungsgebot für Frauen (33,59). Vor Gericht gelten Zeugenaussagen von Frauen weniger (2,282), und Töchter erben nur halb so viel wie Söhne (4,11). Vielleicht waren diese Vorschriften einst sogar ein Fortschritt in einer patriarchalischen Gesellschaft, aber sie verewigen einen historischen Zustand und gelten vielen Muslimen als unantastbar; Kritik wäre für sie Blasphemie.

Doch Gewalt oder Zwang gegen Andersgläubige ist kein islamisches Privileg, und das arabische Wort Dschihad meint nicht unbedingt »heiliger Krieg«. Wenigstens kann die Eroberung als friedliche Mission, die auch Christen nicht fremd ist, geschehen. Entsprechend sind die Namen mancher islamischer Gotteshäuser in christlichen Ländern zu verstehen, die etwa Fatih-, also »Eroberer«-Moschee lauten. Wörtlich übersetzt bedeutet Dschihad einfach »Einsatz, Anstrengung« und kann als Mahnung an den Muslim, getreu den göttlichen Geboten zu leben, verstanden werden: eine Haltung, die Juden, Christen und anderen Gläubigen genauso vorbildlich sein müsste.

Der Islam fordert den Glauben an den einen allmächtigen Gott und die Unterwerfung unter seinen Willen. Sichtbares Zeichen der Ergebung ist das tägliche fünfmalige Gebet, bei dem der Gläubige sich zu Boden wirft und mit der Stirn die Erde berührt. Der Koran selbst nennt keine Zahl und sagt lediglich: »Preise das Lob des Herrn, bevor die Sonne aufgeht und bevor sie untergeht, preise Ihn des Nachts und an den Enden des Tages« (20,130). Ähnlich verhält es sich mit dem Glaubensbekenntnis: Allah ruft im Koran niemals Mohammed an seine göttliche Seite. Es finden sich nur Formulierungen wie »Es gibt keinen Gott außer Mir. Dienet Mir!« (21,25). Gleichwohl zählen das Glaubensbekenntnis zu Gott und Mohammed und fünfmaliges Gebet ebenso zu den fünf Hauptpflichten, den Fünf Säulen des Islam, wie das Almosengeben (das wiederkehrend erwähnt wird), die Wallfahrt nach Mekka (2,196) und das Ramadanfasten (2,185).

Vieles, was im Islam üblich ist, gründet auf dem Vorbild Mohammeds, wie es die von ihm überlieferten Aussprüche und Taten, die Hadithe (»Mitteilungen«), zeichnen. Dazu gehören das Gebot der Beschneidung (weil Mohammed beschnitten war) und das Bilderverbot. Allah nicht abzubilden entspricht der Auffassung, dass Gott unsichtbar sei; und da Mohammed kein Haus betreten haben soll, in dem sich Menschen- oder Tierbilder befanden, wurden auch diese geächtet. Dass die Abbildung des

Auch im Christentum ist, ein Erbe der Antike, die gesellschaftliche Hierarchie patriarchalisch geregelt: »Ich lasse euch aber wissen, daß Christus ist eines jeglichen Mannes Haupt; der Mann aber ist des Weibes Haupt; Gott aber ist Christi Haupt«, schreibt Paulus an die Korinther (1 Kor 11,3). Es folgt die Vorschrift, dass Frauen ihr Haupt bedecken sollen, während sie beten oder prophetisch reden.

■ Mohammed und Ali (auf den Schultern seines Vaters) entfernen die Bilder der Götzen von der Kaaba. Buchmalerei, 16. Jh., aus *Garten der Reinheit* (persisch *Rauzat-us-Safa*), einer Universalgeschichte über das Leben der Propheten, Könige und Kalifen, von Mohammed bin Khavendshah bin Mahmud (1433–1498).

■ Die Große Moschee von Medina mit dem Grab Mohammeds. Stahlstich, 19. Jh.

Propheten für Muslime unstatthaft ist, kann man daraus folgern.

Der Koran ist, wie die Bibel, in vielen Aussagen widersprüchlich, nicht nur in der prinzipiellen Frage des Umgangs mit Nichtmuslimen (»Zwingt keinen zum Glauben«, gebietet der Koran in 2,256), sondern auch in Detailfragen wie dem Weintrinken: Sure 16, Vers 67 erlaubt es; 2,219 sieht darin größeren Schaden als Nutzen; 5,90f. zählt es zu den »satanischen Greueln«. In anderen Dingen trägt er den Stempel der Vergangenheit, etwa wenn er den Vorrang des Mannes festschreibt und die Frau zum Menschen zweiter Klasse degradiert (4,34) – wie denn überhaupt durch den Koran das (von Mohammed ein wenig reformierte) arabische Gewohnheitsrecht religiöse Weihe erhielt.

Nun ruht der Islam nicht nur auf dem Koran, sondern auch auf der Sunna des Propheten; und weil diese ebenfalls nicht genügt, zudem auf der Fetwa oder Fatwa (»Urteil, Gutachten«) islamischer Fachleute. Diese drei Elemente – Gottes Wort, Beispiel des Propheten, Auslegung der Religionsexperten – formen die Welt des Islam, der den Anspruch hat, das ganze Leben zu regeln. Sichtbaren Ausdruck findet dieser Anspruch im islamischen Rechtssystem, in der Scharia (»Weg zur Tränke«).

Im Islam soll jede menschliche Handlung bezeugen, dass es keinen Gott außer Gott gibt; Gesellschaft, Wirtschaft, Politik stehen unter dem Diktat des Glaubens, weshalb Staat und Kirche nicht zu trennen sind und Religion keine Privatsache ist. Was aber die Praxis und damit die Scharia betrifft, so wurzeln viele Bestimmungen wie etwa die über die Stellung der Frau im Mittelalter; und der Koran ist ein Produkt dieser Zeit. Hier sind Christentum und Judentum, die nach der europäischen Aufklärung umdenken mussten, dem Islam inzwischen sehr fern. Oder, denkt man an orthodoxe Juden und fundamentalistische Christen, doch wieder sehr nah.

DER KORAN

Der Koran (»Rezitation«) gilt im Islam als unverfälschtes Wort Gottes. Ohne über den Wert von Visionen zu diskutieren oder die Rolle des Erzengels Gabriel zu hinterfragen, ungeachtet auch der vielen Widersprüche im Text: Fest steht, dass es Menschen waren, die den Koran nach Mohammeds Tod aus mündlich mitgeteilter Erinnerung und aus Notizen zusammenstellten, wobei sie die verschiedenen Aufzeichnungen zu Suren verbanden (deshalb der sprunghafte Charakter). Die heutige Fassung wurde erst 1924 in Ägypten erstellt; frühere enthielten Passagen, die heute fehlen.

MOHAMMED
ISLAM

 DATEN UND FAKTEN

Biographie: Mohammed, »der Gepriesene«, wird um 570 als Abu l-Kasim in Mekka geboren. Der Vater stirbt vor seiner Geburt, seine Mutter verliert er wenige Jahre später. So wächst Mohammed zunächst bei Beduinen, dann bei einem Onkel auf, den er auf seinen Karawanen begleitet. Um 595 heiratet er die Witwe eines reichen Kaufmanns und ist selbst als Kaufmann tätig. Zwei Söhne sterben früh, vier Töchter überleben. Um 610 beruft ihn der Engel Dschibril (Gabriel) zum Gesandten Gottes. Wegen ihrer Ablehnung der altarabischen Vielgötterei geraten Mohammed und seine Anhänger im Jahr 622 durch die mekkanischen Kaufleute, die an dem polytheistischen Kult gut verdienen, so sehr unter Druck, dass sie nach Medina auswandern müssen. Dort gelingt es Mohammed, zwei verfeindete Stämme miteinander zu versöhnen. Seinen neu gewonnenen Einfluss als religiöser und politischer Führer nutzt er, um die Umma, die islamische Gemeinschaft, zu formen. Auch militärisch hat er Erfolg, besiegt die Mekkaner 624 bei Badr und 627 in der Grabenschlacht nahe Medina. 630 erobert er Mekka mit der Kaaba, die nun das Zentrum des Islam wird. Mohammed stirbt am 8. Juni 632 in Medina.

Quellen: Mit Mohammed ibn Ishaks Prophetenbiographie *Sirat Rasul Allah*, entstanden im 8. Jh., beginnt die Sira, die Prophetenliteratur.

Wirkungsstätten: Mekka und Medina im heutigen Saudi-Arabien

Heiligtümer: Das wichtigste muslimische Heiligtum ist die Kaaba (»Würfel«). Sie bildet den Mittelpunkt der Großen Moschee in Mekka, ist Ziel des Hadsch, der Wallfahrt, die jeder Muslim unternehmen soll, und gibt die Gebetsrichtung vor. Die Kaaba ist ein fensterloser Steinbau, in dem ein Meteorit, der Hadschar al-Aswad (»schwarzer Stein«), eingemauert ist. Außerhalb der Pilgerzeit ist die Kaaba durch ein schwarzes Tuch, die Kiswa, verhüllt. Weitere wichtige Heiligtümer sind die Grabstätte Mohammeds in der Großen Moschee in Medina und Jerusalem mit dem Felsendom und der al-Aksa-Moschee.

heilige Schriften: Der Koran (»Rezitationstext«) enthält in 114 Suren, »Abschnitten«, Mohammeds Offenbarungen; diese wurden erstmals im 7. Jh. unter dem Kalifen Othman zusammengestellt. Jede Sure ist in Ajat, »Verse«, unterteilt und hat eine Überschrift: »Die Öffnende«, »Die Engel«, »Die Morgenröte« usw. Die im Koran niedergelegten Rechtsvorschriften bilden die Grundlage der Scharia, des islamischen Rechts. Besondere Bedeutung haben außerdem die Hadithe (»Mitteilungen«), Aussprüche Mohammeds zu lebenspraktischen Fragen.

Verbreitung: Weltweit gibt es rund 1,2 Mrd. Muslime. Davon leben etwa 835 Mio. in Asien, 320 Mio. in Afrika, 32 Mio. in Europa, 5,6 Mio. in Nordamerika und 2 Mio. in Lateinamerika.

Kernaussage: Es gibt keinen Gott außer Gott. Mohammed ist sein Prophet.

 WISSENSWERTES

Der Schleier
In der Antike war es eine weit verbreitete Sitte, dass verheiratete Frauen einen Schleier trugen. Die frühen Christen übernahmen sie von den Römern und praktizierten seit dem 4. Jh. die sog. Jungfrauenweihe: Beim Eintritt ins Kloster nahm die Nonne den Schleier und wurde damit zur »Braut Christi«. In der Religion reicht die Schleiertradition noch weiter zurück; so war etwa das Bildnis der altägyptischen Göttin Isis stets verschleiert und wurde nur an Festtagen enthüllt.

 EMPFEHLUNGEN

Lesenswert:
Der Koran, übersetzt von Max Henning, Stuttgart 1991

Hans Jansen: *Mohammed. Eine Biographie*, München 2008

Karl-Josef Kuschel: *Juden – Christen – Muslime. Herkunft und Zukunft*, Düsseldorf 2007

Sherry Jones: *Das Juwel von Medina*, München 2008 (Roman)

Sehenswert:
Mohammed – Der Gesandte Gottes. Regie: Moustapha Akkad; mit Anthony Quinn. GB 1976

 AUF DEN PUNKT GEBRACHT

Jüdische, christliche und altarabische Einflüsse aufnehmend und verwandelnd, stiftet Mohammed einen neuen, strengen Eingottglauben, der die Araber eint und sich in raschem Siegeszug über Vorderasien und Nordafrika ausbreitet.

Das vererbbare göttliche Licht

Ali ibn Abi Talib
um 600–661

Die zwölf Imame:
Ali ibn Abi Talib
Hassan ibn Ali
Hussein ibn Ali
Sain al-Abidin
Mohammed al-Bakir
(Saiditen: Said ibn Ali)
Dschafar ibn Mohammed
as-Sadik
Musa al-Kasim (Ismailiten:
Ismail ibn Dschafar)
Ali ar-Rida
Mohammed at-Taki
Ali al-Hadi
Hassan al-Askari
Mohammed al-Mahdi

■ Ali ibn Abi Talib. Persisches Wandgemälde, 17. Jh., aus der Imam-Moschee in Isfahan im Iran

Mit entblößtem Oberkörper ziehen die Männer durch die Straßen, schlagen sich mit Steinen die Stirn blutig, geißeln mit Ketten ihren Rücken. Tausende sind es, die sich unter rhythmischen Rufen kasteien. Begeisterte Zuschauer säumen die Prozession, Sänger stimmen pathetische Lieder an, Redner peitschen die Masse auf, und an zentralen Plätzen werden Passionsspiele aufgeführt, die Jung und Alt zum Weinen bringen.

Es ist Aschura, der zehnte Tag des Monats Muharram, der wichtigste Feier- und zugleich Trauertag für die Schiiten im Iran. An diesem Tag gedenken sie ihres dritten Imam Hussein, der mit einer kleinen Schar von 72 Getreuen am 10. Muharram 680 in der Schlacht von Kerbela vom Heer des Omaijadenkalifen Jasid I. abgeschlachtet wurde. Bis heute klagen sich seine Anhänger an, ihm nicht geholfen zu haben. Damals waren es die Einwohner der Residenzstadt Kufa nahe Kerbela, die Hussein gegen den Kalifen zu Hilfe gerufen hatten und ihn am Tag der Entscheidung im Stich ließen. Seither mischt sich an jedem 10. Muharram Trauer, ja Verzweiflung über das als fortwirkende Schmach empfundene Versagen mit Wut auf die Omaijaden, Hass auf die sunnitischen Glaubensverwandten, unter deren Verfolgungen sie jahrhundertelang litten, und Zorn gegen alle, die den wahren Glauben nicht teilen. Wer als Nichtschiit zu dieser Zeit im Iran weilt, tut gut daran, zu Hause zu bleiben.

Der 10. Muharram 680 markiert die Geburtsstunde der Schia, genauer: der Schia Ali, der Partei Alis. Im Gefolge der Katastrophe von Kerbela erklärte sie die ersten drei Kalifen Abu Bakr, Omar und Othman ebenso zu Usurpatoren wie die Omaijaden. Als rechtmäßige Nachfolger des Propheten galten nurmehr der nach sunnitischer Zählung vierte Kalif (»Nachfolger«) und nach schiitischer Auffassung erste Imam (»Gemeindeoberhaupt«), nämlich Mohammeds (s. S. 120) Cousin und Schwiegersohn

Ali ibn Talib und seine Nachkommen. Der zweite Imam war nach dieser Zählung Alis älterer Sohn Hassan, der jedoch auf seinen Machtanspruch verzichtete, dritter sein jüngerer Sohn Hussein.

Von den Schiiten werden, je nach Untergruppe, fünf, sieben oder zwölf Imame anerkannt. Am bekanntesten ist die Zwölferschia, deren Hauptland der Iran ist. Alle stimmen aber darin überein, dass Mohammed persönlich seinen Verwandten Ali zum Nachfolger bestimmt habe. »Allen, denen ich gebiete, soll auch Ali gebieten«, habe er gesagt und ihm jene innersten Glaubensgeheimnisse offenbart, auf denen die schiitische Lehre aufbaut – beispielsweise die Doktrin vom »ewigen Licht«, das schon vor dem Anfang der Zeiten vorhanden war und den Propheten Ali erleuchtet habe. Durch Alis Ehe mit der Prophetentochter Fatima wurde es dann fortgepflanzt bis zum letzten, zwölften Imam, mit dem die Linie erlosch.

Die bedeutungsvolle Zwölfzahl erinnert an Juden- und Christentum, doch eigentlich war schon mit dem elften Imam Schluss. Indes kamen die Schiiten bald überein, dass er einen Sohn hatte. Nur lebte der bis 941 in »kleiner Verborgenheit«, in der er nur über vier Boten in Verbindung mit der Außenwelt stand, und seither und bis heute in »großer Verborgenheit«. Aus ihr wird er, der bezeichnenderweise Mohammed heißt, als Mahdi (»Der Rechtgeleitete«) zurückkehren und das Reich der Gerechtigkeit aufrichten. Bis es so weit ist, übernehmen die nicht durch ererbtes göttliches Licht, sondern durch erworbenes Wissen hervorgehobenen Ajatollahs (wörtlich: »Zeichen Allahs«) die Leitung der schiitischen Glaubensgemeinschaft. Sie stehen an der Spitze des Klerus, dessen breiten Unterbau die Mullahs (»Gelehrte«) bilden.

Das Imamat ist ein Grundpfeiler der Schia. Dank ihrer gottnahen Natur gelten die Imame als sündenlos und unfehlbar und als vom Allmächtigen gesandt, um die Menschen vor dem Verderben zu bewahren. Anders als im sunnitischen Islam wird nämlich die Prädestination abgelehnt, obwohl der Koran implizit von ihr ausgeht: Gott selbst wollte nicht, dass alle Menschen Muslime sind (Sure 10, Vers 99), und versiegelte die Herzen der Ungläubigen (4,155). Dass er sie dafür, obwohl schuldlos, mit Höllenqualen bestraft (32,14), könnte Außenstehenden erscheinen, als habe das Böse in Gott seinen Ursprung. In schiitischer Sicht aber ist Gott nicht böse, wenn er die Ungläubigen richtet, da der Mensch frei in

■ Ein Imam. Photographie, 1865–1872

DIE ISMAILITEN
Die Ismailiten oder Siebenerschiiten gehen auf Ismail ibn Dschafar zurück, einen Sohn des sechsten Imam. Sie unterscheiden das allen Gläubigen zugängliche exoterische Wissen, das veränderlich ist, vom unveränderlichen esoterischen; dieses wird der siebte Imam bei seiner Wiederkunft als Mahdi verkünden, der Mohammed als letzten Propheten ablösen und die Gesetze des Islam außer Kraft setzen wird.

■ Die Imam-Ali-Moschee in Nadschaf im Irak soll über dem Grab Ali ibn Abi Talibs errichtet worden sein. Die Ursprünge des Gebäudes mit der goldenen Kuppel gehen vermutlich auf das 10. Jh. zurück. Während und nach dem Irakkrieg wurden mehrfach Anschläge auf das schiitische Gotteshaus verübt.

DIE SAIDITEN

Die Saiditen oder Fünferschiiten heißen nach Said ibn Ali, einem der Söhne des vierten Imam Sain al-Abidin. Nach einem fehlgeschlagenen Aufstand gegen die Omaijaden flohen seine Anhänger teils in den Iran, teils in den Jemen, dessen Nordteil die Saiditen bis 1962 regierten. Auch sie akzeptieren nur die Nachfolger aus der Familie Mohammeds, lehnen aber die Lehre vom vererbten göttlichen Licht ebenso ab wie den Glauben an eine Wiederkehr des letzten Imam. Insgesamt stehen sie den Sunniten nahe.

seinem Handeln ist und deshalb für seine Sünden einstehen muss. Allerdings hat der Allbarmherzige vorgesorgt: Der göttlich befugte Lehrer, eben der Imam, soll den Menschen anleiten und auf den rechten Weg führen.

Ein bisschen erinnert die Rolle des Imam an den in religiösen Fragen unfehlbaren Papst als Hirten der katholischen Schafe. Überhaupt sind die nichtislamischen Wurzeln der Schia unübersehbar: Der Märtyrerkult um Hussein erinnert ans Christentum, die Lehre vom göttlichen Licht an christliche, gnostische und zoroastrische Auffassungen, der Messiasglaube an Judentum, Christentum und Zoroastrismus. Die Erbsünde kommt ins Spiel, weil sich seit dem Versagen in Kerbela die Schuld forterbt und stets aufs Neue beklagt werden muss; der Kult um Fatima, die mit dem Propheten und den Imamen zu den »14 Geschützten« zählt, ähnelt der Marienverehrung. Ali schließlich wird zum Heiligen stilisiert: Das islamische Glaubensbekenntnis ist bei den Schiiten um die Formel »und Ali ist sein Freund« ergänzt.

Die Eroberung christlicher Länder durch die Araber hatte offenbar unerwartete Folgen; das Zweistromland, wohin schon früh das Zentrum der arabischen Herrschaft verlagert wurde, war zuvor Teil des Sassanidenreichs, in dem der Zoroastrismus herrschte, aber starke christliche und jüdische Minderheiten existierten. Vielleicht war die Schia, so absurd das in der heutigen politischen Welt klingt, ein Versuch, Christentum und Islam zu versöhnen. Am legendären zwölften Imam wird das deutlich: Dessen Mutter soll eine byzantinische Prinzessin gewesen sein, deren Stammbaum auf Petrus zurückgeht, womit Islam und Christentum in seiner Person zusammenfinden.

ALI IBN ABI TALIB
SCHIITISCHER ISLAM

 DATEN UND FAKTEN

Biographie: Ali ibn Abi Talib wird um 600 in Mekka geboren. Er ist ein Cousin Mohammeds und mit dessen Tochter Fatima verheiratet. Nach der Ermordung des dritten Kalifen, Othman, tritt Ali, der sich gleichermaßen als Kämpfer und als Dichter einen Namen gemacht hat, im Jahr 656 seine Nachfolge an. Bald regt sich Widerstand: Aischa, eine der Witwen Mohammeds, führt einen Aufstand gegen Ali an, der aber in der sog. Kamelschlacht niedergeschlagen wird. Auch ein Verwandter des Kalifen Othman, der syrische Statthalter Moawija, drängt zur Macht. Ihn kann Ali nicht besiegen, die Rivalität bleibt während seiner fünfjährigen Amtszeit bestehen. Nach weiteren Aufständen nimmt Ali ein gewaltsames Ende: Im Januar 661 wird er in Kufa von einem »Abtrünnigen«, einem Charidschiten, erdolcht.

Quellen: Das *Nahdsch ul-balagha (Pfad der Eloquenz)* enthält der Überlieferung zufolge Predigten, Sprüche und Gedichte Alis. Daneben berichten verschiedene Texte aus dem 8. und 9. Jh. über sein Leben und Wirken.

Wirkungsstätten: Mekka (heute in Saudi-Arabien); Kufa (heute im Irak)

Heiligtümer: Für alle Muslime sind die Kaaba in Mekka, das Grab des Propheten in Medina und Jerusalem mit der al-Aksa-Moschee und dem Felsendom wichtige Pilgerziele. Für die Schiiten sind daneben die Imam-Ali-Moschee in Nadschaf und der Imam-Hussein-Schrein in Kerbela (beide im Irak) sowie die Grabmoschee des achten Imam Ali ar-Rida in Mesched (Iran) von großer Bedeutung.

heilige Schriften: Neben dem Koran ist für die Schiiten ihre eigene, auf die Imame zurückgeführte Hadithtradition wichtig.

Verbreitung: Weltweit gibt es rund 1,2 Mrd. Muslime. Davon leben etwa 835 Mio. in Asien, 320 Mio. in Afrika, 32 Mio. in Europa, 5,6 Mio. in Nordamerika und 2 Mio. in Lateinamerika. Etwa 10 Prozent aller Muslime sind Schiiten. Die größte schiitische Gruppe bilden die Imamiten (Zwölferschiiten).

Kernaussage: Es gibt keinen Gott außer Gott. Mohammed ist sein Prophet und Ali ist sein Freund.

 WISSENSWERTES

Die Kalifen
Nach Mohammeds Tod wurde Abu Bakr (um 537–634) »Nachfolger« und »Stellvertreter« des Propheten, arabisch: Kalif. Er war der erste der »vier rechtgeleiteten Kalifen«, ihm folgten Omar I., Othman und Ali ibn Abi Talib. Zur Zeit Alis spaltete sich die bislang einheitliche muslimische Gemeinschaft in Sunniten, Schiiten und Charidschiten (wörtlich: »die Ausziehenden«). Während die Anhänger Alis, die Schiiten, ihren geistlichen Führer nun Imam, nannten, behielten die Sunniten, die dem Syrer Moawija I. folgten, den Titel des Kalifen bei. Moawija stammte aus dem arabischen Herrschergeschlecht der Omaijaden, das seinen Sitz in Damaskus hatte. 749 wurden die Omaijaden- von den Abbasidenkalifen abgelöst, die von Bagdad aus regierten. Ihre Herrschaft endete 1258 mit der Eroberung Bagdads durch die Mongolen. Fast 300 Jahre lang gab es kein allgemein anerkanntes Kalifat, bis 1517 die Türken Kairo eroberten und der Titel des dortigen Kalifen auf den Sultan des Osmanischen Reiches überging. Als das Reich nach dem Ersten Weltkrieg zusammenbrach, wurde das Kalifat endgültig abgeschafft. Heute haben die Sunniten kein offizielles geistliches Oberhaupt mehr.

 EMPFEHLUNGEN

Lesenswert:
Der Koran, übersetzt von Max Henning, Stuttgart 1991

Heinz Halm: *Die Schiiten*, München 2005

Claude Cahen, Jean Bollack (Hg.): *Der Islam I. Vom Ursprung bis zu den Anfängen des Osmanenreiches*, Frankfurt / M. 1991

Gerhard Konzelmann: *Die großen Kalifen. Das goldene Zeitalter Arabiens*, Berlin 1990

Monika Gronke: *Geschichte Irans. Von der Islamisierung bis zur Gegenwart*, München 2003

Ulrich Haarmann: *Geschichte der arabischen Welt*, München 2001

 AUF DEN PUNKT GEBRACHT

Nach Ansicht der Schiiten durften nur Angehörige von Mohammeds Familie seine Nachfolge antreten. Der erste war der Cousin und Schwiegersohn des Propheten, Ali. Der zwölfte und letzte Nachkomme lebt in großer Verborgenheit und wird als Mahdi zurückkehren, um Gottes Reich zu errichten.

Alles ist eins
Shankara
788–820

Wie viele Götter es in den monotheistischen Religionen gibt, liegt auf der Hand: einen. Aber ganz sicher ist das nicht, wird doch etwa dem Christentum von den Muslimen vorgehalten, es führe über die Hintertür der Dreifaltigkeit den Polytheismus wieder ein. Zudem gibt es in vielen, vielleicht allen monotheistischen Religionen eine Art Gegengott, den Teufel; ganz zu schweigen von den Dämonen, die Islam und mittelalterlicher Katholizismus gleichermaßen kennen und die im alten Vielgötterglauben wurzeln. Freilich, sosehr sich der Monotheismus dem Polytheismus annähern mag, von 330 Millionen Göttern bleibt er dann doch weit entfernt. So viele, ja vielleicht noch mehr könnten es im Hinduismus sein, der ältesten unter den heutigen Weltreligionen. Dessen Pantheon beginnt mit Brahma, Vishnu und Shiva, umfasst zahlreiche nachgeordnete Gottheiten wie etwa die Weisheitsgöttin Sarasvati und endet keineswegs bei den unüberschaubar vielen lokalen Gottheiten, sondern erst bei den unzähligen vergöttlichten Schlangen und Affen, die in Tempeln verehrt und gefüttert werden.

■ Shankara vertrat die Ansicht, dass hinter dem Wirken der zahlreichen hohen und niederen Gottheiten im Hinduismus ein einziges göttliches Prinzip stehe.

Wie es in der Geschichte des Monotheismus eine Tendenz zur Vielgötterei gibt, so im Hinduismus die umgekehrte Entwicklung zum Eingottglauben. Im 8. oder 9. nachchristlichen Jahrhundert lehrte der Religionsreformer und Philosoph Shankara, dass hinter all den hohen und niederen Gottheiten in Wahrheit eine einzige Kraft stehe, dass sie nur vordergründiger Ausdruck eines einzigen göttlichen Prinzips seien. Man kann dieses höchste Prinzip »Gott« nennen, doch würde dieses Wort zu Unrecht die Vorstellung von einer Person wecken. Denn Shankara versteht darunter etwas rein Geistiges, Transzendentes. Mehr noch: Die monotheistischen Religionen gehen stets von einer Zweiheit von Gott und Welt aus und beinhalten seit Zarathustras (s. S. 28) Tagen einen gewissen Dualismus. Shankara ist radikaler und behauptet, dass die Welt selbst, dass alle Erscheinungen nur Illusion seien, ein Blendwerk, oder wie der alte indische Ausdruck dafür lautet: Maya (ein Sanskritwort, das »Täuschung« bedeutet). Anders gesagt: Die Welt existiert nicht wirklich, und in Wahrheit gibt es nur eins: Gott.

DER HINDUISMUS

Die Ursprünge des in Indien und den Nachbarländern verbreiteten Hinduismus (der Name leitet sich ab vom altindischen Wort »Sindhu« für den Indus) lassen sich bis in die Industalkultur des 3. Jahrtausends v. Chr. zurückverfolgen. Deren Götterglaube vermischte sich mit den Mythen der arischen Einwanderer im 2. Jahrtausend v. Chr. Der Hinduismus kennt keine Stifterfigur, hat kein Gründungsdatum und ist im Lauf der Zeit in vielerlei Untergruppen zersplittert. Allen gemeinsam ist, dass sie sich auf die Veden berufen und einen ewigen Kreislauf (Samsara) von Geburt, Tod und Wiedergeburt annehmen.

Das theologisch-philosophische System, das Shankara entwickelte, nennt man Advaita-Vedanta, wobei man Advaita (»was ohne ein Zweites ist«) als »Lehre von der Nicht-Zweiheit« übersetzen kann. Diese Lehre wirkt abstrakt, aber sie hat konkrete Folgen für das Individuum: Da alles eins in Gott, alles mit dem Absoluten identisch ist, ist auch das eigene Selbst nur scheinbar von ihm verschieden.

Eine solche Verschiedenheit lehrt der traditionelle Hinduismus. Er unterscheidet das geistige Grundprinzip der Schöpfung, das Brahman genannt wird (und nicht verwechselt werden darf mit dem Gott Brahma, in dem die Erscheinungsweise des Brahman personifiziert und banalisiert wird), vom innersten Selbst oder unvergänglichen Wesenskern des Menschen, dem Atman (wörtlich: »Hauch, Atem«). Das Brahman kann man als Weltseele, das Atman als Einzelseele verstehen. Shankara lehrt auch hier die Nicht-Zweiheit; Brahman und Atman sind ihm lediglich Wechselbegriffe für ein und dieselbe Sache – Brahman ist der Universal-Atman und Atman der Einzel-Brahman, oder wie es Shankara in ein Bild fasst: Brahman und Atman verhalten sich zueinander wie der allgemeine Raum zu dem Raum in einzelnen Töpfen.

Wie alle großen Religionen verspricht auch der Hinduismus dem Menschen Erlösung. Für Shanka-

■ Shiva, eine der wichtigsten Formen des Göttlichen im Hinduismus. Hier tanzt sie auf Apasmana, dem Dämon der Unwissenheit.

■ Während einer religiösen Prozession anlässlich des Navrati-Festes tanzt ein als Affengott Hanuman verkleideter Hindu im indischen Amritsar, Punjab, auf der Straße.

INDIENS RELIGIONEN
Vier Fünftel der Inder sind Hindus. Gut 13 % sind Muslime, etwas mehr als 2 % Christen. Knapp 2 % sind Sikhs, Buddhisten machen 0,8 % aus, Parsen ebenfalls 0,8 % und Jainas 0,4 %. Hinzu kommen Anhänger von Naturreligionen. Da Indien über eine Milliarde Einwohner zählt, stehen selbst niedrige Prozentziffern für eine beträchtliche Anhängerschaft.

ra besteht sie in ebendieser Erkenntnis der Identität von Einzel- und Weltseele, ausgedrückt in den Sätzen »aham brahmi asmi« (»Ich bin Brahman«) und »tat twam asi« (»Das bist du«, soll heißen: Du selbst bist das höchste Selbst). Die meisten Menschen dringen zu dieser Erkenntnis nicht vor, weil sie ihre Person, ihren Körper, ihren Verstand, ihre Sinne als das Atman missverstehen, sich von der empirischen Wirklichkeit täuschen lassen, die ihnen Mannigfaltigkeit und Veränderlichkeit vorgaukelt, und einem bunten Götterglauben anhängen, der nur eine Annäherung an die Wahrheit des unpersönlichen, ewigen Gesetzes vom unwandelbaren Brahman erlaubt.

Erlösung setzt höheres Wissen (*paravidya*) voraus, eines, das die Wahrheit hinter den Erscheinungen, die Realität hinter der Realität, das Ewige, Allumfassende, Absolute erkennt. Nur dann erlangt der Mensch die Erlösung von der wandelbaren Wirklichkeit, verlässt den ewigen Kreislauf von Geburt, Tod und Wiedergeburt und geht im Brahman auf, das reines Sein (*sat*), reines Bewusstsein (*cit*) und reine Wonne (*paramatman*) ist. Wer aber im Unwissen befangen bleibt, verlässt den Kreislauf bestenfalls zeitweise; er wird lediglich für die Dauer der laufenden Weltperiode erlöst, verlässt aber nicht den ewigen Kreislauf, das ewig sich drehende Rad der Weltgeschichte selbst.

Shankara, der einer Brahmanenfamilie entstammte, hatte keine neue Religion im Sinn, sondern wollte die alte erneuern. Daher der zweite Namensteil seiner Lehre: Vedanta meint »Vollendung der Veden«, also jener den Hinduismus begründenden religiösen Dichtungen aus der Zeit von etwa 1300 bis 500 v. Chr. Zugleich wollte Shankara durch eine Renaissance des Hinduismus den in Indien seinerzeit weit verbreiteten Buddhismus zurückdrängen. In der Tat wurde Shankara zu einem der einflussreichsten Denker in der Geschichte des Hinduismus. Aktuell ist er bis heute, auch in politischer Hinsicht: Seine Lehre ist tolerant gegenüber allen Nationalitäten, weil sie nur als Ausfluss einer einzigen, höheren Einheit verstanden werden; und sie ist tolerant gegenüber allen Religionen, weil sie auch ihre Unterschiede nur als scheinbar begreift. In Indien, wo viele Glaubensrichtungen konkurrieren, sollte das eigentlich friedensstiftend wirken. Die Realität, ob sie nun Maya ist oder nicht, sieht indes anders aus.

SHANKARA
ADVAITA-VEDANTA, HINDUISMUS

 DATEN UND FAKTEN

Biographie: Traditionell wird 788 als Shankaras Geburtsjahr angegeben; die heutige Forschung geht jedoch davon aus, dass er etwa hundert Jahre früher geboren wurde. Seinen Viten zufolge, die eher legendären Charakter haben, kommt er im indischen Kaladi (heute im Bundesstaat Kerala) als Sohn einer Brahmanenfamilie zur Welt. Als Philosoph verfasst er Kommentare zu den großen indischen Schriften: den Brahma- oder Vedantasutras, den wichtigsten Upanishaden und der Bhagavadgita. Dadurch wird er zum Erneuerer des Hinduismus. Nach traditioneller Überlieferung stirbt er im Jahr 820 in Kedarnath (heute in Uttarakhand). In Indien wird Shankara als Heiliger und als Inkarnation des Gottes Shiva verehrt.

Quellen: Von diversen mehr oder weniger legendären Biographien über Shankara ist die *Shankaradigvijaya* (»Shankaras Sieg in allen Himmelsrichtungen«) des Gelehrten Madhava (1295–1386) die bekannteste.

Wirkungsstätte: Indien

Heiligtümer: Shankara gründete in jeder Himmelsrichtung ein Kloster: Badrinath (Norden); Puri (Osten); Shringeri (Süden); Dvaraka (Westen). Diese Klöster existieren noch heute. Ein wichtiges Pilgerziel für die Anhänger des Advaita-Vedanta ist auch Kedarnath, der Sterbeort Shankaras, der hier mit einem Schrein geehrt wird.

heilige Schriften: Die Grundlage des Hinduismus bilden die Veden (»Wissen«; Einzahl: Veda), deren älteste Teile aus der Zeit vor dem 1. Jahrtausend v. Chr. stammen und aus Götterhymnen (dem Rigveda), Opfergesängen und Zaubersprüchen bestehen. Zwischen 800 und 200 v. Chr. dürften die 108 Upanishaden (»Sich-in-der-Nähe-(eines Lehrers)-Niedersetzen«) entstanden sein. In Vers und Prosa behandeln sie die Entstehung der Welt, den ewigen Kreislauf (Samsara), das Karma und die Erlösung (Nirvana). Die Bhagavadgita (»Gesang des Erhabenen«), ein religionsphilosophisches Gedicht, wird in ihrer Urfassung auf das 2. Jh. v. Chr. datiert; die heutige Version ist vermutlich um 800 n. Chr. entstanden.

Verbreitung: Weltweit gibt es rund 810 Mio. Hindus. Die meisten leben in Indien. Große hinduistische Gemeinschaften gibt es ferner in Nepal, Bangladesch, Indonesien, Pakistan, Sri Lanka und Malaysia. Darüber, wie viele Hindus dem Advaita-Vedanta anhängen, gibt es keine verlässlichen Angaben.

Kernaussage: Die Welt ist Blendwerk. Es gibt nur Gott. Alles ist eins.

 WISSENSWERTES

Pantheon des Hinduismus
Neben den unzähligen Dorfgottheiten, vergöttlichten Königen und Helden sowie Dämonen und Geistern kennt der Hinduismus zahlreiche überregionale Götter. An deren Spitze stehen der Weltschöpfer Brahma, der Welterhalter Vishnu und der Weltzerstörer Shiva. Ihre Frauen sind Sarasvati (Gelehrsamkeit), Lakshmi (Wohlergehen) und Shakti (Urenergie). Weitere wichtige Götter sind Surya (Sonne), Soma (Mond), Vayu (Wind), Varuna (Wasser), Agni (Feuer), Indra (Krieg, Regen), Kama (Liebe), Yama (Tod) und der populäre Ganesha (Beseitigung von Hindernissen), der mit einem Elefantenkopf dargestellt wird. Für die Anhänger Shankaras gibt es jedoch nur Brahma, alle anderen Götter sind Illusion.

 EMPFEHLUNGEN

Lesenswert:
Shankara: *Die Katha-Upanishad. Von der Unsterblichkeit des Selbst,* Frankfurt / M. 2006

Helmuth von Glasenapp: *Der Stufenweg zum Göttlichen. Shankaras Philosophie der All-Einheit,* Baden-Baden 1948

Upanischaden, übersetzt von Paul Thieme, Stuttgart 1966

Bhagavadgita, übersetzt von Helmuth von Glasenapp, Stuttgart 1986

Axel Michaels: *Der Hinduismus. Geschichte und Gegenwart,* München 2006

Hörenswert:
Philip Glass: *Satyagraha.* Oper 1980 (Text nach der Bhagavadgita, gesungen auf Sanskrit)

 AUF DEN PUNKT GEBRACHT

Die Welt ist bloßer Schein. In Wahrheit gibt es nur Gott, nur »Brahman«. Die menschliche Seele ist Teil des Brahman, aber gefangen in der Welt. Die Erkenntnis, dass diese Welt gar nicht existiert, macht sie frei: Sie verschmilzt mit Brahman und verlässt das Hamsterrad der Wiedergeburten.

Der Slawenapostel

Kyrill von Saloniki
826/827–869

So gern der Papst es sähe: Das Christentum ist keine einheitliche Religion. Es gliedert sich in drei große Blöcke: den Katholizismus, den Protestantismus und die Orthodoxie. Die protestantische Christenheit trennte sich vor bald fünfhundert Jahren von der katholischen. Weit älter ist die Teilung von katholischem und orthodoxem Christentum; beide gehen seit dem Morgenländischen Schisma von 1054 getrennte Wege. Im Grunde reicht die Spaltung sogar bis ins 4. Jahrhundert zurück, als sich das römische Imperium in ein lateinisches West- und ein griechisches Ostreich teilte, deren Rivalität nach dem Untergang Westroms als Konkurrenz zwischen dem Papst in Rom einerseits und dem Kaiser und dem Metropoliten in Konstantinopel andererseits fortbestand.

■ Die Brüder Kyrill und Method. Denkmal vor der bulgarischen Nationalbibliothek in Sofia

Im Westen blickt man auf das orthodoxe Christentum ein wenig herab. Es wirkt altertümlicher, nicht nur äußerlich, sondern auch, weil es sein bescheidenes Ziel mehr in der Anbetung und dem Lobpreis Gottes erblickt als in der gedanklichen Durchdringung des Glaubens und der Belehrung der Gläubigen. Andererseits folgt daraus, dass die Orthodoxie dem christlichen Ursprung näher ist. In der Tat kennt sie nicht spätere Erfindungen wie das Fegefeuer (wird doch die Strafe für die Sünden erst beim Jüngsten Gericht verhängt) oder den Zölibat (außer für Mönche und Bischöfe), und der Glaube an die Unbefleckte Empfängnis Marias (dass sie also ohne Erbsünde geboren sei) ist ihr so fremd wie die Formel »filioque«, die Rom eigenmächtig ins Glaubensbekenntnis einfügte, dass nämlich der Heilige Geist vom Vater »und vom Sohn« ausgehe statt allein von Ersterem.

Zudem verstellt westlicher Hochmut den Blick auf die gewaltigen Leistungen der Ostkirche: Im Schutz von Ostrom, das wie ein Sperrriegel Europa vor den Persern, Arabern und Seldschuken sicherte, konnte sich das Abendland einigermaßen ungestört entwickeln; es war Byzanz alias

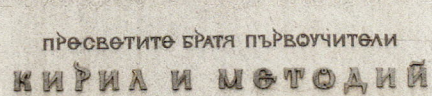

ПРѲСВѲТИТѲ БРАТЯ ПЪРВОУЧИТѲЛИ
КИРИЛ И МѲТОДИЙ

Konstantinopel, das Osteuropa christianisierte und damit auch kulturell eingemeindete. Zwei Namen sind es, die dafür stehen: Kyrill und Method. Im 9. Jahrhundert legten die beiden Brüder die Grundlage für die christlich-slawische Zivilisation.

Beide stammten aus Saloniki und sprachen außer Griechisch das Mazedonisch der im frühen Mittelalter bis nach Nordgriechenland vorgedrungenen Slawen. Während Method Priester und Mönch wurde, tat sich Kyrill zunächst als Gelehrter hervor. Er studierte die in antiker Tradition stehenden Artes liberales, die »freien Künste«, die aus Grammatik (Sprache und Literatur), Dialektik (Philosophie), Rhetorik, Musik, Arithmetik, Geographie und Astronomie bestanden, und lernte im Rahmen dieser Ausbildung auch Latein, wahrscheinlich sogar Hebräisch und Syrisch. Zunächst Sekretär des Metropoliten von Konstantinopel, dann Philosophielehrer, zwischendurch in diplomatischer Mission am Hof des Kalifen in Samarra (im heutigen Irak), um sich für die arabischen Christen einzusetzen und mit muslimischen Gelehrten zu diskutieren, hatte er schließlich genug Wissen und Erfahrungen gesammelt, um im Jahr 860 eine Aufgabe wahrzunehmen, die wie ein Probelauf für seine spätere Arbeit wirkt: Er missionierte im Chasarenreich nördlich des Schwarzen Meeres, wo ein jüdischer König über Juden, Christen und Muslime regierte. Obwohl Kyrill eigens Chasarisch und sogar die Sprache der Krimgoten erlernte und gelehrte Dispute mit den Rabbinern führte, blieben seine Erfolge bescheiden.

Dennoch muss man mit seinem Auftreten zufrieden gewesen sein, denn 863 schickte ihn Ostroms Kaiser nach Mitteleuropa, wobei er ihm nun seinen Bruder Method an die Seite stellte. Fürst Rastislaw in Mähren hatte um sla-

■ Kyrill und Method vor Papst Hadrian II. Fresko, 1886, von Lionello de Nobili (1841–1895). Rom, S. Clemente

DIE GLAGOLIZA

Schon der Gote Wulfila hatte im 4. Jahrhundert für seine Bibelübersetzung ein eigenes Alphabet erfunden, das auf griechischer Grundlage auch lateinische Buchstaben und sogar zwei Runenzeichen umfasste. Ähnlich ging Kyrill vor, als er ein dem slawischen Lautstand angepasstes System aus der griechischen Minuskel-(Kleinbuchstaben-)Schrift entwickelte, die Glagoliza (slawisch *glagol* heißt »Wort«). Die Glagoliza stand Pate, als Kliment von Ochrid (um 835–916) das nach seinem Lehrer benannte kyrillische Alphabet entwickelte, das er aus der griechischen Majuskel-(Großbuchstaben-)Schrift ableitete; einige Zeichen entnahm er der Glagoliza.

AVATICANO TER TVR PP NICOLAO INNISDIVINIS QDAROMATIB SEPELIVIT

■ Die Überführung des Leichnams des hl. Kyrill vom Vatikan in die Kirche S. Clemente in Rom. Fresko, 11./12. Jh. Rom, S. Clemente

DIE ORTHODOXIE
Offiziell heißt sie »orthodoxe (rechtgläubige) katholische (allumfassende) Kirche des Ostens«. Ihre Mitgliedskirchen sind »autokephal«, selbständig. Da es im Osten, anders als im Westen, nie eine kulturelle Einheit gab, prägten sich Eigenheiten stärker aus; die Selbständigkeit der Kirchen erhält diese Tradition bis heute. Neben den orthodoxen stehen die orientalischen Kirchen, die ostsyrische der Nestorianer und die mit dem Papsttum »unierten Kirchen« wie die chaldäische.

wische Priester und Lehrer gebeten. Er suchte die Nähe zu Byzanz, um sein Reich vom deutschen Einfluss zu lösen, insbesondere dem des Erzbistums Salzburg. Bislang waren die Slawen vor allem von Rom missioniert worden: von Aquilea aus die Kroaten, von Salzburg aus die Slowenen, von Regensburg aus die Böhmen und von Verden an der Aller aus die Elbslawen. Umso dringender empfand der mährische Fürst das Bedürfnis, im Interesse seiner Unabhängigkeit ein Gegengewicht zu schaffen.

Diesmal ging Kyrill im Verein mit seinem Bruder methodisch vor. Sie übersetzten Teile der Bibel und Texte, die für den Gottesdienst benötigt wurden, in den slawischen Dialekt ihrer Heimat, der, da die slawischen Sprachen sich noch wenig unterschieden, auch auswärts verstanden wurde. Außerdem verfassten sie zur Glaubensunterweisung eigene Werke – mit denen sie, ohne es zu ahnen, zu den Begründern der slawischen Literatur werden sollten. Zudem entwickelte Kyrill, um die besonderen Laute des Slawischen wiederzugeben, eine eigene Schrift: die Glagoliza, die der späteren kyrillischen Schrift Modell stand. Dann gründete er eine Schule, um Priester und Beamte für den Hof auszubilden. Mit alldem war der Grundstein gelegt für eine eigenständige Kirchenorganisation, ja für eine fortan christlich geprägte slawische Kultur. Der Papst selbst billigte die Mission; Method wurde erster Erzbischof.

Und doch schien das Lebenswerk der Brüder am Ende vernichtet zu werden: Die slawische Liturgiesprache wurde bald verboten, Kyrills und Methods Schüler wurden vertrieben, das Mährische Reich ging 906 im Ungarnsturm unter. Mähren und die angrenzenden Länder, Böhmen, die Slowakei, auch Ungarn gehören heute zur römisch-katholischen Kirche, nicht zur orthodoxen. Doch anderswo trug die Saat von Kyrill und Method reiche Ernte: In Bulgarien, wo 865 Khan Boris getauft worden war, fanden die mährischen Schüler Zuflucht, und von Bulgarien aus verbreitete sich die slawisch-orthodoxe Kirche über den Balkan und nach Russland. Liturgie und Predigt in der eigenen Sprache versteht sich in all diesen orthodoxen slawischen Kirchen seit alters von selbst. Im katholischen Westen wurden die Volkssprachen erst auf dem zweiten Vatikanischen Konzil im Gottesdienst zugelassen.

KYRILL VON SALONIKI
ORTHODOXES CHRISTENTUM, GLAGOLISMUS

 DATEN UND FAKTEN

Biographie: Kyrill(os), der eigentlich Konstantinos heißt, wird 826 oder 827 im griechischen Saloniki (heute Thessaloniki) als Sohn eines Offiziers geboren. An der Universität von Konstantinopel studiert er die »sieben freien Künste«, die Artes liberales. Als Geistlicher und Gelehrter übersetzt er als Erster das Neue Testament ins Slawische. Vom byzantinischen Kaiser Michael III. erhält er 863 den Auftrag, in Großmähren (heute größtenteils tschechisches Gebiet) auf Missionsreise zu gehen. Damit kommt der Kaiser einer Bitte des Fürsten Rastislaw nach. Gemeinsam mit seinem Bruder Method(ios), der das Alte Testament ins Slawische übersetzt hat, macht sich Kyrill mit Erfolg ans missionarische Werk. Im Jahr 867 reisen sie nach Rom, um die von ihnen begründete slawische Liturgie vom Papst legitimieren zu lassen. Auf dem Weg dorthin führen sie ihre Liturgie auch bei den Kroaten ein, die eigentlich zur Westkirche gehören. In Rom begibt sich Kyrill in ein griechisches Kloster; dort stirbt er am 14. Februar 869. Beide Brüder werden heiliggesprochen; 1980 erklärt Papst Johannes Paul II. sie, neben dem heiligen Benedikt, zu Patronen Europas. Ihr Gedenktag in der Westkirche ist der 14. Februar, in der orthodoxen Kirche der 11. Mai.
Quellen: Vita Cyrilli (Leben des Konstantin), entstanden um 870, sowie zahlreiche eigene Schriften des Kyrill
Wirkungsstätten: Konstantinopel (Istanbul); Mähren; Rom

Heiligtümer: Die Grabstätte Kyrills befindet sich in der Basilika San Clemente in Rom. Da Kyrill auch der Nationalheilige Bulgariens ist, hat die bulgarisch-orthodoxe Kirche das Grab zur Pilgerstätte ausbauen lassen. Ein weiterer Wallfahrtsort ist das Kloster Velehrad in Tschechien mit seiner Basilika Mariä Himmelfahrt und St. Kyrill und Method.
heilige Schrift: die christliche Bibel (in slawischer Übersetzung)
Verbreitung: Von Mähren aus fand die slawische Liturgie ihren Weg nach Bulgarien, Serbien, Rumänien und Russland. Heute gibt es insgesamt 14 autokephale (autonome) orthodoxe Kirchen, u. a. die griechische, russische, estnische, finnische, ukrainische, weißrussische und japanische; die größte ist die russisch-orthodoxe Kirche mit bis zu 100 Mio. Mitgliedern. Weltweit gehören den orthodoxen Kirchen etwa 150–170 Mio. Gläubige an; 960 000 leben in Deutschland.
Kernaussage: Der Lobpreis Gottes ist das höchste Ziel.

 WISSENSWERTES

Method
Kyrills Bruder Method(ios), eigentlich Michael, wird um 815 in Saloniki geboren. Er beginnt seine Karriere als hoher Beamter, wird später aber Priester und Mönch. Nachdem Papst Hadrian II. die slawische Liturgie legitimiert hat, macht er Method 869 – in Kyrills Sterbejahr – zum ersten Erzbischof von Mähren und Pannonien (heute größtenteils ungarisches, serbisches und kroatisches Gebiet). Das ruft den Widerstand der bayerischen Bischöfe hervor, die aus kirchenpolitischen Gründen die slawische Liturgie ablehnen. Die kirchenrechtlichen Streitigkeiten eskalieren, Method wird in Ellwangen inhaftiert. Erst 873, nach fast drei Jahren Haft, kommt er auf Betreiben des Papstes wieder frei und wird in Amt und Würden restituiert. Method stirbt am 6. April 885, wahrscheinlich im mährischen Velehrad.

 EMPFEHLUNGEN

Lesenswert:
Heinz Gstrein: Kyrill und Method, Wien 1985

Johannes Oeldemann: Die Kirchen des christlichen Ostens. Orthodoxe, orientalische und mit Rom unierte Ostkirchen, Kevelaer 2008

Sergius Heitz: Christus in euch. Hoffnung auf Herrlichkeit. Orthodoxes Glaubensbuch für erwachsene und heranwachsende Gläubige, Göttingen 2002

John Julius Norwich: Byzanz. Aufstieg und Fall eines Weltreichs, Berlin 2006

 AUF DEN PUNKT GEBRACHT

Fast alle ost- und südslawischen Völker gehören der orthodoxen Richtung des Christentums an. Das ist dem Gelehrten und Missionar Kyrill sowie seinem Bruder Method zu verdanken, die zudem als Begründer der slawischen Literatur gelten.

Der gottgleiche Tyrann
Mohammed ad-Darasi
gest. 1019

■ Der drusische Emir des Libanon, Fakardin II. (1572–1635). Kupferstich, 1763.
Im Libanon besaßen die Drusen zeitweise großen Einfluss. Anfang des 16. Jh.s stand das Land unter osmanischer Herrschaft, doch gelang es den drusischen Emiren, eine weitgehende Autonomie zu erwirken. Emir Fakardin II. aber, der sich im 17. Jh. gegen die Osmanen erhob, wagte zu viel: Er wurde 1635 besiegt und hingerichtet.

Im Jahr 2021 ist es so weit. Dann wird al-Hakim, der 1021 spurlos verschwundene sechste Kalif der ägyptischen Fatimidendynastie, aus tausendjähriger Verborgenheit hervortreten, das Ende der Zeiten einläuten und seine Anhänger zum Sieg führen. Das jedenfalls glauben die Drusen, die in dem Herrscher eine Inkarnation Gottes sehen und sich selbst für das auserwählte Volk halten.

Die Geschichtswissenschaft kennt al-Hakim als bedeutenden, exzentrischen und harten Regenten, der die Islamisierung des Nillandes scharf vorantrieb. Der Ismailit, also Anhänger der Siebenerschia, bekämpfte nicht nur die Laxheit seiner sunnitischen Untertanen und verbot zum Beispiel den Wein, sondern er zwang auch Christen zur Konversion, wandelte Kirchen und Synagogen in Moscheen um und zerstörte 1009 die Grabeskirche in Jerusalem. Juden wie Christen nötigte er, sich durch einen schwarzen Turban und im öffentlichen Bad durch eine Halskette beziehungsweise ein Kreuz zu erkennen zu geben.

Arabische Dichtung und islamische Wissenschaft förderte er und legte mit dem »Haus der Weisheit« in Kairo den Grundstein zur ersten Universität der Welt. Zugleich wütete er unter Hochgestellten ebenso wie unter einfachen Leuten: Minister, Richter und Ärzte fielen seinen »Säuberungen« zum Opfer, genau wie Köche, Bademeister und Soldaten. Seine Willkür kannte keine Schranke: Er verbot das Schachspiel und den Verzehr von Brunnenkresse, befahl, alle Hunde in die Wüste zu jagen, weil ihn das Gebell störte, und ordnete an, dass Kairos Einwohner nachts zu arbeiten und morgens zu Bett zu gehen hätten.

Al-Hakim regierte despotisch und unberechenbar; seine muslimischen Untertanen hatten sich nicht nur Gottes unerforschlichem Willen zu unterwerfen, sondern vor allem dem des Kalifen. Trotzdem – oder deshalb – fand der von göttlichem Wahnsinn erfüllte Fanatiker begeisterte Gefolgsleute. Ein Wortführer, Mohammed ad-Darasi, ging gar so weit, den Kalifen als Inkarnation der göttlichen Intelligenz zu verklären. Das ähnelte indes der christlichen Lehre, wonach Jesus (s. S. 68) der fleischgewordene Logos, das inkarnierte Wort Gottes, sei. Das Christentum war damals in Ägypten noch stark vertreten, und der Islam musste sich von ihm abgrenzen. Unruhen brachen aus, denen viele »Darasiten« zum Opfer fielen. Daraufhin korrigierte sich Darasi und stellte al-Hakim nicht in eine Position, die als christlich, also ketzerisch verstanden werden konnte, sondern

■ Drusische Bauern aus dem Karmel-Gebirge (im heutigen Israel) bei einer Mahlzeit. Photochrom, zwischen 1890 und 1900

machte ihn zur Inkarnation Allahs selbst. Das aber war Hybris. Darasis Konkurrent im eigenen Lager, der Gelehrte Hamsa ibn Ali, wies die Behauptung als Teufelswerk zurück und hetzte al-Hakim auf: Der ließ Darasi hinrichten.

Zwei Jahre später, im Februar 1021, kehrte der Tyrann von einem nächtlichen Ausritt nicht zurück – möglich, dass auch er ein gewaltsames Ende fand. Ausgerechnet Hamsa machte nun, nachdem er seinen innerparteilichen Gegenspieler losgeworden war, Darasis ursprüngliche Idee von der Mensch beziehungsweise Kalif gewordenen göttlichen Vernunft zur Grundlage eines neuen Glaubens. Demonstrativ nannte er diesen Din al-Tawhid, »Religion der göttlichen Einheit«, und ihre Anhänger rufen sich Muhawidun, »Monotheisten«. Bekannter sind sie unter dem Namen, den ihnen ihre Gegner nach ihrem eigentlichen Stifter verpassten: Drusen.

Einst verfolgt von den Muslimen, halten sie bis heute ihre Lehre so verborgen, dass selbst die meisten Drusen sie nicht kennen. Einer kleinen Minderheit von »Eingeweihten« steht die riesige Mehrheit der »Unwissenden« gegenüber; Letztere können nur einige Rituale vollziehen, ohne deren Sinn zu begreifen. Die Eingeweihten haben einen strengen Verhaltens- und Ehrenkodex einzuhalten, die Unwissenden aber dürfen Schweinefleisch essen und Wein trinken und brauchen weder zu beten noch zu fasten.

Man weiß auch deshalb wenig, weil Konversion zum und Austritt aus dem Drusentum gleichermaßen

ZUFLUCHT LIBANON

Das unwegsame Bergland war Rückzugsgebiet vieler religiöser Gruppen, neben den Drusen vor allem griechisch-orthodoxer, griechisch-katholischer und armenischer Christen sowie der Maroniten. Letztere vertreten eine monothelitische Lehre, der zufolge Christus zwei Naturen, aber nur einen (griechisch *monos*) Willen (griechisch *thelema*) gehabt habe. Dem für Orthodoxe, Katholiken und die meisten Protestanten verbindlichen Konzilsbeschluss von Konstantinopel 680 zufolge hatte Christus zwei Willen.

■ Der Innenhof (Sahn) der im Jahr 1013 unter al-Hakim, dem sechsten Kalifen der ägyptischen Fatimidendynastie, vollendeten al-Hakim-Moschee in Kairo, Ägypten

DIE FATIMIDEN
Die Fatimiden hielten sich für leibliche Nachfahren Mohammeds und führten ihren Stammbaum auf die Ehe seiner Tochter Fatima mit Ali, dem Ahnherrn der Schia, zurück. Sie selbst hingen der Siebenerschia an, waren also Ismailiten. Im Jahr 969 eroberten sie Ägypten, gründeten die Hauptstadt Kairo (von *al-kahira*, »die Siegreiche«) und herrschten bis 1171.

unmöglich sind und Heirat nur innerhalb der Religionsgemeinschaft gestattet ist; früher musste, wer fremd heiratete, als Verräter mit seinem Leben bezahlen. Dass es weder Bei- noch Austritt geben darf, hat seine Begründung im Drusenglauben an das unbeeinflussbare Dasein, auch soll es nur eine feste Anzahl von drusischen Seelen geben, die sich durch äußere Übertritte nicht vermehren würde. Diese Seelen aber werden ständig wiedergeboren: Die Überzeugung von der Seelenwanderung und der Prädestination geht wahrscheinlich ebenso auf Darasi zurück wie die Lehre, nach der die materielle Welt eine Ausgeburt des göttlichen Allverstandes ist, wenngleich sie schon den Ismailiten nicht ganz fremd gewesen sein dürfte.

Gleichviel: Hamsa war es, der nach Darasi die Grundlinien des Drusentums entwarf und aus jüdischen, christlichen, gnostischen, neuplatonischen, iranischen und indischen Ideen das neue Gedankengebäude auf islamischem Fundament errichtete. Er formulierte das verpflichtende Bekenntnis zur Einheit Gottes und zu den aufeinanderfolgenden Manifestationen der mit Allah identischen Universalen Intelligenz in menschlicher Gestalt; diese habe sich zuerst in Moses' (s. S. 20) Schwiegervater Jitro, dann unter anderem in Johannes dem Täufer (s. S. 64), Jesus und Mohammed (s. S. 120) und zuletzt in al-Hakim inkarniert. Dieser gilt als größter Heiliger und, ein weiterer Anklang ans Christentum, »unser Herr«. Seinem Willen haben sich die Gläubigen widerspruchslos zu unterwerfen, seine Taten mit Ergebung hinzunehmen.

Keine unangebrachte Forderung, schließlich ist al-Hakim nach Auffassung der Drusen nicht tot, sondern lebt, so haben sie es von den Schiiten gelernt, in der Verborgenheit. Ob er sie wirklich demnächst verlassen wird? Die Drusen selbst sagen dazu öffentlich nichts. Gut möglich also, dass die Sache mit der Wiederkunft 2021 ein Irrtum ist. Bleibt sie aus, wird es sowieso niemand vorhergesagt haben. Ja, vielleicht blieb sie bereits aus: Denn nach islamischer Zeitrechnung, wo das Jahr nur 354 oder 355 Tage hat, wäre die Frist in unserem Jahr 1990 abgelaufen.

MOHAMMED AD-DARASI
DRUSENTUM

 DATEN UND FAKTEN

Biographie: Das genaue Geburtsjahr Mohammed ibn Ismail ad-Darasis ist nicht bekannt, und auch sonst weiß man wenig über sein Leben. Als Geburtsort wird Buchara (heute in Usbekistan) angenommen. Schon früh soll er als Prediger gewirkt haben. In Kairo preist er, ein Gefolgsmann des Kalifen al-Hakim, den Herrscher als Inkarnation der göttlichen Intelligenz, woraufhin es zu Übergriffen gegen seine Anhänger kommt, wahrscheinlich, weil seine Lehre als christlich missverstanden wird. Nun erklärt Darasi, der Kalif sei eine der Inkarnationen Allahs. Das trägt ihm den Vorwurf der Blasphemie ein und führt zu Widerstand im eigenen Lager. Sein Gegenspieler Hamsa ibn Ali ibn Achmed bezeichnet Darasi als Satan und seine Lehre als Teufelswerk; es heißt, Darasi habe sich selbst zum Propheten aufschwingen wollen. Auf Hamsas Betreiben hin erteilt der Kalif im Jahr 1019 den Befehl, Darasi hinzurichten.
Quelle: Außer den 111 »Briefen der Weisheit« sind keine Schriften über die Drusen zur Zeit Darasis erhalten.
Wirkungsstätte: Kairo in Ägypten
Heiligtümer: Das Grab von Moses' Schwiegervater Jitro, westlich des Yam Kinereth (See Genezareth) in Galiläa, Israel, ist ein wichtiges Pilgerziel für die Drusen. Die Region Dschebel Drus in Syrien ist das Kultzentrum des Drusentums.
heilige Schriften: Obwohl das Drusentum aus dem Islam hervorgegangen ist, gilt der Koran den Drusen nicht als Offenbarungsschrift. Ihre schriftliche Glaubensgrundlage sind die 111 »Briefe der Weisheit«, von denen Darasis Konkurrent Hamsa 30 verfasst hat.
Verbreitung: Weltweit gibt es einige 100 000 Drusen. Sie sind vor allem im südlichen Libanon, in Syrien, in Nordisrael sowie in den USA verbreitet.
Kernaussage: Kalif al-Hakim ist, nach Jitro, Jesus und Mohammed, die letzte Inkarnation der göttlichen Vernunft.

 WISSENSWERTES

Der schlafende Herrscher
Nicht nur im religiösen Kontext entschwinden starke Führungspersönlichkeiten in eine kleine oder große Verborgenheit: Das Motiv des schlafenden Herrschers findet sich mehrfach in der Literatur. Das bekannteste Beispiel ist wohl das Kaiser Friedrichs I. (um 1123–1189), genannt Barbarossa. Da er es verstand, schon zu Lebzeiten für seinen Nachruhm zu sorgen, und Dichter förderte, damit sie ihn und seine Regierungszeit in ein möglichst günstiges Licht rückten, erfreute er sich beim Volk großer Beliebtheit. Als er auf dem Dritten Kreuzzug in Kleinasien (heute in der Türkei) in einem Fluss ertrank, war die Trauer so groß, dass die Sage entstand, der Kaiser sei nicht tot, sondern »schlafe« und warte darauf, eines Tages zurückzukehren und sein Volk zu erretten. Im 16. Jh. wurde hinzugedichtet, er habe sich in einen Berg – den Kyffhäuser – zurückgezogen. Richtig populär wurde die Sage im 19. Jh., als patriotische Deutsche in ihrer Sehnsucht nach einem starken und einigen Nationalstaat die Erinnerung an eine vermeintliche Glanzzeit unter Kaiser Friedrich I. beschworen. Neben Barbarossa warten auch König Artus, Karl der Große, Heinrich der Vogler, Otto der Große und einige andere Kaiser und Könige mehr auf ihre erlösungbringende Wiederkunft.

 EMPFEHLUNGEN

Lesenswert:
Bernadette Schenk: *Tendenzen und Entwicklungen in der modernen drusischen Gemeinschaft des Libanon. Versuche einer historischen, politischen und religiösen Standortbestimmung*, Berlin 2002

Peggy Klein: *Die Drusen in Israel*, Marburg 2001

Heinz Halm: *Die Kalifen von Kairo. Die Fatimiden in Ägypten 973–1074*, München 2003

Farhad Daftary: *Kurze Geschichte der Ismailiten. Traditionen einer muslimischen Gemeinschaft*, Würzburg 2003

 AUF DEN PUNKT GEBRACHT

Der ägyptische Kalif al-Hakim wird aus der Verborgenheit wiederkehren, um seine Gläubigen zu erlösen. Bis dahin müssen sie, die lange Zeit als Abtrünnige vom Islam verfolgt wurden, ihre Religion so geheim halten, dass selbst die meisten Anhänger sie nicht kennen.

Mein Reich ist auch von dieser Welt

Gregor VII.
um 1025–1085

Drei Tage schon harrte König Heinrich IV. in Eis und Schnee aus, barfuß und nur mit einem leichten Büßerhemd bekleidet. Dann endlich ließ sich Papst Gregor VII. erweichen und öffnete das Burgtor. Gnädig löste er den Kirchenbann vom König. Ein Versöhnungsmahl folgte, das den Frieden zwischen Kirche und Reich besiegelte.

So spielte es sich im Jahr 1077 auf der Burg Canossa in Oberitalien ab. Worum ging es damals? Papst und König stritten darüber, wer Bischöfe und Äbte ernennen durfte. Das klingt nach wenig, aber da die Leiter von Bistümern und Klöstern nicht bloß religiöse Autorität besaßen, sondern auch Territorialherren waren, handelte es sich um eine Machtfrage. Seit langem nahm der König dieses sogenannte Recht auf Investitur wahr (das lateinische *investitura* heißt »Einkleidung« und meint »Einsetzung«). So schuf er, der Inhaber der Zentralgewalt, ein politisches Gegengewicht zu den Herzögen im Reich. Im Gegenzug beschenkte er Bistümer und Klöster mit Grundbesitz und stattete sie mit staatlichen Hoheitsrechten aus.

■ Papst Gregor VII. Holzstich, 1878, nach einer Zeichnung von Otto Knille (1832–1898). Gregor VII. inspirierte seine Zeitgenossen, ihm blumige Beinamen zu verleihen. Zu den eindrucksvollsten zählen »Heiliger Satan«, »Höllenbrand« und »Zuchtrute Gottes«.

Im 11. Jahrhundert beginnt das Papsttum zu opponieren. Die Spannung zwischen Gott und der Welt, zwischen Heiligem Geist und schnödem Mammon, zwischen Kirche und Reich zieht sich zwar seit den Tagen der Apostel durch die Geschichte des Christentums. Doch erst jetzt, nach über tausend Jahren, ist es so weit: Papst Gregor VII. will außer über den Himmel auch über die Erde herrschen. Schließlich gibt es keinen Zweifel, dass die Religion, die das ewige Leben verbürgt, wichtiger ist als alles andere in der vergänglichen Welt. Also fordert er das Recht, die geistlichen Amtsinhaber zu ernennen – und damit den Zugriff auf ihre gewachsene politische Macht.

1075 erlässt Gregor VII. das *Dictatus papae*, in dem er das alte königliche Gewohnheitsrecht außer Kraft setzt und festlegt, dass kein Außenstehender, kein Laie und nicht einmal der König, künftig ein kirchliches Amt besetzen darf. In der Tat hatte sich eine anstößige Praxis eingebürgert, die »Simonie«, der Kauf geistlicher Posten und Pfründen. Benannt ist sie nach Simon Magus, einem Zauberer aus Samaria, der laut Apostelgeschichte 8,18–24 zum Christentum übertrat und sich von Petrus die Gabe des Heiligen Geistes kaufen wollte.

Der Simonie also sagte Gregor den Kampf an, denn wäre sie abgeschafft, würde der äußere Einfluss auf die Kirche spürbar verringert. Aus einer ähnlichen Überlegung heraus verbot er die bislang durchaus übliche Priesterehe, um auch auf dieser Ebene die Kirche so weit wie möglich gegen Einwirkung von außen abzuschirmen – manche Ehefrau kam schließlich aus einer mächtigen Familie und hatte einflussreiche Verwandte. Vor allem aber postulierte Gregor eine von Petrus ererbte persönliche Heiligkeit des Papstes und verlieh sich selbst die Oberhoheit über alle weltlichen Amtsinhaber einschließlich der Befugnis, Fürsten und sogar den König abzusetzen.

Damit maßte sich der Papst eine weltweite gesetzgebende und richterliche Gewalt an. Hätte er sich durchgesetzt, wäre das Abendland ein Gottesstaat geworden. Heinrich IV. gab jedoch nicht klein bei: 1076 setzte er kurzerhand den Papst ab. Der wiederum exkommunizierte Heinrich und löste alle Untertanen vom Gehorsam gegen ihn. Der König war aber auf das Wohlwollen der Kirche angewiesen, weil er wie seine Vorgänger vom Papst zum Kaiser des Heiligen Römischen Reiches gekrönt werden wollte, womit er, zumindest auf dem Papier, über den anderen Königen der Christenheit stünde. Aus diesem Grund kroch Heinrich IV. im Jahr 1077 scheinheilig zu Kreuze.

Der Frieden währte indes nicht lange, zumal sich einige deutsche Fürsten auf die Seite des Papstes schlugen und einen Gegenkönig, Rudolf von Schwaben, wählten. Ein Bürgerkrieg war die Folge, in dem Heinrichs Gegenspieler 1080 fiel. Im selben Jahr er-

■ In dem 27 Sätze umfassenden *Dictatus papae* von 1075 gesteht Gregor VII. sich nicht nur das alleinige Investiturrecht zu, sondern räumt sich auch das Recht ein, weltliche Amtsinhaber abzusetzen.

CLUNY

Bei seinem Reformwerk stützte sich Papst Gregor VII. auf die Erneuerungsbewegung des französischen Klosters Cluny. Bereits im 10. Jahrhundert hatte diese Benediktinerabtei das Privileg der freien Abtwahl für sich beansprucht und sich unter den unmittelbaren Schutz des Papstes gestellt, womit sie sich der Einflussnahme weltlicher Herrscher entzog. Im Rahmen der sogenannten cluniazensischen Reform, die die »Freiheit der Kirche« (Libertas ecclesiae) postulierte und Simonie und Priesterehe (ebenso wie später Gregor VII.) ablehnte, wurden weitere Klöster gegründet und somit der kirchliche Machtbereich ausgedehnt.

■ Der Sturz des Simon Magus. Kapitell, 12. Jh. Autun, Kathedrale Saint-Lazare

Anfangs wollte Luther gemäß seiner Vorstellung vom Priestertum aller Gläubigen eine demokratische Kirche. Doch nach 1525 nahmen die Fürsten die entstehenden evangelischen Landeskirchen in ihre Gewalt. Der Landesherr war zugleich Landesbischof und verkörperte die Einheit von Thron und Altar. Er ernannte die Pfarrer, beaufsichtigte Lehre und Liturgie und verwaltete das kirchliche Vermögen. Das Konsistorium, die oberste Kirchenbehörde aus Geistlichen und Beamten, durfte ihn lediglich beraten. Erst 1918 wurden die Landeskirchen von der Regierung unabhängig, und der Landesbischof wird seither vom aus Pfarrern und Laien bestehenden Kirchenparlament, der Synode, gewählt.

neuerte Gregor den Kirchenbann, doch ließ sich Heinrich diesmal nicht beeindrucken: Er ernannte seinerseits einen Gegenpapst namens Clemens III., marschierte mit einem Heer nach Rom und ließ sich dort von ihm 1084 zum Kaiser krönen.

Gregor starb ein Jahr später im Exil, doch der Investiturstreit zwischen Papsttum und Königtum ging weiter. Erst 1122 schlossen Heinrich V. und Calixtus II. einen Kompromiss, das Wormser Konkordat: Der König verzichtet auf die Investitur, ist aber bei der Wahl von Bischöfen und Äbten durch die versammelte Geistlichkeit anwesend (und hat insofern Einfluss); die letzte Entscheidung aber liegt beim Papst, der den Kandidaten genehmigen muss. Nach erfolgter Wahl überträgt der König dem Bischof oder Abt die politischen Hoheitsrechte und belehnt ihn mit dem weltlichen Kirchenbesitz, wofür der ihm wiederum den Treueeid schwören muss.

Obwohl persönlich gescheitert, hat Gregor den Weg zur mittelalterlichen Machtstellung der Kirche geebnet, die im 12. und 13. Jahrhundert mit der Weltherrschaft des Papsttums ihren Höhepunkt erreichte. Damit aber hatte sich das Papsttum politisch und finanziell übernommen und musste sich im 14. Jahrhundert in die Abhängigkeit vom französischen König begeben. Zugleich korrumpierte das Streben nach Macht und Geld die Geistlichkeit vollends, und die Simonie wurde, statt beseitigt, von der Kirche in eigener Regie ausgeübt. Das schlagende Beispiel dafür ist Kardinal Albrecht von Brandenburg, der auch Erzbischof von Magdeburg und von Mainz sowie Administrator von Halberstadt war und dem Papst für diese Ämterhäufung 24 000 Golddukaten zahlen musste. Die Fugger streckten sie ihm vor, und zur Schuldentilgung durfte der Kardinal pp. die Hälfte der Einnahmen aus dem Verkauf von Beichtbriefen, sogenannten Ablassbriefen, behalten; eine Praxis, die 1517 von Papst Leo X. eingeführt wurde, um den Bau des Petersdoms zu finanzieren. Es war jener Ablasshandel, der nicht nur Luther (s. S. 176) empören sollte und der den Anlass zur Erneuerung, lateinisch *reformatio*, der Kirche gab.

GREGOR VII.
RÖMISCH-KATHOLISCHES CHRISTENTUM

 DATEN UND FAKTEN

Biographie: Hildebrand, der spätere Papst Gregor VII., wird zwischen 1019 und 1030 in Sovana in der südlichen Toskana geboren. Als junger Mann lebt er in Rom in einem Marienkloster. Aus Loyalität folgt er Papst Gregor VI. 1047 in die Verbannung nach Deutschland. Zwei Jahre später kehrt er nach Rom zurück und übernimmt 1050 als Benediktinermönch die Leitung des Klosters San Paolo fuori le mura. Einige Jahre danach reist er als päpstlicher Legat nach Frankreich und erneut nach Deutschland. Im Jahr 1059 ist er als Archdiakon für die Finanzverwaltung der römischen Kirche zuständig. Am 22. April 1073 wird er ohne Rücksicht auf das 1059 durch die Ostersynode beschlossene Papstwahldekret formlos zum Papst erhoben. Eifrig kämpft er für eine Reform der Kirche, verurteilt Ämterhandel und Priesterehe. Seine Schrift *Dictatus papae* wird zum Mitauslöser des Investiturstreits, des Konflikts zwischen Papst und König. Trotz des Bußakts in Canossa 1077 verurteilt Gregor König Heinrich IV. drei Jahre später erneut; der ernennt daraufhin Clemens III. zum Gegenpapst und lässt sich von ihm zum Kaiser krönen. Als Heinrich 1083 Rom erobert, muss Gregor sich in der Engelsburg verschanzen und wird erst im Mai 1084 vom Normannenherzog Robert Guiscard befreit. Er flieht aus Rom, das von den Normannen geplündert wird, und begibt sich nach Salerno ins Exil. Dort stirbt er am 25. Mai 1085. Im Jahr 1606 wird er heiliggesprochen.

Quellen: Von Gregor sind im Originalregister 360 Briefe überliefert; zudem das *Dictatus papae* u. a. Schriften.
Wirkungsstätten: Rom; Canossa; Salerno
Heiligtum: Im Dom zu Salerno befindet sich das Grab Gregors VII.
heilige Schrift: die christliche Bibel
Verbreitung: Von den weltweit etwa 2,1 Mrd. Christen gehören 1,1 Mrd. der römisch-katholischen Kirche an. Drei Viertel aller Katholiken leben in Afrika, Asien und Lateinamerika.
Kernaussage: Die Kirche muss rein und frei sein.

 WISSENSWERTES

Heinrich IV.
Heinrich IV. (1050–1106) aus dem Geschlecht der Salier war erst deutscher König, später Kaiser des Heiligen Römischen Reiches. Da er bei seiner Wahl zum König minderjährig war, hatte zunächst seine Mutter, Agnes von Poitou, für ihn regiert. Diese Umstände schwächten die Königsmacht und führten zu Unruhen im Reich: Die Sachsen probten offen den Aufstand. Heinrich gelang es nur mit großer Mühe, sie wieder zu unterwerfen. Um seine Regentschaft zu festigen, war er auf die Unterstützung der Kirche angewiesen, die im sog. Reichskirchensystem eine wichtige Rolle auch für die Macht des Königs spielte. So setzte Heinrich 1071 aus machtpolitischen Gründen seinen königlichen Kaplan Thedald als Erzbischof von Mailand ein. Dieses bedeutende Erzbistum hätte Papst Alexander II. lieber in anderen Händen gesehen. So kam es zum Streit zwischen Rom und dem deutschen König, aus dem ein Grundsatzstreit über die Investiturfrage wurde. Obwohl Heinrich IV. am Ende als Sieger daraus hervorzugehen schien, indem er Rom eroberte, Clemens III. als Gegenpapst einsetzte und sich von ihm zum Kaiser krönen ließ, konnte er nicht lange in Frieden regieren: Seine beiden Söhne und seine zweite Ehefrau bekämpften ihn, sein Sohn Heinrich (V.) zwang ihn schließlich 1105 zur Abdankung. Heinrich IV. starb 1106 in Lüttich, im lothringischen Exil.

 EMPFEHLUNGEN

Lesenswert:
Uta-Renate Blumenthal: *Gregor VII. Papst zwischen Canossa und Kirchenreform*, Darmstadt 2001

Stefan Weinfurter: *Canossa. Die Entzauberung der Welt*, München 2007

Helmut Kämpf: *Canossa als Wende*, Darmstadt 1976

Horst Fuhrmann: *Die Päpste. Von Petrus zu Benedikt XVI.*, München 2005

Gerd Althoff: *Heinrich IV.*, Darmstadt 2006

 AUF DEN PUNKT GEBRACHT

Angetreten, um die Kirche von äußerer Einflussnahme freizumachen, legt Gregor VII. am Ende den Grundstein für die Weltherrschaft des Papsttums im Hochmittelalter: Denn da Gott der Herr über alles ist, steht der Stellvertreter Christi, der Papst, auch über Kaiser und König.

Der gnädige Vishnu
Ramanuja
um 1050–1137

■ Ramanuja fand es unerträglich, das Volk in Unwissenheit zu halten. Daher forderte er – im 12. Jh.! – die soziale und religiöse Gleichstellung der Frau und plädierte für eine gute Ausbildung der Mädchen.

Um Gott und die Welt geht es in allen Religionen, ebenso selbstredend um Gott und den Menschen. Im 8. oder 9. nachchristlichen Jahrhundert hatte Shankara (s. S. 130), einer der bedeutendsten Denker in der Geschichte des Hinduismus, diesbezüglich eine radikale Ansicht vertreten: Es gibt nur Gott, der Mensch in seinem Wesenskern ist letztlich mit ihm identisch und die Welt lediglich eine Illusion. Einige Jahrhunderte später knüpfte Ramanuja an diese Ideen an. Auch er lehrte den Glauben an jenes absolute göttliche Prinzip, das Brahman, das hinter allen Erscheinungen steht, und übernahm vom traditionellen Hinduismus die Auffassung von der unsterblichen Menschenseele, dem Atman. Anders aber als Shankara setzte er Atman und Brahman nicht in eins. Ebenso wenig tat er die empirische Wirklichkeit als bloße Sinnestäuschung, als Maya, ab; Ramanuja hielt sie vielmehr für echt und real. Beide, die Welt und die individuelle Seele, sind jedoch auch nicht von Gott getrennt: Sie sind seine Attribute.

Verfocht Shankara einen unbedingten Monismus – alles ist eins, nämlich Gott –, so vertrat Ramanuja einen, so der Fachbegriff, »qualifizierten Monismus«, wonach Gott, Welt und menschliches Selbst jeweils eine eigene Existenz haben, Welt und Selbst aber von Gott, der beider Ursprung ist, abhängen. Seine Lehre wird daher als Vishishtadvaita-Vedanta bezeichnet, als Lehre von der »Einheit des Verschiedenen«: Das Sanskritwort *vishishta* meint »unterscheiden«, *advaita* ist die »Nicht-Zweiheit«, also die »Einheit«. Anders als Shankara, der nicht recht erklären kann, woher das Maya stammt – der menschliche Irrtum über die Existenz einer bloß scheinbaren Welt –, wenn doch alles Gott und eben Nicht-Maya ist, hat Ramanuja wenigstens einen Vorschlag anzubieten:

Ihm zufolge erschuf Gott den Kosmos aus seinem äußerst subtilen »feinstofflichen Körper«, indem er ihn in einen grobstofflichen verwandelte. Beider Verhältnis veranschaulicht Ramanuja in einem Vergleich: Wie für den Menschen Leib und Seele eine Einheit bilden und doch verschieden sind, so auch Gott und das Universum; wie der Mensch der Lenker seines Körpers ist, so ist Gott der Lenker des Kosmos – und der Lenker des Menschen, der Teil des Kosmos ist. In einem anderen Bild ausgedrückt: Die Materie und die einzelne Seele sind Werkzeuge Gottes, der »höchsten Seele« (Ishvara).

Wie immer man sich den Zusammenhang von Gott, dem Feinstofflichen, und der grobstofflichen Welt denken mag, er erlaubt den Umkehrschluss von den Dingen der objektiven Wirklichkeit, die nicht länger bloßer Schein sind, auf die Wahrheit hinter ihnen: auf jenes höchste Sein, das Brahman. Es ist mitnichten vollkommen transzendent und unpersönlich, wie Shankara meinte. Zwar ist, das räumt Ramanuja ein, das Brahman ein abstraktes Prinzip. Aber es kann sich als Person zeigen, sich in einem real erfahrbaren Wesen verkörpern und als Avatar (»Herabkunft«) in die Welt treten. Eine solche Inkarnation ist, sagt Ramanuja, Vishnu, jene Gottheit, die von den Hindus als Erhalter der Welt verehrt wird.

Als das Brahman aus sich heraus die Welt entfaltete, ließ es, warum auch immer, kleine Fehler zu, so Ramanuja. Diese Fehler sind die Ursache für das Leid in der Welt, das im Hinduismus als Grundtatsache aller Existenz gilt. Neu ist das Element, das Ramanuja vielleicht aus der Berührung mit dem Islam oder dem Christentum kennt: die Gnade Vishnus, die die Erlösung vom Leid ermöglicht. In der traditionellen hinduistischen Lehre vom Karma wird die Seele durch die Taten des Menschen sozusagen automatisch zum Guten oder Schlechten verändert. Laut

VISHNU, KRISHNA UND RAMA
Der Hinduismus kennt eine oberste Götterdreiheit (Sanskrit: Trimurti, »dreigestaltig«) aus Brahma, dem Weltschöpfer, Vishnu, dem Welterhalter, und Shiva, dem Weltzerstörer. Sie symbolisiert den ewigen Kreislauf aus Schöpfung, Bewahrung und Untergang. Besonders populär ist Vishnu, dem als Beschützer der Welt Güte, Barmherzigkeit und Liebe nachgesagt werden und der insgesamt zehnmal auf Erden erscheint, um die rechte Ordnung zu sichern und das Böse zu bekämpfen. Zwei seiner Inkarnationen sind Krishna und Rama, beides ursprünglich Heldengestalten altindischer Epen.

■ *Krishna und die Mädchen.* Szene aus einem Gemälde, um 1710. London, British Museum

■ Ausschnitt aus dem *Mahabharata*, dem Epos über den Helden Krishna. Indische Buchmalerei, 1542. Durham, Oriental Museum

Die hinduistische Gesellschaft gliedert sich in bis zu dreitausend Kasten, da die vier ursprünglichen, auf die »arischen« Einwanderer zurückgehenden Kasten der Priester (Brahmanen), der Krieger, der Bauern und Handwerker sowie der Tagelöhner (Knechte) sich ihrerseits vielfach unterteilen. Außerhalb der Kasten stehen die Parias, die »Unberührbaren«, weil Körperkontakt mit ihnen einen Kastenhindu befleckt. Der indische Ausdruck für Kaste ist *varna*, »Farbe«; entweder ein Hinweis darauf, dass das Kastensystem anfangs die Gesellschaft nach der Hautfarbe (je heller, weil »arischer«, desto höher) hierarchisierte, oder auf die Farbe der Seele, an der sich ihr Karma ablesen lässt.

Ramanuja ist das keineswegs der Fall, sondern entscheidend ist, ob die Taten dem höchsten Wesen ge- oder missfallen: Dies könne jeder aus den heiligen Schriften erfahren, die die »richtige Lehre« (Sanskrit: Dharma) enthalten; insbesondere die Offenbarung in den Veden weise den rechten Weg (daher der zweite Terminus Vedanta, »Vollendung der Veden«, als Bezeichnung für Ramanujas Theorie). Außerdem müsse man auf sein Gewissen hören, das die Stimme Gottes sei. Selbst missliebige Taten sind aber kein Verhängnis, denn Gott in seiner Güte kann schlechtes Karma tilgen, weil er auch die guten Absichten berücksichtigt.

Der göttlichen Gnade korrespondiert auf menschlicher Seite die Liebe zum Allerhöchsten. Altindische Legenden und das Heldenepos *Mahabharata* schildern, wie der Krieger und Wundertäter Krishna, der von den Hindus später als Inkarnation Vishnus vergöttlicht wurde, den Weg zur Erlösung durch die Liebe zu Gott lehrt. Ramanuja greift das auf: Durch »liebende Versenkung in Gottes Wesen« (Sanskrit: Bhakti) oder rückhaltlose »Hingabe an Gott« (Prapatti) gelinge es dem Menschen, dass seine Seele das Rad der Wiedergeburten verlässt, aus der Welt des Leids aussteigt und zur ewigen Gemeinschaft mit der Weltseele Ishvara findet. Wobei, auch dies ein Unterschied zu Shankaras Lehre, die Einzelseele, das Atman, nicht mit ihr verschmilzt, sondern seine Individualität bewahrt.

Ob diese Erlösung allein von Gottes Gnade abhängt oder der Mensch etwas dazu beitragen muss (was die absolute Freiheit Gottes beschnitte), darüber sagt Ramanuja nichts Genaues. Seine Anhänger streiten bis heute darüber. Einen anderen Aspekt von Ramanujas Lehre betonte der im 15. Jahrhundert lebende Theologe Ramananda: Da im Angesicht Gottes alle Seelen gleich sind, folgerte er, dass bereits auf Erden alle Menschen gleich sind, und wandte sich gegen das Kastensystem. Sein Schüler Kabir propagierte die Gleichheit auf einem anderen Gebiet: Er hielt Rama (Vishnu) und Allah nur für verschiedene Namen Gottes und sah zwischen Hinduismus und Islam keine grundlegenden Unterschiede mehr. Im 16. Jahrhundert sollte daraus, mit Guru Nanak (s. S. 172) als Vordenker, eine neue, eigene Religion erwachsen: die der Sikhs.

RAMANUJA
VISHISHTADVAITA-VEDANTA, VISHNUISMUS, HINDUISMUS

 DATEN UND FAKTEN

Biographie: Ramanuja wird um 1050 im südindischen Sriperumbudur (heute im Bundesstaat Tamil Nadu) geboren. Nach langer Pilgerschaft lässt er sich in Srirangam (ebenfalls in Tamil Nadu) nieder und verfasst seine Kommentare zu den großen indischen heiligen Schriften. Er stirbt 1137 in Srirangam.

Quellen: Ramanujas Kommentare zu den Brahmasutras (*Sribhasya*), zur Bhagavadgita (*Gitabhasya*) und zu den Veden (*Vedarthasamgraha*)

Wirkungsstätte: Srirangam

Heiligtum: Die Tempelstadt Srirangam in Südindien war schon vor Ramanuja eine bedeutende Pilgerstätte und ist noch heute ein religiöses Zentrum des Vishnuismus. Ihren Mittelpunkt bildet der Ranganathaswami-Tempel, der einer Inkarnation Vishnus geweiht ist.

heilige Schriften: Die Veden (»Wissen«) stammen zum Teil aus der Zeit vor dem 1. Jahrtausend v. Chr. und bestehen aus Hymnen, Sprüchen und längeren Prosatexten. Die Brahmasutras (»Lehrsätze über das Brahman«) sind ein Teil der Veden, entstanden zwischen dem 2. Jh. v. Chr. und dem 2. Jh. n. Chr. Die Bhagavadgita (»Gesang des Erhabenen«), ein religionsphilosophisches Gedicht, wird in ihrer Urfassung auf das 2. Jh. v. Chr. datiert. Sie ist Teil des *Mahabharata*, des Epos über den Helden Krishna, der als eine Inkarnation – ein Avatar – Vishnus verehrt wird. Ramanujas Kommentare zu diesen heiligen Schriften gelten ebenfalls als heilig.

Verbreitung: Weltweit gibt es rund 811 Mio. Hindus, von denen die meisten in Indien leben. Große hinduistische Gemeinschaften gibt es auch in Nepal, Bangladesch, Indonesien, Pakistan, Sri Lanka und Malaysia. Etwa 75 % aller Hindus sollen Vishnuiten (Vaishnavas) sein; das wären über 600 Mio. Anhänger.

Kernaussage: Gott ist die Einheit des Verschiedenen. Vishnu ist gnädig.

 WISSENSWERTES

Das Mahabharata
Neben dem *Ramayana*, das von Rama, der siebten Inkarnation Vishnus, handelt, ist das *Mahabharata* (»Die große Geschichte der Bharatas«) das bedeutendste Epos Indiens. Wahrscheinlich entstand es zwischen 400 v. Chr. und 300 n. Chr. In 18 Büchern, die in 107 000 Doppelverse (Shlokas) gegliedert sind, erzählt es von dem Bruderkrieg zwischen den Kaurava- und den Pandavaprinzen, den Nachkommen des Herrschers Bharata. Am Ende gewinnen die Pandavas, denn Arjuna, einer ihrer Prinzen, bekommt göttlichen Beistand: Krishna, eine Inkarnation Vishnus, weiht ihn in die Lehre der Bhagavadgita ein und wird während des Kampfes sein Wagenlenker. Wegen seines philosophischen Gehalts ist das *Mahabharata* nicht nur ein großes Werk der Literatur, sondern auch ein religiöser Leitfaden der Hindus.

 EMPFEHLUNGEN

Lesenswert:
Ramanujas Vedantadipa. Seine Kurzauslegung der Brahmasutren des Badarayana, aus dem Sanskrit von Adam Hohenberger, Bonn 1964

Badarayana: *Brahmasutra*, Bielefeld 2008

Bhagavadgita, übersetzt von Helmuth von Glasenapp, Stuttgart 1986

Otto Abt: *Von Liebe und Macht. Das Mahabharata*, Bad Honnef 2001

Sri Chinmoy: *Veden, Upanishaden, Bhagavadgita. Die drei Äste am Lebensbaum Indiens*, München 2007

Axel Michaels: *Der Hinduismus. Geschichte und Gegenwart*, München 2006

Helmuth von Glasenapp: *Die Philosophie der Inder. Eine Einführung in ihre Geschichte und ihre Lehren*, Stuttgart 1949

Hörenswert:
Franz Schubert: *Sakontala*. Oper 1820 / 2001 (Karl Aage Rasmussen vollendete Schuberts Werk, das auf eine Episode des *Mahabharata* zurückgeht)

Sehenswert:
Shri Ramanuja. Regie: Debaki Bose; mit Hiralal, Kamal Mitra. IND 1943

The Mahabharata. Regie: Peter Brook; mit Vittorio Mezzogiorno, Bruce Myers. B / USA / GB u. a. 1989 (TV-Miniserie)

 AUF DEN PUNKT GEBRACHT

Die Welt ist nicht nur Schein, sie existiert wirklich. Sie ist ein Attribut, ein Werkzeug Gottes, der Weltseele. Auch die Menschenseele ist ein Attribut Gottes, und sie findet Gnade vor ihm, denn Gott ist barmherzig; Vishnu, der Beschützer der Welt, ist seine Inkarnation.

Der Pfau als Stellvertreter Gottes
Scheich Adi
um 1075–1162

■ Ein als heilig erachteter Wandbehang mit der Abbildung des Pfauenengels Taus-i Melek im Lalisch-Tempel im Nordirak.
Die Jesiden sehen in Scheich Adi eine Inkarnation des Pfauenengels, dessen Aufgabe es ist, in der materiellen Welt als Stellvertreter Gottes zu wirken.

Von außen betrachtet wirkt wohl jede Religion sonderbar. Geradezu bizarr erscheint Außenstehenden die Glaubensgemeinschaft der Jesiden, in der die Sonne verehrt und ein »Pfauenengel« angebetet wird, zu deren Riten das Opfern von Hähnen gehört, in deren Kultus heilige Steine eine Rolle spielen und deren Stifter, ein gewisser Scheich Adi – gar kein Jeside war.

Letzteres ist so einzigartig nicht, war doch auch Jesus (s. S. 68) kein Christ. Und so fremd das Jesidentum scheint, es enthält manches Bekannte: Es ist eine monotheistische Religion mit Elementen aus Judentum, Christentum und Islam, vermengt mit Bestandteilen anderer Glaubenswelten. Die Jesiden erkennen Moses (s. S. 20), Jesus und Mohammed (s. S. 120) als Propheten ebenso an wie das Alte und Neue Testament und den Koran, soweit sie mit der eigenen Lehre konform gehen. Sie beschneiden die Jungen, vollziehen die Taufe und beachten Speisegesetze, die etwa den Verzehr von Bohnen, Fisch und Gazelle verbieten; und dass sie nur untereinander heiraten dürfen, ist ein Brauch, der früher auch bei Katholiken und Protestanten verbreitet war. Was ihre ausschließlich aus Kurden bestehende Religionsgemeinschaft jedoch von anderen unterscheidet, ist die Sitte, keine Konvertiten aufzunehmen.

Nichtsdestoweniger haben in ihrer eigenen viele andere Religionen ihre Spur hinterlassen. Sogar eine indische Anleihe gibt es: Jesiden glauben an die Wiedergeburt, wonach gute Seelen in menschlichen, schlechte in tierischen Leibern wiedergeboren werden. Der Tod ist also weder das Ende, noch führt er für die meisten ins Paradies. Unsterblichkeit kann nur der vollkommen Fromme erlangen; für die Übrigen ist der Tod ein Übergang von einem irdischen Dasein ins andere. Für diesen sucht sich jeder Jeside zu Lebzeiten einen Jenseitsbruder beziehungsweise eine

Jenseitsschwester aus. Dieses Wahlgeschwister steht der Seele in der Totenzeremonie auf dem Weg in den neuen Körper bei.

Iranisches Erbe wird in der Heiligung des Feuers und des Lichts sichtbar, weshalb Gebete an die auf- und die untergehende Sonne Pflicht sind. Womöglich rührt der Name der Jesiden auch von einem iranischen Wort für »Engel« oder »Schöpfer« her; wahrscheinlich aber verweist er auf den frühen Islam und jenen Kalifen Jasid, der 680 den schiitischen Imam Hussein besiegte. Der bei den Jesiden als heilig geltende Jasid gehörte zum Herrschergeschlecht der Omaijaden, und diesem entstammte möglicherweise jener Sufi-Scheich Adi ibn Musafir, der im 12. Jahrhundert auf der Suche nach Gott in die kurdischen Berge zog.

Man weiß wenig von ihm. Vielleicht beeindruckte er als islamischer Mystiker durch sein spirituelles und asketisches Leben und eventuell durch Wundertaten die Bevölkerung. Viel später vermischte sich die Erinnerung an ihn mit fortlebenden uralten Glaubensvorstellungen: So begehen die Jesiden wie einst die Babylonier den Mittwoch als heiligen Tag der Woche und betrachten neben der Sonne den Mond und die fünf Planeten Merkur, Venus, Mars, Jupiter und Saturn als Engel, was letztlich auf die antike mesopotamische Astrologie zurückgeht. Alte Wurzeln hat ferner der Brauch, von der Wallfahrt zum Grabmal des Scheichs sogenannte heilige Steine mitzubringen: Erde, die – getränkt mit Wasser aus einer heiligen Quelle, die unterhalb der Anlage entspringt – zu festen Kügelchen geformt und in religiösen Zeremonien verwendet wird; eine Art Steinkult, der an Naturreligionen, aber auch an den Meteoriten in Mekka gemahnt.

Scheich Adi wurde von den Jesiden vergöttlicht. Er gilt als Letzter in einer langen Reihe von Propheten und als Inkarnation des Pfauenengels, kurdisch: Taus-i Melek. Diesen habe Gott aus seinem Licht erschaffen (nebst sechs weiteren Engeln, entsprechend der Siebenzahl der Himmelskörper) und zu seinem Stellvertreter in der materiellen Welt, zum Weltherrscher, ernannt.

DER PFAU
In Europa gilt der Pfau als vornehmes, aristokratisches Tier. In Indien ist er sogar ein Göttervogel: Bilder zeigen ihn als Reittier der Göttin Sarasvati und des Buddha, und das Pfauenrad gilt als Sonnensymbol. Vielleicht ist die Pfauenverehrung über den Iran (man denke an den aus Indien geraubten Pfauenthron des Schah) nach Kurdistan gekommen; oder es liegt ein gemeinsames indoiranisches Erbe vor.

■ Der im Nordirak gelegene Lalisch-Tempel beherbergt Scheich Adis Grab.

■ Ein jesidischer Fakir führt im Sindschar-Gebirge im Irak ein Feuerritual zu Ehren des Pfauenengels Taus-i Melek durch.

Das Christentum kennt Luzifer und der Islam den gefallenen Engel Iblis alias Satan, was zu dem Missverständnis führt, Taus-i Melek sei ebenfalls solch ein abtrünniger Engel des Lichts. Die Jesiden stehen deshalb bei ihren Nachbarn im Ruf von Teufelsanbetern. Doch gibt es in ihrer Glaubenswelt gar keinen Teufel, weil neben dem allmächtigen guten Gott kein Platz ist für das Böse. Das Wort »Satan« darf nicht einmal ausgesprochen werden, weil es Zweifel an Gott bedeuten würde. Dass aber die Welt gut sein muss, folgt aus der Schöpfungslehre der Jesiden: Ihr zufolge lebte Gott einst in einer Perle, die auf den Hörnern eines Bullen ruhte, der auf dem Rücken eines Fisches stand; die Perle aber zersprang, und die Welt entstand – aus Gott.

Gewiss ein seltsamer Mythos, doch die Mythen anderer Religionen sind ähnlich. Dass viele Jesiden ihren eigenen Glauben kaum kennen, ist nur auf den ersten Blick ungewöhnlich; gilt es doch ebenso für die meisten Christen. Jahrhundertelang verfolgt und unterdrückt, konnte das Jesidentum nur in der Abgeschiedenheit Kurdistans (daher sein ethnischer Charakter) und als mündlich bewahrte Geheimlehre überleben. Lediglich zwei kurze Schriften, das Schwarze Buch (das die Schöpfungsgeschichte erzählt) und das Buch der Offenbarungen (über den Pfauenengel Taus-i Melek) sind bekannt. Die vollständige Lehre kennen allein die Priester. Deren besondere Stellung ist festgeschrieben, denn die jesidische Gesellschaft gliedert sich in die Kasten der Geistlichen und der Laien, wobei Erstere sich ihrerseits in sechs Kasten untergliedert, von denen die wichtigsten die Kaste der Scheichs (die Abkömmlinge Adis) und die der Pirs (die lokalen geistlichen Vorsteher) sind. Zusammen mit der Laienkaste sind es also wiederum: sieben. Die Kasten haben religiöse Bedeutung, keine praktische oder berufliche. So gehört zu den Laien zum Beispiel auch die jesidische Königsfamilie, die seit dem 17. Jahrhundert den Mir stellt, das weltliche Oberhaupt der Gemeinschaft.

TAUS-I MELEK

Das kurdische Wort *taus* leitet sich von indoeuropäisch *diyus*, »Himmel«, her (daher lateinisch *deus* für Gott). »Melek« erinnert zum einen an Melchisedek (1 Mose 14,17–19), dessen Name »Priester des Allerhöchsten« bedeutet, zum anderen an den Moloch, was eigentlich »König« heißt und die wichtigste Gottheit der Kanaaniter meint: Baal. Der Taus-i Melek ist also der »Himmelskönig«, freier übersetzt: der »König der Engel«.

SCHEICH ADI
JESIDENTUM

 DATEN UND FAKTEN

Biographie: Über das Leben des Scheichs Adi ibn Musafir ist sehr wenig bekannt. Wahrscheinlich wird er zwischen 1073 und 1078 in Beit al-Far nahe Baalbek (heute im Libanon) geboren. Adi lebt als Asket und wirkt Wunder; in Lalisch (heute im Irak) »scharen sich heilige Männer um ihn«, berichten die *qewal*, die mündlich überlieferten Lieder der Jesiden. Adi findet Anerkennung als politischer und religiöser Führer und eint die Jesiden im Kampf gegen türkische, arabische und persische Stämme. Er stirbt 1162 in Lalisch.

Quellen: Als Geheimlehre stützt sich das Jesidentum fast nur auf mündliche Überlieferung. Schriftliche Quellen über Adi ibn Musafir gibt es nicht.

Wirkungsstätten: Syrien; Anatolien und die Südosttürkei; Lalisch im Irak

Heiligtum: Die Grabstätte Scheich Adis in Lalisch, nordöstlich von Mosul im Nordirak, ist das wichtigste Pilgerziel der Jesiden. Der Gläubige soll möglichst jedes Jahr zum »Fest der Versammlung« vom 6. bis 13. Oktober dorthin wallfahrten und das Ritual der »heiligen Steine« vollziehen.

heilige Schriften: In der mündlich tradierten Geheimlehre der Jesiden gibt es nur zwei kurze heilige Schriften: das Schwarze Buch (eine Schöpfungsgeschichte) und das Buch der Offenbarungen (über den Pfauenengel Taus-i Melek oder Melek Taus). Zudem erkennen die Jesiden die Bibel und den Koran als bedeutsame religiöse Schriften an.

Verbreitung: Weltweit gibt es etwa 265 000 Jesiden. Die meisten von ihnen leben im Nordirak, in Nordostsyrien, in Armenien und in der Südosttürkei. In Deutschland leben rund 20 000 Jesiden.

Kernaussage: Aus seinem Licht erschuf Gott den Pfauenengel, Taus-i Melek. Er ist sein Stellvertreter auf Erden.

 WISSENSWERTES

Gefallene Engel

Jede Religion, die einen allmächtigen guten Gott propagiert, muss die Frage beantworten, wie das Böse in die Welt kam. Eine gängige Erklärung ist die, dass ein Engel, ein Himmelswesen, aus Machtgier abtrünnig geworden sei. Das Christentum kennt die Legende von Luzifer, dem »Lichtträger«, der für sein Streben, Gott gleich sein zu wollen, bestraft und, nach einem Kampf mit dem Erzengel Michael, aus dem Himmel verbannt wird. Diese Legende stützt sich auf Bibelstellen, die einen »Engelsturz« erwähnen. Im katholischen Volksglauben wurde Luzifer zum »Fürsten der Dämonen«; im Lauf der Zeit vermischte sich die Figur mit der Satans und des Teufels. Der Koran kennt eine ähnliche Variante des Engelsturzmotivs: Hier weigert sich der Engel Azazil, vor Adam, dem ersten Menschen, niederzuknien; er fordert sogar, der Mensch solle stattdessen die

Engel anbeten, da diese vor dem Menschen dagewesen seien. Da aber der Mensch von Gott mit mehr Wissen beschenkt wurde als die Engel, ist Azazil im Unrecht und wird aus dem Paradies vertrieben. Von nun an heißt er Iblis, »der Enttäuschte«, und lebt als Teufel im Reich der Dschinn, der Dämonen. Wie Azazil hatte sich auch Taus-i Melek, der jesidische Pfauenengel, einst geweigert, vor Adam zu knien – in seinem Fall war es jedoch eine Prüfung Gottes, der allein anbetungswürdig ist. Daher wird Taus-i Melek nicht verbannt, sondern für sein Verhalten mit dem Posten des Weltenherrschers belohnt.

 EMPFEHLUNGEN

Lesenswert:
Johannes Düchting, Nuh Ates: *Stirbt der Engel Pfau? Geschichte, Religion und Zukunft der Yezidi-Kurden*, Köln 1992

Martin Strohmeier, Lale Yalçın-Heckmann: *Die Kurden. Geschichte, Politik, Kultur*, München 2003

Annemarie Schimmel: *Mystische Dimensionen des Islam. Die Geschichte des Sufismus*, Frankfurt / M. 2009

Andree Hesse: *Die Schwester im Jenseits*, Reinbek 2008 (Krimi im jesidischen Milieu)

Karl May: *Durchs wilde Kurdistan*, Bamberg 2000 (Abenteuerroman)

 AUF DEN PUNKT GEBRACHT

Muslimisches mischt sich mit jüdischen, christlichen, iranischen, indischen und altbabylonischen Ideen und Praktiken zu einer einzigartigen, nur unter Kurden verbreiteten Weltanschauung, der zufolge ein Pfauenengel als Stellvertreter Gottes über die Welt herrscht.

Meditation mit Gewalt
Eisai
1141–1215

■ Im Zen-Garten des Daisen-in-Tempels in Kyoto, Japan, meditiert ein buddhistischer Mönch.

Als er von einer seiner Chinareisen heimkehrte, soll Eisai den Samen des Teestrauchs nach Japan gebracht und die ersten Pflanzen gezogen haben. In Wirklichkeit wurde in Japan bereits seit dem 8. Jh. Tee getrunken. Im 12. Jh. wurde er auch als Medizin benutzt. Die Teezeremonie (japanisch *chanoyu*) bildete sich im 15. Jh. heraus; im 16. Jh. wurde sie als »Tee-Weg« (japanisch *chado*) zu einem Bestandteil des Zen.

Der Buddhismus gilt als friedfertige Religion. Aggression, Gewalt und Krieg sind in seiner Praxis seltener als zum Beispiel im Christentum und im Islam. Ganz fremd sind sie ihm nicht. Die Missionierung der Mongolei im 16. Jahrhundert ging mit der Unterdrückung der Schamanen einher. Im lamaistischen Tibet hatten die von den Klöstern und Großgrundbesitzern brutal ausgebeuteten Bauern ihr Leid durch schlechtes Karma selbst verschuldet; wer sich nicht mit der Hoffnung auf eine bessere Wiedergeburt abspeisen ließ, sondern sich auflehnte, wurde von den Mönchen mit Folter und Tod bestraft. In Japan bildete der Zen-Buddhismus jahrhundertelang das geistige Rüstzeug des Kriegeradels, der Samurai; noch im Zweiten Weltkrieg gab es Zen-Schulen, die die Ichlosigkeit, die der Buddhist in der Meditation zu erreichen sucht, im japanischen Soldaten verwirklicht sahen und die Todesflüge der Kamikazepiloten zum Ausdruck vollständiger Erleuchtung verklärten, als praktizierte Verneinung des individuellen Selbst.

Zugleich verbinden sich mit dem japanischen Buddhismus sehr friedliche Tätigkeiten, etwa die Kunst der Teezeremonie, die Ikebana genannte formvollendete Weise des Blumenarrangierens, die Bonsai geheißene Gartenkunst, bei der Bäume in kleinen Gefäßen gezogen werden – sowie die Kunst des Bogenschießens, die einst zum Handwerk des Kriegers gehörte. Was diese Tätigkeiten eint, ist nicht nur die nötige Muße, die früher allein die Aristokratie hatte; es ist die restlose Konzentration auf die Sache, was idealerweise mit dem Ausschalten des Ich-Bewusstseins einhergeht: ein Ziel, das im Buddhismus allgemein angestrebt wird, da das persönliche Selbst als Illusion gilt.

Wer, wie als Samurai, in seinem Beruf den Tod gewärtigen muss, findet in einer solchen Philosophie Stärkung und Trost. Zwar hatte der Buddhismus in seiner aus China importierten Mahayana-Richtung schon im 6. Jahrhundert in Japan Fuß gefasst, weil er jedem, nicht nur den Mönchen, die Erlösung in Aussicht stellte. Richtig Erfolg hatte aber erst das Zen. Es stammt ebenfalls aus China. Im 12. Jahrhundert hatte der Mönch Eisai das Reich der Mitte besucht und eine buddhistische Sekte kennengelernt, die sich Chan nannte, woraus japanisch »Zen« wurde, was beides schlicht »Versenkung« bedeutet.

Als Erfinder des Chan alias Zen gilt ein um 500 n. Chr. in China missionierender indischer Mönch mit dem schönen Namen Bodhidharma (Bodhi heißt »Erleuchtung«, Dharma ist »Lehre«). Er habe alle schriftliche Überlieferung verworfen und als Mittel, um die in jedem Menschen schlummernde Buddha-Natur zu erwecken, ausschließlich die Meditation gutgeheißen: »Die Lehre jenseits aller Schriften, / Nicht aufgebaut auf Text und Zeichen, / Weist geradehin ins Menschenherz: / Da schau dein Wesen, dass du Buddha wirst!«, lautet daher ein Leitspruch des Zen. In dieser Tradition stand der chinesische Chan-Meister Lin-ji (japanisch: Rinzai). Von ihm lernte Eisai, dass nicht Bücherwissen und rationale Erkenntnis, sondern allein die kontemplative Versenkung zur Erleuchtung führe – wozu der Schüler in jahrelangem Üben von einem Meister in die Kunst der Meditation eingeführt werden müsse. (Der indische Stammvater des Zen wird dabei an einen Guru gedacht haben.)

Diese Meditationsübungen haben es allerdings in sich, denn der Meister darf den Studenten anschreien und mit einem Stock schlagen. Der Schock soll eine spontane Krise bei dem Lernenden auslösen, »Großer Zweifel« oder »Großer Tod« genannt, und ihm in einem plötzlichen Augenblick der Erkenntnis zum spirituellen Durch-

DER WEG IST DAS ZIEL
Neben der Rinzai-Schule ist in Japan die auf Eihei Dogen Kigen (1200–1253) zurückgehende Soto-Schule bedeutsam. Im Mittelpunkt steht das schweigende Sitzen, in dem man sich in die Einheit allen Seins, in die Konzentration auf den Augenblick versenkt; die Schocktherapie durch Schreien und Schläge fehlt, Koan sind weniger wichtig. Da jedem Lebewesen die Buddha-Natur eigen sei, folgert man, dass jedes Lebewesen bereits latent erwacht sei. Meditation führt daher nicht zum Erwachen, sondern ist das Erwachen selbst, womit Weg und Ziel eins werden.

■ Eisai

■ Kämpfende Samurai. Holzschnitt, 1818–1820, von Shun-
tei Katsukawa (1770–1820)

Der »Weg der Götter«, chine-
sisch-japanisch Shinto, ist die
alte Religion Japans, charak-
terisiert durch Ahnenkult,
Naturverehrung und Überreste
des Vielgötterglaubens (dem
der Tenno als Nachkomme der
Sonnengöttin galt). Shintoismus,
Buddhismus und Konfuzianismus werden als einander ergänzend verstanden: Im Shintoismus fühlt sich der Mensch eins
mit der Natur und den Toten, im
Konfuzianismus erfährt er die
Einheit mit der Gesellschaft und
dem Kosmos, im Buddhismus
erkennt er die Einheit allen Seins.

bruch verhelfen. Ja, mitunter bittet der Schüler
den Lehrer sogar, ihn zu schlagen, um seine ver-
lorengegangene Aufmerksamkeit wiederzugewin-
nen. »Der steile Pfad« heißt dieser beschwerliche
Weg, aber wer ihn zu Ende geht, befreit sich im
Akt der Erleuchtung (japanisch: Satori) von der
inneren und äußeren Realität und wird der Leere
sowohl des Menschen wie der ganzen Welt inne.
Ihm wird schlagartig klar, dass es nichts mehr
zu erreichen, nichts zu tun und nichts zu besitzen gibt. Als Einziges bleibt die unbegreifliche
Buddha-Natur aller Dinge und Erscheinungen.
Sämtliche Unterschiede schwinden, und alles
wird eins. Ähnlich wie in der christlichen Mystik
steht also am Ende, jenseits der Verstandesgrenzen, das spirituelle Erlebnis der All-Einheit.

Es gehört zum Wesen des Zen, dass es sich
einer rationalen Aussage über seinen tiefsten
Inhalt verweigert. Ideen und Vorstellungen blo-
ckieren den Weg zur Erleuchtung, die in Begriffe
nicht fassbar, allenfalls durch spielerische Um-
schreibungen andeutbar und nur in Paradoxien demonstrierbar
ist, etwa dass Zen sowohl das vollständige Nichtwissen lehre wie
das letzte Wissen über die Weltgeheimnisse.

Neben der Meditation im Lotossitz (Zazen) bilden das konzen-
trierte Tätigsein (Samu), um die Gedankenflut zum Versiegen zu
bringen und in der Wahrnehmung des Augenblicks aufzugehen,
sowie das Nachsinnen über ein Koan die hauptsächliche Praxis.
Koan sind Sentenzen, Fragen, Rätselgeschichten, die dem Me-
ditierenden zur Überwindung der Verstandesgrenzen verhelfen
sollen, damit eine höhere Wahrheit in seinen Kopf strömen kann.
Ein solches Koan ist zum Beispiel: »Wie klingt das Klatschen einer Hand?«

Die Meditation, vor allem aber die Strenge und Selbstdisziplin
waren es, die dem von Eisai nach Japan eingeführten Zen-Buddhismus rasch Gefolgsleute unter den Samurai und am kaiserlichen Hof verschafften. Und nicht nur dort; die auf ihn zurückgehende Rinzai-shu, die älteste japanische Zen-Schule, benannt
nach Eisais Meister Lin-ji alias Rinzai, besteht bis heute und gilt
im Ausland weithin als typischer Vertreter japanischer Kultur.

EISAI
ZEN-BUDDHISMUS

 DATEN UND FAKTEN

Biographie: Eisai Myoan wird 1141 in der japanischen Provinz Bitchu (heute in der Präfektur Okayama) geboren. Bereits mit elf Jahren beginnt er, den Buddhismus zu studieren. Dreizehnjährig wird er 1154 zum Priester ordiniert. 1168 reist er in das chinesische Tiantaigebirge, lernt dort bei einer buddhistischen Sekte die Lehre des Chan kennen. Nach einem halben Jahr kehrt er nach Japan zurück, geht aber 1187 wieder nach China und wird dort nach vierjähriger Ausbildung zum *chanshi*, zum Zen-Lehrer, ernannt. Daheim in Japan gründet er mehrere Zen-Tempel und erhält 1199 die kaiserliche Erlaubnis, die Rinzai-Schule in Kamakura einzurichten. Von dort aus verbreitet sich Zen über ganz Japan. Eisai stirbt 74-jährig im Jahr 1215.

Quellen: Eisais eigene Schriften, darunter sein Hauptwerk *Kozen gokoku-ron* (»Erklärung zur Verbreitung des Zen zum Schutz der Nation«) von 1198

Wirkungsstätten: das Tiantaigebirge in der heutigen chinesischen Provinz Zhejiang; Kamakura (in der heutigen japanischen Präfektur Kanagawa), Kyushu und Kyoto in Japan

Heiligtümer: Der Shofuku-ji-Tempel in Fukuoka, erbaut 1195 von Eisai, gilt als der älteste erhaltene Zen-Tempel Japans. Lumbini (Rummindai) in Nepal, der Geburtsort des Buddha, und der Mahabodhi-Tempel im indischen Bodh Gaya, der Ort der Erleuchtung, werden auch von den Zen-Buddhisten verehrt.

heilige Schriften: Die Buddha-Natur soll sich jedem Einzelnen in der Medi-tation offenbaren, Bücherwissen ist weniger wichtig. Von großer Bedeutung ist aber das *Shobogenzo* (*Die Schatzkammer des wahren Dharma*) von Dogen Kigen, einem Schüler Eisais und Begründer des Soto-Zen, sowie diverse Sammlungen von Koan.

Verbreitung: Weltweit gibt es etwa 360 Mio. Buddhisten. Davon leben rund 355 Mio. in Asien, 2,7 Mio. in Nordamerika, 1,5 Mio. in Europa, 645 000 in Südamerika und 400 000 in Russland. Wie viele von ihnen dem Zen-Buddhismus anhängen, lässt sich nicht ermitteln.

Kernaussage: Erleuchtung und Erlösung findet man nur durch die Meditation.

 WISSENSWERTES

Kyudo

Der »Weg des Bogens« hat sich aus der japanischen Kriegskunst entwickelt. Der Bogen war eine Waffe der Samurai, des japanischen Kriegeradels, und seit dem 3. Jh. n. Chr. in Gebrauch. Anders als beim westlichen Bogenschießen wird beim Kyudo viel Wert auf den meditativen Aspekt des Bewegungsablaufs gelegt, der im Moment der Schussabgabe in einem Zustand gipfeln soll, den man mit »leerer Geist« übersetzen kann. Wenngleich das an die im Buddhismus angestrebte Leerheit erinnert, ist Kyudo nicht mit dem verwandten Zen-Bogenschießen gleichzusetzen: In den meisten Kyudo-Schulen zählt nach wie vor der Treffer, beim Zen-Bogenschießen ist aber nur der meditative Weg das Ziel. Da Meditation eine dem christlichen Abendland vertraute Technik der Gotteserfahrung ist, werden Kurse im Zen-Bogenschießen mittlerweile auch in christlichen Klöstern angeboten.

 EMPFEHLUNGEN

Lesenswert:
Linji: *Das Denken ist ein wilder Affe*, Frankfurt / M. 1996

Dôgen Zenji: *Shôbôgenzô*, Frankfurt / M. 2008

Byung-Chul Han: *Philosophie des Zen-Buddhismus*, Stuttgart 2002

Robert M. Pirsig: *Zen und die Kunst ein Motorrad zu warten*, Frankfurt / M. 2006 (philosophisch-autobiographischer Roman)

Eugen Herrigel: *Zen in der Kunst des Bogenschießens. Der Zen-Weg*, Frankfurt / M. 2005

Janwillem van de Wetering: *Der leere Spiegel. Erfahrungen in einem japanischen Zen-Kloster*, Reinbek 1981

Sehenswert:
Ein Hauch von Zen. Regie: King Hu; mit Hsu Feng. TW 1971

Samurai. Regie: Hiroshi Inagaki; mit Toshiro Mifune. J 1954 (darin spielt der historische Zen-Meister Takuan Soho eine Rolle)

 AUF DEN PUNKT GEBRACHT

Nicht rationale Bemühung führt zur Erleuchtung, sondern ein jenseits des Verstandes liegendes plötzliches spirituelles Erlebnis der All-Einheit, das die Leere der Welt und die unbegreifliche Buddha-Natur aller Dinge erfahrbar macht.

Die Armen von Lyon
Petrus Waldes
12. / 13. Jh.

■ *Lyon.* Buchmalerei, 16. Jh., von Symphorien Champier (1471–1538).
Um das Jahr 1175 litt die provenzalische Handelsstadt unter einer Hungersnot. Weil die Kirche untätig blieb, opferte der Kaufmann Waldes sein Vermögen für Armenspeisungen.

Von wegen finsteres Mittelalter! Im 12. Jahrhundert blühten Wirtschaft und Kultur. Die Städte prosperierten; ein wohlhabendes und selbstbewusstes Bürgertum entwickelte sich, das sich gegen Kirche und Feudalherren zu behaupten verstand. Allerdings entstanden mit dem Aufschwung soziale Spannungen in der städtischen Gesellschaft. Der Gegensatz von Arm und Reich brach auf, und die Macht begann sich in wenigen Patrizierfamilien zu konzentrieren. Die Kirche blieb davon nicht unberührt: Sie war mächtig, weil allein sie die herrschende Ideologie verwaltete, und sie war reich; während die Geistlichen sich als Fürsprecher der Armen aufspielten, führten viele in Wahrheit mit dem Geld, das sie dem Volk abpressten, ein luxuriöses Leben.

Dagegen regte sich Protest. In der provenzalischen Handelsstadt Lyon war es der reiche Kaufmann Waldes (sein echter Vorname ist unbekannt), der sein Herz für die Armen entdeckte. Als um 1175 eine Hungersnot herrschte, beschloss er, sein Leben zu ändern. Angeregt durch das Lied eines fahrenden Sängers, der die Legende vom heiligen Alexius vortrug (der nach siebzehn Jahren unerkannt ins Haus seiner Eltern zurückkehrt, unter der Treppe lebt und sich von Almosen nährt), und erschüttert durch die Lektüre des Gleichnisses vom reichen Jüngling – dem Jesus (s. S. 68) rät: »Willst du vollkommen sein, so gehe hin, verkaufe, was du hast, und gib's den Armen, so wirst du einen Schatz im Himmel haben; und komm und folge mir nach!« (Mt 19,21) –, gab Waldes alles Geld für Armenspeisungen aus, nachdem er freilich zuvor seine Familie versorgt hatte, und ging daran, Jesus nachzufolgen, ohne sich dabei aber an die Kirche zu binden.

Ein bisschen ähnelt Waldes den Revolutionären des 19. und 20. Jahrhunderts, die meist aus den oberen Gesellschaftsschichten

kamen und sich aus Sympathie den Erniedrig-
ten und Beleidigten zuwandten. Wahrscheinlich
war ihm gar nicht bewusst, welche Sprengkraft
seinem Tun innewohnte. Sein Ziel war es, ein
frommes Leben in freiwilliger Armut zu führen
und durch das praktische Vorbild ebenso wie
durch christliche Predigt, zu der er sich berufen
fühlte, Gleichgesinnte zu gewinnen. Mit Erfolg:
Bald scharten sich Anhänger um ihn und bildeten eine Glaubensgemeinschaft, genannt »die
Armen von Lyon« – die Keimzelle der späteren
Waldenser.

»Und Jesus ging umher in alle Städte und Dörfer … und predigte das Evangelium«, heißt es in
Mt 9,35; in Mt 10 fordert er dann die Jünger auf,
ihm nachzueifern. So zogen auch die Waldenser
los, um als Wanderprediger das Evangelium zu lehren. Anders als
die wohlgekleideten katholischen Priester trugen sie nur ärmliche
Gewänder und nicht einmal Schuhe, und anders als die wohlge-
nährten Vertreter der Amtskirche, die kaum etwas ohne Bezah-
lung taten, hielten sie sich an Jesu Vorschrift: »Umsonst habt ihr's
empfangen, umsonst gebt es auch« (Mt 10,8).

Wenn der katholische Pfarrer die heilige Messe hielt, sprach
er Latein. Wenn er »Hoc est corpus meum« sagte, verstand das
Volk nur Hokuspokus; dass es »Dies ist mein Leib« heißt, wussten nur des Lateins Kundige. Waldes und seine Waldenser
aber predigten in der Volkssprache, damit jeder sie verstand; auch hatte Waldes Teile der Bibel ins Provenzalische
übersetzen lassen.

Anfangs duldete der Erzbischof von Lyon,
dass diese seltsamen Leute in seiner Diözese umherzogen und Christi Wort lehrten; ja
das Laterankonzil 1179 billigte die Lebensweise der Waldenser und gab ihnen das Recht
zu predigen, allerdings nur, sofern die Bischöfe vor Ort damit einverstanden waren. Viele
aber stießen sich daran, dass da Laien ohne
reguläre Ausbildung über theologische Dinge redeten, und wiesen sie aus. Die Folge war,
dass diese belesenen und beredten Laien in andere
Landstriche auswichen und damit erst recht für die Ausbreitung ihrer Lehre sorgten.

INQUISITION
Das lateinische *inquisitio* bedeutet so viel
wie »gerichtliche Untersuchung«. Als
kirchliche Einrichtung widmet sich die
Inquisition der gezielten Verfolgung und
Verurteilung jener, die sich der Lehrmeinung der Kirche widersetzen. Anfang des
13. Jahrhunderts von Papst Innozenz III.
eingeführt, sollte der Inquisitionsprozess
zunächst nur allzu eigenwillige Äbte und
Bischöfe disziplinieren. Ab 1231 wurden
auch Nichtgeistliche verfolgt, 1252 gar
Inquisitionstribunale eingesetzt, die auto-
risiert waren zu foltern.

■ Petrus Waldes. Photographie, um 1890, eines Denkmals
für eine Waldensergemeinde
im Piemont

■ Angeblich war es ein Ritus der Waldenser, bei ihren Versammlungen das Hinterteil eines Ziegenbocks zu küssen. Französische Buchmalerei, um 1460, aus *Traité du crime de Vauderie* von Johannes Tinctor. Paris, Bibliothèque nationale

Zudem machte, was die kraft eigener Lektüre emanzipierten Waldenser aus der Bibel herauslasen, die Leute mehr und mehr der katholischen Kirche abspenstig. Taufe, Firmung und Ehe lehnten sie bald ebenso ab wie die Eucharistie, die Heiligenverehrung, den Ablass und die Totenmesse; sie glaubten nicht an das Fegefeuer, verwarfen den Kriegsdienst und die Todesstrafe und verweigerten, was einer Missachtung der Gerichte gleichkam, den Eid. Kurzum, was die Bibel nicht explizit fordert oder sogar ausdrücklich verurteilt, erkannten sie nicht an. Damit zogen sie – getreu Apostelgeschichte 5,29, wonach man Gott mehr gehorchen muss als den Menschen – der Kirche (und letztlich der weltlichen Regierung) den Boden unter den Füßen weg.

1184 wurden sie mit dem Kirchenbann belegt und ab Mitte des 13. Jahrhunderts von der Inquisition verfolgt. Man warf sie in einen Topf mit den Katharern, obwohl die Waldenser gegen diese predigten; zu gefährlich erschien Rom die Bewegung der »katholischen Armen«, wie sie sich selbst gern nannten, die gegen die real existierende Kirche das Ideal einer Erneuerung der Urkirche setzten, gegen den Reichtum des Klerus die »vita apostolica«, ein apostolisches Leben in evangelischer Armut, propagierten und, statt dem Wort des Priesters zu glauben, sich unterfingen, die Bibel selbst zu lesen und auszulegen: Das Individuum begann eine eigene Meinung zu haben, statt die der hohen Herren nachzubeten.

Da die römische Kirche sie ausschloss, organisierten die Waldenser ihre eigene. (Vermutlich erst jetzt schrieb man Waldes den Vornamen Petrus zu, weil man auf diesem Felsen die eigene Gemeinschaft aufbaute.) Tatsächlich bestand an vielen Orten über Generationen hinweg eine waldensische Gemeinde neben der katholischen. Von Kirche und Staat verfolgt, standen die Waldenser freilich auf lange Sicht auf verlorenem Posten. Ganz anders die Franziskaner, deren Armutsbewegung der waldensischen ähnelte, die sich aber geschickter der römischen Kirche anzupassen und unterzuordnen wussten.

DIE KATHARER

Mit dem Fernhandel gelangten im 12. Jahrhundert außer Wirtschaftsgütern auch orientalische Lehren vom ewigen Kampf zwischen Gut und Böse, Licht und Finsternis nach Westen. Gut war der arme Jesus, böse das Geld und die reiche Kirche. Besonders radikal dachten die – wie die Waldenser hauptsächlich in Südfrankreich agierenden – Katharer. Zwar ähnelten sich beide Gruppen in der Praxis von Askese und Wanderpredigt, doch ihre Theologie war grundverschieden; die der Katharer war im Kern ein Manichäismus mit christlichem Überzug.

PETRUS WALDES
WALDENSISCHES CHRISTENTUM

 DATEN UND FAKTEN

Biographie: (Petrus) Waldes – auch Valdes, Valdès, Waldus oder Waldo – wird im 12. Jh. in Lyon geboren. Der reiche Kaufmann betreibt Bibelstudien und beauftragt Anfang der 1170er Jahre einen Priester, die lateinische Bibel, die Vulgata, in die frankoprovenzalische Sprache der örtlichen Bevölkerung zu übersetzen. Eine Hungersnot um 1175 verändert Waldes' Leben: Er gibt den Großteil seines Vermögens an seine Frau und verlässt seine Familie, organisiert Armenspeisungen, veranstaltet öffentliche Bibellesungen und lebt predigend in freiwilliger Armut, wird schließlich zum Anführer der »Armen von Lyon«. Nachdem er trotz bischöflichen Verbots weiter gepredigt hat, wird er 1182/83 exkommuniziert und aus Lyon vertrieben. 1184 werden die Waldenser kollektiv aus der Kirche ausgeschlossen. Über Waldes' letzte Lebensjahre ist nichts bekannt; sicher ist, dass er vor 1218 starb.
Quellen: Anonymus von Laon: *Ex chronico universali Anonymi Laudunensis*; Durandus von Osca: *Liber antihaeresis* (darin das Glaubensbekenntnis der Waldenser von 1180), beide Schriften aus dem 13. Jh.
Wirkungsstätte: Südfrankreich
Heiligtümer: Vor allem in Italien gibt es einige Waldenser-Kirchen, etwa an der Piazza Cavour in Rom.
heilige Schrift: die christliche Bibel
Verbreitung: Die Waldenser wurden 1184 von Papst Lucius III. exkommuniziert. 1218 kam es zur Trennung in fran-

zösische und lombardische Waldenser. Die französischen wurden durch die Inquisition unter Papst Innozenz III. (1198–1216) gewaltsam in die Kirche zurückgeführt und verschwanden im 14. Jh. völlig. Die lombardischen Waldenser hingegen verbreiteten sich in Frankreich, Nordspanien, Italien, Deutschland, der Schweiz, Österreich, Böhmen, Ungarn und Polen, ohne sich aber überall halten zu können. 1532 schlossen sie sich der Reformation an. Vom 13. bis zum 16. Jh. hatten sie unter Verfolgungen zu leiden, im 17. Jh. wurden sie durch die Gegenreformation schwer getroffen. Erst ab 1815 erholten sich die Waldenser unter dem Einfluss der reformiert-calvinistischen Genfer Erweckungsbewegung. Gegenwärtig zählt die Waldenserkirche knapp 100 000 Mitglieder, von denen die Hälfte in Italien lebt und knapp 15 000 als Folge der italienischen Auswanderung in Südamerika. Auch in Deutschland bestehen einige Waldensergemeinden, die im 17. Jh. gegründet wurden.
Kernaussage: Die Bibel ist die alleinige Grundlage des Glaubens. Wir wollen nach Jesu Vorbild ein Leben in Armut führen.

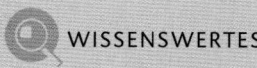 WISSENSWERTES

Die Franziskaner
Im Hochmittelalter gab es mehrere große Armutsbewegungen, etwa die Dominikaner und die Franziskaner. Der Gründer der Letzteren, Franz von Assisi (1181/82–1226), war der Sohn eines reichen Tuchhändlers, der sich nach einem Bekehrungserlebnis für ein Leben in Armut entschied. Er gründete 1209 den Orden der Minderen Brüder, die Franziskaner, die gemäß dem Evangelium in Besitzlosigkeit und Buße leben wollten. Anders als die Waldenser erreichten die Franziskaner die Anerkennung durch die Kirche: 1223 segnete Papst Honorius III. den Orden urkundlich ab. Als Bettelorden gelang es den Franziskanern, bis heute Teil der Kirche zu bleiben; von Verfolgung verschont, verpflichteten sie sich, den Menschen durch Arbeit und Predigt zu dienen. Franz von Assisi wird als Heiliger verehrt.

 EMPFEHLUNGEN

Lesenswert:
Gabriel Audisio: *Die Waldenser. Die Geschichte einer religiösen Bewegung*, Augsburg 2001

Amadeo Molnár: *Die Waldenser. Geschichte und europäisches Ausmaß einer Ketzerbewegung*, Freiburg / Br. 1994

Malcolm Lambert: *Ketzerei im Mittelalter. Häresien von Bogumil bis Hus*, Augsburg 2004

 AUF DEN PUNKT GEBRACHT

Im Hochmittelalter beginnt das Individuum sich religiös zu emanzipieren: Nicht was die Kirche einem sagt, sondern was man in der Bibel selbst lesen kann, zählt. Darum gibt der Kaufmann Waldes seinen Reichtum hin und wählt, wie die Apostel, ein Leben als Prediger in Armut.

Zwei Extreme

Hadschi Bektasch Weli

13. Jh.

■ Eine Alevitin betet in dem Frauen vorbehaltenen Teil der Moschee in Hacıbektaş (früher Suluca Karahöyük) in der türkischen Provinz Nevşehir, der ehemaligen Wirkungsstätte Bektasch Welis.

Viele Religionsstifter sind es unfreiwillig geworden, Jesus (s. S. 68) zum Beispiel. Auch ob Ali (s. S. 126), der Ahnherr der Schia, jemals eine eigene Richtung innerhalb des Islam gründen wollte, ist fraglich. Selbst wenn, kann man nur raten, ob er die mannigfachen Abspaltungen innerhalb der Schia begrüßt hätte. Eine Gruppe hält ihn gar für einen fleischgewordenen Gott. Die Mitglieder einer anderen wollen womöglich nicht einmal mehr Muslime sein.

Das eine Extrem sind die Alawiten. Sie stellen eine Radikalisierung der ismailitischen und der Zwölferschia dar und halten Mohammed (s. S. 120), Ali und den Perser Salman für eine Inkarnation Allahs, weshalb andere Schiiten sie als Ghulat, als »jene, die es übertreiben«, bezeichnen. Die Dreiheit weist nicht nur, wie manches andere in der Schia, Parallelen zum Christentum auf, sondern zeigt daneben gnostischen Einfluss, da die Drei zugleich Sonne, Mond und Himmel repräsentiert, die ebenfalls als göttliche Emanationen gedeutet werden. Einwirkung der Gnosis oder altiranischer Religionen verrät außerdem der Glaube an die im Körper eingekerkerte göttliche Lichtseele.

In der Person Salmans, ursprünglich Zoroastrier, dann in Syrien zum Christentum übergetreten, schließlich in Arabien ein Gefährte des Propheten, sind die verschiedenen Ingredienzien des Alawitentums exemplarisch gebündelt. Allerdings gilt nicht er, sondern ein gewisser Mohammed ibn Nusair aus dem 9. Jahrhundert als Begründer, der geheime Offenbarungen vom elften Imam Hassan al-Askari erhalten haben wollte und sich selbst zum Propheten ausrief. Welcher Art die von ihm als Erstem entworfene Lehre der Alawiten ist, wissen Fremde bis heute nicht genau; infolge ihrer langen Geschichte der Verfolgung durch den Mehrheitsislam halten die Alawiten sie weitgehend verborgen. Auffällig ist, dass neben islamischen und speziell alawitischen eine Reihe christlicher Feiertage begangen werden.

Stehen die vor allem in Syrien vertretenen Alawiten auf der einen Seite des Spektrums, so die Aleviten, die in der Türkei eine starke Minderheit darstellen, auf der anderen. Ausgerechnet in der Bewertung ihres gemeinsamen Namensgebers Ali sind sie grundverschiedener Auffassung: Sie verehren ihn nicht, wie die Alawiten, als Mensch gewordenen Gott, sondern erwählten sich ihn eher als eine Art Schutzpatron, weil Alis Schicksal und das seiner Nachkommen zur eigenen leidvollen Geschichte passte.

Wie die Alawiten halten die Aleviten ihre Religion seit alters geheim. Bekannt ist allerdings, dass ihre Glaubenspraxis, deretwegen sie bis heute Anfeindungen ausgesetzt sind und als Häretiker verfolgt werden, grundsätzlich vom Islam abweicht. Sie befolgen nicht die fünf Hauptpflichten – Glaubensbekenntnis aufsagen, fünfmal täglich beten, Almosen geben, fasten, nach Mekka pilgern –, halten Moscheen für überflüssig, da der Gläubige jederzeit und überall beten könne, und lehnen schlechthin den bei vielen Muslimen üblichen Buchstabenglauben ab: Sie bevorzugen die allegorische Auslegung des Korans und suchen die tiefe, vielleicht mystische Bedeutung hinter dem Wort. Statt auf äußere Riten legen sie Wert auf eine innere Gotteserfahrung und eine betont menschenfreundliche Moral: Nächstenliebe und Hilfsbereitschaft gelten als Glaubenstugenden. Letzteres klingt christlich, doch ist die Ethik ebenso zoroastrisch geprägt. »Rechtes Handeln, rechtes Denken, rechtes Sprechen«, lautet die der Lehre des Zarathustra (s. S. 28) abgeschaute Richtlinie für den guten Menschen.

Ob manche der bei den Aleviten beobachteten Bräuche auch bei den Alawiten üblich sind, lässt sich wegen der allgemeinen Verschwiegenheit nicht mit Bestimmtheit sagen. Sicher ist, dass das Alevitentum jünger ist. Es entstand im 13. Jahrhundert in Anatolien und wurde von dem turkmenischen Derwisch und alevitischen Heiligen Hadschi Bektasch Weli gegründet. Die alevitische Geringschätzung islamischer Vorschriften, die als Äußerlichkeiten abgelehnt werden,

Salman al-Farisi war einer der ersten nichtarabischen Muslime und übersetzte Teile des Korans ins Persische. Nach Mohammeds Tod erklärte er sich für Ali und verweigerte dem ersten Kalifen Abu Bakr die Gefolgschaft. Nach der Eroberung des Perserreichs durch die Araber amtierte er als Statthalter.

■ Von Hadschi Bektasch Weli wird in Lobpreisungen berichtet, er habe mit Hirschen gesprochen und sei auf Löwen geritten.

■ Derwische. Altkolorierter
Kupferstich, 1810, aus
Carl Bertuchs (1777–1815)
Bilderbuch für Kinder (Bd. 7).
Weimar, Herzogin Anna
Amalia Bibliothek

geht auf ihn zurück. Dass die sture Befolgung religiöser Gebote nicht zur wahren Seligkeit führt, hat er vielleicht als Hadschi, als Teilnehmer der Wallfahrt nach Mekka, selbst erlebt. Er jedenfalls strebte nach einer Verinnerlichung des Glaubens (denn »was du suchst, findest du nicht in Jerusalem und nicht in Mekka, sondern in dir«) und tat überkommene Regeln ab (denn »rituelle Gebete machen keinen Menschen besser«). Statt Buchstabengelehrsamkeit übte er sich in der mystischen Auslegung des Korans und lehrte ein spirituelles Verständnis des Islam, dessen transzendenten Gottesbegriff er pantheistisch wendete (»Das Universum ist die sichtbare Gestalt Gottes«).

Nicht alles, was Bektasch sagte und tat, wurde von den Aleviten übernommen. Musik, Tanz und Alkohol, die er als Mittel der Entrückung akzeptierte, sollen zwar heute noch bei den Zusammenkünften der Aleviten eine Rolle spielen. Doch einige eindeutig christliche Praktiken blieben auf den von ihm gegründeten Orden der Bektaschi beschränkt, ohne alevitisches Gemeingut zu werden: die Beichte und Buße mit Absolution sowie das rituelle Abendmahl mit Brot, Käse und Wein.

Ohnehin trennten sich die Wege der Bektaschi und der Aleviten endgültig im 20. Jahrhundert. Die Bektaschi wanderten nach dem Verbot aller Derwischorden in der Türkei 1925 nach Albanien aus, wo sie die kommunistische Diktatur überlebten. Die Aleviten dagegen hatten es in der kemalistischen Türkei gut, weil Glaubensfreiheit herrschte und die staatliche Unterdrückung ein Ende hatte. Die Entfernung vom Islam nahm seither noch zu: Inzwischen wird diskutiert, ob die Aleviten weiterhin Muslime sein oder sich als eigene Konfession verselbständigen sollen oder sich sogar bloß als durch eine besondere Lebensphilosophie ausgezeichnete Gemeinschaft verstehen wollen – auch wenn dies kaum im Sinne Alis wäre.

DIE SUFIS

Wie das Christentum kennt der Islam eine mystische Strömung: das Sufitum. Ziel des Sufi (seinen Namen hat er von dem aus Wolle, arabisch *suf*, gewebten einfachen Gewand) ist es, durch Gebet, Meditation und Askese Gott nahezukommen und womöglich in durch Musik und Tanz hervorgerufener Ekstase mit dem Allerhöchsten zu verschmelzen. Das Sufitum breitete sich im 8. Jahrhundert von Syrien und dem Irak nach Persien – dort spricht man auch von Derwischen (»Bettlern«) – und Indien sowie bis zum Balkan aus. Häufig schlossen sich die Sufis, die wegen ihrer individuellen Glaubenssuche vom islamischen Klerus angefeindet wurden, zu Gemeinschaften zusammen, aus denen sich seit dem 11. Jahrhundert regelrechte Orden entwickelten.

HADSCHI BEKTASCH WELI
BEKTASCHI-ORDEN, ALEVITENTUM

 DATEN UND FAKTEN

Biographie: Das Einzige, was man einigermaßen sicher über Hadschi Bektasch Weli weiß, ist, dass er tatsächlich gelebt hat – alle weiteren Angaben zu seinem Leben und Wirken haben legendären Charakter. Der Überlieferung zufolge wird er im 13. Jh. in Nischapur in der persischen Region Chorasan (heute im Iran) geboren; es heißt, er sei Turkmene gewesen. Andererseits soll er ein Urenkel des siebten Imam der Zwölferschiiten gewesen sein, was aber nicht mit anderen Angaben zur Chronologie übereinstimmt. Glaubhafter ist, dass er einer gnostisch geprägten Wanderderwischbewegung angehört, also als Mönch der islamischen Mystik anhängt. Nach seiner Wanderzeit zieht er sich nach Suluca Karahöyük zurück und gründet dort ein Kloster. Sein Sterbejahr ist nicht bekannt.

Quellen: Von Hadschi Bektasch selbst stammen wahrscheinlich die Makalat, verschiedene Glaubensregeln und Sprüche. Yunus Emre (gest. um 1321), ein Derwisch des Bektaschi-Ordens, verfasste zahlreiche Gedichte, die Bektaschs Lehre enthalten. Uzun Firdewsi, ein türkischer Gelehrter, schrieb im 15. Jh. die Walayat-Nama, die legendenhafte Biographie des Hadschi Bektasch.

Wirkungsstätte: Suluca Karahöyük (heute Hacıbektaş in der türkischen Provinz Nevşehir)

Heiligtümer: Hadschi Bektaschs Grabmal im heute nach ihm benannten Hacıbektaş in der Türkei ist ein Pilgerziel für seine Anhänger. Der Tomorr in Albanien ist für die Bektaschi ein heiliger Berg.

heilige Schriften: Die Hadschi Bektasch Weli zugeschriebenen Lebensregeln, die Makalat, bilden die schriftliche Grundlage des Alevitentums. Der Koran wird von den Aleviten gelesen, aber nicht wörtlich genommen; jeder Gläubige soll ihn für sich auslegen.

Verbreitung: Weltweit gibt es etwa 30 Mio. Aleviten. Von ihnen leben 15 bis 25 Mio. in der Türkei. In Deutschland leben schätzungsweise 400 000 bis 700 000 Aleviten.

Kernaussage: Das wichtigste Buch zum Lesen ist der Mensch. Was du suchst, findest du in dir selbst, nicht in Jerusalem, nicht in Mekka.

 WISSENSWERTES

Gnosis
In der Philosophie und Theologie bezeichnet Gnosis (griechisch; »Erkenntnis«) die unmittelbare Einsicht in die Welt des Übersinnlichen, die sich in der Schau Gottes vollzieht. Im Neuen Testament (etwa im Korintherbrief) wird Gnosis mit der Erkenntnis der christlichen Heilswahrheit gleichgesetzt. Die Gnostiker der ersten nachchristlichen Jahrhunderte versuchten mittels spekulativer, auch von Platon beeinflusster Philosophie, die Mysterien des Glaubens zu enträtseln. Zugleich entwickelte sich unter dem Einfluss orientalischer Mysterienkulte eine dualistische Erlösungslehre von der gottfeindlichen Materie, geschaffen von einer niederen Gottheit, die es zu überwinden gelte, um zu dem höchsten Gott, dem geistigen Urgrund, dem »Licht« zu gelangen. Diese gnostische Lehre wurde von mehreren christlichen und nichtchristlichen Gemeinschaften aufgegriffen, etwa von den Manichäern, den Mandäern und den Katharern.

 EMPFEHLUNGEN

Lesenswert:
Christoph Peter Baumann (Hg.): Aleviten. Der andere Islam, Basel 2000

Martin Sökefeld (Hg.): Aleviten in Deutschland. Identitätsprozesse einer Religionsgemeinschaft in der Diaspora, Bielefeld 2008

Annemarie Schimmel: Sufismus. Eine Einführung in die islamische Mystik, München 2000

Reshad Feild: Ich ging den Weg des Derwisch. Das Abenteuer der Selbstfindung, Reinbek 2004 (autobiographischer Bericht)

Hörenswert:
Sinem Altan, Dilek Güngör: Türkisch für Liebhaber. Singspiel 2008 (moderne Version von Der wohltätige Derwisch, einer sog. Türkenoper von Benedikt Schack, die 1793 uraufgeführt wurde)

 AUF DEN PUNKT GEBRACHT

Beide tragen den Namen Alis. Doch während die Alawiten sich den Schiiten zurechnen und Mohammeds Schwiegersohn als Inkarnation Allahs verehren, lehnen die Aleviten zentrale islamische Riten ab und werden von vielen Muslimen als Ungläubige betrachtet.

Die Gans, der ein Schwan folgte

Jan Hus

um 1370–1415

Glaubt tatsächlich jemand, Brot und Wein würden sich durch den Zauberspruch eines Priesters in Leib und Blut Christi verwandeln? Braucht man wirklich einen Papst, der den Leuten sagt, was sie glauben müssen? Gäbe es überhaupt noch ein Christentum, wenn kein Mensch das Neue Testament in seiner Muttersprache lesen könnte? Nein, sagte lange vor Martin Luther (s. S. 176) der englische Philosoph und Theologe John Wycliffe. Brot und Wein blieben nach seiner Auffassung auch nach der Wandlung oder »Transsubstantiation« Brot und Wein, doch sei Jesus (s. S. 68), so gestand er zu, in nichtkörperlicher Weise anwesend. Den Führungsanspruch des Papstes wies er zurück und ließ, damit jeder Christ sich seines Glaubens selbst versichern könne, die Bibel in die Volkssprache übersetzen. Überhaupt lehnte er die kirchliche Hierarchie ab und wollte nur die örtlichen Gemeinden gelten lassen; der reiche Kirchenbesitz sollte eingezogen werden und der Klerus in evangelischer Armut leben wie im Urchristentum.

■ *Johann Hus.* Holzschnitt, 16. Jh., aus der Werkstatt von Lucas Cranach d. J. (1515–1586). Berlin, Staatliche Museen Preußischer Kulturbesitz, Kupferstichkabinett

Das waren aufrührerische Ansichten. Gleichwohl wagte es die Amtskirche nicht, Wycliffe als Häretiker anzuklagen, denn Englands Hof, Adel und Volk sympathisierten mit ihm. Er verlor lediglich seinen Lehrstuhl in Oxford und wurde als Pfarrer nach Lutterworth bei Leicester versetzt, wo er 1384 starb. Da war, weit weg im Herzen des europäischen Kontinents, bereits jener geboren, der seine Ideen, über hundert Jahre vor Luther, aufgreifen sollte: der tschechische Theologe, Reformator und Nationalheld Jan Hus aus Husinec in Südböhmen.

Ähnlich wie Wycliffe war Hus Priester und Universitätslehrer zugleich. Er lehnte die Autorität des Papstes ab, da allein Christus das Haupt der Kirche sein könne. Mehr noch, da Christus von jedem Gläubigen erfahren werden könne, brauchte es gar keine äußerliche Institution wie die hierarchisch aufgebaute Amtskirche. Die wahre Kirche sei vielmehr die Gemeinschaft der Gläubigen, deren Seelenheil – wie Wycliffe vertrat Hus eine

strenge Prädestinationslehre – von Anfang an feststehe; deshalb könne einer Christ sein und doch nicht der Amtskirche angehören, wie umgekehrt deren Mitglieder nicht schon kraft ihrer Mitgliedschaft errettet seien, wie die herrschende katholische Lehre behaupte.

■ Jan Hus (Zdenek Stepánek) bei der Anhörung vor dem Konzil in Konstanz. Szene aus dem Film *Jan Hus* (CZ 1954) von Otakar Vávra

Scharf attackierte Hus den Klerus, der das Christentum durch seine Habgier und Laster in Verruf bringe und sogar für die selbstverständlichen Obliegenheiten seines Berufs zusätzlich Geld verlange, für Taufe, Kommunion, Begräbnis und so weiter: Die Gnade Gottes dürfe nicht käuflich sein, weshalb Hus auch den Ablasshandel und die trotz der Anstrengungen Gregors VII. (s. S. 142) fortwaltende Simonie kritisierte. Um die Kirche auf ihre evangelischen

JOHN WYCLIFFE

Schon im ausgehenden Mittelalter kamen dem englischen Theologen John Wycliffe (1330–1384) Zweifel an Amtskirche und Papsttum. Wie später die Reformatoren forderte er die Rückbesinnung auf die Bibel, formulierte seine Thesen 1376 in seinem Werk *De civili dominio* (»Über die weltliche Herrschaft«). Dafür wurde er von der Kirche verurteilt, starb aber keines gewaltsamen Todes. Bestraft wurde er erst posthum: 1427 wurden die Gebeine des »Ketzers« nach einem Beschluss des Konzils von Konstanz exhumiert und verbrannt.

■ Schlacht zwischen Hussiten und Kreuzrittern. Zeitgenössische Buchmalerei aus dem Jenaer Codex, 1420, Prag, Národní Museum

Anfänge zurückzuführen, forderte Hus, wie Wycliffe, die Einziehung aller Kirchengüter und einen in Armut lebenden Klerus. Als einzige Grundlage des Glaubens und alleinige Richtschnur für ein christliches Leben sollte die Bibel ausreichen. Zwar wagte sich Hus nicht an eine Übersetzung, doch wie später Luther forderte er, dass jeder die Heilige Schrift lesen können müsse; er selbst predigte auf Tschechisch statt wie sonst üblich auf Latein und setzte sich dafür ein, die heilige Messe im ganzen Land in der Volkssprache zu halten.

Hinsichtlich der Transsubstantiation teilte Hus einmal nicht Wycliffes Standpunkt. Ihm war ein anderer Aspekt wichtiger als Jesu körperliche An- oder Abwesenheit; er forderte den sogenannten Laienkelch: Nicht nur das Brot, die geweihte Hostie, sollte das Volk in der heiligen Kommunion essen, sondern auch den Wein trinken dürfen, was bislang den Klerikern vorbehalten war. Hus forderte also das »Abendmahl in beiderlei Gestalt« (so der Fachbegriff) auch für die Laien. (Wie schwer sich die katholische Kirche mit dieser einfachen Forderung tat, zeigt, dass sie erst 1963 das Verbot des Laienkelchs aufhob.)

Durch seine Predigten gewann Hus das Volk für seine Sache. Zudem verfasste er eine Reihe populärer Schriften – zum Beispiel eine *Auslegung des Glaubens, der Zehn Gebote und des*

TRANSSUBSTANTIATION

Die Lehre von der »Wesensverwandlung«, der Transsubstantiation, geht auf das Neue Testament zurück. So heißt es im Johannesevangelium (6,51): »Ich bin das lebendige Brot, vom Himmel gekommen … Und das Brot, das ich geben werde, ist mein Fleisch, welches ich geben werde für das Leben der Welt.« Die katholische Kirche nimmt das bis heute wörtlich: Wenn der Priester bei der Eucharistie (dem katholischen Abendmahl) die Worte »Dies ist mein Leib« spricht, ist Christus körperlich anwesend (Realpräsenz). Die meisten protestantischen Kirchen verstehen die Gegenwart Christi eher symbolisch.

Vaterunsers –, die zu Klassikern der tschechischen Literatur wurden und als bedeutende Denkmäler der tschechischen Sprachgeschichte gelten. Mit ihnen schuf er die Grundlage für die einheitliche tschechische Schriftsprache – ähnlich wie später Martin Luther für das Deutsche.

Anders als Wycliffe stieß Hus auf mächtige Gegner. Ursache war die verzwickte Situation im Herzland Europas: Das mehrheitlich tschechische Böhmen war damals das Zentrum des mehrheitlich deutschen Heiligen Römischen Reiches und Böhmens Hauptstadt Prag Sitz auch des Kaisers. Insbesondere die Deutschen, die größtenteils der Oberschicht angehörten, bekämpften Hus. Sie vor allem hatten die höheren Kirchenposten inne und gaben auch in der böhmischen Regierungskanzlei den Ton an. Reformen, wie sie der Tscheche Hus im Sinne hatte, hätten ihre Macht untergraben, ihr Wissensmonopol gefährdet und ihre Pfründen bedroht, gehörte der Kirche doch mehr als die Hälfte des Grund und Bodens in Böhmen. Gerade die tschechische Landbevölkerung, die unter den hohen Abgaben an die geistlichen Herren litt, schlug sich auf Hus' Seite, und auch der niedere Adel und das tschechische Bürgertum standen hinter ihm.

Wie anfangs Luther war auch Hus der Kirche gegenüber eigentlich loyal gesonnen. Er wollte sie nicht abschaffen, sondern reformieren, selbst als ihn der Prager Erzbischof seines Predigeramts enthob und er mit dem Kirchenbann belegt wurde. Hus zog sich auf eine Burg in Südböhmen zurück und verfasste 1413 sein Hauptwerk *De ecclesia* (*Über die Kirche*), in dem er seine Kritik und seine Reformideen zusammenfasste. Das Verhängnis nahm seinen Lauf: König Sigismund, der spätere Kaiser, zitierte ihn vor das Konzil in Konstanz, wofür er ihm freies Geleit zusicherte. Dann brach der hohe Herr sein Wort: Hus' Lehren wurden als häretisch verworfen, er selbst als Ketzer verurteilt und zusammen mit seinen Schriften verbrannt.

Die Tragik von Hus war, dass er die richtigen Ideen zur falschen Zeit hatte: Ihm fehlte, anders als später Luther, der Schutz durch mächtige Fürsten; und sein

Im Vatikan beschäftigte sich 1999 eine Konferenz aus Bischöfen, Theologen und Historikern mit dem Fall Jan Hus. Zu einer Rehabilitation konnte man sich nicht durchringen, aber der Papst äußerte ein »Bedauern« über Fehlentwicklungen in der Geschichte.

■ Martin Luther und Jan Hus zelebrieren die Messe für Friedrich den Weisen, Kurfürst von Sachsen. Holzschnitt, 16. Jh. London, British Museum.
Links im Bild ist zu sehen, wie ein Laie bei der heiligen Kommunion Wein trinken darf. Das war bis dato Geistlichen vorbehalten. Hus wollte das ändern und forderte den sog. Laienkelch.

■ *Feuertod des Jan Hus in Konstanz.* Buchmalerei, 1485, aus der *Spiezer Chronik* von Diebold Schilling d. Ä. (um 1445–1486). Bern, Burgerbibliothek.
Im Vertrauen auf das freie Geleit, das König Sigismund ihm zugesichert hatte, kam Hus der Forderung nach, vor dem Konzil in Konstanz zu erscheinen. Hier jedoch wurde er wegen seiner Schriften als Ketzer verurteilt und verbrannt.

Auftreten fiel in die Zeit des Abendländischen Schismas. Zwei, am Ende sogar drei Päpste konkurrierten damals gegeneinander, und das Konstanzer Konzil hatte die Aufgabe, diese Spaltung zu beenden. Hus' Lehre drohte dem Personalstreit einen inhaltlichen Konflikt hinzuzufügen, der die Kirche auch innerlich hätte gefährden können.

Genau dazu kam es dann in Böhmen – und dieser Konflikt wurde jetzt mit Waffengewalt ausgetragen. Hus' Hinrichtung löste eine tschechische, das kirchliche Anliegen mit sozialen und nationalen Belangen verbindende Volksbewegung aus: die Hussitenkriege, die bis 1436 in Böhmen, Mähren und den angrenzenden Ländern tobten. Ähnlich wie in der Reformation gab es gemäßigte und radikale Kräfte. Die Kalixtiner (von lateinisch *calix*, »Kelch«) dachten kirchenreformerisch und forderten freie Predigt, Laienkelch, Armut des Klerus und Enteignung des Kirchenguts; die sozialrevolutionären Taboriten (nach der Stadt Tabor in Südböhmen) wollten, ähnlich wie später die Wiedertäufer, alle kirchlichen Einrichtungen abschaffen, die Gütergemeinschaft einführen und das Reich Gottes hier und jetzt erkämpfen. Die Kalixtiner setzten sich durch; die Prager Kompaktaten, die die meisten ihrer Forderungen erfüllten, begründeten eine Art tschechischer Sonderkirche.

Posthum hat Hus gesiegt. Die Rekatholisierung Böhmens nach dem Dreißigjährigen Krieg machte sein Werk zwar zunichte, doch als Nationalheld blieb er im Gedächtnis und wurde im 19. Jahrhundert zu einem Vorbild im Kampf um die tschechische Selbständigkeit im Habsburgerreich. Und auch für den Kirchenreformer Hus gab es einen späten Triumph. Auf dem Scheiterhaufen soll er gesagt haben: »Heute bratet ihr eine Gans« – Hus heißt auf Deutsch »Gans« –, »aber aus der Asche wird ein Schwan entstehen.« Dieser Schwan wird hundert Jahre später Luther sein.

JAN HUS
HUSSITISCHES CHRISTENTUM

 DATEN UND FAKTEN

Biographie: Jan Hus wird um 1370 im tschechischen Husinec geboren. Ab 1390 studiert er die Artes liberales in Prag, ab 1398 Theologie. 1400 wird er zum Priester geweiht, ist als Prediger, Universitätslehrer sowie als Beichtvater des böhmischen Königs tätig. Infolge einer Bulle des Papstes Alexander V. kommt es 1410 in Prag zur Verfolgung der Anhänger John Wycliffes, zu denen Hus gehört. 1411 wird über ihn der Kirchenbann verhängt. Da er aber von Volk und König unterstützt wird, kann er noch ein Jahr öffentlich predigen; dann zieht er sich zurück, verfasst kirchenkritische Schriften. Auf dem Konzil von Konstanz wird er 1414 festgenommen. Da er sich weigert, seine Lehren zu widerrufen, wird er zum Tode verurteilt und am 6. Juli 1415 als Ketzer verbrannt.
Quellen: Hus' eigene Schriften, u. a. *Auslegung des Glaubens, der Zehn Gebote und des Vaterunsers* von 1412 und *De ecclesia (Über die Kirche)* von 1413
Wirkungsstätten: Prag; Konstanz
heilige Schrift: die christliche Bibel
Verbreitung: Mitte des 15. Jh.s ging aus den Hussiten die Gemeinschaft der Böhmischen Brüder hervor, die sich dem Urchristentum verpflichtet fühlte und 1467 von der römischen Kirche lossagte. In der Reformation schloss sie sich den Protestanten an. Im Dreißigjährigen Krieg (1618–1648) wurden fast alle Böhmischen Brüder vertrieben. Einige ließen sich 1722 auf dem Oberlausitzer Gut des Grafen Nikolaus Ludwig von Zinzendorf

nieder; ihre Siedlung nannten sie, da sie unter Gottes Obhut stehe, »Herrnhut«. Durch Auswanderung und Mission verbreiteten sie sich bis nach Afrika und Übersee. Die Böhmischen Brüder, die in der Heimat geblieben waren, gründeten 1918 die Evangelische Kirche der Böhmischen Brüder, die heute mit gut 100 000 Mitgliedern die größte protestantische Kirche in Tschechien ist.
Kernaussage: Sein Gewissen ist die oberste Autorität eines Menschen. Gottes Gnade ist nicht käuflich.

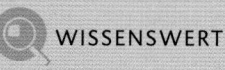 WISSENSWERTES

Das Abendländische Schisma
Schisma ist griechisch und bedeutet »Trennung«. Gemeint ist die Aufkündigung der kirchlichen Einheit. In der Kirchengeschichte kam es wiederholt zu Schismen, die beiden folgenreichsten waren das Morgenländische Schisma von 1054 und das Abendländische Schisma. Letzteres begann 1378, als französische Kardinäle die Papstwahl Urbans VI. nicht anerkannten und Clemens VII. zum Gegenpapst ausriefen. Fortan gab es einen Papst in Rom und einen in Avignon. Auf dem Konzil von Pisa 1409 wurden Gregor XII. (Rom) und Benedikt XIII. (Avignon) abgesetzt und Alexander V. zum Papst gewählt. Da aber die Abgesetzten die Wahl anerkannten, hatte das Konzil das Schisma

noch vergrößert, denn nun gab es drei Päpste (die sich gegenseitig exkommunizierten). Erst in Konstanz gelang es König Sigismund im Jahr 1417, nachdem das Konzil drei Jahre lang ergebnislos getagt hatte, alle drei Päpste (Gregor XII. in Rom, Benedikt XIII. in Avignon und Johannes XXIII., den Nachfolger Alexanders V., in Pisa) zur Abdankung zu zwingen und in Rom einen einzigen Papst zu installieren, Martin V.

 EMPFEHLUNGEN

Lesenswert:
Peter Hilsch: *Johannes Hus. Prediger Gottes und Ketzer*, Regensburg 1999

Ferdinand Seibt: *Jan Hus*, München 1997

Richard Friedenthal: *Jan Hus. Der Ketzer und das Jahrhundert der Revolutionskriege*, München 1994

Hans-Georg Beck u. a.: *Vom kirchlichen Hochmittelalter bis zum Vorabend der Reformation*, Freiburg / Br. 1985

Christoph Auffahrt: *Die Ketzer. Katharer, Waldenser und andere religiöse Bewegungen*, München 2009

Sabine Wassermann: *Das Zeichen des Ketzers*, Reinbek 2008 (Roman)

 AUF DEN PUNKT GEBRACHT

Hundert Jahre vor Luther kritisiert ein Böhme die volksferne, durch Besitz und Macht korrumpierte Kirche und fordert einen allein auf die Bibel gestützten Glauben. Nach seinem Tod entsteht eine tschechische Volksbewegung gegen die deutsch dominierte Kirche und Herrschaft in Böhmen.

Ein Gott für Hindus und Muslime
Guru Nanak
1469–1538/39

Der Goldene Tempel von Amritsar liegt in einem Teich und ist nur über eine Brücke zugänglich. Damit wird versinnbildlicht, dass der Tempel ein Schiff ist, das auf den »Wassern der Unwissenheit« schwimmt.

Die stolzen Männer mit den wallenden Bärten und den Turbanen, die aus einer sechs Meter langen Stoffbahn bestehen und um das ungeschnittene Haupthaar geschlungen werden, hat wohl jeder einmal gesehen, ob im Kino oder in natura. Sie prägen das Indienbild vergleichbar den Jainas, jenen Anhängern der Lehre Mahaviras (s. S. 34), die den Weg vor sich kehren, um kein noch so kleines Tier zu töten, und sind doch, ähnlich wie diese, nur eine kleine Minderheit: die Sikhs. Von den Jainas unterscheidet sie nicht nur ihr Äußeres, sondern auch ihre kriegerische Einstellung.

Obwohl sie nur knapp zwei Prozent der Bevölkerung ausmachen, stellen sie zehn Prozent der einfachen Soldaten und zwanzig Prozent der Offiziere in der indischen Armee. Viele Sikhs tragen im Zivilleben buchstäblich einen Dolch im Gewande; und zum Zeichen ihrer Kraft und ihres Mutes führen alle Männer den Nachnamen Singh (»Löwe«), während die Frauen als Symbol ihrer Würde und vornehmen Gesinnung – auch das ein Gegensatz zur jainistischen Bescheidenheit – den Nachnamen Kaur (»Prinzessin«) tragen. Ihre Geschichte hat die Sikhs kämpferisch gemacht, und das nicht nur infolge der blutigen Auseinandersetzungen mit Hindus in der jüngeren Vergangenheit oder weil ihr Bundesstaat, der Punjab, Schlachtfeld in allen pakistanisch-indischen Kriegen war.

Es liegt Tragik darin, dass ausgerechnet die Heimat der Sikhs Schauplatz der mörderischen Konflikte zwischen dem hinduistischen Indien und dem islamischen Pakistan war. Ihre Religion zeichnet sich nämlich gerade dadurch aus, dass sie ein Amalgam aus beidem, aus Islam und Hin-

■ Guru Gobind Singh (mit Falke) begegnet Guru Nanak. Gemälde, 18. Jh.

duismus, ist. Ihr Gründer Nanak entstammte einer Hindufamilie, hatte als Regierungsbeamter mit Hindus und Muslimen zu tun und begann Anfang des 16. Jahrhunderts unter dem Einfluss des dichtenden Mystikers Kabir – eines Nachfolgers des Philosophen Ramanuja (s. S. 146) – den Glauben an den einen Gott zu lehren, der ungeboren und unsterblich ist, alles umfasst und doch selbst unfassbar ist, weshalb man sich, gut muslimisch, kein Bild von ihm machen darf. Die hinduistischen Götter ließ er als Engel gelten, was der islamischen Geister- und Dämonentradition nicht widersprach; doch übernahm er vom Hinduismus vor allem die Lehre vom Samsara, vom Kreislauf aus Geburt, Tod und neuerlicher Geburt. Um diesen zu verlassen, muss der Mensch sich dem Einen und Einzigen liebend hingeben und Gutes tun: Dann werde er nach dem Tod zur Einheit mit Gott gelangen. Ein böser Mensch jedoch, der in seinem Leben schlechtes Karma erworben hat, werde als Tier wiedergeboren.

Dabei ist es – ein Zeichen für die Toleranz dieser Mischreligion – nicht nötig, ein Sikh zu sein, um die Kette der Wiedergeburten zu zerbrechen. Es genügt, an Gott zu glauben und ein guter Mensch zu sein. »Es gibt weder Hindu noch Muslim, sondern nur Geschöpfe Gottes«, lautete Nanaks zentraler Satz. Als Geschöpfe Gottes aber sind alle Menschen gleich, weshalb er das Kastensystem als gottlos verwarf. Mehr noch: Da alles, was existiert, aus Gottes Hand stammt, soll sich der Mensch ihm verbunden fühlen, denn es bildet eine schöpferische Einheit.

Zwar knüpft Nanak an die hinduistische Vorstellung an, wonach die empirisch erfahrbare Wirklichkeit Maya sei, bloßer Schein. Aber, so Nanak, sie ist eben ein Spiel Gottes, der viele Masken trägt, mal »Allah«, mal »Ram« heißen mag und sich überhaupt hinter allem verbirgt. Deshalb muss der Mensch dieses Spiel ernst nehmen und darf die Welt nicht als wertlose Illusion abtun. Materielle Bedürfnisse und Werte sind vielmehr zu billigen – ein Grund, weshalb überdurchschnittlich viele Sikhs wirtschaftlichen Erfolg haben.

Die Gewissheit, mit allem Sein in einem von Gott gestifteten Zusammenhang zu stehen, bedeutet für die Sikhs eigentlich die

■ Der Goldene Tempel von Amritsar ist das zentrale Heiligtum des Sikhs.

KABIR
Der indische Dichter Kabir (1440–1518) stand in der Nachfolge Ramanujas und war seinerseits Wegbereiter der Lehre Nanaks. Von Beruf soll er Weber gewesen sein. Kabir hatte, wie seine Nachfolger, die Kabirpanthis, das Anliegen, Hindus und Muslime miteinander zu versöhnen; dabei griff er auf die Veden ebenso zurück wie auf den Sufismus und die islamische Mystik. Seine auf Althindi verfassten Verse sind auch Bestandteil des Adigrantha, der heiligen Schrift der Sikhs.

■ Der Sikhführer Jarnail Singh Bhindranwale, umgeben von seinen Anhängern am 17. April 1984 in Amritsar

AMRITSAR
Das bedeutendste Gotteshaus oder Gurdwara (»Tor des Guru«) ist der Goldene Tempel in Amritsar, mit dessen Bau der vierte Guru Ram Das (1534–1581) begonnen hatte. Der Gottesdienst besteht größtenteils aus dem Gesang der Gläubigen; Hymnensingen gilt laut Guru Nanak als »Nahrung für Herz und Seele«. Sikh-Tempel stehen Anhängern anderer Konfessionen offen.

Verpflichtung zu einem friedvollen Leben. Die Realität sieht indessen anders aus. Der Grund liegt in der gewaltsamen Verfolgung, der die Sikhs lange ausgesetzt waren. Nanak selbst hatte als Lehrer (Guru) zahlreiche Schüler (Sikhs) um sich gesammelt, aber seiner Gemeinschaft keinen festen Rahmen verpasst. Das geschah erst im Lauf von zweihundert Jahren unter seinen Nachfolgern, die ebenfalls den Titel Guru führten und den Sikhismus durch Sammlung der heiligen Schriften (des Adigrantha oder Adi Granth, des »ursprünglichen Buches«) und Errichtung eines zentralen Heiligtums (des Goldenen Tempels in Amritsar) institutionalisierten. Die Folge war die brutale Unterdrückung der Sikhs durch die islamischen Moguln.

Der fünfte Guru wurde ermordet, viele Sikhs starben den Märtyrertod. Der zehnte und letzte Guru Gobind Singh gründete schließlich um 1700 eine kriegerische Bruderschaft namens Khalsa (»Die Reinen«), deren Mitglieder die »fünf K« einhalten mussten: Kes (Haupthaar und Bart nicht scheren), Kangha (einen Kamm im Haupthaar tragen, um es zu halten), Kirpan (einen Dolch dabeihaben; ursprünglich ein Schwert), Kachha (eine knielange Hose unter dem Gewand tragen zum Zeichen der Hygiene) und Kara (einen eisernen Armreif um das rechte Handgelenk legen, ursprünglich ein Schutz gegen Schwerthiebe). Dieser Bund entwickelte sich zu einer straffen militärischen Organisation und prägte schließlich das Schutz- und Trutzverständnis der ganzen Sikh-Gemeinschaft gegen äußere Feinde – erst die Bedrohung durch Muslime, später durch Hindus.

Nach der politischen Teilung des Subkontinents 1947 und der Flucht vieler Sikhs aus Pakistan in den indischen Teil des Punjab wurde immer wieder die Forderung nach mehr Autonomie, ja staatlicher Selbständigkeit laut. Der Streit eskalierte 1984, als die indische Armee den Goldenen Tempel in Amritsar stürmte, was mehrere hundert Tote forderte, und die indische Premierministerin Indira Gandhi von zwei Sikh-Leibwächtern ermordet wurde. Erst in den 1990er Jahren beruhigte sich die Lage, und seit 2004 amtiert mit Dr. Manmohan Singh sogar ein Sikh als Premierminister Indiens.

GURU NANAK
SIKHISMUS

 DATEN UND FAKTEN

Biographie: Nanak wird 1469 als Sohn einer Hindufamilie in Talwandi bei Lahore (heute in Pakistan) geboren. Sein Vater soll Steuereintreiber gewesen sein. Nanak erhält eine gute Ausbildung und lernt neben Sanskrit auch Persisch und Arabisch. 1499 hat er, während er in einem Fluss badet, ein Berufungserlebnis. Er gibt seinen Besitz auf und beginnt ein Leben als Wanderprediger, reist durch ganz Indien, vielleicht sogar nach Mekka und Medina. Schließlich lässt er sich in Kartarpur (heute im pakistanischen Teil des Punjab) nieder und schart Schüler (Sikhs) um sich, lebt mit ihnen in einer Gemeinschaft. Nanak stirbt 1538 oder 1539 in Kartarpur.

Quellen: Die wichtigste Quelle sind die *Janam-Sakhian*, Legenden über das Leben der frühen Gurus; sie sind jedoch jeweils mit jahrzehntelangem Abstand zum Geschehen entstanden und haben eher hagiographischen Charakter.

Wirkungsstätte: Indien

Heiligtum: Der Wallfahrtsort Amritsar (»Nektarsee«) im indischen Punjab wurde 1577 vom vierten Guru, Ram Das, gegründet. 1760 wurde der Goldene Tempel fertiggestellt; die vergoldeten Kupferplatten kamen erst 1830 hinzu.

heilige Schrift: Der Adigrantha (»ursprüngliches Buch«) wird von den Sikhs auch »Herr Lehrer Buch« (Guru Granth Sahib) genannt. Der fünfte Guru, Arjan, begann 1604 mit seiner Zusammenstellung; vom zehnten Guru, Govind, wurde er 1704 vollendet. Der Adigran-

tha enthält 6 000 Hymnen der ersten Sikh-Gurus sowie hinduistischer Heiliger und ist in einer eigens entwickelten Schrift, Gurmukhi (»Schrift des Guru«), geschrieben.

Verbreitung: Weltweit gibt es etwa 23,3 Mio. Sikhs. Die meisten von ihnen leben in Indien. Größere Sikh-Gemeinschaften gibt es auch in Nordamerika (530 000) und Großbritannien (230 000). In Deutschland leben etwa 5 000 Sikhs.

Kernaussage: Es gibt weder Hindu noch Muslim, sondern nur Geschöpfe Gottes.

 WISSENSWERTES

Die kriegerische Geschichte der Sikhs

Im 16. Jh. wurden große Teile Indiens, darunter der Punjab, von den Moguln, einer muslimischen Dynastie aus Zentralasien, erobert. Zeitweise umfasste das Mogulreich auch Teile Afghanistans. Unter der Regierung des Mogulkaisers Jahangir (1569–1627) begann die Verfolgung der Hindus und der Sikhs: Sie wurden von öffentlichen Ämtern ausgeschlossen, ihre Tempel wurden zerstört und es wurde eine »Ungläubigensteuer« erhoben. Der fünfte Guru, Arjan, wurde 1606 ermordet, der neunte Guru, Teg Bahadar, 1675 hingerichtet. Die Sikhs leisteten erbitterten Widerstand, organisierten sich militärisch und erkämpften

sich im 19. Jh. unter Ranjit Singh im Punjab ein eigenes Reich, das 1849 Teil des britischen Empire wurde. Zur gleichen Zeit endete das Mogulreich. Doch die Sikhs fanden keinen Frieden: 1947 fiel im Zuge der Dekolonisation ein Teil des Punjab an das neu gegründete, muslimische Pakistan; die Sikhs mussten nach Indien übersiedeln, wo 1966 der Punjab als eigener Bundesstaat für sie eingerichtet wurde. In den 1970ern forderten Jarnail Singh Bhindranwale und seine Akali-Partei einen von Indien unabhängigen Sikh-Staat. Die Spannungen eskalierten 1984, als die indische Armee ein Blutbad im Tempel von Amritsar anrichtete und Sikh-Leibwächter die Premierministerin Indira Gandhi ermordeten. Seit den 1990er Jahren ist die Lage im Punjab einigermaßen stabil.

 EMPFEHLUNGEN

Lesenswert:
Wundersam ist Dein Spiel, Geliebter meiner Seele. Hymnen aus dem Adi Granth, hrsg. von Gisela Voigts, Ottersberg 1997

Monika Thiel-Horstmann: *Leben aus der Wahrheit. Texte aus der heiligen Schrift der Sikhs*, Zürich 1998

Elisabeth Meru, Pirthi Singh, Granthi Jarnail Singh: *Sikhs und Sikhismus*, Aachen 2009

Anklickenswert:
www.sikh-religion.de

 AUF DEN PUNKT GEBRACHT

Hinduismus und Islam verschmelzen zu einer neuen Religion: dem Sikhismus, der den Glauben an den einen Gott mit dem Gedanken der Wiedergeburt vereint. Ursprünglich betont friedfertig, entwickeln die Sikhs in einer langen Zeit der Verfolgung eine demonstrativ kämpferische Gesinnung.

Ein freier Herr und dienstbarer Knecht

Martin Luther

1483–1546

■ *Martin Luther.* Gemälde, 1526, von Lucas Cranach d. Ä. (1472–1553). Eisenach, Wartburg. Auf der Wartburg befindet sich auch das Porträt von Luthers Ehefrau Katharina, das Pendant zu diesem Hochzeitsbild.

»Wenn der Groschen im Kasten klingt, die Seele aus dem Fegfeuer springt!« Dass die Kirche ihren Schäflein vorgaukelte, sie könnten sich von ihren Sünden freikaufen, war nicht neu. Wenn ein kleiner Augustinermönch 95 Thesen schrieb, in denen er behauptete: »Diejenigen, welche wegen der Ablassbriefe ihrer Seligkeit gewiss zu sein glauben, werden samt ihren Lehrern ewiglich verdammt«, so sollte das kaum Aufsehen erregen, schrieb er doch lateinisch und nagelte die Thesen auch nicht öffentlich an, sondern sandte sie bloß an einige Kirchenleute. Als die Sache dennoch Kreise zog, tat der Papst das anfangs als »Mönchsgezänk« ab.

Er rechnete nicht damit, dass dieser unbedeutende thüringische Kleriker unter dem Druck von Kirche und Kaiser nicht nachgab, sondern immer weiter ging. Denn Martin Luther spürte: Die Welt war bereit für die *reformatio*, die »Erneuerung« der Kirche. Deren religiöse Autorität und moralische Kraft hatte sich erschöpft, und anders als in früheren Jahrhunderten sorgte jetzt der Buchdruck für die rasche Verbreitung der neuen Ideen. Dass sie solchen Widerhall fanden, lag sicherlich auch daran, dass es zunächst um bares Geld ging, denn in einer Welt, in der gerade die Naturalienwirtschaft dem Münzwesen Platz machte, traf der Ablasshandel das Nervenzentrum des entstehenden Kapitalismus. Geld war zu einem Lebenselixier geworden, das mittlerweile alle Schichten der Gesellschaft zur Existenz benötigten. Deshalb hörte beim Geld der Glaube auf.

Umgekehrt wurde durch Luther der Glaube vom schmutzigen Mammon gereinigt, und so beflügelte Bürger und Bauern bald ein evangelischer Geist, der ein neues, freies Leben verhieß und damit auch zu sozialen und politischen Reformen ansporne. Landesfürsten und freie Reichsstädte wiederum erkannten die günstige Gelegenheit, auf Kosten der Kirche und gegen die kai-

PHILIPP MELANCHTHON

Luthers engster Mitarbeiter war Philipp Schwarzerdt (1497–1560), der seinen Nachnamen zu Melanchthon gräzisierte. Der Wittenberger Professor für Hebräisch und Griechisch formulierte erstmals Grundzüge der lutherischen Lehre in seinen *Loci communes rerum theologicarum* (*Grundbegriffe der Theologie*, 1521), prägte maßgeblich den Aufbau des evangelischen Schul- und Kirchenwesens und verfasste 1530 die *Confessio Augustana*, die zentrale Bekenntnisschrift des Luthertums. Seine Theologie deckt sich aber nicht ganz mit der Luthers; so meinte er, dass Gott wie ein Richter für sein Urteil über den Sünder auch dessen gute Werke heranziehe.

serliche Zentralgewalt den eigenen Anteil an Macht und Besitz zu vergrößern – war doch der seit 1519 regierende Karl V. häufig anderweitig in Anspruch genommen, denn als Karl I. war er zugleich spanischer König und regierte ein Reich, in dem die Sonne nicht unterging.

Eben die Globalisierung spielte eine wichtige Rolle. Durch die Entdeckung Amerikas war die Welt so groß geworden, dass der Einzelne sich in ihr unbedeutend und verloren wähnen konnte. Er musste sich seiner selbst vergewissern und fragen, was gerade ihn besonders machte und von anderen unterschied. Als Angehöriger eines Volkes mochte er sich seiner nationalen Eigentümlichkeiten bewusst werden; als gläubiges Individuum musste er sein persönliches Verhältnis zu Gott klären.

Auch Luther sorgte sich um sein ganz eigenes Seelenheil: Wie kann ich, ein Mensch und Sünder, mich vor Gott rechtfertigen? Wie kann ich auf seine Gnade hoffen, wenn ich doch durch meine Sünden seinen Zorn herausfordere? Mit Geld kann ich ihn nicht versöhnen, das wäre bloßer Schacher. Ebenso wenig mit guten Werken, denn auch das würde Gott zum Handelspartner erniedrigen. In der Heiligen Schrift, in Paulus' (s. S. 76) Römerbrief, fand Luther

■ Ablassbrief des Paters General Zanetti für Thomas Spinelli. Pergament mit Siegel, 26. Juni 1469. New Haven, Beinecke Library.
Als »Mönchsgezänk« tat der Papst zunächst die Kritik ab, die Luther kircheninterm verbreitete, dann aber verschärfte er den Ton: »Diejenigen, welche wegen der Ablassbriefe ihrer Seligkeit gewiss zu sein glauben, werden samt ihren Lehrern ewiglich verdammt.«

■ Martin Luther auf dem Reichstag zu Worms. Szene aus dem Film *Luther* (D 2003) von Eric Till mit Joseph Fiennes in der Rolle des Reformators

die Antwort: »Allein durch den Glauben« (3,28) ist Gnade und Erlösung zu erhoffen; vermittelt wird diese Hoffnung durch Jesus Christus (s. S. 68), der für die Sünden der Menschheit starb und zum ewigen Leben wiederauferstand.

Glaube, Gnade, Heilige Schrift, Christus: Damit hatte Luther die vier Grundpfeiler gewonnen, auf denen er nun das evangelische Bekenntnis errichtete. »Sola fide«, allein durch den Glauben, rechtfertigt sich der Mensch vor Gott, auf seine Werke kommt es nicht an. Was nicht heißt, dass man unbedenklich Böses tun kann! Luther meint vielmehr: Nicht gute Taten machen gerecht, sondern der Gerechte tut von selbst Gutes und beweist sich – getreu dem

BUCHDRUCK

Rund dreißig Jahre vor Luthers Geburt geschah in Mainz eine Revolution: Johannes Gensfleisch, genannt Gutenberg (um 1400–1468), hatte den Druck mit beweglichen Lettern so weit verbessert, dass er die – damals noch lateinische – Bibel in einer Auflage von 180 Exemplaren drucken konnte. Dieser technologische Durchbruch verhalf auch Luther zum Erfolg; seine Übersetzungen der Bibel aus dem Urtext, *Das Newe Testament Deutszsch* (1522) und die *Biblia* (1534), erschienen in für damalige Verhältnisse hohen Auflagen. Gutenberg verdiente sein Geld übrigens auch mit dem Druck von Ablassbriefen.

Wort des Paulus im Römerbrief: »Seid niemand etwas schuldig, außer dass ihr euch untereinander liebt« – im tätigen Einsatz für den Mitmenschen. »Sola gratia«, allein durch die Gnade Gottes, gewinnt der Mensch das Heil. Es aus eigener Kraft schaffen zu wollen ist vermessen. Auch die von Papst und Kirche gebotenen Gnadenmittel sind nutzlos; ein bezahlter Ablass hat keinerlei Gewicht. »Sola scriptura«, allein die Heilige Schrift, und besonders das Evangelium, ist Fundament des Glaubens. Papstdekrete und Konzilsbeschlüsse sind nichtig, Priester oder Heilige als Mittler zu Gott überflüssig. Jeder Gläubige ist mündig, kann die Bibel selbst auslegen und im Gebet mit seinem Schöpfer Zwiesprache halten. »Solus Christus«, allein Jesu Leben und Lehre, ist Vorbild und Richtschnur für den gläubigen Christen.

Die Konsequenzen sind mannigfaltig, und Luther zieht sie. Heiligenverehrung, Reliquienkult und Wallfahrten werden abgestellt, der Zölibat aufgehoben, alle Sakramente abgeschafft bis auf Taufe und Abendmahl, die Christus selbst eingesetzt hat. Das Fastengebot verliert seinen Sinn ebenso wie ein Leben im Kloster. Die Kirchen werden, da allein die Schrift zählt, schlicht ausgestattet und überflüssiger Tand entfernt, damit nichts ablenkt von Gottes Wort. Damit jeder Christ sich seines Glaubens vergewissern kann, wird die Bibel ins Deutsche übersetzt, und um der Fremdbestimmung durch den Global Player Rom ein Ende zu machen, werden in den evangelischen Territorien eigene Landeskirchen aufgebaut.

Beim Abendmahl dürfen die Gläubigen nach dem Vorbild von Jesu Jüngern auch den Wein trinken, was die katholische Kirche erst über vierhundert Jahre später zulassen wird. Auch die katholische Vorstellung der Transsubstantiation (Wesensverwandlung), wonach Brot und Wein in Fleisch und Blut Christi umgewandelt würden, lehnt Luther ab. Ihm zufolge ist Christus zwar »im, mit und unter« dem Brot und Wein leiblich gegenwärtig, diese aber blieben gleichwohl in ihrer Substanz erhalten: Es handele sich nur um eine Konsubstantiation, eine Wesensverbindung von Geist und Stoff analog der Auffassung, dass Christus Gott und Mensch zugleich war.

Die schöne Legende, Martin Luther habe seine 95 Thesen am 31. Oktober 1517, am Vorabend des Allerheiligenfestes, an das Portal der Schlosskirche zu Wittenberg genagelt, wird von der heutigen Forschung bezweifelt. Wahrscheinlicher ist, dass er seine Kritik nur kirchenintern vorgebracht hat. Anfangs waren es auch nur 93 Thesen.

■ Blick in eine Buchdruckerei. Ausschnitt aus einem Kupferstich, 1632, von Matthäus Merian d. Ä. (1593–1650)

Anders als bei den Katholiken ist es auch nicht das Zauberwort des Priesters, das die Anverwandlung vollbringt: Allein der Glaube des das Abendmahl Empfangenden ist es, der das Wunder wirkt.

Den Dualismus von Geist und Stoff überträgt Luther auch auf das Verhältnis von Religion und Staat. Davon ausgehend, dass jeder Christ zweierlei Natur ist, leiblicher und geistlicher, entwickelt er eine Zweireichelehre, deren zentraler Satz sich auf Paulus (1 Kor 9,19) beruft. Luther sagt: »Ein Christenmensch ist ein freier Herr über alle Ding und niemand untertan. Ein Christenmensch ist ein dienstbar Knecht aller Ding und jedermann untertan.« Soll heißen: Es gibt ein geistliches Reich, in dem Christus durch das Evangelium herrscht und nur die Beziehung des Individuums zu Gott zählt, an den allein es in seinem Gewissen gebunden ist. Der Mensch ist hier frei. Anders ist es im weltlichen Reich, wo Gott indirekt regiert, insofern als alle Ordnungen wie Familie, Gesellschaft, Staat von

■ Titelseite einer Luther-Bibel von 1561

ihm gesetzt sind und die Obrigkeit sich folglich auf ihn berufen kann. Hier ist der Mensch unfrei: Er hat der von Gottes Gnaden eingesetzten Regierung zu gehorchen und darf allenfalls passiven Widerstand leisten.

Es scheint, dass Gegensätze wie diese zwei Reiche Luthers Lebenswerk kennzeichnen: Der Reformator suchte einen gnädigen Gott und entfesselte mit seinen evangelischen Ideen eine Gewalt, deren erste und lange nicht letzte der deutsche Bauernkrieg war. Er wollte ein demokratisches Christentum – denn alle Gläubigen sind ein »heiliges Volk« (2 Mose 19,6; 1 Petr 2,9), und Jesus hat sie alle »zu Priestern gemacht vor Gott« (Off 1,6) –, aber rief die Landesherren auf den Plan, die sich die Kirche für Jahrhunderte unterordneten. Seine religiöse Aufklärung brachte in christlicher Verpackung Freiheit und Vernunft voran, aber förderte zugleich das Obrigkeitsdenken.

Das alles mag Vergangenheit sein, aber das Luthertum hat dabei viel Kraft verloren. Braucht es womöglich eine Erneuerung, lateinisch: *reformatio*?

MARTIN LUTHER
EVANGELISCH-LUTHERISCHES CHRISTENTUM

 DATEN UND FAKTEN

Biographie: Martin Luther wird am 10. November 1483 in Eisleben als Sohn eines Bergmanns geboren. Nachdem er ein Studium der Artes liberales in Erfurt mit dem Magistergrad abgeschlossen hat, beginnt er 1505 ein Jurastudium. Schon nach zwei Monaten gibt er es auf, um ein Gelübde zu erfüllen: In einem Gewitter hat er der heiligen Anna in Todesangst gelobt, Mönch zu werden, wenn sie für seine Rettung sorgt. So tritt er in das Kloster der Augustiner-Eremiten in Erfurt ein und wird 1507 zum Priester geweiht; 1512 schließt er ein Theologiestudium mit dem Doktor ab und übernimmt die Professur für Bibelexegese. Nachdem er 1517 als Antwort auf die Ablasspredigt Johannes Tetzels seine berühmten Thesen verfasst hat, kommt es zum Ketzerprozess. Da er den Widerruf verweigert, wird 1521 im Wormser Edikt die Reichsacht über ihn verhängt. Luther findet unter dem Namen »Junker Jörg« Zuflucht auf der Wartburg in Eisenach und übersetzt das Neue Testament ins Deutsche. 1522 kehrt er nach Wittenberg zurück, wo er einige radikale Kirchenreformen rückgängig macht. 1525 heiratet er die frühere Zisterziensernonne Katharina von Bora. Mit ihr hat er drei Söhne und drei Töchter. Noch immer geächtet, kämpft Luther, mit Philipp Melanchthon, weiterhin für die Durchsetzung der Reformation, wobei sein Ton zunehmend schärfer und bitterer wird. Am 22. Februar 1546 stirbt Luther in Eisleben an einem Herzleiden.

Quellen: Luthers eigene Schriften, u. a. *An den christlichen Adel deutscher Nation* (1520); *Von der Freiheit eines Christenmenschen* (1520); *Über den geknechteten Willen* (1525); *Wider das Papsttum zu Rom, vom Teufel gestiftet* (1545); Philipp Melanchthons *Confessio Augustana* von 1530

Wirkungsstätten: Erfurt; Wittenberg; Eisenach

heilige Schrift: die christliche Bibel

Verbreitung: Von den weltweit 2,1 Mrd. Christen gehören etwa 70 Mio. der lutherischen Kirche an. Besonders stark sind die lutherischen Kirchen in Deutschland, Skandinavien, Estland, Lettland und den USA. Mit 7 Mio. Mitgliedern ist die lutherische Kirche von Schweden die größte der Welt; die Evangelisch-lutherische Landeskirche Hannover ist mit 3,1 Mio. die größte in Deutschland.

Kernaussage: Allein der Glaube rechtfertigt den Menschen.

 WISSENSWERTES

Ablass
Das katholische Kirchenrecht definiert den Ablass (Indulgentia) als »Nachlass zeitlicher Strafen vor Gott für Sünden, deren Schuld schon getilgt ist«. Nach der katholischen Bußlehre ist es also möglich, für bestimmte Sünden schon in diesem irdischen Leben zu büßen, um dadurch die Zeit im Fegefeuer – die jeder durchzustehen hat, auch der, der

danach in den Himmel eingeht – zu verkürzen. Voraussetzungen sind Taufe, Beichte, Kommunion, Freisein von Exkommunikation und die Erfüllung eines Bußwerks. Ablassvollmacht hat allein der Papst, doch kann auch ein Kardinal beschränkt den Ablass gewähren. Der Ablass bedeutet aber keine Vergebung der Sünden: Die liegt allein bei Gott. Die Kirche kennt den Ablass seit dem 11. Jh., doch wurde die Praxis zunehmend missverstanden und pervertiert; im 14. Jh. begann der Verkauf von Beichtbriefen, der sich im 16. Jh. zum von der Kirche unterstützten Ablasshandel auswuchs. Dieser Missbrauch wurde durch das Konzil von Trient (1545–1563) beendet.

EMPFEHLUNGEN

Lesenswert:
Luther deutsch. Die Werke Martin Luthers in neuer Auswahl für die Gegenwart, hrsg. von Kurt Aland, Göttingen 1991 (10 Bde., auch auf CD-ROM)

Hans-Martin Barth: *Die Theologie Martin Luthers. Eine kritische Würdigung,* Gütersloh 2009

Horst Herrmann: *Martin Luther. Eine Biographie,* Berlin 2003

Sehenswert:
Luther. Regie: Eric Till; mit Joseph Fiennes, Alfred Molina. USA / D / GB 2003

AUF DEN PUNKT GEBRACHT

Ein kleiner Mönch macht Weltgeschichte: Gegen Kaiser und Papst setzt er eine neue Kirche ins Werk, in deren Mitte der mündige Christ steht, der selbständig die Bibel liest, sich selbstbestimmt an Jesu Leben und Lehre orientiert und, allein seinem Glauben vertrauend, frei seinem Gewissen folgt.

Der symbolische Christus
Huldrych Zwingli
1484–1531

Es ist das Schicksal vieler Neuerer, dass sie auf halbem Weg stehenbleiben. Martin Luther (s. S. 176), der sich die Freiheit des Christenmenschen aufs Panier geschrieben hatte, verbündete sich schließlich mit den Fürstenhäusern gegen die aufbegehrenden Bauern. Auch theologisch wandte er sich in einer zentralen Frage nicht entschieden vom Alten ab: Seine Ansicht, dass beim Abendmahl Brot und Wein durch die Kraft des Glaubens zu Leib und Blut Christi werden, steht der katholischen Auffassung – wonach das Wort des geweihten Priesters, nicht die Überzeugung des einzelnen Gläubigen die Verwandlung vollbringe – durchaus nahe.

Nicht Luther, sondern der Schweizer Reformator Ulrich Zwingli, der sich später Huldrych nannte, war es, der eindeutig mit der katholischen Lehre brach, indem er die Transsubstantiation rein symbolisch auffasste: Christus, so Zwingli, könne nicht zur Rechten des Vaters im Himmel sitzen und gleichzeitig auf den Altären der Welt in Wein und Brot anwesend sein.

■ Huldrych (Ulrich) Zwingli. Gemälde, 1549, von Hans Asper (1499–1571). Zürich, Zentralbibliothek

Folglich werden Brot und Wein nicht wirklich zu Fleisch und Blut, sondern symbolisieren sie nur. Wenn Jesus (s. S. 68) sagt: »Dies ist mein Leib«, so meint er mit dem Wörtchen »ist« bloß »bedeutet«. Das gemeinsame Abendmahl ist daher lediglich eine Gedächtnisfeier, in der die Gläubigen Christus für die Erlösung danken und sich nach seinem Vorbild zu einem evangelischen Leben verpflichten. Nichts anderes habe Jesus gewollt, als er seine Jünger, nachdem er das Brot gebrochen und weitergereicht hatte, aufforderte: »Das tut zu meinem Gedächtnis« (Lk 22,19).

Auch in der Praxis, der politischen Durchsetzung der Reformation, war Zwingli nicht zu solchen Kompromissen genötigt wie Luther. Die Bedingungen waren günstiger, weil in der Schweiz, anders als im großen Rest des Heiligen Römischen Reiches Deutscher Nation, seit der Vertreibung der Feudalherren unter

dem mythischen Volkshelden Wilhelm Tell Bürger und Bauern das Heft in der Hand hielten. Eine Zweireichelehre, wie sie Luther entwickelte, um sowohl dem Machtanspruch der Obrigkeit wie der Gewissensfreiheit der Untertanen gerecht zu werden, brauchte Zwingli nicht, seine Reformation vollzog sich politisch und theologisch im Gleichschritt, durch Meinungsaustausch und Mehrheitsbeschlüsse. Das Mittel dazu waren öffentliche Disputationen.

Die erste fand 1523 statt. Zwingli, der seit 1519 als Prediger am Züricher Großmünster, der städtischen Hauptkirche, reformatorisches Gedankengut verbreitete, hatte eine Schrift *Von Erkiesen (Wählen) und Freiheit der Speisen* verfasst, in der er sich gegen das Fastengebot wandte und einem Freund beisprang, der es in einem »Wurstessen« demonstrativ gebrochen hatte. Zugleich bat er in einem Schreiben an den Bischof von Konstanz, zu dessen Sprengel Zürich gehörte, um Aufhebung des Zölibats. (Bemerkenswerterweise begann die geistige Umwälzung also mit dem Kampf gegen zwei Einschränkungen des sinnlichen Lebensgenusses.)

Anders als im Norden wurde die Reformation nun nicht einfach von oben bekämpft oder verordnet, sondern eine Disputation abgehalten. Vor gut sechshundert Anwesenden hatten die Abgesandten des Bischofs, die die kirchliche Tradition beschworen und auf

■ Die erste Zürcher Disputation von 1523. Buchmalerei, um 1600, in einer Abschrift der Reformationsgeschichte von Heinrich Bullinger (1504–1575). Zwingli hatte sich in einer Schrift gegen das Fastengebot gewandt und den Bischof von Konstanz um Aufhebung des Zölibats gebeten. In der darauf folgenden Disputation zwang er die Abgesandten des Bischofs argumentativ in die Knie.

Der Zölibat meint nicht nur Ehelosigkeit, sondern »vollkommene und immerwährende Enthaltsamkeit um des Himmelreiches willen«.
So steht es im kanonischen Recht, Canon 277, Paragraph 1.

■ Eine Seite aus Martin Luthers *Auslegung der Episteln und Evangelien* (1522) mit handschriftlichen Anmerkungen von Zwingli

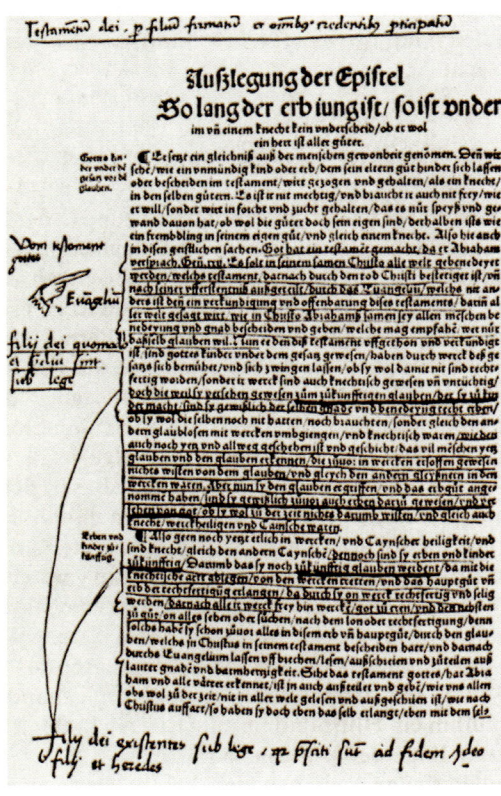

Konzilsbeschlüsse pochten, keine stichhaltigen Argumente gegen Zwingli, der sich aufs Evangelium berief, wo nirgends vom Fasten die Rede ist. Der Große Rat von Zürich erkannte Zwingli als Sieger an. In einer zweiten Disputation vor fast neunhundert Zuhörern im Oktober desselben Jahres – nachdem Zwingli gegen die Bilderverehrung gepredigt hatte – wurde beschlossen, allen Schmuck einschließlich der Kruzifixe aus den Kirchen zu entfernen. In einer dritten Disputation, Januar 1524, wurde die Messe abgeschafft. Schlicht sind seither Gotteshaus und Gottesdienst: Es gibt weder Orgelspiel noch Gemeindegesang; statt eines Altars steht ein weiß gedeckter Tisch, auf dem die Bibel liegt, in der Mitte, um den sich die Gemeinde in sichtbarer Gleichheit – besondere Plätze für Honoratioren gibt es nicht mehr – versammelt.

Im selben Jahr 1524 heiratete Zwingli, und im folgenden wurde die Reformation mit dem Erlass der »Ordnung der christlichen Kirche zu Zürich« vollendet. Reliquienkult und Heiligenverehrung wurden abgeschafft und Prozessionen eingestellt, altkirchliche Lehren wie die vom Fegefeuer verworfen; die Taufe blieb als einziges Sakrament, und das Abendmahl wird nur viermal im Jahr gefeiert. Der städtische Rat, der Zwingli auch deshalb unterstützte, weil er zu Lasten der geistlichen Institutionen auf Machtzuwachs und Besitzmehrung rechnete, konnte zufrieden sein: Die Klöster wurden aufgelöst und ihr Besitz in städtisches Eigentum überführt; dank der gut gefüllten Gemeindekasse konnten das Schulwesen und die Armenpflege, die bislang vor allem der Kirche oblagen, in die eigene Hand genommen werden. Zugleich sorgte das neue, »reformierte« Christentum dafür, dass die öffentliche Fürsorge möglichst nicht in Anspruch genommen wurde, denn Armut wurde nicht mehr als gottgefällig hingenommen, sondern war ein Makel. Fleiß, Arbeit und Sparsamkeit sollten, wie bei Calvin (s. S. 206), die Christen auszeichnen; diese bürgerlichen Tugenden galten als Zeichen einer möglichen Erwählung durch Gott. Die Abschaffung der meisten Feiertage, die aus der Beseitigung des Heiligenkults resultierte, zielte auch auf die Förderung des Erwerbslebens.

Evangelischer Lebenswandel erfordert aber mehr, nämlich eine untadelige Moral. Deshalb wurde das öffentliche und private, das politische und religiöse Leben einem strengen Sittengesetz unterworfen, das keine Abweichler duldete. Der Kirchenbesuch wurde kontrolliert, ja sogar Liebespaare belauscht und spät heimkehrende Ehemänner dem Gericht gemeldet. So kippte die stadtbürgerliche Freiheit, die die Schweizer Reformation prägte, schließlich in ein Regiment, das jeden Einzelnen in scharfe Zucht nahm und von ihm ein heiligmäßiges Leben verlangte – in der Tat ein weiterer Unterschied zum Katholizismus, der individuelle menschliche Schwächen zu tolerieren neigt. Anders als in katholischen oder lutherischen Landen ist auch die Haltung zur Obrigkeit: Die Regierung ist nicht als gottgegeben vom Untertan hinzunehmen, sondern zur Neuordnung der Gesellschaft nach Christi Geboten verpflichtet; erfüllt sie diese Pflicht nicht, so kann sie abgesetzt werden. Damit wird erstmals das Recht zum aktiven Widerstand ein Teil der Staatsräson.

Bürger und Obrigkeit stehen laut Zwingli beide unter dem christlichen Gesetz, Staat (sozusagen der Leib) und Kirche (gewissermaßen die Seele) bedürfen einander. Deutlich wird daran der unterschiedliche Antrieb Zwinglis und Luthers: Luther suchte

■ Zwingli und Luther diskutieren in Marburg über das Abendmahl. Abbildung eines Teils der von Otto Münch geschaffenen, bronzenen Zwinglitür des Großmünsters in Zürich mit der Darstellung von Melanchthon, Luther, Landgraf Philipp I. von Hessen, Zwingli und Oekolampad

DAS MARBURGER RELIGIONSGESPRÄCH

Eingeladen vom hessischen Landgrafen Philipp I., trafen sich 1529 in Marburg die Wittenberger Theologen unter Luther und die alemannischen Reformatoren mit Zwingli und Bucer an der Spitze. In vierzehn der »15 Marburger Artikel« wurden sie einig; nur im fünfzehnten, in dem es um Christi Präsenz im Abendmahl ging, blieb der Dissens. Zwingli meinte, dass dies die beiden Lager nicht trennen müsse; Luther war gegenteiliger Auffassung. Infolgedessen besteht die Spaltung zwischen Lutheranern und Reformierten bis heute.

■ *Schlacht bei Kappel.* Kupferstich, 1630, von Matthäus Merian d. Ä. (1593–1650) aus der *Historischen Chronica* von Johann Ludwig Gottfried (1584–1633). Zwingli nahm als Feldprediger am Zweiten Kappeler Krieg teil und fiel am 11. Oktober 1531.

nach einem dem Sünder gnädigen Gott; Zwingli suchte die Kirche in der Welt zu verankern und ebenso auch die Welt in der Kirche. Sein Programm ist deshalb mehr praktisch und politisch ausgerichtet, weniger aufs innere Glaubenserlebnis.

Da der Staat die christliche Ordnung durchzusetzen hat, kommt ihm auch eine missionarische Aufgabe zu. Er hat den Glauben zu verbreiten, nach innen und nach außen. Nachdem Zwingli 1529 seine gemeinsam mit Leo Jud vorgenommene Bibelübersetzung beendet hatte – fünf Jahre vor Luther lag damit erstmals die Heilige Schrift vollständig auf Deutsch vor –, zog er, wie schon zuvor in den Italienischen Kriegen (1512–1515), als Feldprediger in den Kampf. Fünf Kantone verweigerten die Reformation: Luzern, Zug, Schwyz, Uri und Unterwalden. In der Schlacht bei Kappel südlich Zürichs 1531 unterlagen die Zwinglianer, Zwingli selbst fiel. So blieb die Schweiz – ähnlich wie Deutschland – bis heute konfessionell gespalten. Bis zu Ende konnte also auch Zwingli seinen Weg nicht gehen.

MARTIN BUCER
Der Elsässer Martin Butzer (1491–1551), der sich latinisiert Bucer schrieb, wirkte seit 1518 als Reformator und hatte im alemannischen Raum großen Einfluss. Im Unterschied zu Luther legte er auch auf das Alte Testament großen Wert und betonte das Wirken des Heiligen Geistes, der sich jedem offenbaren könne; hierin stand er der Täuferbewegung nahe.

HULDRYCH ZWINGLI
EVANGELISCH-REFORMIERTES CHRISTENTUM

 DATEN UND FAKTEN

Biographie: Huldrych (Ulrich) Zwingli wird am 1. Januar 1484 in Wildhaus im Kanton St. Gallen geboren. Er studiert die freien Künste und Theologie in Wien und Basel, ist 1506–1516 Pfarrer in Glarus und nimmt während der Italienischen Kriege als Feldprediger an den Schlachten von Novara (1513) und Marignano (1515) teil. Als Seelsorger ohne eigene Pfarrstelle, als sog. Leutpriester, ist er ab 1516 in Maria Einsiedeln und ab 1519 am Großmünster in Zürich tätig. Nachdem Zwingli eine Pesterkrankung überwunden hat, beschäftigt er sich noch intensiver als zuvor mit reformatorischem Gedankengut und setzt ab 1523 ein kirchliches Reformprogramm in Zürich durch, bei dem der Stadtrat die kirchliche Autorität übernimmt. Die sich nun in der Schweiz ausbreitende Reformation stößt auf die Gegenwehr der katholischen Kantone: Es kommt zum Zweiten Kappeler Krieg, an dem Zwingli wieder als Feldprediger teilnimmt. Am 11. Oktober 1531 fällt er bei Kappel am Albis.

Quellen: Zwinglis Schriften, u.a. die 67 *Schlussreden* (1523); *Vom Leben und Sterben Huldrych Zwinglis* von Oswald Myconius (1532)

Wirkungsstätten: Glarus; Maria Einsiedeln; Zürich

Heiligtum: Das wahre Heiligtum ist das Wort Gottes, sagte Zwingli – daher gibt es keine ihm eigene Stätte der Verehrung.

heilige Schrift: die christliche Bibel, bevorzugt die »Zürcher Bibel« Zwinglis

Verbreitung: Die Kirchen, die sich von Zwingli u. a. schweizerischen Reformatoren herleiten, werden unter dem Begriff »reformierte Kirchen« zusammengefasst. Diese Konfessionsbezeichnung wurde 1648 mit dem Westfälischen Frieden im Heiligen Römischen Reich Deutscher Nation offiziell. Heute gehören 215 reformierte Kirchen mit insgesamt rund 75 Mio. Mitgliedern dem Reformierten Weltbund an. Verbreitet sind sie vor allem in der Schweiz, den Niederlanden, Nordwestdeutschland, Schottland, Rumänien, Ungarn, Südafrika, Südkorea und den USA.

Kernaussage: Ein Christ muss sparsam und fleißig sein. Kehrt um vom Bösen zum Guten!

 WISSENSWERTES

Reliquienkult
Viele große Religionen kennen eine Reliquienverehrung. Das lateinische *relinquere* bedeutet »zurücklassen« – verehrt wird also ein »Überbleibsel« einer für die Religion bedeutenden Persönlichkeit. Das können die Asche oder die Gebeine sein, aber auch Kleidung oder Gebrauchsgegenstände, die der verehrten Person gehörten. Im Christentum beginnt die Reliquienverehrung mit dem Märtyrerkult, etwa Mitte des 2. Jh.s. Reliquien soll die Macht des jeweiligen Heiligen innewohnen, die sich bei der Verehrung – in Form von Kuss oder Berührung – auf den Gläubigen überträgt. Für die Reformatoren und Kirchenkritiker der frühen Neuzeit war das purer Aberglaube; Erasmus von Rotterdam (1466/69–1536) spottete, wenn man alle angeblichen Späne vom Kreuz Christi zusammenfüge, ergäbe das ein ganzes Schiff. Das Konzil von Trient beschloss jedoch 1563, die Reliquienverehrung beizubehalten.

 EMPFEHLUNGEN

Lesenswert:
Huldrych Zwingli: *Ausgewählte Schriften in neuhochdeutscher Wiedergabe mit einer historisch-biographischen Einführung*, hrsg. von Ernst Saxer, Neukirchen-Vluyn 1988

Ulrich Gäbler: *Huldrych Zwingli. Eine Einführung in sein Leben und Werk*, München 1983

Roland H. Bainton: *Frauen der Reformation. Von Katharina von Bora bis Anna Zwingli*, Gütersloh 1995

Martin Greschat (Hg.): *Gestalten der Kirchengeschichte. Bd. 5: Die Reformationszeit I*, Stuttgart 1994

Sehenswert:
Ursula. Regie: Egon Günther; mit Suzanne Stoll. DDR 1978 (nach einer Novelle von Gottfried Keller über die Schweizer Reformation)

 AUF DEN PUNKT GEBRACHT

Mehr Demokratie wagen: Frei von der Bevormundung durch feudale Landesherren, kann sich in der Schweiz die Reformation im Geist des Stadtbürgertums entfalten. Mehr Mitbestimmung in der Kirche, in der Politik sogar ein aktives Widerstandsrecht gegen die Obrigkeit sind die Folge.

Revolution statt Reformation

Thomas Müntzer
1486 oder 1489/90–1525

■ Thomas Müntzer. Kupferstich, 1608, von Christoffel van Sichem I (1546–1624)

Seit Jahrzehnten gärte es im Volk, jetzt war die Stunde gekommen. »Fanget an, streitet den Streit des HErrn, es ist hohe Zeit! Der Meister will ein Spiel machen, die Bösewichter müssen dran. Dran, dran, dran: Es ist Zeit. Die Bösewichter sind verzagt wie Hunde. Dran, dran, dran, dieweil das Feuer heiß ist! Lasst euer Schwert nicht kalt werden von Blut. Es ist nicht möglich, dieweil sie leben, dass ihr der menschlichen Furcht sollt loswerden. Man kann euch von Gott nicht sagen, dieweil sie über euch regieren.« Es war der April 1525, der Bauernkrieg steuerte dem Höhepunkt entgegen, und in Mühlhausen feuerte Thomas Müntzer die Aufständischen an, die auf zum letzten Gefecht zogen.

Vom Elsass bis Oberösterreich, vom Allgäu bis Thüringen hatte sich die Land- und mancherorts die Stadtbevölkerung erhoben, die Grundherren vertrieben, die Herrschaft im Rat übernommen, Klöster und Schlösser geplündert. Die Reformation schien sich zur Revolution auszuwachsen. Luthers (s. S. 176) Auflehnung gegen die Autorität von Kirche und Kaiser und sein Eintreten für eine christliche Erneuerung des Lebens hatte schwärmerische Hoffnungen im Volk geweckt und radikale Geister auf den Plan gerufen: Die Erlösung von allem Übel sollte hier und jetzt erfolgen, nicht erst im Himmelreich.

Vergebens hatte der Wittenberger noch 1522 »Ein treu Vermahnung zu allen Christen sich zu vorhüten fur Aufruhr und Empörung« zu Papier gebracht. Doch der Bürgerkrieg ließ sich nicht aufhalten. Die Bauern stöhnten unter zunehmenden Abgaben und Frondiensten, immer mehr hatten sich in die Leibeigenschaft zu fügen; zugleich bemächtigten sich die Feudalherren des dörflichen Gemeineigentums, der Äcker, Wälder und Gewässer, die eigentlich allen gehörten. In der Stadt bildeten die ausgebeuteten Gesellen und Tagelöhner ein frühes Proletariat. Hinzu kam eine Teuerung, die infolge der sich ausbreitenden Geldanstelle der mittelalterlichen Naturalienwirtschaft erstmals die armen Schichten in voller Härte traf. Als dann Missernten eintraten und die Reformation die hohen Erwartungen auf eine auch soziale Erneuerung im evangelischen, urchristlichen Sinn nicht erfüllte, kam es zur Explosion.

Müntzer hatte die Not mit eigenen Augen gesehen und zugleich erlebt, wie Adelige, Patrizier, Bischöfe und selbst gewöhnliche Pfaffen im Luxus schwelgten. Noch 1524 meinte er die Fürsten mobilisieren zu können, damit sie selbst gegen die Missstände einschreiten und die Missetäter bestrafen mögen. In seiner »Fürstenpredigt« rief er »unsere teuren Vetter, die Fürsten, die Christum mit uns bekennen«, auf, sie mögen »die Bösen, die das Evangelium verhindern, wegtun und absondern« und guten Gewissens Gewalt gebrauchen: »Also nötlich ist auch das Schwert, die Gottlosen zu vertilgen«, so Müntzer unter Bezug auf Paulus' (s. S. 76) Römerbrief.

Es kam anders; die Fürsten ließen ihre Landsknechte im Gegenteil auf die Rebellen los. Die Soldaten brannten Dörfer nieder und erschlugen auch Unbeteiligte, selbst Frauen, Kinder und Alte – ebenfalls guten Gewissens, denn Luther persönlich, die religiöse und moralische Autorität der Zeit, hatte aus Sorge um die von Gott eingesetzte Obrigkeit »Wider die räuberischen und mörderischen Rotten der Bauern« gehetzt und aufgerufen, die Empörer zu vernichten.

Schon im 14. Jahrhundert hatte in England John Wycliffe unter Berufung auf »göttliches Recht« Partei für die unterdrückten Bauern ergriffen. Dieses Recht besagte, dass alle Men-

DIE ZWICKAUER PROPHETEN
Als Prediger in Zwickau schloss sich Müntzer 1520 den hussitisch beeinflussten Propheten Nikolaus Storch und Thomas Drechsel an. Sie wollten eine Gesellschaft, in der die Menschen friedlich und ohne Lasten zusammenleben, und anstelle der Kirche eine freie religiöse Gemeinschaft, die den Heiligen Geist freisetzen werde. Sie glaubten an die persönliche Offenbarung und die Heiligung jedes Einzelnen durch die (Wieder-)Taufe. Nach einem gescheiterten Aufstand zogen sie 1521 nach Wittenberg.

■ John Wycliffe übersetzt die Bibel ins Englische. Handkolorierter Holzschnitt, 19. Jh.

schen, da von Gott geschaffen, gleich und, dank Christi Opfertod, der alle Sünden getilgt habe, auch frei seien. Wer also für Gleichheit und Freiheit kämpft, vollstreckt Gottes Willen, folgerten nun die Wanderprediger, die seit 1520 ein neues, sozialrevolutionäres Verständnis des Evangeliums unter der Bevölkerung verbreiteten; einer Obrigkeit und Amtskirche aber, die von Gott abgefallen seien, dürfe man den Gehorsam verweigern, ja gegen sie sei Aufstand zulässig. So dachte auch Thomas Müntzer. Radikaler noch als Zwingli (s. S. 182) und später Calvin (s. S. 206) verfocht er das Widerstandsrecht gegen eine gottlose Obrigkeit und forderte, nachdem die Fürsten sich auf die andere Seite geschlagen hatten: »Die Gewalt soll gegeben werden dem gemeinen Volk«; denn nur mit ihm ist Gott.

Das war eine andere Haltung als die unterwürfige Luthers, den Müntzer als »das geistlose sanftlebende Fleisch zu Wittenberg« verhöhnte. Zwei theologische Positionen standen sich hier unversöhnlich gegenüber: eine radikale, fundamentalistische, die ihre Gesinnung kompromisslos in die Tat umsetzen wollte, und eine reformerische, realpolitische, die in der Praxis zur Anpassung bereit war und auf kleine Fortschritte setzte. Müntzer wollte hier und heute das Reich Gottes auf Erden errichten; Luther hingegen paktierte mit der Regierung und verwies den um sein Seelenheil besorgten Menschen auf das Refugium seines reinen Gewissens.

Nach Luther rechtfertigt allein der Glaube den Menschen, Müntzer aber unterstrich den Wert des glaubensgemäßen Handelns: »Sie bekennen ihn (Christus) also mit den Worten und leugnen sein mit der Tat«, rügte er die Fürsten. Für Luther zählte als Quelle der göttlichen Offenbarung und Wahrheit allein die Bibel; Müntzer betonte die Rolle des lebendigen, fortwährend wirkenden Heiligen Geistes, durch den sich Gott jedem Menschen unmittelbar, auch ohne Umweg über die Heilige Schrift, offenba-

■ Thomas Müntzer (Wolfgang Stumpf) predigt. Szene aus dem Film *Thomas Müntzer* (DDR 1956) von Martin Hellberg.
Erzürnt über die Gleichgültigkeit der höheren Stände gegenüber der Not der Menschen und das brutale Einschreiten der fürstlichen Heere gegen die Rebellen, rief Müntzer die Bevölkerung zum Aufstand auf.

re. Das Alte und Neue Testament seien wichtig, weil sie Zeugnis ablegten von durch Gott erleuchteten Menschen; bedeutsamer als Schriftgelehrsamkeit sei jedoch der Seher, der Gott direkt erfahre und durch den Gott selbst spreche. Aus diesem göttlichen Wort aber muss Tat werden, weil der von Gott Erleuchtete selbst vergöttlicht werde und das himmlische Dasein folglich schon in diesem Leben, auf der Erde, zu finden sein müsse. Die praktische Verwirklichung des Evangeliums steht an: »Das Reich dieser Welt soll Christo zuständig sein«, sagt Müntzer.

Das sind Töne, die an die mittelalterliche Mystik erinnern, auf das subjektive Gotteserlebnis in den späteren Freikirchen vorausweisen und wegen ihrer egalitären Stoßrichtung an die Theologie der Befreiung im 20. Jahrhundert denken lassen. Mehr noch, wenn Müntzer schreibt: »Die Großen machen's, wie sie wollen. Sieh zu, die Grundsuppe des Wuchers, der Dieberei und Räuberei sind unsere Herren und Fürsten; sie nehmen alle Kreatur zum Eigentum, die Fische im Wasser, die Vögel in der Luft, das alles, was lebt«, so klingt es wie eine frühe Stimme gegen die kapitalistische, ja neoliberale Wirtschaft; und es hört sich an wie ein frühes

■ Thesen Thomas Müntzers aus der Zeit seiner Reise nach Böhmen. Handschrift, um 1522. Dresden, Sächsisches Staatsarchiv

ZWISCHEN LUTHER UND MÜNTZER

Andreas Bodenstein (um 1480–1541), nach seinem Geburtsort Karlstadt genannt, war Professor in Wittenberg, als er in Luthers Abwesenheit 1521/22 die Reformation eigenmächtig in die Tat umsetzte: Er predigte auf Deutsch – obendrein in Alltagskleidung statt im Priesterornat –, spendete das Abendmahl in beiderlei Gestalt und schaffte die Beichte ab, ließ die Priesterehe zu, hob die Klöster auf und organisierte einen Bildersturm. Luther billigte die meisten Reformen, rügte aber die radikale Umsetzung. Zudem missfiel ihm die schwärmerische Neigung Karlstadts, der die Kindertaufe ablehnte und meinte, jeder, den der Heilige Geist erleuchte, könne die Bibel auslegen.

■ *Der letzte Gang Thomas Müntzers und seiner Genossen.* Holzstich, 1853, nach einem Gemälde von Friedrich Martersteig (1814–1899). Nachdem das Volksheer am 15. Mai 1525 in der Schlacht bei Frankenhausen von den fürstlichen Söldnern besiegt worden war, geriet Müntzer in Gefangenschaft. Nach tagelanger Folter wurde er am 27. Mai enthauptet.

kommunistisches Manifest, wenn Müntzer fortfährt: »Die Herren machen's selber, dass ihnen der arme Mann Feind wird; die Ursache des Aufruhrs wollen sie nicht wegtun, wie kann es auf die Länge gut werden? So ich das sage, werde ich aufrührerisch sein, wohlhin.«

»Der arme Mann«: Das war für Müntzer der wahre Nachfolger des in einem Stall geborenen Jesus (s. S. 68). Die Armen seien es, die symbolisch das Kreuz Jesu trügen. Aber ihr Leid läutere sie, so dass sie die Fesseln ihrer beschränkten »Kreatürlichkeit« überwänden, über die Grenzen ihres elenden Standes hinauswüchsen und imstande seien, gleich Christus, der alle Menschen erlöst hat, die ganze Menschheit zu befreien und das Gottesreich zu verwirklichen.

Die Parallele von einfachem Volk und Jesus sollte sich indessen ganz anders offenbaren: durch einen elenden Tod. Am 15. Mai 1525 unterliegt das Volksheer in der Schlacht bei Frankenhausen den fürstlichen Söldnern. Die Bauern werden zu Tausenden niedergemetzelt, Müntzer selbst wird gefangen, gefoltert und hingerichtet. Der Bauernkrieg ist verloren, die Sieger nehmen grausame Rache, und es wird Jahrhunderte dauern, bis in Deutschland der Gedanke an Rebellion und Umsturz wiederaufersteht.

THOMAS MÜNTZER
EVANGELISCH-LUTHERISCHES CHRISTENTUM

 DATEN UND FAKTEN

Biographie: Thomas Müntzer, 1486 oder 1489/90 in Stolberg/Harz geboren, schließt sich nach einem Studium in Leipzig und Frankfurt/Oder 1519 der Reformation an. Martin Luther schickt ihn 1520 als Prediger nach Zwickau. Beeinflusst von den »Zwickauer Propheten«, den Tuchmachern Storch und Drechsel und dem Studenten Stübner, beginnt Müntzer eine mystische Befreiungstheologie und radikale soziale Ideen zu entwickeln. Bereits nach einem Jahr muss er nach Böhmen fliehen, wo er seine theologischen Vorstellungen im *Prager Manifest* ausformuliert. 1523 bekommt er eine Pfarrstelle in Allstedt am Südharz, hält den Gottesdienst auf Deutsch, veröffentlicht eine deutsche Gottesdienstordnung und ruft den »Allstedter Bund« ins Leben, um mit Bauern, Bürgern und Bergleuten für Gottes Reich auf Erden zu arbeiten. Luther rät dem Kurfürsten von Sachsen, sich dem Bund nicht anzuschließen. Der Konflikt eskaliert, und bald muss Müntzer nach Nürnberg fliehen. 1525 wird er in Mühlhausen zum Pfarrer gewählt und setzt eine radikaldemokratische Stadtverfassung durch. Bald darauf wird er Anführer des Bauernkriegs in Thüringen. Am 15. Mai wird er gefangen genommen und gefoltert, am 27. Mai 1525 enthauptet.
Quellen: Müntzers eigene Schriften, u. a. *Deutsche evangelische Messe* (seine Gottesdienstordnung); *Ausgedrückte Entblößung des falschen Glaubens*; *Hochverursachte Schutzrede und Antwort wider das geistlose sanftlebende Fleisch zu Wittenberg*, alle von 1524
Wirkungsstätten: Zwickau; Prag; Allstedt; Mühlhausen; Nürnberg
heilige Schrift: die christliche Bibel
Verbreitung: Thomas Müntzer hat keine eigene Religionsgemeinschaft gegründet, doch seine Gedanken inspirierten u. a. die Mennoniten, Baptisten, Quäker und Pfingstler.
Kernaussage: Die Gewalt ist beim gemeinen Volk. Mit ihm ist Gott. Die Gottlosen müssen bekämpft werden – zur Not auch mit dem Schwert.

 WISSENSWERTES

Mystik
Im Griechischen bedeutet *myein* »die Augen schließen«, *mystikós* heißt »geheimnisvoll«. Im religiösen Kontext ist die Mystik der Weg der unmittelbaren Gotteserfahrung, das Einswerden mit dem göttlichen Geheimnis (Unio mystica). Dabei geht es um sinnliche Erfahrung, Einfühlung, Kontemplation, Trance oder Ekstase, sozusagen den unmittelbaren Kontakt, den Müntzer für wichtig hielt, anders als Luther, der sich Gott allein über die Bibel anzunähern versuchte. Formen der christlichen Mystik sind die Brautmystik, bei der sich der oder die Gläubige in tiefe Liebe zu Christus versenkt, und die Passionsmystik, bei der der Gläubige Christi Schmerzen teilt; das kann im Extrem dazu führen, dass sich bei dem Gläubigen die Wundmale Christi zeigen (Stigmatisation). Mystik ist kein nur christliches Phänomen: Auch Judentum, Islam, Daoismus und Hinduismus haben eine mystische Tradition.

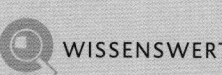 EMPFEHLUNGEN

Lesenswert:
Thomas Müntzer: *Die Fürstenpredigt*, bearbeitet von Peter Fellenberg, Erfurt 1998

Gerhard Wehr: *Thomas Müntzer. Mit Selbstzeugnissen und Bilddokumenten*, Reinbek 1972

Peter Blickle: *Die Revolution von 1525*, München 2004

Dieter Forte: *Thomas Münzer & Martin Luther oder Die Einführung der Buchhaltung*, Frankfurt/M. 1981 (dokumentarisches Theaterstück)

Gerhart Hauptmann: *Florian Geyer*, Stuttgart 1986 (Bauernkriegsdrama von 1896)

Hörenswert:
Øystein Wiik, Gisle Kverndokk: *Martin Luther – Das Musical.* Musical 2008

Sehenswert:
Thomas Müntzer. Regie: Martin Hellberg; mit Wolfgang Stumpf, Ruth-Maria Kubitschek. DDR 1956

 AUF DEN PUNKT GEBRACHT

In Gestalt des Heiligen Geistes kann Gott zu jedem Menschen sprechen. Zu Müntzer sagt er, der Glaube allein genüge nicht. So geht Müntzer radikaldemokratisch und sozialrevolutionär zur Tat über. Er glaubt, das Reich Gottes sei nahe, und setzt Gottesherrschaft und Volksherrschaft in eins.

Ein Christentum für Erwachsene

Menno Simons
1496–1561

■ Die Taufe Christi. Mittelteil eines Triptychons, zwischen 1502–1508, von Gerard David (1450–1523). Brügge, Groeningemuseum.
Unter Verweis auf Jesus Christus, der erst als Erwachsener getauft wurde, forderten ab dem 16. Jh. verschiedene reformatorische Gruppen die (Wieder-)Einführung der Erwachsenentaufe. Damit gerieten sie in Opposition zu Staat und Kirche.

Es ist nicht viel, was alle Christen verbindet. Das eine ist Jesus (s. S. 68) und das Neue Testament. Doch darüber, ob Jesus Gott oder Mensch oder beides oder etwas dazwischen ist, sowie über die Auslegung der Evangelien gehen die Meinungen weit auseinander. Das andere ist die Taufe. Doch auch hier unterscheiden sich die Auffassungen der christlichen Kirchen. Normal scheint die Säuglingstaufe. Indes kannten die frühen Christen sie überhaupt nicht: Die Taufe war eine bewusste Entscheidung, die nur ein Erwachsener treffen konnte. Neugeborene zu taufen, damit begann man erst im 3. Jahrhundert.

Die radikalen Konkurrenten des Reformators Luther (s. S. 176) wollten an die alte Praxis anknüpfen und verwiesen auf Jesus selbst, der erst im Erwachsenenalter die Taufe empfangen hatte. In Mitteldeutschland propagierte Thomas Müntzer (s. S. 188) die Erwachsenentaufe und wollte sie nach dem Vorbild der Taufe im Jordan als Geisttaufe verstanden wissen. Er sah im Heiligen Geist so etwas wie die von Gott kommende Vernunft, weshalb erst der vernünftig gewordene, also erwachsene Mensch getauft werden könne. Doch die Niederlage im Bauernkrieg machte seiner Lehre scheinbar den Garaus.

Wohlgelitten waren die Täufer auch im Süden des Heiligen Römischen Reiches nicht, in Zürich. Hier waren es die Schweizer Brüder, die die Erwachsenentaufe forderten und gleich auch die bestehende Kirchenorganisation ablehnten: An die Stelle der durch die Säuglingstaufe begründeten Zwangsgemeinde sollte der freiwillige Zusammenschluss mündiger Christen treten; nur wer sich durch die Taufe bewusst bekenne, gehöre dazu. Das war eine Kampfansage an die mittlerweile reformierte Stadt und Grund genug für die Ratsherren, die Täufer zu verfolgen. Sie flohen aus

DIE BAPTISTEN

Über Holland gelangte täuferisches Gedankengut nach England. Im 17. Jahrhundert konstituierten sich erste baptistische Gemeinden, die jedoch keine Verbindung mehr zu den kontinentalen Täuferbewegungen wie den Mennoniten besaßen. In den nordamerikanischen Baptistengemeinden mit ihrem angeregten Zwiegespräch zwischen Pfarrer und Gemeinde entstand übrigens die Gospelmusik.

Zürich und gründeten im Umland, im Zollikon, eine eigene Gemeinde, wo sie sich weiter radikalisierten: Unter Berufung auf das Neue Testament verweigerten sie den Kriegsdienst, lehnten die Übernahme bürgerlicher Ämter ab und verboten jede Eidesleistung, weil Jesus in der Bergpredigt gelehrt hatte, »dass ihr überhaupt nicht schwören sollt, weder bei dem Himmel, denn er ist Gottes Thron, noch bei der Erde, denn sie ist seiner Füße Schemel; auch sollst du nicht bei deinem Haupt schwören, denn du vermagst nicht ein einziges Haar weiß oder schwarz zu machen«.

Die Forderung nach der Erwachsenentaufe barg also Sprengstoff, weil die Haltung zur Obrigkeit, das Verhältnis von Individuum, Staat und Kirche, die Gemeindeverfassung ins Spiel kamen. Die weltlichen Machthaber drohten den Täufern auf dem Reichstag zu Speyer 1529 die Todesstrafe an. Die geistlichen Herren von der katholischen wie der protestantischen Seite kehrten einträchtig die häretische Natur der Erwachsenentaufe hervor, indem sie deren Anhänger als »Wiedertäufer« brandmarkten. Für Katholiken, Lutheraner und Zwinglianer war die Taufe ein einmaliger Akt; ihn zu wiederholen hätte bedeutet, die in der Taufe gegebene Heilszusage Gottes, der dem Täufling die ererbte Schuld, die Erbsünde, vergibt und das ewige Leben verheißt, infrage zu stellen und die Macht des Allmächtigen anzuzweifeln. Andererseits konnten nun einmal Neugeborene, also Nichtgläubige, streng genommen nicht getauft werden und als Christen gelten: So behalfen sich die Protestanten mit der Konstruktion, dass die Kindertaufe auf den künftigen Glauben hin erfolge, auf den vorzubereiten Aufgabe der Eltern und Paten sei; durch die Konfirmation leiste der junge Mensch dann das nötige eigene Bekenntnis und werde vollwertiges Gemeindemitglied.

■ Menno Simons. Holzstich, 1854, aus dem von Ludwig Bechstein (1801–1860) herausgegebenen Buch *Zweihundert deutsche Männer in Bildnissen und Lebensbeschreibungen*. Menno Simons bekannte, während seines Studiums und seiner Vikariatszeit habe er nicht ein einziges Mal die Bibel zur Hand genommen: Er habe gefürchtet, beim Lesen der Heiligen Schrift auf Abwege zu geraten.

Paradoxerweise konnte sich der Täuferglaube, gerade weil seine Anhänger verfolgt und vertrieben wurden, ausbreiten. In Mähren war es Jakob Hutter, der zur Wiederherstellung des wahren, gerechten Christentums »Brüderhöfe« gründete, auf denen man in Gleichheit pazifistisch und asketisch lebte; nach der Vertreibung siedelten sich die Hutterer in der Ukraine an und wanderten später nach Nordamerika aus.

In Straßburg predigte der aus Schwäbisch Hall stammende Melchior Hofmann unter Bezug auf Kapitel 20 der Offenbarung das nahe Weltende und das anbrechende Reich Gottes. Das stieß auf offene Ohren bei den von vielen Seiten bedrängten Täufern, deren verzweifelte Hoffnung sich notwendigerweise auf den Untergang der bestehenden Gesellschaft und den Aufgang einer neuen richtete. Hofmann fand Parteigänger bis nach Westfalen und Holland hinauf. Brutal unterdrückt, wollten sie ihrerseits das Reich Gottes mit Gewalt erzwingen. Münster, wo sich Anfang der 1530er Jahre eine Täufermehrheit im Stadtrat gebildet hatte, war der Fluchtpunkt vieler Anhänger. Angeführt von Jan Bokelson, einem Schneider aus Leiden, und Jan Matthys, einem Bäcker aus Haarlem, vertrieben und vernichteten sie mit Terror und Hinrichtungen die Nicht-Täufer und verwandelten Münster in ein »Neues Jerusalem« mit Gütergemeinschaft und Vielweiberei, bis die Stadt 1535 von einer katholisch-protestantischen Armee gestürmt wurde. Der Bischof von Münster hielt ein blutiges Strafgericht.

Das war das Ende des militanten Täufertums, aber nicht das Ende des Täufertums überhaupt. Menno Simons aus Friesland war es, der die Notwendigkeit einer Verinnerlichung erkannte und jene Erneuerung bewirkte, die aus den Täufern »Mennoniten« machte. Ursprünglich katholischer Priester, hatte er sich unter dem Einfluss der Gedanken Wycliffes, durch enge Auslegung der Bergpredigt sowie wahrscheinlich nach dem Erlebnis der Hinrichtung eines Täufers nahe seiner Heimatgemeinde Witmarsum 1536 dem Täuferglauben angeschlossen.

Ähnlich wie vierhundert Jahre später die Deutschen nach zwei mörderischen Weltkriegen friedlich wurden, predigte Menno Simons

■ Jan Bokelson. Marmormedaillon, um 1535, das Conrad Meit (um 1480–um 1550) zugeschrieben wird. Berlin, Bode-Museum.
Zusammen mit Jan Matthys errichtete Bokelson in Münster ein »Neues Jerusalem«. Nachdem ein katholisch-protestantisches Heer die Stadt am 24. Juni 1535 erstürmt hatte, wurden die Anführer der militanten Münsteraner Täufer mit glühenden Zangen gefoltert und schließlich erdolcht.

nach der Katastrophe einen unbedingten Pazifismus, der jede Gewalt ablehnt – als »Friedenskirche« gilt die mennonitische Freikirche bis heute. Den chiliastischen Wahn von Apokalypse, Endzeit und nahendem Gottesreich verwarf Simons ebenso wie die anstößigen Praktiken von Gütergemeinschaft und Vielehe. Gutes tun, angetrieben durch die Liebe Jesu, war das Grundmotiv, das ihn bewegte – und das bestimmt bis heute das soziale und karitative Engagement der Mennoniten.

Unterwegs von Groningen bis Danzig, tätig in Holstein ebenso wie am Niederrhein, organisierte er die Täufergemeinden neu, flößte mit seiner friedfertigen Lehre den Entmutigten und Ent-

■ Ein Blick in die Vergangenheit: Mennoniten sind mit Pferdewagen zur Shenandoah Valley Produce Auction in Dayton, Virginia, unterwegs. Nur eine Minderheit der Mennoniten in Nordamerika zählt zu den sog. *Old Order Mennonites,* die, ebenso wie die Amish-People, viele moderne technische Errungenschaften ablehnen.

DIE AMISCHEN

1694 spalteten sich die Amischen (Amish-People) wegen ihrer radikalen Vorstellung von einem gottgefälligen Leben von den Mennoniten ab und wanderten später nach Pennsylvania aus; ihr Name geht auf den Schweizer Jakob Ammann (um 1644–um 1730) zurück. Die Amischen führen in eigenen Siedlungen eine einfache ländliche Existenz, oft im Stil des 18. Jahrhunderts und ohne die technischen Neuerungen der Moderne. Manche haben in der Isolation ihre alte Mundart bewahrt: Sie sprechen deutsch und lesen englisch.

Des Münsterischen

Königreichs vnd Widertauffs
an vnd abgang/Blûthandel vnd Ende/Auff
Sambstag nach Sebastiani. Anno M.D.xxxvj.

¶ Ein gedechtnus wirdig Histori.

■ Titelseite einer 1536 in Münster erschienenen Schrift zur Erinnerung an die fünfzehnmonatige Herrschaft der Täufer. Münster, Landesarchiv NRW, Abteilung Westfalen. Die Leichen der im Januar 1536 hingerichteten »Wiedertäufer« Jan Bokelson, Bernd Krechting und Bernd Knipperdollinck wurden in Drahtkäfigen am Turm der St.-Lamberti-Kirche in Münster zur Schau gestellt. Dort sind die sog. Täuferkörbe noch heute zu besichtigen.

täuschten neue Hoffnung ein und vermittelte ihnen mit seiner schlichten Lebensweise die Zuversicht, dass ein bibelfestes Leben möglich sei, geprägt von Arbeit, Frömmigkeit und Hilfsbereitschaft – und getragen von einem festen Gruppenzusammenhalt, der angesichts der lange Zeit weiter drohenden Verfolgung existenziell notwendig war.

Gewaltsam zum Schweigen gebracht, ausgeschlossen von der Teilhabe an Staat und Gesellschaft, kapselten sich die Mennoniten ihrerseits von der Welt ab. Sie verweigerten den Militärdienst (noch heute zahlen viele von ihnen nicht die für Militärausgaben bestimmten Steuern), nahmen keine politischen Ämter an, besetzten keine Posten in Verwaltung und Justiz und lehnten, durch ihre eigene Leidensgeschichte veranlasst, jeden staatlichen Zwang in Glaubensfragen ab. Staat und Kirche sollen völlig getrennt sein. Mennoniten kennen auch keine Regierung in der eigenen Kirche: Jede Gemeinde ist selbständig.

So gelang Menno Simons durch Wort und Tat die Wiedergeburt des Täufertums – eine Wiedergeburt, als die die Mennoniten auch die Taufe selbst betrachten. »Wahrlich, wahrlich, ich sage dir: Es sei denn, dass jemand von neuem geboren werde, so kann er das Reich Gottes nicht sehen«, sagt Jesus dem Johannesevangelium zufolge zu Nikodemus und fügt hinzu: »Was vom Fleisch geboren wird, das ist Fleisch; und was vom Geist geboren wird, das ist Geist.« Die Müntzer'sche Geisttaufe: Sie lebt bis heute.

MENNO SIMONS
MENNONITEN, TAUFGESINNTE

 DATEN UND FAKTEN

Biographie: Menno Simonszoon wird 1496 im friesischen Witmarsum in den Niederlanden geboren. Schon mit neun Jahren soll er beschlossen haben, Geistlicher zu werden. In Utrecht studiert er Philosophie und Theologie, macht 1524 sein Examen, wird zum Priester geweiht und erhält in Pingjum, dem Nachbardorf von Witmarsum, eine Vikarsstelle. Ein frommes Leben führt er nicht: Hemmungslos gibt er sich Alkohol und Glücksspiel hin. 1526 widersetzt sich Menno Simons der Obrigkeit, die verlangt, dass alle lutherischen Schriften verbrannt werden sollen; obwohl katholisch, verweigert er die Herausgabe seiner Lutherwerke, bis sie ihm mit Polizeigewalt abgenommen werden. Obwohl der Besitz reformatorischer Schriften unter Todesstrafe gestellt wird, lässt sich Menno Simons nicht davon abbringen, sich mit lutherischem Gedankengut auseinanderzusetzen. Intensiv studiert er die Bibel, stellt auch die Kindertaufe infrage, ist aber weiterhin, ab 1530 in Witmarsum, als katholischer Pfarrer tätig. 1536 schließt er sich jedoch der Täuferbewegung an; es ist unklar, ob die Hinrichtung eines Täufers im Nachbarort oder die Ermordung mehrerer Täufer, darunter ein Pieter Simons (vermutlich Mennos Bruder), diese Entscheidung bewirkt hat. In der Täuferbewegung steigt Menno Simons schnell auf und gewinnt großen Einfluss – so groß, dass Karl V. 1542 ein Kopfgeld auf ihn aussetzt. Doch es gelingt ihm unterzutauchen. Er stirbt 1561 in Wüstenfelde bei Bad Oldesloe in Holstein.

Quellen: Simons' eigene Schriften, vor allem *Das Fundamentbuch* von 1540

Wirkungsstätten: Witmarsum in Friesland; Norddeutschland

Heiligtümer: Vor allem in Norddeutschland gibt es einige Mennonitenkirchen, u. a. in Hamburg.

heilige Schrift: die christliche Bibel

Verbreitung: Weltweit gibt es rund 1,3 Mio. Mennoniten. Die meisten leben in Nordamerika; in Deutschland sind es etwa 40 000. Der Großteil der mennonitischen Kirchen gehört der Mennonitischen Weltkonferenz an, 1925 mit Sitz in Straßburg gegründet, doch ist jede Gemeinde selbständig, es gibt keine Hierarchie. Eigene Zweige der Mennoniten bilden die Mennonitenbrüdergemeinden in der Ukraine und die Amischen in den USA, vor allem in Pennsylvania.

Kernaussage: Einen anderen Grund kann niemand legen außer dem, der gelegt ist, welcher ist Jesus Christus (1 Kor 3,11).

 WISSENSWERTES

Die Bergpredigt
Der Evangelist Matthäus hat Sprüche Jesu aus einer älteren Quelle zu der berühmten »Bergpredigt« zusammengestellt (Mt 5–7). Schauplatz ist ein Berg in Galiläa, auf dem Jesus der versammelten Menge zunächst die Seligpreisungen verkündet. Darin werden diejenigen genannt, die am Reich Gottes teilhaben werden, etwa »die keine Gewalt anwenden, denn sie werden das Land erben«. Im Folgenden gibt Jesus weitere Weisungen zur rechten Frömmigkeit (Verzicht auf Besitz, Gewalt und Durchsetzung eigener Rechtsansprüche, Nächstenliebe, Feindesliebe) und lehrt die Gläubigen das Vaterunser. Die Bergpredigt bildet für die Mennoniten und andere pazifistische Freikirchen eine wichtige Glaubensgrundlage.

 EMPFEHLUNGEN

Lesenswert:
Menno Simons: *Fundament des Glaubens*, Berlin 1996

Hans-Jürgen Goertz: *Das schwierige Erbe der Mennoniten*, Leipzig 2002

Peter Ester: *Die Amish People. Überlebenskünstler in einer modernen Gesellschaft*, Düsseldorf 2008

Friedrich Dürrenmatt: *Die Wiedertäufer*, Zürich 1991 (Drama)

Hörenswert:
Giacomo Meyerbeer: *Der Prophet*. Oper 1849

Sehenswert:
König der letzten Tage. Regie: Tom Toelle; mit Christoph Waltz, Mario Adorf. D / CS 1993 (TV-Film über das Täuferreich von Münster)

 AUF DEN PUNKT GEBRACHT

Die militante Täuferbewegung wird nach ihrer Niederlage pazifistisch. Ein einfaches, frommes, durch die Verweigerung von Kriegsdienst und Eid staatsfernes und durch die Ablehnung der Kindstaufe amtskirchenfernes Leben prägt sie fortan.

Bis ans Ende der Welt
Franz Xaver
1506–1552

Von Anfang an gehört die Mission zum Christentum wie der Topf auf den Herd. »Darum gehet hin und machet zu Jüngern alle Völker: Taufet sie auf den Namen des Vaters und des Sohnes und des Heiligen Geistes und lehret sie halten alles, was ich euch befohlen habe«, trug Jesus (s. S. 68) dem Matthäusevangelium zufolge seinen Jüngern auf. Tatsächlich machten sie sich, nachdem sie sich vom Schock der Kreuzigung ihres Meisters erholt hatten, auf den Weg, wie die Apostelgeschichte des Neuen Testaments berichtet, um ihren Glauben »bis an das Ende der Erde« (Apg 1,8) zu tragen.

Schnell verbreitete sich die neue Ideologie im Osten des Römischen Reiches und fasste bald auch Fuß in der Hauptstadt. Bereits in der Spätantike war das Weltreich christianisiert und das Christentum in die angrenzenden Länder vorgedrungen. Im Mittelalter wurden Mittel-, Nord- und Osteuropa missioniert, und im Zeitalter der Entdeckungen, das mit den Seereisen der Portugiesen und Spanier im 15. Jahrhundert anhob, verbreitete sich das Christentum über den Erdball und wurde zur Weltreligion. Das war das Werk vieler, von denen die wenigsten bekannt sind; ein Name aber ist in der katholischen Kirche bis heute berühmt: Franz Xaver.

»Er ist der Begründer der Jesuitenmissionen und der Bahnbrecher der neueren Mission überhaupt«, bringen die Theologen Otto Wimmer und Hartmann Melzer Bedeutung und Lebenswerk des 1506 als Francisco de Jassu y Xavier Geborenen auf den Punkt und geraten über seine Persönlichkeit ins Schwärmen: »Franz Xaver vereinigt in sich das feurig-heitere Naturell des Navarresen, die geschliffenen Umgangsformen des Adeligen, die theologische Gelehrsamkeit des Pariser Magisters, den kühnen Wagemut und die Zähigkeit des Basken, den weitschauenden Blick des großen Organisators und die charismatische Anziehungskraft des Heiligen.«

Ein starker Charakter muss Franz Xaver gewesen sein, denn nachdem seine hochadlige Familie infolge der Annexion Navarras durch Spanien und Spaniens Krieg mit

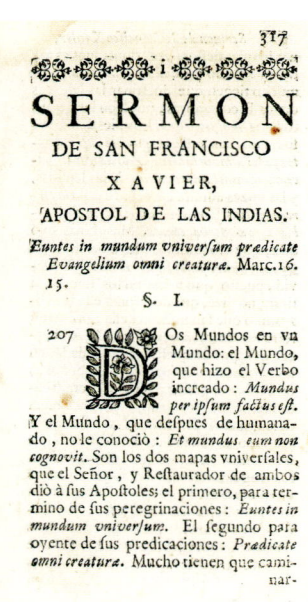

■ Seite aus einer zwischen 1711 und 1715 erschienenen spanischen Ausgabe der *Predigten* von Franz Xaver

Frankreich an Macht und Reichtum eingebüßt hatte, machte er aus eigener Kraft Karriere – nicht mehr in der Politik wie sein Vater, sondern in der Kirche; und ferne Länder eroberte er nicht als Konquistador wie andere Spanier, sondern er beglückte fremde Völker als Missionar.

Obwohl nur ein Zufall ihn auf den Weg bringt, geht er ihn dann konsequent: Als Student in Paris lernt er Ignatius von Loyola kennen, Baske wie er und von brennendem Glaubenseifer erfüllt. Franz Xaver lässt sich anstecken; er vor allem ist es, der Ignatius bei der Gründung seiner Societas Jesu hilft, des Jesuitenordens, und bei der Ausarbeitung der Ordensregeln zur Hand geht. Wesentlich von Franz Xaver bestimmt, setzen sich die Jesuiten zwei Ziele: die Festigung des katholischen Glaubens und seine Verbreitung. Ersteres richtet sich gegen Luther (s. S. 176), Letzteres betrifft Amerika und Asien.

Franz Xaver geht mit eigenem Beispiel voran: 1541 schifft er sich in Lissabon ein und fährt nach Indien, um in Goa und an der Südspitze des Subkontinents zu missionieren; 1545 segelt er nach Malakka und weiter auf die Gewürzinseln; 1548 weilt er in Viet-

 *Wunder des heiligen Franz Xaver.* Ausschnitt aus einem Gemälde, um 1617, von Peter Paul Rubens (1577–1640). Wien, Kunsthistorisches Museum.
Das vom Hochaltar der Jesuitenkirche in Antwerpen stammende Gemälde zeigt mehrere Wunder, die Franz Xaver während seiner Missionstätigkeit in Asien vollbracht haben soll, so die Auferweckung eines Toten und die Heilung von Blinden und Gelähmten.

MISSION

Der Anspruch, alle Menschen zu erreichen, prägt das Christentum von Anfang an und unterscheidet es vom Judentum. Merkwürdigerweise setzte sich aber der Begriff »Mission« erst im 17. Jahrhundert durch, wozu wahrscheinlich das Auslandsgelübde der Jesuiten, das *votum de missionibus*, erheblich beigetragen hat. Seit der Antike gab es »Apostel« oder »Glaubensboten« oder die »Propaganda« – Letztere trug die 1622 gegründete päpstliche Aufsichtsbehörde über das Missionswesen noch bis 1967 im Namen, sie hieß »Propaganda Fide«.

■ Jesuiten in Japan. Aus-
schnitt aus einem japanischen
Wandschirm, frühes 17. Jh.
Franz Xaver gründete im
16. Jh. die erste christliche
Gemeinde in Japan.

nam; 1549 sieht man ihn in Japan; 1552 ist er auf dem Sprung nach China – doch hier, nach vergeblichem Warten, dass man ihm das Betreten des Festlands erlaubt, stirbt er auf einer Insel vor Kanton.

Hunderttausende soll der Apostel Indiens und Japans getauft haben, so dass er oft seine rechte Hand vor Müdigkeit nicht mehr heben konnte, er soll in fremden Zungen gepredigt, Besessene geheilt, Stürme gestillt und salziges Meer- in süßes Trinkwasser verwandelt, ja sogar Tote erweckt haben – Dinge, die freilich ausnahmslos ins Reich der Legenden zu verweisen sind. In Wirklichkeit dürfte er an die 30 000 Menschen getauft haben; wobei nicht zu vergessen ist, dass er nicht allein auf weiter Flur stand, sondern unterstützt wurde von Mitbrüdern, einheimischen Helfern und, weil er Probleme mit den einheimischen Sprachen hatte, von Dolmetschern. Immerhin: Die von ihm gegründeten Gemeinden in Indien bestehen bis heute. Doch in vielen Dingen scheiterte er: In Japan gelang ihm zwar die Gründung der ersten Christengemeinde, doch die weitere Mission wurde ihm versagt; seine Erfolge auf Malakka und den Gewürzinseln waren nicht von Dauer; seine Chinaexpedition kam gar nicht erst in Gang.

Ohnehin ließen sich viele nur um äußerer Vorteile willen bekehren. Franz Xaver war im Auftrag der portugiesischen Krone tätig und bereiste Orte, an denen die Portugiesen Handelsniederlassungen gegründet hatten. Viele Täuflinge begehrten eine einträgliche Stellung bei den Europäern oder suchten vor ihren Feinden Schutz unter den Fittichen Portugals; örtliche Herrscher erhielten von der Kolonialmacht Militärhilfe. Auf beiden Seiten stand also nicht die reine christliche Überzeugung Pate – Handel und Glaube, Machtsicherung und Mission gingen Hand in Hand.

Dennoch gründet Franz Xavers kirchlicher Ruhm auf zweierlei: Zum einen machte er einen Anfang. Er scheiterte nur an der Größe seiner Aufgabe, die über die Kräfte selbst einer starken Persönlichkeit ging. Zum anderen begründete er eine ganz neue Art von Missionsarbeit. Gründliche Vorbereitung auf das fremde Land und sorgfältige Erforschung des Missionsfeldes wurden erst durch ihn zu einer unabdingbaren Voraussetzung gemacht; es galt, Kultur und Religion, Sitten und Sprache zu studieren und vor Ort einheimische Helfer heranzuziehen. Um den Heiden den Übertritt zu erleichtern, übernahm er fremde Bräuche in die Glaubenspraxis und ließ die lateinische Liturgie in die Volkssprache übersetzen. Die ersten Christengemeinden baute er vorzugsweise in den städtischen Zentren auf, die als Vorbild in die Umgebung hineinwirken sollten. Dabei ergänzte er die Glaubens- durch Bildungsarbeit, indem er außer Kirchen auch Schulen bauen ließ, und machte sich den technischen Fortschritt zunutze: In Goa ließ er die erste Druckerpresse in Asien aufstellen.

PARAGUAY

Seit Anfang des 17. Jahrhunderts errichteten die Jesuiten unter den Guarani-Indianern Südamerikas mit Erlaubnis des spanischen Statthalters sogenannte Reduktionen. Das waren von den Kolonialherren unabhängige Kollektive, in denen die Ureinwohner unter jesuitischer Anleitung ein christliches Leben ohne Privatbesitz führten. Diese Siedlungen vergrößerten sich ständig, so dass die »Vision im Urwald« namens Paraguay schließlich zur Behinderung für die kolonialen Ambitionen der Europäer wurde. 1767 wurden die Jesuiten ausgewiesen, die Reduktionen aufgelöst. Der Aufstand des »letzten Inka« Tupac Amaru II. 1780–1783 war erfolglos.

Und schließlich hatten die Missionare kontinuierlich Bericht zu erstatten. Franz Xaver selbst schrieb regelmäßig nach Rom: Als seine Briefe gedruckt wurden, lösten sie eine Missionsbegeisterung aus, wobei Fernweh und Abenteuerlust sicherlich eine Rolle spielten.

■ Die San-Xavier-del-Bac-Mission in der Nähe von Tucson im US-Bundesstaat Arizona ist nach dem hl. Franz Xaver benannt. Photographie, 1897–1924

■ Der Leichnam des Franz Xaver ist in der Basilika Bom Jesus in Velha Goa im indischen Bundesstaat Goa aufgebahrt. Nach seinem Tod auf der Insel Sancian wurde seine sterbliche Hülle zunächst nach Malakka in Malaysia gebracht, ehe sie in Goa ihre letzte Ruhestätte fand. Pilger aus aller Welt besuchen die Basilika, insbesondere dann, wenn der Leichnam der Öffentlichkeit zugänglich gemacht wird. Dies geschieht alle zehn Jahre und war zuletzt 2004 der Fall.

Die Anpassung des Christentums an die örtlichen Gegebenheiten, wie sie Franz Xaver vormachte, heißt Akkomodation. Sie stieß in der Kirche nicht überall auf Gegenliebe. Insbesondere die ebenfalls missionarisch tätigen Dominikaner und Franziskaner wähnten die Reinheit des Glaubens bedroht. Franz Xaver selbst erkannte, dass viele Inder sich nur taufen ließen, um in den Genuss von kostenlosem Reis in den Missionsstationen zu kommen, und daheim weiter ihren alten Glauben praktizierten – weshalb er sich nicht scheute, die Inquisition ins Land zu holen und Hindu-Tempel abreißen zu lassen.

Nichtsdestoweniger loderte im 17. und 18. Jahrhundert der »Ritenstreit« hoch. In Indien lebte der Jesuit Roberto de Nobili wie ein Brahmane, um die religiöse Führungsschicht der Hindus zu gewinnen. In China wurde der konfuzianische Ahnenkult und überhaupt die Verehrung des Konfuzius (s. S. 48) ins Christentum integriert. Mitte des 18. Jahrhunderts war es dem Papsttum zu viel: Die Akkommodation, die Anpassung an nichtchristliche Riten, wurde verboten. Konsequenz: Fast alle Erfolge in Indien, Japan und China wurden zunichte; es war ein Schlag, von dem sich die süd- und ostasiatische Mission bis heute nicht erholt hat. Dabei zeugte das Verbot von Blindheit, war doch das europäische Christentum selbst aus der Akkomodation an die Bräuche der Römer und Barbaren hervorgegangen.

Erst 1939 erlaubte Pius XII. wieder die Anpassung an fremde Gebräuche. So gibt denn Franz Xavers Missionskonzept erneut und bis heute das Vorbild für Missionsarbeit, mehr noch: Die seine stand im Grunde Modell für die moderne Kulturarbeit im Ausland.

FRANZ XAVER
RÖMISCH-KATHOLISCHES CHRISTENTUM

 DATEN UND FAKTEN

Biographie: Don Francisco de Jassu y Xavier wird am 7. April 1506 auf Schloss Xavier bei Pamplona in Nordspanien geboren. Er nimmt 1525 an der Sorbonne in Paris ein Philosophiestudium auf. 1533 hilft er Ignatius von Loyola, mit dem er eine Zeit lang zusammengewohnt hat, die Ordensregeln für die Jesuiten zu formulieren, und gehört 1534 zu den Gründungsvätern des Ordens. Wie Ignatius wird er 1537 zum Priester geweiht; zudem wird er erster Sekretär der Jesuiten. Als apostolischer Nuntius im Auftrag des Papstes und des portugiesischen Königs tritt Franz Xaver 1541 seine Missionsreise nach Indien an. 1549 bricht er nach Japan auf, landet im August in Kagoshima auf der Insel Kyushu. In Yamaguchi gründet er die erste christliche Gemeinde in Japan. Drei Jahre später macht er sich auf die Reise nach China, schafft es aber nicht mehr, auch dort missionarisch tätig zu werden: Nach kurzer Krankheit stirbt er am 3. Dezember 1552 auf der Insel Sancian (Shangchuan Dao, heute zur Provinz Guangdong gehörig). 1622 wird er von Papst Gregor XV. heiliggesprochen.
Quellen: die über 1500 Briefe Franz Xavers (ab 1545 gedruckt)
Wirkungsstätten: Rom; Indien; Malakka (in Malaysia); Gewürzinseln (Molukken); Vietnam; Japan
Heiligtümer: Die Grabstätte Franz Xavers befindet sich in der Basilika Bom Jesus im heutigen Velha Goa in Indien; eine Armreliquie wird seit 1615 in der Kirche Al Gesù in Rom verehrt. Sein Geburtsort Javier (früher Xavier) in Nordspanien gehört zu den meistbesuchten Wallfahrtsstätten der Iberischen Halbinsel.
heilige Schrift: die christliche Bibel
Verbreitung: Der Jesuitenorden zählt heute knapp 20 000 Mitglieder. Er hat über 1500 Niederlassungen in 120 Ländern. Zum Gebiet der deutschen Ordensprovinz gehören Deutschland, Dänemark und Schweden. Noch heute leisten die Jesuiten Missionsarbeit und Entwicklungshilfe, zudem sind sie als Lehrer und Wissenschaftler an Schulen und Hochschulen tätig. Die katholische Kirche hat weltweit etwa 1,1 Mrd. Mitglieder.
Kernaussage: Das Wort Christi muss in aller Welt verkündet werden.

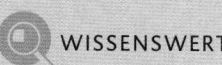 WISSENSWERTES

Der Jesuitenorden
Die 1540 vom Papst bestätigte Societas Jesu (abgekürzt SJ) sorgt sich um die Ausbreitung, Festigung und Verteidigung des Katholizismus. Dazu dienen Mission, Seelsorge, aber auch Unterricht, wissenschaftliche Arbeit und, zwecks Festigung des Glaubens beim eigenen Mitglied, geistliche Übungen, die sogenannten Exerzitien. Im 16. und 17. Jh. waren die Jesuiten die wichtigsten Träger der katholischen Gegenreformation in Europa und der Mission in Übersee. Im 18. Jh. wurden sie jedoch von der Obrigkeit bekämpft, was theologische, vor allem aber politische Gründe hatte: Die Jesuiten in Übersee opponierten offen gegen die europäischen Kolonialherren. Daher wurde der Orden zunächst in einigen Ländern (Portugal, Frankreich, Spanien) verboten und 1773 offiziell durch den Papst aufgelöst. Diese Auflösung wurde 1814 wieder aufgehoben.

 EMPFEHLUNGEN

Lesenswert:
Franz Xaver: *Briefe und Dokumente 1535–1552*, hrsg. von Michael Sieverich und Peter Knauer, Regensburg 2006

Rita Haub, Julius Oscoald SJ (Hg.): *Franz Xaver. Patron der Missionen*, Regensburg 2002

Rita Haub: *Die Geschichte der Jesuiten*, Darmstadt 2007

Jonathan Wright: *Die Jesuiten. Mythos – Macht – Mission*, Essen 2005

Peter Claus Hartmann: *Die Jesuiten*, München 2001

Stefan Kiechle: *Ignatius von Loyola. Mystiker und Manager*, Freiburg / Br. 2007

Hörenswert:
Jan Dismas Zelenka: *Sub olea pacis et palma virtutis.* Oratorium 1723 (in diesem Stück über den hl. Wenzel ergreift Zelenka Partei für die Jesuiten)

 AUF DEN PUNKT GEBRACHT

Das Christentum wird global: Missionare bringen es im Zeitalter des Kolonialismus nach Amerika und Asien. Der Jesuit Franz Xaver entwickelt ein Modell von Missionsarbeit, das in manchem der Tätigkeit moderner Kulturinstitute und Firmen vorgreift.

Evangelisch sein heißt fleißig und sittenstreng

Johannes Calvin
1509–1564

■ Johannes Calvin. Zeitgenössisches Gemälde. Genf, Bibliothèque Publique et Universitaire.
Wie zuvor Zwingli fordert Calvin: Arbeitsam und sittenstreng soll der fromme Bürger leben.

Noch wenige Jahre zuvor war Genf eine lebensfrohe Stadt gewesen. Jetzt aber, Mitte des 16. Jahrhunderts, waren Spiel und Tanz verboten, Kegeln und lautes Scherzen standen ebenso unter Strafe wie das Lesen von Romanen, die Theater waren geschlossen, und anstelle von Wirtshäusern gab es nur Trinkstuben, in denen der Ausschank streng reglementiert war. Die Frauen trugen ausnahmslos Kleider, die ihre körperlichen Reize vollständig verbargen, und die Polizei hatte das Recht, Privatwohnungen zu betreten und zu kontrollieren, ob das Hauswesen den moralischen Vorschriften genügte. Täglich fanden Gottesdienste statt, deren Besuch Pflicht war.

Allenthalben wehte der Geist von Arbeit, Pflicht und Sittsamkeit. Was man hingegen nicht finden konnte, war der Eindruck, die Einwohner fühlten sich gegängelt. Die Stadt prosperierte, die Bürger freuten sich ihres wachsenden Wohlstands, Obrigkeit und Bevölkerung – so schien es jedenfalls vor aller Welt – gingen Hand in Hand. Andere sollten sich das zum Vorbild nehmen: Seit man 1559 eine protestantische Akademie gegründet hatte, sandte man gut ausgebildete Geistliche aus, die das Modell Genf und seine Ideologie weiterhin bekanntmachten – den Calvinismus.

Mitte des 16. Jahrhunderts war Genf das Rom der protestantischen Welt. Dabei hatte sich die Stadt 1525 bloß aus Kalkül der Reformation Zwinglis (s. S. 182) angeschlossen, um Hilfe von den protestantischen Städten der Schweiz gegen den Herrschaftsanspruch des katholischen Herzogs von Savoyen und des Fürstbischofs von Carpentras zu erhalten. Gegen Johannes Calvin hatte sie sich sogar gesträubt: Als der Verfasser der weithin beachteten *Institutio Christianae Religionis* (*Unterricht in der christlichen Religion*) 1536 nach Genf kam und ein kirchliches Lehramt erhielt, konnte er sich ganze zwei Jahre halten, dann hatten Bürger und Rat genug von seinem radikalen Protestantismus und wiesen ihn aus.

DIE HUGENOTTEN

Seit Mitte des 16. Jahrhunderts breitete sich der Calvinismus in Frankreich aus. »Hugenotten« (französisch *huguenots*, was auf *eignots* oder *aignos*, Eidgenossen, zurückgeht) nannte man seine Anhänger. Sie wurden blutig verfolgt, allein in der Bartholomäusnacht zum 24. August 1572 wurden auf Befehl des Königshauses an die 13 000 ermordet. Erst das Edikt von Nantes 1598 gewährte religiöse Freiheit. Als Ludwig XIV. es 1685 aufhob, flohen viele Hugenotten in protestantische Länder wie Hessen und Preußen.

Weil jedoch eine starke Minderheit nicht abgeneigt war, den katholischen Glauben wieder anzunehmen, und sich weder die Stadtregierung noch die Kirchengemeinden zu helfen wussten, rief man Calvin 1541 zurück. Damit begann in Genf ein neues Zeitalter: Regierungs- und Bevölkerungsmehrheit ordneten sich ihm fortan bereitwillig unter; er, obwohl nur Prediger an der städtischen Hauptkirche, aber von charismatischer Ausstrahlung und zudem ein brillanter Kirchendenker und Autor, drückte in den nächsten 23 Jahren als geistlicher Diktator der Stadt seinen Stempel auf. Widerstand wurde rücksichtslos gebrochen – allein bis 1546 wurden 76 Verbannungen und 56 Todesstrafen verhängt. Höhepunkt der »Säuberungen« war die Hinrichtung des spanischen Arztes (und Entdeckers des Blutkreislaufs) Miguel Servet, der die Trinität leugnete, auf der Flucht vor der päpstlichen Inquisition nach Genf kam und, von Calvin angeklagt, 1553 auf dem Scheiterhaufen verbrannt wurde.

Calvins mit äußerster Härte durchgesetzte Reformen aber waren erfolgreich, und seine Lehre fand binnen kurzem weltweit Anhänger. Das hatte vor allem einen Grund: Sie entsprach der Denkweise, der Lebensauffassung und der politischen Einstellung des aufstrebenden Bürgertums. Entschiedener noch als sein Vorgänger Zwingli schuf Calvin eine demokratische Kirchenverfassung. Die Gemeinde bekommt niemanden vorgesetzt, sondern wählt selbst: die Pastoren für

■ *Calvins letzte Unterredung mit Servet im Kerker.* **Gemälde, 1861, von Theodor Pixis (1831–1907). Kaiserslautern, Pfalzgalerie .**
Der spanische Arzt Miguel Servet leugnete die Trinität. Auf der Flucht vor der Inquisition gelangte er nach Genf, wo er von Calvin angeklagt wurde. Da er sich weigerte, seinen Glauben aufzugeben, endete er 1553 auf dem Scheiterhaufen.

■ Die als Hexe angesehene Schulmeisterin Ursula wird im Jahr 1570 in Maastricht von einem calvinistischen Priester ausgepeitscht. Kupferstich, 1685, von Jan Luyken (1649–1712) aus der zweiten Auflage des sog. Märtyrerspiegels. Das erstmals 1660 von der Mennonitengemeinde in Dordrecht herausgegebene Buch über die Geschichte der christlichen Märtyrer wurde in der Zweitauflage mit Kupferstichen illustriert.

Predigt und Seelsorge, die Doktoren für die Lehre, die Laienältesten, die über die Gemeindeordnung wachen, die Diakone für die Sozialarbeit und schließlich ein Konsistorium aus Pastoren und Laienältesten zur Leitung der Gemeinde. Abgeschlossen wird der Kirchenaufbau durch die Synode, zu der die einzelnen Gemeinden ihre gewählten Vertreter schicken und die in Fragen des Glaubens und der Kirchenordnung das letzte Wort hat; wobei Glaubensfragen im Calvinismus, wo sich Religion und Lebensführung durchdringen, häufig praktischen Bezug haben.

DIE PURITANER

Die englischen Calvinisten, die Puritaner (lateinisch *purus*: rein), bekämpften die katholischen Elemente in Liturgie und Lehre der anglikanischen Kirche und ihre Hierarchie, da sie von Bischöfen unabhängige Einzelgemeinden anstrebten. Viele mussten emigrieren; als »Pilgerväter« kamen sie bis nach Nordamerika. In England selbst wurden die Puritaner Mitte des 17. Jahrhunderts zur Triebkraft der englischen Revolution unter Oliver Cromwell.

Im Calvinismus sind evangelische Gemeinde und weltliche Obrigkeit besonders eng miteinander verwoben. Gottes Majestät und Ehre, so Calvin, verlangen vom Menschen unbedingten Gehorsam, weshalb er die Welt nach Gottes Gesetz zu ordnen und sein Leben entsprechend zu führen hat. Auf persönlicher Ebene wacht darüber das Konsistorium, das wie ein Gegenstück zur katholischen Inquisition wirkt: Es kontrolliert den Lebenswandel der Gemeindemitglieder, straft religiöse Vergehen und beauftragt den weltlichen Staat mit der Aburteilung.

Calvin, wie zuvor schon Zwingli, vertritt keine Zweireichelehre wie Luther (s. S. 176), sondern die Regierung hat die christliche Ordnung politisch durchzusetzen. Fehlt sie darin, so dürfen die Gläubigen, anders als bei Luther, Widerstand leisten, wobei Calvin, über Zwingli hinausgehend, sogar meint, dass Gott »öffentliche Rächer« berufen könne – womit am Ende der Tyrannenmord möglich wird. (In den Niederlanden wird der Calvinismus folgerichtig zum geistigen Treibstoff im Unabhängigkeitskrieg gegen Spanien.)

Calvins Staat ist eine Theokratie, aber eine im Prinzip demokratische, womit er das spätere Ideal der Volkssouveränität vorbereitet hat. War dies politisch zukunftsträchtig, so erwies sich ein anderer Aspekt von Calvins Lehre als ökonomisch folgenreich: die Theorie der Prädestination. Danach folgt aus Gottes Allmacht zwingend die Vorherbestimmtheit des Schicksals; Himmel oder Hölle sind für jeden Menschen im Voraus festgelegt. Dieses »im Voraus« ist wichtig, weil es Calvin von Luther trennt, dem zufolge der Mensch auf Gottes Gnade hoffen darf.

In einem vorherbestimmten Kosmos ist Gnade ausgeschlossen. Allenfalls kann ein Mensch daran, in welchem Maß er aus eigenem Antrieb evangelisch zu leben fähig ist, sein Seelenheil erahnen und sein Los, ewiges Leben oder ewige Verdammung, erkennen. Ein evangelisches Leben aber zeichnet sich durch Fleiß und Sparsamkeit aus; dementsprechend entwickelten Calvins Nachfolger die Lehre weiter: Da Gott Ursache allen Geschehens und mithin auch jeder persönlichen Lebensleistung sei, könne der Mensch seine Erwählung oder Verdammnis an seinem beruflichen Erfolg ablesen. Leistungsdenken, Gewinnstreben

»Die kapitalistische Wirtschaftsordnung braucht diese rücksichtslose Hingabe an den Beruf des Geldverdieners.«
Max Weber in *Die protestantische Ethik und der Geist des Kapitalismus*

■ Titelblatt einer 1595 erschienenen Ausgabe von Johannes Calvins Kommentaren zu den fünf Büchern Mose (*Commentarii in quinque libros Mosis*)

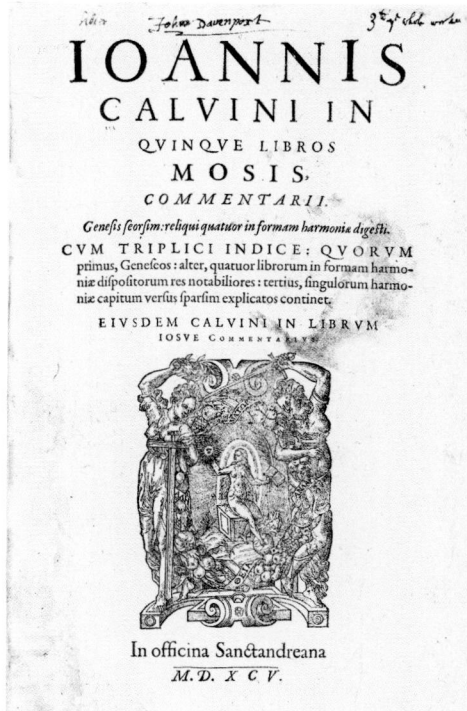

IOANNIS
CALVINI IN
QVINQVE LIBROS
MOSIS.
COMMENTARII.

Genesis seorsim: reliqui quatuor in formam harmoniæ digesti.
CVM TRIPLICI INDICE: QVORVM primus, Geneseos: alter, quatuor librorum in formam harmoniæ dispositorum res notabiliores: tertius, singulorum harmoniæ capitum versus sparsim explicatos continet.

EIVSDEM CALVINI IN LIBRVM
IOSVE COMMENTARIVS

In officina Sanctandreana
M. D. X C V.

■ Die Kathedrale St. Peter in Genf. In der ehemaligen Bischofskathedrale war Calvin als Prediger tätig. Ein von ihm benutzter Holzstuhl ist als stummer Zeuge zu besichtigen.

und Wohlstand werden damit zum Signum des Erwählten. Damit waren die guten Werke, die Luther als Schacher mit Gott verworfen hatte, in bürgerlichem Gewand wieder in die Religion eingeführt. Genau diese Ethik entsprach den Interessen der entstehenden Handels- und Manufakturbourgeoisie, förderte die Entfaltung des Kapitalismus und beeinflusste die Entstehung der modernen Welt – und war ein Grund für die weltweite Ausbreitung des Calvinismus.

Calvins Lehre basiert auf derjenigen Zwinglis, die er im Einzelnen ergänzt – so stellt er unter Martin Bucers Einfluss, den er in Straßburg kennengelernt hat, Neues und Altes Testament auf eine Stufe, da beide Gottes Wort sind – und in vielem radikalisiert. Nur in einer Sache geht er hinter Zwingli zurück: Das Abendmahl versteht Calvin nicht als bloß symbolische Erinnerungsfeier, sondern nähert sich – wiederum unter Bucers Einfluss – Luthers Auffassung insofern, als er Christus für real präsent im Brot und Wein hält; zwar nicht für körperlich, aber für geistig gegenwärtig, kraft des Heiligen Geistes, der die Verbindung zwischen dem Gläubigen auf Erden und dem Gottessohn im Himmel herstellt. Anders als Zwingli gilt Calvin daher auch das Abendmahl als Sakrament.

Unterschiede wie dieser verhinderten nicht, dass sich beide Lager zusammenschlossen: 1549 verabschiedeten Zwinglianer und Calvinisten den Consensus Tigurinus (benannt nach den Tigurini, einem Stamm der Helvetier, der in der Antike im Waadt siedelte, dem Gebiet um Genf). Seither gibt es eine geeinigte reformierte Kirche in der Schweiz. Ein Ausgleich mit dem Luthertum fehlt hingegen bis heute. So bestehen beide Bekenntnisse seither nebeneinander; nur dass das Luthertum in der Schweiz keinen Fuß fassen konnte, während die Reformierten, deren Konfession im Westfälischen Frieden 1648 förmlich anerkannt wurde, zahlreiche Gemeinden in Deutschland zu gründen verstanden.

JOHANNES CALVIN
CALVINISTISCHES CHRISTENTUM

 DATEN UND FAKTEN

Biographie: Jean Cauvin, später Johannes Calvin, wird am 10. Juli 1509 im französischen Noyon geboren. Er studiert Jura in Bourges, Orléans und Paris. Von dort muss er 1533 fliehen, nachdem er sich offen zur Reformation bekannt hat. Er findet Zuflucht in Basel und lässt sich 1536 in Genf nieder, wo er dem Reformator Guillaume Farel beim Aufbau der protestantischen Kirche hilft. 1538 wird er wegen seines Übereifers aus Genf vertrieben, lässt sich aber nicht entmutigen, sondern betreut auf Bitten Martin Bucers hugenottische Flüchtlinge in Straßburg. 1541 kehrt er nach Genf zurück, hat fortan den Stadtrat auf seiner Seite. So gelingt es ihm, einen Protestantismus zu gestalten, der in Europa, später auch Nordamerika, zum Vorbild wird. Calvin stirbt am 27. Mai 1564 in Genf.

Quellen: Calvins eigene Schriften, vor allem die *Institutio Christianae Religionis* (*Unterricht in der christlichen Religion*) von 1536

Wirkungsstätten: Paris; Basel; Straßburg; Genf

heilige Schrift: die christliche Bibel

Verbreitung: Unter dem Begriff »Calvinismus« wurden viele Strömungen der Reformation zusammengefasst. Noch zu Lebzeiten Calvins breitete sich seine Lehre in der Schweiz, in Frankreich, den Niederlanden, in England, Schottland, Polen, Ungarn und in der Pfalz sowie am Niederrhein aus. In Heidelberg und in Leiden lehrte man die calvinistische Theologie. In England gingen Mitte des 16. Jh.s aus dem Calvinismus die Puritaner hervor, die von Staat und Kirche verfolgt wurden und ab 1620 in großer Zahl nach Nordamerika auswanderten. Weltweit gibt es ungefähr 593 Mio. Protestanten; die meisten von ihnen leben in den USA, Großbritannien, Nigeria und Deutschland.

Kernaussage: Das Schicksal des Einzelnen ist vorherbestimmt. Den Erwählten erkennt man an einem geglückten Leben, vor allem an seinem Wohlstand – denn der wahre Christ ist fleißig.

 WISSENSWERTES

Max Weber
Der Philosoph und Ökonom Max Weber (1864–1920), Mitbegründer der Religionssoziologie, geht in seinem 1920 in endgültiger Form erschienenen Werk *Die protestantische Ethik und der Geist des Kapitalismus* der Frage nach, inwiefern der abendländische Protestantismus den modernen Kapitalismus geprägt habe. Die rationale, asketische Grundhaltung des Protestantismus komme, so Weber, dem Streben nach Gewinnmaximierung im Kapitalismus entgegen, weshalb sich diese Wirtschaftsform gerade in Europa und Amerika entfaltet habe und nicht in China oder Indien. Vor allem der Calvinismus habe, etwa durch die Abschaffung der Beichte, die der geforderten Selbstgewissheit des Erwählten entgegenstehe, zu jener Isolierung des Individuums geführt, die ein konsequentes Streben nach wirtschaftlichem Erfolg, wie es der Kapitalismus verlangt, befördere. Dieses isolierte Individuum definiere sich nur über seinen Beruf, der, infolge der protestantischen Lehre, zum Selbstzweck geworden sei, nicht mehr Mittel zum Zweck, zum Verdienen des Lebensunterhalts. So habe die protestantische Tradition das absolute und rücksichtslose Gewinnstreben des Kapitalismus unterstützt.

 EMPFEHLUNGEN

Lesenswert:
Johannes Calvin: *Unterricht in der christlichen Religion*, hrsg. von Matthias Freudenberg, Neukirchen-Vluyn 2008

Volker Reinhardt: *Die Tyrannei der Tugend. Calvin und die Reformation in Genf*, München 2009

Reiner Rohloff: *Calvin kennen lernen*, Göttingen 2008

Max Weber: *Die protestantische Ethik und der Geist des Kapitalismus*, eingeleitet und hrsg. von Dirk Kaesler, München 2006

Nathaniel Hawthorne: *Der scharlachrote Buchstabe*, Frankfurt / M. 2006 (Roman über das puritanische Amerika im 18. Jh.)

 AUF DEN PUNKT GEBRACHT

Was Zwingli begonnen hat, vollendet Calvin: Die demokratische Theokratie antizipiert die moderne Idee der Volkssouveränität, das von Arbeit und Sittenstrenge geprägte Modell gottgefälligen Lebens erteilt dem bürgerlichen Lebensideal die religiöse Weihe.

»Freuet euch mit Zittern!«
George Fox
1624–1691

Das Christentum war nie eine einheitliche Bewegung. Schon die Urchristen waren sich uneins, ob außer Juden auch Heiden sich ihnen anschließen dürften. Auch von den späteren drei großen Fraktionen Orthodoxie, Katholizismus und Protestantismus trennten sich zahllose Gruppen ab. Luther (s. S. 176) hatte einen Missstand, den Ablasshandel, abstellen und die Kirche reformieren wollen, schuf aber eine neue. Die neuen protestantischen Kirchen hatten sich kaum gefestigt, als abermals Unzufriedenheit aufkam, diesmal im England des frühen 17. Jahrhunderts: Inspiriert vielleicht von den Nachfahren der auf die Insel geflohenen Schwärmer und Täufer, fühlten sich viele Leute von der Staatskirche mit ihrer Hierarchie, starren Gottesdienstordnung und den unpersönlichen Formen von Gebet und Predigt entmündigt. Sie suchten neue, individuelle Wege der Frömmigkeit.

Einer dieser »Seekers«, dieser Suchenden, war George Fox. Von religiösen Qualen und Zweifeln geplagt, verließ er als junger Mann sein Elternhaus, brach mit seinen Freunden und suchte nach spiritueller Erfahrung. Endlich, als er vom vielen Fasten euphorisiert war, kam der Heilige Geist über ihn: Er vernahm eine »innere Stimme«, die »Stimme Gottes«, die, so behauptete er, von der Akustik zur Optik wechselnd, als »inneres Licht« zum persönlichen Heil führe. »Das war das wahrhaftige Licht, welches alle Menschen erleuchtet«: Diese Stelle aus dem Johannesevangelium erkor Fox zu seinem Wahlspruch und erklärte, dass Gott in Gestalt dieses inneren Lichts überall und jederzeit jeden Menschen mit dem heiligen »Geist der Wahrheit« erfüllen könne und jedermann die Kraft gebe, sein Leben zu erneuern.

Fox beginnt als Laienprediger über Land zu reisen und

■ George Fox weigert sich 1663 in Holker Hall, einen Amtseid zu schwören. Buchillustration, 1892, nach einem Gemälde von John Pettie (1839–1893) aus dem Jahr 1863

baut unter dem Namen »Gesellschaft der Freunde« eine religiöse Gemeinschaft auf, deren Mitglieder sich »Freunde der Wahrheit«, »Kinder des Lichts« oder »innere Christen« nennen. Zugleich erwachsen ihm in Staat und Amtskirche erbitterte Feinde. Mehrmals wird er verhaftet. Die Kirche verfolgt ihn als Gotteslästerer. Dass Fox' Lehre vom inneren Licht oberflächlich an den persischen Religionsgründer Mani (s. S. 82) und die Manichäer erinnert, spielt dabei keine Rolle; vielmehr geht es darum, dass er die von offizieller Seite vorgegebene Interpretation der Bibel nicht anerkennt: Ähnlich den vom Heiligen Geist schwärmenden Täufern lehrt Fox, dass keiner die »Schriften recht verstehen kann ohne denselben Geist, in dem sie geschrieben sind«; diesen gottinspirierten Geist spricht er den Repräsentanten des offiziellen Christentums ab. Der Staat wiederum betrachtet Fox und seine Anhänger als Verschwörer gegen die Regierung, nachdem Fox abgelehnt hat, unter dem Lordprotektor Cromwell als Hauptmann in der Armee zu dienen. Zwar wird 1689 endlich ein Toleranzedikt erlassen, doch Staatsämter, politische Mandate und Universitäten bleiben Fox und seinen Anhängern verschlossen, da sie die für die Staatskirche und den Kriegsdienst bestimmten Steuern nicht zahlen und keinen Amtseid zu schwören bereit sind. Viele wandern nach Nordamerika aus, wo Fox' Schüler William Penn 1681 die Kolonie Pennsylvania gegründet hat, in der erstmals völlige Religionsfreiheit gewährt und auch Toleranz gegen die Indianer geübt wird.

Fox selbst bleibt unbeugsam. Der Spott des Volkes, das ihm und seinen Leuten nach dem englischen Wort für »zittern«, *to quake*, den Spitznamen *quakers*, eingedeutscht »Quäker«, verpasst, trifft ihn nicht, im Gegenteil. Gemünzt auf den ekstatischen, von Zuckungen der Verzückung begleiteten Zustand, in dem Fox und seine Anhänger das innere Licht erleben, nimmt er das Wort selbst in Beschlag, heißt es doch in Psalm 2,11: »Dienet dem Herrn mit Furcht und freuet euch mit Zittern!«

Die Gemeinschaft, die Fox aufbaute, unterschied sich wesentlich von der anglikanischen Kirche. Da die Selbständigkeit und Freiheit des Individuums weder durch Amtsträger noch durch äußere Formen des Glaubens beschränkt sein soll, gibt es weder

■ George Fox. Holzschnitt, veröffentlicht 1874. Washington, D.C, Library of Congress

Mit der sog. Rückeroberung Irlands durch die Armee Oliver Cromwells begann der Konflikt zwischen den zumeist katholischen Iren und den zumeist protestantischen Engländern, der 1921 zur Teilung der Insel in die Republik Irland und das weiterhin zu Großbritannien gehörende Nordirland führte. Bis heute kommt es in Nordirland auf beiden Seiten immer wieder zu Gewalt.

Quäkerspeisung in Berlin. Photographie, um 1920

Priester noch ein vorgeschriebenes Glaubensbekenntnis noch eine Gottesdienstordnung. Da jedermann durch das innere Licht eine eigene Beziehung zum Allerhöchsten aufbauen kann, braucht es keine Lehrsysteme, keine Ämterhierarchie, nicht einmal irgendwelche Sakramente. Der Gottesdienst, das sogenannte Meeting, ist schlicht und kennt keinen planmäßigen Ablauf; die Versammelten können schweigend, meditativ beisammenstehen und auf »das Hören im Licht« warten. Wird einer vom Heiligen Geist ergriffen, so erhebt er das Wort.

Da Gott jeden ohne Unterschied von Klasse und Rasse erleuchten kann, gelten alle Menschen als gleich. Folglich pflegte Fox das altenglische Du (thou), nicht das aristokratische Ihr (you); die Anrede »Mister« war verpönt, weil sie von Master, »Herr«, herrührt; und noch heute werden Beschlüsse im Konsens gefasst oder gar nicht. Ihre demokratische und pazifistische Haltung machte die Quäker zu Wegbereitern der Sklavenbefreiung in England und den USA, zu Förderern der Frauenemanzipation und zu Vorkämpfern gegen den Rassismus. Getragen vom Gebot der Nächstenliebe, setzten sie sich von Anfang an für Arme, Gefangene und Behinderte ein. Nach dem Ersten Weltkrieg halfen sie mit »Quäkerspeisungen«, die Not in Europa zu lindern; die CARE-Pakete nach dem Zweiten Weltkrieg waren vor allem ihr Werk. Heute betätigen sich viele Quäker im Umweltschutz und in globalisierungskritischen Organisationen.

Eine einheitliche Bewegung blieben aber auch die Quäker nicht. Unter Ann Lee (1736–1784) spalteten sich die Shaker, »Schüttler«, von ihnen ab. Ihre Gründerin hielt sich für das weibliche Pendant zu Jesus (s. S. 68), und ihre Erwartung der Wiederkehr Christi stand im Mittelpunkt des Glaubens. Offiziell löste sich die Gemeinschaft in den 1960er Jahren auf, doch kleine Gruppen soll es bis heute geben.

VOX POPULI, VOX DEI

Dass jeder von Gott ergriffen werden könne, glaubten schon die Täufer, wenn sie vom Heiligen Geist sprachen. Anders als die Quäker aber predigten sie statt Frieden auch Gewalt. Wer weiß also, ob die innere Stimme überhaupt von Gott kommt? Einen Quäker namens James Nayler verleitete sie 1656, in messianisch übersteigertem Selbstbewusstsein als »König Jesus« in Bristol einzuziehen. George Fox entschied die Sache so, dass das Individuum sich irren, Vorurteile und Leidenschaft sein Urteil trüben könnten; deshalb müsse die Versammlung der Gläubigen prüfen, ob die Stimme wirklich die Gottes sei. Damit werden dem Individuum, dessen subjektives Glaubenserlebnis am Anfang stand, am Ende doch Zügel angelegt.

GEORGE FOX
RELIGIÖSE GESELLSCHAFT DER FREUNDE (QUÄKER)

 DATEN UND FAKTEN

Biographie: George Fox wird im Juli 1624 in Drayton-in-the-Clay (heute Fenny Drayton) im englischen Leicestershire als Sohn eines Wollhändlers geboren. Schon früh wird der Schuhmacherlehrling von Visionen und religiösen Offenbarungen heimgesucht. 1649 hält er eine Protestrede in einer Nottinghamer Kirche und landet wegen Gotteslästerung im Gefängnis. Das ist der erste von insgesamt acht Gefängnisaufenthalten. Der zweite folgt ein Jahr später in Derby und dauert über ein Jahr. 1651 erhält Fox von Oliver Cromwell das Angebot, als Hauptmann in seiner Revolutionsarmee zu dienen, doch Fox lehnt ab; trotzdem fährt Cromwell fort, Fox zu protegieren. 1653 sitzt Fox in Carlisle im Gefängnis. Nach weiteren Inhaftierungen reist er durchs Land und gründet die Monatsversammlungen der Quäker. 1669 heiratet Fox die wohlhabende Margaret Fell – und verzichtet per Ehevertrag auf sämtliche Erbansprüche, um nicht als Erbschleicher verdächtigt zu werden. 1671 bereist er die englischen Besitzungen in Nordamerika und in Westindien sowie Norddeutschland und Holland; er versucht, die Mennoniten und andere christliche Gruppen für das Quäkertum zu gewinnen. George Fox stirbt am 13. Januar 1691 in London.
Quellen: Fox' Tagebuch und Briefe, erstmals gedruckt zwischen 1694 und 1706
Wirkungsstätten: Großbritannien; die englischen Kolonien in Nordamerika (die späteren 13 Gründungsstaaten der USA); Holland; Norddeutschland

Heiligtümer: Das ganze Leben ist heilig, sagen die Quäker – daher gibt es keine ausgewiesenen Heiligtümer oder Pilgerstätten.
heilige Schrift: die christliche Bibel
Verbreitung: Weltweit gibt es etwa 350 000 Quäker. Ungefähr ein Drittel von ihnen lebt in den USA, rund 50 000 in Kenia und etwa 20 000 in Großbritannien. In Deutschland und Österreich gibt es ca. 400 Quäker. Ihr deutsches Zentrum befindet sich in Bad Pyrmont.
Kernaussage: Das wahrhaftige Licht, welches alle Menschen erleuchtet, kann jeden mit dem Geist der Wahrheit erfüllen und zum persönlichen Heil führen.

 WISSENSWERTES

Oliver Cromwell
Die Karriere des strengen Puritaners Oliver Cromwell (1599–1658) begann 1640, als er sich gemeinsam mit anderen Mitgliedern des sog. Langen Parlaments gegen König Karl I. und die anglikanische Kirche auflehnte. Mit seinen Reitertruppen, den »Ironsides«, besiegte er im Bürgerkrieg 1642–1646 den König und die mit ihm verbündeten Bischöfe und Aristokraten. Karl I. floh auf die Isle of Wight. 1649 ließ Cromwell ihn gefangen nehmen und hinrichten. Damit begann die englische Republik, der »Commonwealth of England«. Der Aufstand der Iren wurde 1650 blutig niedergeschlagen, die Schotten wurden bei Dunbar besiegt.

1653 war England mit Cromwell als Lordprotektor faktisch eine Militärdiktatur; das Parlament wurde mehrfach aufgelöst. Erst 1660 wurde England wieder eine Monarchie, als das Parlament Karl II., den Sohn Karls I., auf den Thron berief. Mit Hilfe der von Cromwell aufgebauten Flotte stieg England in den kommenden Jahrhunderten zur Imperialmacht auf.

 EMPFEHLUNGEN

Lesenswert:
Emil Fuchs: *George Fox. Seine Botschaft, sein Wesen und sein Leben nach seinen eigenen Denkwürdigkeiten dargestellt*, Bad Pyrmont 2006

Sünne Juterczenka: *Über Gott und die Welt. Endzeitvisionen, Reformdebatten und die europäische Quäkermission in der frühen Neuzeit*, Göttingen 2008

Claus Bernet: *Quäker aus Politik, Wissenschaft und Kunst. Ein biographisches Lexikon*, Herzberg 2008

Sehenswert:
Lockende Versuchung. Regie: William Wyler; mit Gary Cooper, Dorothy McGuire, Anthony Perkins. USA 1956 (zeigt den Konflikt einer pazifistischen Quäkerfamilie im Amerikanischen Bürgerkrieg)

 AUF DEN PUNKT GEBRACHT

Jeder Mensch kann eine eigene Beziehung zum Allerhöchsten haben. Er braucht keine Priester, keine Amtskirche und keine Gottesdienstordnung: Wen das göttliche Licht erfüllt, der rede!

Der Pseudomessias
Sabbatai Zwi
1626–1676

■ Sabbatai Zwi. Kupferstich, 1669, von Thomas Koenen. New York, The Jewish Theological Seminary Library. Es handelt sich vermutlich um das einzige Porträt des Pseudomessias, das zu seinen Lebzeiten entstand.

»Der Mensch hat zwei Beine und zwei Überzeugungen«, schrieb der Satiriker Kurt Tucholsky: »Eine, wenn's ihm gut geht, und eine, wenn's ihm schlecht geht. Die Letztere heißt Religion.« Und wenn's dem Menschen besonders schlecht geht, so kann man den Gedanken fortspinnen, dann hofft er auf einen Messias. Schon die Israeliten ersehnten, nachdem Salomos Großreich zerfallen war, einen idealen Herrscher, der aus dem Haus David stammen und als zum König »Gesalbter« (dies die Urbedeutung des Wortes Messias) ihren Staat erneuern sollte. Nach dem Babylonischen Exil erwuchs aus dieser Idee die prophetische Vorstellung von einem Gottesreich, das der Messias am Ende der Zeit begründen werde. Als die Juden unters römische Joch gerieten, schossen messianische Erwartungen ins Kraut. Das bekannteste Beispiel für einen Mann von davidischem Geblüt, der als gottgesandter Messias und König von Israel verehrt wurde, ist Jesus von Nazareth (s. S. 68). Auch Simon Bar Kochba, der hundert Jahre später den letzten jüdischen Aufstand gegen die Römer anführte, galt als Messias. Doch am Ende unterlag er; die »Zerstreuung« (Diaspora) der Juden wurde zum Schicksal. Indes hielt eben der Verlust der Heimat und das Leid des Exils, in dem die Juden zeitweise als wohlgelittene, meist aber als unterdrückte Minderheit existierten, den Messiasglauben wach.

Geradezu verzweifelt war ihre Lage im 17. Jahrhundert in Osteuropa. Sie siedelten in den zwischen Polen und Russland umstrittenen Gebieten, wobei es für beide Staaten nicht nur um politische Macht, sondern auch um die richtige, katholische oder orthodoxe, Religion ging. 1648 kam es zur Katastrophe, als sich in der noch zu Polen gehörenden Ukraine die Kosaken erhoben und Hunderttausende Juden (und Polen) ermordeten. Wer konnte, suchte sein Heil in der Flucht und wanderte in den Westen oder ins Osmanische Reich aus.

Das war der Hintergrund, vor dem ein neuer Messias die Bühne betrat: Sabbatai Zwi aus Smyrna, dem heutigen Izmir. Im Jahr 1626 geboren, hatte er in seiner

Jugend nicht nur das übliche Studium von Bibel und Talmud betrieben, sondern sich auch in die kabbalistische Mystik vertieft. Erfüllt von religiöser Inbrunst, begann er ein asketisches Leben, das häufig in Ekstasen gipfelte. Er soll gefastet, sich gegeißelt, winters im Meer gebadet und jeden Geschlechtsverkehr abgelehnt haben – obwohl er, zum Chacham (so hießen Rabbis im Osmanischen Reich) geweiht, verheiratet gewesen sein muss. Just 1648 trat er, durch kabbalistische Spekulation ermuntert, öffentlich als Messias auf.

Die Kabbala ist ein Sammelname für jüdische Mystik und Esoterik. Ihren Namen hat sie vom hebräischen Verb *qabal* (»empfangen«). Einem Mythos zufolge wurden Moses (s. S. 20) auf dem Berg Sinai geheime Lehren von Gott zuteil, in die er nur die Weisen des Volkes Israel eingeweiht habe. In deren Nachfolge sehen sich die Kabbalisten. Ähnlich wie die christliche Mystik bildete sich auch die kabbalistische im Mittelalter aus. Beide stehen für die Individualisierung des Glaubens: Wie der christliche Mystiker sucht der Kabbalist das ureigene Gotteserlebnis, die persönliche Beziehung zum Allerhöchsten. Zugleich aber verbindet sich das religiöse Leben des Einzelnen mit messianischen Vorstellungen und apokalyptischen Ideen vom Schicksal Israels und der Welt. Ziel ist der Tikkun, die Wiederherstellung von Gottes idealer Schöpfung.

Der Schwärmer Sabbatai Zwi fand Gehör beim Volk, weniger bei den Rabbinern. Ob in Smyrna, in Saloniki, das als Jerusalem des Balkans galt, oder in Konstantinopel, stets gelang es den jüdischen Gemeindeführern, den Möchtegernmessias aus der Stadt zu weisen. Doch dann schien er in die Erfolgsspur zu kommen: In Kairo hörte er von einer Amsterdamer Jüdin namens Sara, die verkündet hatte, sie werde den Messias heiraten; Grund genug für Sabbatai Zwi, sie 1664 nach Kairo zu holen und zur Frau zu nehmen. (Von seiner ersten soll er wegen seiner Keuschheit geschieden worden sein.) Ein Jahr später lernte er in Palästina den jungen Fanatiker Nathan aus Gaza kennen, der vom Nahen der Endzeit überzeugt war, Sabbatai Zwi als Messias anerkannte und sich selbst zu dessen Propheten ausrief. Nathan sandte Briefe an jüdische Gemeinden im Osmanischen Reich und in Europa und

■ Gedenkschrein im Hof des einst von Sabbatai Zwi bewohnten Hauses in Izmir (früher Smyrna) in der Türkei

NOCH EIN PSEUDOMESSIAS

Der Sabbatianismus, die von Sabbatai Zwi begründete messianische Bewegung, fand vor allem im 17. und 18. Jahrhundert viele Anhänger. Ihren skurrilen Höhepunkt erlebte sie mit dem ukrainischen Juden Jakob Frank (eigentlich Jankiew Lejbowicz, 1726–1791), der als neuer Messias sein Vorbild Sabbatai Zwi noch übertraf: Er nahm in Saloniki den Islam an, trat dann in Warschau zum Katholizismus über und siedelte schließlich ins protestantische Deutschland über, wo er im Isenburger Schloss in Offenbach als »Baron Offenbach« residierte. Im *Buch der Worte des Herrn* sind seine Aussprüche gesammelt.

■ Der Rabbi von Smyrna, dem heutigen Izmir in der Türkei. Photographie, 1873. Die Nachfahren jener türkischen Juden, die sich im 17. Jh. Sabbatai Zwi anschlossen, bilden heute die Glaubensgemeinschaft der sog. Dönme, der »Abtrünnigen«.

prophezeite, Sabbatai werde Sultan werden und die verlorenen Stämme Israels heimführen. Der Gedanke löste allenthalben Begeisterung unter der geschundenen Judenheit aus.

Unter dem Diktat dieses Erfolgs reiste ein hochgestimmter Sabbatai Zwi im Februar 1666 nach Konstantinopel – und wurde verhaftet. Aus der Zelle heraus agitierte er weiter, unterschrieb Briefe mit »der erstgeborene Sohn Gottes« und »der Herr, euer Gott Sabbatai Zwi«. Im September beschloss Sultan Mehmed IV., dem Spuk ein Ende zu machen: Entweder beweise Sabbatai als Messias seine Unverwundbarkeit und lasse einen Bogenschützen auf sich schießen, oder er konvertiere zum Islam. Sabbatai entschied sich für Letzteres, ebenso wie seine Frau, erhielt den Namen Mehmed Effendi und zog nach Adrianopel, dem heutigen Edirne.

Die messianische Bewegung erlosch jedoch nicht, denn rasch hatte Nathan eine kabbalistisch-dialektische Begründung für Sabbatais Verrat zur Hand: Er sei innerlich Jude geblieben, müsse aber als Messias in den Bereich des Übels hinabsteigen und es ganz durchleben, um ebendort den Tikkun zu beginnen, die Reinigung und Erlösung der Schöpfung (ein Motiv, das sich, in anderem Kontext, auch in der christlichen Auslegung von Jesu Leben und Leiden findet). In der Tat machte Sabbatai Zwi in Adrianopel weiter und scharte erneut Anhänger um sich, weshalb er nach Dulcigno verbannt wurde. Dort starb er 1676 – doch die in seinem Geist 1683 in Saloniki gegründete Gruppe der jüdisch-islamischen Dönme (türkisch für »Abtrünnige«) existiert bis heute. Im Judentum gilt Sabbatai Zwi gleichwohl nur als Pseudomessias – genau wie Jesus von Nazareth.

SABBATAI ZWI
SABBATIANISMUS, MESSIANISCHES JUDENTUM

 DATEN UND FAKTEN

Biographie: Sabbatai Zwi, auch Schabbetaj Z(e)vi, wird 1626 in Smyrna geboren. Nach einer traditionellen jüdischen Ausbildung wendet er sich der Kabbala zu und provoziert die jüdische Gemeinde durch Verstöße gegen die Thora, spricht etwa den Gottesnamen Jahwe aus, was nur dem Messias erlaubt ist. 1648 präsentiert er sich als reinkarnierte Seele König Davids, muss daher drei Jahre später Smyrna verlassen. Von Nathan ben Elischa von Gaza in seinem messianischen Anspruch bestätigt, erklärt sich Sabbatai 1665 in Palästina offiziell zum Messias, kehrt ein Jahr später nach Smyrna zurück und setzt den 18. Juni 1666 als Beginn des messianischen Zeitalters fest. Am 15. September 1666 wird Sabbatai verhaftet und muss zwischen Hinrichtung oder Übertritt zum Islam wählen. Er konvertiert, wird aber trotzdem nach Dulcigno verbannt. Dort stirbt er am 17. September 1676.

Quellen: Sendbriefe und Schriften des Nathan von Gaza aus dem 17. Jh.

Wirkungsstätten: Smyrna (heute Izmir in der Türkei); Palästina (heute Israel und Palästinensische Autonomiegebiete); Dulcigno (heute Ulcinj in Montenegro)

Heiligtum: die Westmauer (»Klagemauer«) in Jerusalem als Rest des jüdischen Tempels

heilige Schriften: Die Thora (die fünf Bücher Mose) bildet zusammen mit den prophetischen und historischen Büchern der Bibel die sog. schriftliche jüdische Lehre. Der Talmud (»Studium«), das Hauptwerk des rabbinischen Judentums, ist aus der mündlichen Überlieferung entstanden; er besteht aus der Mischna (»Wiederholung«), einer Sammlung religionsgesetzlicher Texte, und der Gemara (»Vollendung«), einer Erläuterung der Mischna. Das Buch Bahir, das erste Buch der Kabbala, entstand im 12. Jh. in Südfrankreich; im 13. Jh. wurde der kabbalistische Kanon um das Buch Sohar ergänzt.

Verbreitung: Ein Jünger Sabbatai Zwis, Berechja, gründete 1683 die Dönme, eine Sekte, die Sabbatai als den jüdischen Messias verehrt. Bis heute leben Dönme in der Türkei. Über ihre Zahl gibt es keine genauen Angaben; wahrscheinlich sind es etwa 2500 Anhänger.

Kernaussage: Das messianische Zeitalter hat begonnen. Ich, Sabbatai Zwi, bin der Messias.

 **WISSENSWERTES**

Pico della Mirandola
Die Mystik der Kabbala hat seit dem Spätmittelalter auch Christen fasziniert. Einer der bekanntesten christlichen Kabbalisten war der italienische Philosoph Giovanni Pico della Mirandola (1463–1494). Sein philosophischer Ansatz war synkretistisch, d.h., es ging ihm darum, nicht die Gegensätze verschiedener theologischer und philosophischer Lehren zu betonen, sondern ihre Gemeinsamkeiten. Insofern war es folgerichtig, jüdische und christliche Mystik als gleichberechtigt anzusehen. Im Mittelpunkt steht bei Pico della Mirandola die Menschenwürde; nach ihr wurde auch sein bedeutendstes, posthum erschienenes Werk De hominis dignitate Über die Würde des Menschen benannt. Damit wurde er zu einem Wegbereiter des modernen Menschenbildes.

 EMPFEHLUNGEN

Lesenswert:
Gershom Scholem: Sabbatai Zwi. Der mystische Messias, Frankfurt / M. 1992

Der Sohar. Das heilige Buch der Kabbala, hrsg. von Ernst Müller, München 2005

Joseph Dan: Die Kabbala. Eine kleine Einführung, Stuttgart 2007

Das Herz der Kabbala. Jüdische Mystik aus zwei Jahrtausenden, hrsg. von Daniel C. Matt, Berlin 1996

Gershom Scholem: Die jüdische Mystik in ihren Hauptströmungen, Frankfurt / M. 2009

Giovanni Pico della Mirandola: Über die Würde des Menschen, lat.-dt., hrsg. von August Buck, übersetzt von Norbert Baumgarten, Hamburg 1990

Isaac B. Singer: Der Kabbalist vom East Broadway, München 1992 (Erzählungen)

 AUF DEN PUNKT GEBRACHT

Ein Jude aus Kleinasien erklärt sich im 17. Jh. zum Messias und findet begeisterten Zulauf. Doch vom Sultan vor die Wahl gestellt, zu konvertieren oder zu sterben, entscheidet er sich für den Übertritt zum Islam.

Gott in sich fühlen und feiern

Baal Schem Tow
um 1700–1760

■ Baal Schem Tow, eigentlich Israel ben Elieser. Illustration, ca. 1740, nach einem Gemälde. Baal Schem Tow war der Ansicht, Gott sei überall zu finden, nicht nur in den Buchstaben der Thora. Jeder kann ihn auch sinnlich erfahren, etwa in fröhlichem Tanz und Gesang.

Die Juden sind das Volk des Buches. Bibellektüre und Talmudstudium beginnen im Kindesalter und begleiten das ganze Leben. Riten und Vorschriften prägen das Dasein; nicht zufällig ist »das Gesetz« die deutsche Übersetzung für die Thora, die heilige Schrift der Juden. Im Zweifelsfall wenden sich die Gläubigen an die Autorität, den Rabbiner, der das letzte Wort hat. Oft muss er äußersten Scharfsinn aufwenden, um im Dickicht widersprüchlicher Regeln einen gangbaren Weg zu finden. Manchmal werden mit großer geistiger Anstrengung Probleme gelöst, die Außenstehenden gänzlich unwichtig erscheinen: ob etwa der Chanukkaleuchter beim jüdischen Lichterfest von links oder rechts anzuzünden sei. Aber auch für solche Fragen wird das Schrifttum studiert, um eine argumentgestützte Antwort zu finden. (Im Fall des Chanukkaleuchters lautet sie, dass beide Seiten gleichberechtigt sind, da Gott überall ist, weshalb man die Kerzen von rechts nach links in den Leuchter steckt und von links nach rechts anzündet.) Kurzum, das traditionelle Judentum ist eine Religion, die auf Autorität und Buchgelehrsamkeit ruht und mit Vernunft und Logik die Rätsel Gottes zu ergründen trachtet. Es geht aber auch anders.

Israel ben Elieser, ein Jude aus dem ukrainisch-polnischen Grenzgebiet, war es, der im 18. Jahrhundert eine religiöse Bewegung gründete, in der nicht mehr die Denkarbeit und die exakte Befolgung überlieferter Ge- und Verbote das Wichtigste waren, sondern die von Herzen kommende Frömmigkeit. Nicht mehr der Gehorsam gegenüber der rabbinischen Autorität sollte entscheidend sein, sondern die persönliche Hingabe an und das Vertrauen in die Liebe Gottes. Gott sollte weniger mit dem Verstand begriffen als mit allen Sinnen erfahren werden; nicht nur der Kopf, sondern der ganze Körper sollte des Gotteserlebnisses teilhaftig werden: Man wollte Gott mit Tanz und Gesang nahekommen und in Freude, in Begeisterung, in der Ekstase, in der Verzückung mit ihm verschmelzen.

Weitläufig verwandt ist diese Form jüdischen Glaubens mit dem christlichen Pietismus, der im 18. Jahrhundert seine Glanzzeit erlebte. Die Abwendung von einem äußerlichen

Glaubensleben, wie es das herkömmliche Judentum war, und die Hinwendung nach innen, zur gefühlsbetonten Frömmigkeit, hatte ihre Ursache aber auch im sozialen und wirtschaftlichen Elend der Ostjuden, in das sie nach den Massakern der Kosaken Mitte des 17. Jahrhunderts gestürzt waren, und in der schweren Glaubensdepression nach dem Scheitern des falschen Messias Sabbatai Zwi (s. S. 216). In dieser bedrückten Lage wirkte Israel ben Eliesers Auftreten als Befreiung. Baal Schem Tow, »Meister des guten Namens«, nannten ihn seine Anhänger, und die Glaubensrichtung, die er begründete, hieß demonstrativ Chassidismus, denn die Chassidim sind »die Rechtschaffenen, Frommen«.

Israel ben Elieser muss Charisma besessen und soll sich sogar als Wunderheiler betätigt haben. Indes ist sein Leben unzulänglich dokumentiert – eine Legende behauptet, seine Seele habe zu Lebzeiten den Himmel besucht und den Messias getroffen, der dereinst zur Erde herabsteigen werde. Glaubhafter erscheint, dass er, seit seiner Jugend an spekulativer Theologie und Mystik interessiert, im Grunde ein einfacher Mann war, der jahrelang als Gastwirt und Schächter arbeitete und das Volk

■ Chassidische Juden tanzen anlässlich des »Schlussfestes«, das am achten Tag nach Beginn des Sukkot (Laubhüttenfest) stattfindet, in der Synagoge von Bnei Brak in Israel.

DER ALTE CHASSIDISMUS

Chassidim (Singular: Chassid) kennt schon das Alte Testament; es sind die, die Gott besonders nahestehen. Im hellenistischen Zeitalter nannte man so jene Gesetzestreuen, die den griechischen Einfluss auf die jüdische Kultur ablehnten. Im Mittelalter gab es unter deutschen Juden eine Chassidismus geheißene esoterische Strömung, die Askese, Gleichmut gegen Freud und Leid – durchaus anders also als Israel ben Elieser – sowie Nächstenliebe, gegebenenfalls gegen die Religionsgesetze, predigte.

■ Ein Chanukkaleuchter hat acht Arme und eine zusätzliche Halterung in der Mitte, die dem Schamasch (»Diener«) vorbehalten ist, einer Kerze, die nur dazu dient, die übrigen Kerzen anzuzünden.

DER ZADDIK

Leiter der chassidischen Gemeinde ist nicht der Rabbiner, sondern der Zaddik (»der Gerechte«), der einen besonderen Draht zu Gott haben und übernatürliche Fähigkeiten besitzen soll – was ihm den Spottnamen »Wunderrabbi« eintrug. Wahrscheinlich erfand erst Israel ben Eliesers Jünger Dow Bär von Meseritsch dieses Amt und stellte so die Weichen dafür, dass der Zaddik zu einer noch größeren Autorität wurde als der Rabbiner im traditionellen Judentum.

für sich gewann, indem er auf dem Markt mit den Leuten von Gleich zu Gleich diskutierte, wobei er das Schwierige (»Das Entscheidende ist nicht, dass Gott ist, sondern dass alles, was ist, Gott innewohnt«) ebenso einprägsam zu vermitteln wusste wie praktischen Rat (»Willst du einem Freund aus dem Schlamm helfen, so hab keine Angst davor, dreckig zu werden«).

Indem er von Stetl zu Stetl reiste, verbreitete er seine Lehre, dass jedem Wesen Gott immanent sei und jeder Einzelne daher Gott direkt erfahren könne, auch der Arme und Ungebildete, wenn er nur Begeisterung mitbringe; dass, weil Gott allgegenwärtig sei, er in allen Lebenslagen zu finden sei; dass wahrer Glaube sich nicht in der bloßen Befolgung des Gesetzes ausdrücke, sondern darin, dass man sein Innerstes, seine Seele an Gott hänge, sie ihm »anhafte«; und dass alles, was Freude mache, eine Brücke zu Gott schlage. Er propagierte das persönliche Studium der Thora, nicht, um vorgegebene Meinungen zu bestätigen, sondern weil jeder individuell Erleuchtung finden könne; und wenn er gemäß seiner Auffassung von der körperlichen Hingabe an Gott (und beeinflusst von christlichen Paradiesvorstellungen) die Auferstehung auch des Fleisches propagierte, so traf er gewiss den Nerv eines hoffnungsfrohen Publikums. Dem gefiel es auch, dass Israel ben Elieser sogar Alkoholgenuss erlaubte, um die Leidenschaft für Gott zu stimulieren. Dabei konnte er sich auf die jüdische Mystik, die Kabbala, stützen, die den Buchstaben Zahlenwerte gibt und dadurch verborgene Beziehungen aufspürt: Wein, hebräisch *jajin*, und Geheimnis, *sod*, haben beide den Zahlenwert 70, woraus der Mystiker auf Wesensverwandtschaft schließt, dass also der Wein zum Geheimnis führt – volkstümlich: Im Wein ist Wahrheit, *in vino veritas*.

Schriftliche Lehren hinterließ Israel ben Elieser nicht, weshalb man letztlich nicht weiß, was er wirklich lehrte und was Zutat seiner Schüler ist. Der Chassidismus jedenfalls, der sich mit und nach ihm unter den Ostjuden verbreitete, wurde von konservativen Juden abgelehnt, die fürchteten, die Chassidim vergäßen über der Lebensfreude die Einhaltung der Vorschriften. Es kam ganz anders: In den verbliebenen chassidischen Gemeinden, die namentlich in New York und Jerusalem bestehen, ist der Verinnerlichung eine radikale Gesetzesstrenge zur Seite getreten, es herrscht starrer Konservatismus. So gelten die Chassidim heute – Ironie der Geschichte – als ultraorthodox.

BAAL SCHEM TOW
OSTEUROPÄISCHES CHASSIDISCHES JUDENTUM

 DATEN UND FAKTEN

Biographie: Israel ben Elieser, später Baal Schem Tow (»Meister des guten Namens«), wird um 1700 nahe Kamenez-Podolskij (heute in der Ukraine) geboren. Über sein Leben und Wirken ist wenig bekannt. Wahrscheinlich übt er eine Reihe verschiedener Tätigkeiten aus, ist Synagogendiener, Lehrer, Amulettschreiber und Schächter, bevor er auf Wanderschaft geht und als Wundertäter wirkt. Mit seiner Lehre, die sich an der späten Kabbalamystik und am Sabbatianismus orientiert, gewinnt er eine große Anhängerschaft. Er stirbt 1760 in Miedzyboz (heute in der Ukraine).

Quellen: Baal Schem Tow hat keine eigenen Schriften hinterlassen. Seine Schüler haben Sprüche und Geschichten von ihm gesammelt, die der jüdische Religionsphilosoph Martin Buber Anfang des 20. Jh.s herausgegeben hat.

Wirkungsstätte: das Gebiet der heutigen Ukraine

Heiligtum: die Westmauer (»Klagemauer«) in Jerusalem als Rest des jüdischen Tempels

heilige Schriften: Die Thora (die fünf Bücher Mose) bildet zusammen mit den prophetischen und historischen Büchern der Bibel die sog. schriftliche jüdische Lehre. Der Talmud (»Studium«), das Hauptwerk des rabbinischen Judentums, ist aus der mündlichen Überlieferung entstanden; er besteht aus der Mischna (»Wiederholung«), einer Sammlung religionsgesetzlicher Texte, und der Gemara (»Vollendung«),

einer Erläuterung der Mischna. Das Buch Bahir, das erste Buch der Kabbala, entstand im 12. Jh. in Südfrankreich; im 13. Jh. wurde der kabbalistische Kanon um das Buch Sohar ergänzt.

Verbreitung: Nach dem Tod Baal Schem Tows übernahm Dow Bär von Meseritsch (gest. 1772) die Führung der Chassidim und gab der Gemeinschaft eine feste Struktur. Das führte dazu, dass die religiösen Führer, die Zaddikim, Dynastien bildeten, wodurch die Organisation immer starrer wurde. Im 19. Jh. war der Chassidismus zu einer erzkonservativen Strömung im Judentum geworden. Große Gemeinden existieren heute nur noch in den USA, vor allem in New York, und in Jerusalem. Die wichtigste chassidische Gruppierung ist die Lubawitscher Gemeinde, die der Chabad-Bewegung angehört. Diese zählt weltweit 200 000 Mitglieder.

Kernaussage: Wahrer Glaube besteht nicht allein in der Befolgung des Gesetzes.

 WISSENSWERTES

Der Rabbi und der Ziegenbock
Typisch für den osteuropäischen Chassidismus sind kleine Geschichten, die meistens auf humorvolle Weise fromme Ratschläge für den Alltag vermitteln. So wie diese: Ein Mann klagt dem Rabbi, er lebe in unerträglichen Verhältnissen. Er

müsse ein winziges Zimmer mit seiner Frau und sechs Kindern teilen. Darauf weiß der Rabbi Rat: Der Mann soll für eine Woche den Ziegenbock mit ins Zimmer holen und ihn bei der Familie wohnen lassen. Der Mann befolgt den Rat. Als die Woche um ist, kommt er wieder zum Rabbi und sagt: »Rabbi, das Leben ist herrlich! Es war ein schreckliches Leben mit dem Bock im Zimmer, so eng, und es hat widerlich gestunken. Aber nun ist der Bock wieder draußen im Stall und wir haben das ganze Zimmer für uns. Wunderbar!«

 EMPFEHLUNGEN

Lesenswert:
Martin Buber: *Die Legende des Baalschem*, München 2001

Elie Wiesel: *Chassidismus – ein Fest für das Leben. Legenden und Porträts*, Freiburg / Br. 2000

Georg Langer: *Der Rabbi, über den der Himmel lachte. Die schönsten Geschichten der Chassidim*, Frankfurt / M. 1986

Hörenswert:
Joseph Stein, Jerry Bock, Sheldon Harnick: *Anatevka*. Musical 1964 (über jüdisches Leben in der Ukraine, nach dem Roman *Tewje, der Milchmann* von Scholem Alejchem)

Sehenswert:
Anatevka. Regie: Norman Jewison; mit Chaim Topol, Norma Crane. USA 1971

 AUF DEN PUNKT GEBRACHT

Gott wohnt nicht nur in den Buchstaben der Thora, sondern ist überall zu finden. Deshalb kann nicht nur der Bücherwurm, sondern jeder, auch der Ungebildetste, Gott erfahren, ihm freudig sich nähern in Tanz und Gesang und in der Ekstase eins mit ihm werden.

Du musst dein Leben ändern
John Wesley
1703–1791

Man kennt ihn aus den Western: den Wanderprediger mit der Bibel in der Hand. Dieser typische Missionar des Wilden Westens ist keine Erfindung der Filmindustrie, es gab ihn wirklich. Und es war kein katholischer, anglikanischer oder lutherischer Geistlicher, sondern, charakteristisch für die USA: ein Methodist. Im Mutterland der nordamerikanischen Kolonien, in England, hatte es der Begründer dieser neuen protestantischen Gesellschaft vorgemacht: John Wesley. Rastlos von einem Ort zum nächsten unterwegs, predigte er den Leuten unter freiem Himmel, oft mehrmals an einem Tag. Rund 40 000 Predigten soll er in seinem Leben gehalten haben.

Seine Schüler taten ihm das nach, ritten predigend kreuz und quer durch das Vereinigte Königreich und setzten dann über den Großen Teich: unter ihnen Francis Asbury, der spätere erste Bischof der Methodistenkirche in den USA, der unermüdlich seine »circuit riders«, seine reitenden Laienprediger, hinausschickte und so mit der westwärts ziehenden Bevölkerung den englischen Methodismus zur echt amerikanischen Form des Christentums machte. Echt amerikanisch deshalb, weil der ursprüngliche Erweckungsgedanke, den John Wesley hatte und der das Individuum auf den Pfad der Umkehr und moralischen Erneuerung führen sollte, sich hier mit der Idee von der Auserwähltheit der Nation, von God's Own Country, vermählte – eine bis heute erfolgreiche Verbindung, wie die vollen Stadien und Festzelte beweisen, in denen die evangelikalen Massenprediger auftreten.

Der Methodismus stammt nichtsdestoweniger aus dem England des 18. Jahrhunderts, er ist ein ungewolltes Kind der anglikanischen Kirche. Wie schon bei den Quäkern des 17. Jahrhunderts stand die Unzufriedenheit mit der Staatskirche am Anfang. Viele Pfarrer betrachteten ihr Amt

■ *John Wesley*. Mezzotinto, veröffentlicht 1743, von John Faber (um 1695–1756). London, National Portrait Gallery.
John Wesley glaubte fest an Geister. Er ging sogar so weit zu behaupten, Geisterglauben und Hexerei aufzugeben käme dem Leugnen der Bibel gleich. So ließ er sich auch nicht davon abbringen, dass im väterlichen Pfarrhaus der Poltergeist Old Jefferey umgehe.

bloß als lukrative Pfründe, vernachlässigten ihre geistlichen Pflichten und gingen lieber auf die Fuchsjagd oder ins Theater. Sie brachen die Ehe, zechten in den Kneipen und spielten Karten, statt sich auf die Sonntagspredigt vorzubereiten; die schrieben sie von Kollegen ab. Vielen Gläubigen missfiel dieses Gebaren. Gegen das schlechte Vorbild der Geistlichkeit setzten sie ein ausgiebiges Bibelstudium und waren überzeugt, dass ein bewusstes Bekehrungserlebnis, eine Erweckung, nötig sei, um angesichts der obwaltenden Zustände zu einem christlichen Leben zu finden.

Zu den Unzufriedenen gehörte John Wesley, ursprünglich selbst anglikanischer Geistlicher. In Oxford, wo er Theologie lehrte, baute er einen Studentenzirkel auf, in dem intensive Bibellektüre getrieben, gemeinsame Gebete gesprochen und eigene Gottesdienste abgehalten wurden; zugleich leistete man mit Besuchen in Gefängnissen, Spenden für die Armen und Unterricht für ihre Kinder praktische christliche Arbeit. Weil die Angehörigen dieses Kreises kein lockeres Studentenleben führten, bespöttelten die Kommilitonen ihn als »Holy Club«, und wegen ihres planvollen Vorgehens, ihres methodisch geregelten Gruppenlebens bekamen sie den Spitznamen »Methodisten«.

Aufgrund der emsigen Wanderpredigttätigkeit, die Wesley und seine Anhänger entfalteten, etablierten sich bald zahlreiche Gemeinschaften im Land. Dass diese auf Abstand zur Staatskirche Wert legten, zog vor allem die von der stolzen anglikanischen Geistlichkeit vielfach vernachlässigten einfachen Leute an, die sich zudem von dem gefühlsbetonten Predigtstil, der enthusiastischen Frömmigkeit der Methodisten angesprochen, »mitgenommen« fühlten. Hier kam ihnen niemand mit theologischen Haarspaltereien, die alles Mögliche rechtfertigten, sondern verlangt wurde lediglich die unkompliziert scheinende Entscheidung zu einem bibelfesten Leben. Keine abstrakte Lehre wurde ihnen hier

■ Die erste methodistische Kirche in den USA wurde 1768 in der New Yorker John Street erbaut und besteht bis heute. Aquantinta, von Archibald L. Dick (um 1805–um 1855). New York, Public Library

GEORGE WHITEFIELD
Der anglikanische Priester George Whitefield (1714–1770) schloss sich in Oxford den Wesleys an, trennte sich aber später wegen seines Glaubens an die Prädestination von John Wesley. Whitefield meinte, Gott habe im Vorhinein festgelegt, wen er erlösen oder verdammen werde. Das war unvereinbar mit dem methodistischen Bekenntnis, dass Gottes Liebe jedem Menschen gelte und sich daher jeder, wie sündig er auch sei, erfolgreich zu Gott bekehren könne.

eingetrichtert, sondern die schlichte Überzeugung einge-
geben, dass Gottes Gnade ihnen gewiss sei; dass jeder die
Kraft habe, durch ein gewissenhaft praktiziertes Christentum sich selbst zu heiligen; dass der Sünder erweckt und
bekehrt werden könne und kein Mensch
verloren sei, weil Gott ohne Vorbehalt
jeden liebe. Einzige Voraussetzung: Der
Einzelne muss Ja sagen zu Gott und zu
dem, was Jesus (s. S. 68) »in ihm« tut.

Stärker also als im Anglikanismus, bei
dem wie im Katholizismus Teilhabe an
den Ritualen das Seelenheil sichert, geht es
um eine innerliche, subjektive Beziehung zu
Gott, um bewusste Umkehr, echte Buße und persönliche Wiedergeburt. Du musst dein Leben ändern, könnte
als Motto gelten. Ebenso gilt es, das Dasein insgesamt
zu verbessern: Wesley selbst kämpfte gegen die Sklaverei, setzte sich für Reformen im Gefängniswesen ein,
sammelte Geld für den Bau von Schulen und Volks-
büchereien, rief Darlehenskassen ins Leben und gründete Apotheken für die Armen.

■ John Wesley schreibt sogar
zu Pferd. Buchillustration,
1965, von Peter Jackson
(1922–2003)

Eine neue Kirche aber wollte Wesley nicht gründen, sondern
sich ökumenisch an alle Christen wenden. Dem entspricht bis
heute eine große Offenheit, namentlich in den USA: Jeder ist beim
Gottesdienst und im Gemeindeleben willkommen, viele ihrer Anhänger sind nicht einmal offizielle Mitglieder der Methodistenkirche, und neben ausgebildeten Pfarrern spielen Laienprediger
nach wie vor eine bedeutende Rolle. Sowieso war, dass es zu einer neuen Kirche kam, weniger den theologischen
Differenzen geschuldet als der Politik. Nach der
Unabhängigkeitserklärung der nordamerikanischen
Kolonien verselbständigte sich dort die methodistische Gemeinschaft und baute eine eigene Organisation mit einem Bischof an der Spitze auf. In England
waren es die von Wesley einberufenen jährlichen
Predigerkonferenzen, die sich zur Leitungsinstanz
der Gemeinden entwickelten, was zu einer eigenen
Kirche führte. Nichtsdestoweniger betrachten die
Anglikaner John Wesley bis heute als einen der Ihren
und gedenken seiner – zusammen mit seinem Bruder, dem methodistischen Kirchenlieddichter Charles
Wesley – am Tag der »Kleineren Feste« am 24. Mai.

DER ENGLISCHE PAUL GERHARDT
Zur Seite stand John Wesley sein
Bruder Charles (1707–1788). War
John der Prediger und Organisator, so
rührte Charles die Gläubigen durch
die Musik: Er war ein höchst produk-
tiver Liederdichter und ist im eng-
lischsprachigen Raum so populär wie
im deutschsprachigen Paul Gerhardt.
Viele seiner Kirchenlieder gehören
zum klassischen Bestand nicht nur
des Methodismus.

JOHN WESLEY
EVANGELISCH-METHODISTISCHES CHRISTENTUM

 DATEN UND FAKTEN

Biographie: John Wesley wird am 17. Juni 1703 in Epworth, Lincolnshire, als Sohn einer Pfarrersfamilie geboren. Er hat 18 Geschwister. Sein Vater, Samuel Wesley, ist anglikanischer Pfarrer, seine Mutter Susanna ist als puritanische Pfarrerstochter aufgewachsen. Von ihr bekommen die Kinder eine fundierte Bildung. Johns jüngerer Bruder Charles gründet 1726 in Oxford einen Club, der sich dem Bibelstudium widmet. John tritt bei, wird bald Leiter jener Gemeinschaft, die man als »Holy Club« und »Methodisten« verspottet. 1728 wird er zum Priester geweiht und erhält eine Dozentenstelle in Oxford. 1735 geht er mit Charles als Missionar nach Amerika, nach Georgia; zwei Jahre später kehrt er nach England zurück. Dort haben beide Brüder ein Bekehrungserlebnis. John beginnt ein Leben als Wanderprediger, zieht durchs Land, hält täglich vier bis fünf Predigten. Nebenbei bildet er Laienprediger aus und organisiert Unterstützung für die Armen. John Wesley stirbt am 2. März 1791 in London.
Quelle: John Wesleys Tagebuch, das er während seiner gesamten Zeit als Wanderprediger akribisch führte
Wirkungsstätten: Nordamerika; Großbritannien
Heiligtum: Wesley's Chapel in London
heilige Schrift: die christliche Bibel
Verbreitung: Der Weltrat Methodistischer Kirchen zählt nach eigenen Angaben 70,2 Mio. Mitglieder, von denen 29,1 Mio. in Nordamerika leben. Größte Teilkirche ist die evangelisch-methodistische Kirche (United Methodist Church), der weltweit etwa 10,2 Mio. Menschen angehören. Von ihnen leben 8,3 Mio. in Nordamerika, 1,7 Mio. in Afrika, 116 000 in Europa und 78 000 in Asien.
Kernaussage: Du musst dein Leben ändern. Dann wird Gott dir gnädig sein.

 WISSENSWERTES

Der Pietismus
Beeinflusst war John Wesley vom deutschen Pietismus (lateinisch *pietas*: »Frömmigkeit«), einer protestantischen Gegenbewegung zur lutherischen Orthodoxie. Wesentlich geprägt von dem Elsässer Philipp Jacob Spener (1635–1705) und dem Hallischen Pfarrer und Professor August Hermann Francke (1663–1727), standen bei den Pietisten eine vertiefte Bibellektüre und das subjektive, auch mystische Glaubenserlebnis im Mittelpunkt. Zentral war die Überzeugung, dass (nach Eph 5,14) jeder Einzelne aus dem Todesschlaf der Sünde erweckt, zur Umkehr bewegt und als neuer Mensch wiedergeboren werden könne. Der Wiedergeborene hatte sich um das eigene Seelenleben ebenso zu kümmern wie um ein praktisches christliches Leben in Form von tätiger Nächstenliebe (*praxis pietatis*). Diese Verpflichtung zu christlicher Werktätigkeit dürfte Wesley ebenfalls inspiriert haben. Mit seiner Betonung des Subjektiven und seiner Konzentration auf das Individuum spiegelt der Pietismus die Epoche der Aufklärung, und er hat die folgenden Jahrhunderte gesellschaftlich und kulturell entscheidend mitgeprägt; so entwickelte sich aus der pietistischen Autobiographie die im 19. Jh. populäre Gattung des Bildungsromans.

 EMPFEHLUNGEN

Lesenswert:
Das Tagebuch John Wesleys, hrsg. von Percy Livingstone Parker, Stuttgart 2000

Richard P. Heitzenrater: *John Wesley und der frühe Methodismus*, Göttingen 2006

Patrick Ph. Streiff: *Der Methodismus in Europa im 19. und 20. Jahrhundert*, Göttingen 2004

Matthias Rüb: *Gott regiert Amerika. Religion und Politik in den USA*, Wien 2008

Jürgen Heideking, Christof Mauch: *Geschichte der USA*, Stuttgart 2008

Johannes Wallmann: *Der Pietismus*, Göttingen 2005

Besuchenswert:
Wesley's Chapel in London wurde von John Wesley erbaut. In der Nähe befinden sich ein dem Methodismus gewidmetes Museum sowie Wesleys Wohnhaus.

 AUF DEN PUNKT GEBRACHT

Gegen die autoritäre Staatskirche und die bigotten Pfarrer wirbt der Wanderprediger John Wesley für ein in Eigenregie bibelfest geregeltes Leben in sozialer Verantwortung. Seine Lehre, dass jedem die Gnade Gottes gewiss ist, auch dem reuigen Sünder, findet speziell in den USA viele Anhänger.

Jeder hat das Zeug zum Gott
Joseph Smith
1805–1844

Gott ein alter Mann mit Rauschebart? So bekannt diese Darstellung aus der Kunstgeschichte ist: Heutige Christen werden ihn sich eher als eine Art Geistwesen denken. Nicht so die Mormonen: Für sie hat Gott tatsächlich menschliche Gestalt und ist sogar verheiratet. Letzteres wird Theologen nicht ganz unbekannt sein; schließlich hatte auch der israelitische Jahwe einst eine Frau, die Göttin Aschera (alias die babylonische Göttermutter Ischtar). Geläufig ist auch die Vorstellung, Gott sitze auf einem Thron im Himmel. Der Mormonengründer Joseph Smith malte sich das in einer seiner Visionen so aus, dass Gott seinen Sitz nahe dem Planeten »Kolob« im Sternensystem »Kokaubeam« habe. Bislang konnte das kein Astronom bestätigen. Auch für eine andere Mormonenthese fehlt der Nachweis: dass Gott selbst einmal ein Mensch war, der sich, getreu dem kosmischen oder jedenfalls mormonischen Gesetz des immerwährenden Fortschritts, zur Gottheit hinaufentwickelt hat. Für die Mormonen gilt dieses Prinzip der Höherentwicklung nach wie vor: »Wie der Mensch heute ist, war Gott einst. Wie Gott heute ist, kann der Mensch einst werden«, lehrt ihr Buch Mormon. Auch das wird Religionswissenschaftlern nicht gänzlich fremd sein: dass die Götter ursprünglich besonders verehrte Ahnen, also Menschen gewesen seien, und dass ein jeder selig werden und Gott nahe kommen kann, womöglich eins wird mit ihm.

Wohl in allen Religionen ist der richtige Glaube die Eintrittskarte ins Paradies. Bei den Mormonen nicht: Für jene, die von Jesus (s. S. 68) nichts wissen konnten, praktizieren sie die nachträgliche, stellvertretende Taufe. Ein Unikum, können im Christentum doch nur Lebende getauft werden; aber weil die Seelen der Toten frei weiterexistieren – Jesus habe schließlich durch seinen Sühnetod die Menschen von der Erbsünde wie von den Folgen der eigenen Missetaten befreit –, können sie erlöst werden durch lebende Menschen, die selbst bereits erlöst sind, und das sind die Mormonen, die sich darum »Heilige« nennen, genauer: »Heilige der Letzten Tage«.

■ Joseph Smith. Illustration, 1886, von Charles William Carter.
Dem Farmerssohn aus Vermont erschien ein Engel und offenbarte ihm das Buch Mormon. Neben anderem Staunenswerten weiß das Buch von Pferden, Kompass und Stahl in einem Amerika lange vor Kolumbus zu berichten.

Auch der zweite Namensbestandteil hat seinen Grund, denn der Fortschrittsglaube der Mormonen (der überhaupt ein Merkmal des 19. Jahrhunderts war) verbindet sich bei ihnen mit der apokalyptischen Idee vom Endgericht. Die geht auf die Offenbarung des Johannes zurück, trägt aber selbstgemachte Züge: Ihr zufolge wird Christus eines nahen Tages in Amerika erscheinen, und zwar auf der Spitze des Mormonentempels in Salt Lake City. Es folgen die Auferstehung aller Mormonen und das Tausendjährige Reich, in dem die Mormonen weiter an der Erlösung der anderen arbeiten, sodann der Endkampf mit Satan, anschließend die zweite Auferstehung, das Jüngste Gericht und als krönender Abschluss die Weiterentwicklung zu göttlicher Vollkommenheit.

Vorbereitet wird die letzte Stufe bereits zu Lebzeiten, denn in den Mormonentempeln werden nicht nur Mann und Frau »aneinandergesiegelt«, das heißt Ehen geschlossen (die anders als bei den restlichen Christen über den Tod hinaus bestehen sollen), und Taufen vorgenommen; hier wird außerdem das Endowment (»Ausstattung«) zelebriert. Dieses Ritual vermittelt Gläubigen, deren »Würdigkeit« durch einen »Tempelempfehlungsschein« belegt ist, gewisse Belehrungen, die sie auf den Eintritt in die Göttlichkeit vorbereiten, und Passworte, mittels derer sie das Tor zur Herrlichkeit zu passieren vermögen. Auserwählte Mormonen können durch eine »Zweite Salbung« sogar schon während ihres irdischen Daseins zu Göttern geweiht werden.

Die Eigenarten des Mormonentums sind damit nicht erschöpft. Eine allerdings zählt nicht mehr dazu: die Vielehe. Nach dem

NEUE OFFEN-BARUNGEN (1) Für die Mormonen gibt es keine endgültige göttliche Offenbarung, und die Bibel gilt nicht als das letzte Wort Gottes. Getreu dem Fortschrittsprinzip kann Gott nach dem Buch Mormon weitere prophetische Bücher zugänglich machen, auch können dem jeweils amtierenden Propheten, d.h. Präsidenten der Glaubensgemeinschaft, neue Offenbarungen zuteilwerden.

■ Der Salt-Lake-Tempel und das Tabernakel in Salt Lake City während des Baus. Undatierte Photographie

■ Die erste Seite eines Briefs, den Joseph Smith am 4. April 1839 aus dem Gefängnis von Liberty, Missouri, an seine Ehefrau Lucy schrieb. New Haven, Beinecke Library

NEUE OFFEN-BARUNGEN (2)

»Wir glauben alles, was Gott geoffenbart hat, alles, was Er jetzt offenbart, und wir glauben, dass Er noch viele große und wichtige Dinge offenbaren wird in Bezug auf das Reich Gottes«, lautet der neunte der von Joseph Smith formulierten grundlegenden 13 Glaubensartikel.

Vorbild Abrahams (s. S. 10) und unter Berufung auf Luther (s. S. 176), der die bigamistische Ehe des Landgrafen Philipp von Hessen mit Margarethe von der Saale unter politischem Druck mehr oder weniger genehmigt hatte, lebten die frühen Mormonen polygam, obwohl das Buch Mormon sagt: »Denn es soll kein Mann unter euch mehr als nur eine Frau haben, und Nebenfrauen soll er keine haben.« Doch wenige Sätze später wird das Gebot relativiert: »Denn wenn ich, spricht der Herr der Heerscharen, mir Nachkommen erwecken will, so werde ich es meinem Volk gebieten; sonst aber soll es auf dies alles (das Gebot der Einehe und das Verbot von ›Nebenfrauen‹ und ›Hurerei‹) hören.« Joseph Smith wurde 1842 passenderweise eine entsprechende Offenbarung zuteil, soll er selbst doch mehr als fünfzig Frauen gehabt haben (wenngleich er offiziell, vor dem Gesetz, nur mit einer verheiratet gewesen sei). 1890 wurde die Polygamie verboten, weil das Mormonenland Utah in die Vereinigten Staaten aufgenommen werden wollte. Splittergruppen, die der Stamm-»Kirche Jesu Christi der Heiligen der Letzten Tage« nicht angehören, betreiben sie jedoch insgeheim bis heute.

Wunderliches gibt es noch vieles, wundersam beginnt schon die Geschichte der Mormonen. Da hat der Farmerssohn Joseph Smith in der Pubertät Erscheinungen eines Engels namens Moroni. Als junger Mann findet er auf dessen Geheiß goldene Platten, beschrieben in einer unbekannten Sprache in »reformägyptischer« Schrift. Er übersetzt sie, indem er einem Schreiber, von diesem durch einen Vorhang getrennt, den englischen Text diktiert. Danach vergräbt er die Platten auf Nimmerwiedersehen …

Die Öffentlichkeit reagierte mit Unwillen auf Smiths Lehren und mit Hass auf seine Vielweiberei; am Ende wurde er gelyncht. Dabei passt seine Religion durchaus zu den USA, sein Fortschrittsglaube wie seine Bücher spiegeln amerikanisches Selbst- und Sendungsbewusstsein wider. Auf diesem gründet auch der zweijährige Missionsdienst, den jeder junge Mormone freiwillig im Ausland abzuleisten hat. Sowenig man sonst vom Mormonenglauben weiß: Diese adrett gekleideten und sauber frisierten jungen Leute, die in der Fußgängerzone einen Stand betreiben und ihr Buch Mormon anbieten, hat wohl jeder schon einmal irgendwo gesehen.

JOSEPH SMITH
KIRCHE JESU CHRISTI DER HEILIGEN DER LETZTEN TAGE (MORMONEN)

 DATEN UND FAKTEN

Biographie: Joseph Smith jr. wird am 23. Dezember 1805 in Sharon im US-Bundesstaat Vermont als viertes von zehn Kindern geboren. Auf der Suche nach wirtschaftlichem Auskommen muss die fromme Familie immer wieder den Wohnsitz wechseln. Als er acht Jahre alt ist, droht Joseph nach einer Knocheninfektion eine Beinamputation; das Bein kann aber gerettet werden, es bleibt ein leichtes Hinken. Im Frühjahr 1820 hat Smith seine erste Vision: Nahe seinem Elternhaus in Manchester, New York, erscheinen ihm Jesus Christus und Gottvater selbst. Drei Jahre später erscheint ihm erstmals der Engel Moroni, der ihm die Goldplatten mit dem Buch Mormon zeigt, ihm aber verbietet, sie an sich zu nehmen. Das darf er erst 1827, nach seiner heimlichen Hochzeit mit Emma Hale. Smith, damals einfacher Lohnarbeiter, findet einen Sponsor, mit dessen Hilfe die Übersetzung der Goldplatten gedruckt werden kann. Die erste Auflage des Buches Mormon erscheint im März 1830. Einen Monat später, am 6. April 1830, gründet Smith die Kirche Jesu Christi. 1838/39 sitzt er einige Monate wegen Hochverrats im Gefängnis. Danach gründet er in Illinois die Mormonenstadt Nauvoo, wird dort Kaufmann, Gastwirt und Bürgermeister. 1844 lässt Smith die Druckerpresse des *Nauvoo Expositors* vernichten, weil die Zeitung ihn, der gerade für das Amt des US-Präsidenten kandidiert, wegen seiner Polygamie kritisiert hat. Daraufhin wird Smith in Untersuchungshaft genommen. Am 27. Juni 1844 wird er im Gefängnis von Carthage, Illinois, von einer aufgebrachten Menschenmenge erschossen.

Quelle: *Die Köstliche Perle* von 1838 enthält Joseph Smiths Autobiographie.

Wirkungsstätten: Nauvoo in Illinois und weitere Orte in den USA

Heiligtümer: Salt-Lake-Tempel und Salt-Lake-Tabernakel in Salt Lake City, Utah, USA

heilige Schrift: Das Buch Mormon, laut seinem Finder und Übersetzer Joseph Smith vom Propheten Mormon verfasst und von dessen Sohn Moroni im Jahr 421 v. Chr. ergänzt und versiegelt, schildert die Vergangenheit Amerikas als jüdisch-christliche Heilsgeschichte, beginnend mit der Besiedlung des Kontinents durch Israeliten. Die Indianer sollen ihre vom Glauben abgefallenen Nachkommen sein.

Verbreitung: Nach eigenen Angaben zählt die Kirche Jesu Christi der Heiligen der Letzten Tage weltweit etwa 12 Mio. Mitglieder in rund 160 Ländern. Im US-Bundesstaat Utah sind rund 60 Prozent der Einwohner Mormonen; in den gesamten USA leben etwa 5 Mio. In Deutschland gibt es rund 39 000 Mormonen.

Kernaussage: Amerika wurde von verlorenen Stämmen Israels besiedelt. Ihre Propheten Mormon und Moroni weisen uns den Weg zu Gott und zur Vergöttlichung.

 WISSENSWERTES

Salt Lake City
Nachfolger Joseph Smiths und erster Präsident der Mormonen war Brigham Young (1801–1877), der 1846 einen Treck von 15 000 Gläubigen nach Westen führte und 1847 die Mormonenhauptstadt Salt Lake City gründete. Das Gebiet, das die Mormonen für sich beanspruchten, wurde 1896 der US-Bundesstaat Utah, in dem noch heute die überwiegende Mehrheit der Bevölkerung Mormonen sind. Entsprechend streng sind die Gesetze: An Sonntagen ist der Ausschank von Alkohol untersagt.

 EMPFEHLUNGEN

Lesenswert:
Joseph Smith: *Das Buch Mormon. Ein weiterer Zeuge für Jesus Christus*, Frankfurt / M. 2007

Albert Mössmer: *Die Heiligen der letzten Tage*, Düsseldorf 2004

Raymond Kuehne (Hg.): *Mormonen und Staatsbürger. Eine dokumentierte Geschichte der Kirche Jesu Christi der Heiligen der letzten Tage in der DDR*, Leipzig 2008

Besuchenswert:
Mormonentempel im sächsischen Freiberg und in Friedrichsdorf im Taunus

 AUF DEN PUNKT GEBRACHT

Gott ist buchstäblich das Ebenbild des Menschen, und jeder Mensch hat das Zeug, selbst Gott zu werden. Das verspricht das Buch Mormon, das ein Farmersohn in den USA zu Papier bringt und das bei Bedarf auch die Vielehe gestattet.

Die Krone der Religionen
Baha Ullah
1817–1892

Jede Religion glaubt, im Besitz der Wahrheit zu sein. Zugleich treibt jede zahllose Ableger hervor, die diese Wahrheit auf besondere Weise verstehen und verändern. Judentum, Christentum und Islam etwa teilen sich in vielerlei Untergruppen wie zum Beispiel die Chassidim, die Pfingstler oder die Saiditen auf. Mehr noch, über kurz oder lang bleibt keiner Religion das Schicksal erspart, dass aus ihrem Schoß eine Nachfolgerin hervorgeht, die ihre Mutterreligion zu verdrängen trachtet. Auch dem Islam erging es nicht anders: Im 19. Jahrhundert entstanden zuerst der Babismus, dann der Bahaismus, die ihn und überhaupt alle Weltreligionen beerben wollten.

Bab meint »Tor«, und zwar zu Gott oder wenigstens einem Propheten. Das Wort zielt in die Mitte des schiitischen Glaubens, da Mohammed (s. S. 120) sich als »Stadt des Wissens« und seinen Schwiegersohn und designierten Nachfolger Ali ibn Abi Talib (s. S. 126) als »ihr Tor« bezeichnet haben soll: »Wer zu mir gelangen will, muss erst durch Ali.« 1844, dem Mondkalender zufolge tausend Jahre nach dem Verschwinden des zwölften und letzten Imam, rief sich der Perser Mirsa Ali Mohammed zum Bab aus und kündigte die bevorstehende Wiederkehr des zwölften und letzten Imam an, der nach schiitischem Glauben die Welt erlösen wird. Das verstand Ali Mohammed nun nicht als Sache des Jenseits – nach seiner Auffassung gab es sowieso keine fleischliche Auferstehung, und das Paradies war kein Schwelgen in leiblichen Genüssen, sondern ein Zustand geistiger Vollendung –, es war irdische Angelegenheit. Ihr wollte der Bab vorarbeiten und forderte soziale Reformen und mehr Rechte für die Frauen – eine seiner Anhängerinnen legte als Erste den Schleier ab. Als Fernziel nannte er die allgemeine Menschheitsverbrüderung: ein Verstoß gegen die Vorstel-

■ Der persische Pass Baha Ullahs

lung, dass nur die rechtgläubigen Muslime Platz im Gottesreich hätten. Einige seiner Forderungen wirken heute kurios, so die Pflicht zur Ehe, wonach auch Verwitwete bei Strafandrohung sich erneut zu verheiraten hatten; und obwohl – oder weil – seine Ideen sowohl die Interpretationsmacht der Mullahs in Frage stellten wie die Macht des Schahs, fand er breiten Zulauf. Als er sich schließlich öffentlich vom Islam löste, wurde er verhaftet und hingerichtet.

Der Babismus ging indes nicht unter. Aus ihm entwickelte sich eine neue Bewegung: der Bahaismus. Mirsa Husain Ali Nuri, Halbbruder und Rivale des eigentlich von Ali Mohammed zum Nachfolger ernannten Jahja Nuri, erklärte sich zu jenem vom Bab zuletzt vorhergesagten neuen »Propheten, der Gott offenbaren wird«, und nannte sich fortan Baha Ullah, »Glanz Gottes«. Damit war die Trennung vom Islam, für den Mohammed das Siegel der Propheten ist, bekräftigt. Sein dominierender Einfluss blieb gleichwohl bestehen. So wird Gott wie im Islam als vollkommen transzendent gedacht, was mit der christlichen Vorstellung von Vater, Sohn und Heiligem Geist unvereinbar ist. Auch in praktischer Hinsicht zeigt sich die muslimische Abstammung, denn zu den Pflichten jedes Bahai gehören: Wallfahrt nach Akko, wo sich das Grab des Baha Ullah befindet, dreimal tägliches Gebet (in Richtung Akko), Pflicht zum Almosengeben, Fasten im letzten Monat des Bahai-Kalenders.

Doch andere Religionen steuerten ebenfalls bei. Das Herzstück der neuen Universalreligion trägt christliches Gepräge: Es ist die Liebe des guten, gerechten und gnädigen Gottes, die sich im menschlichen Miteinander als Nächstenliebe äußert und als Toleranz, Gewaltlosigkeit und Absage an jeden »heiligen Krieg«. Man glaubt an die Gleichheit der Menschen, da die menschliche Seele keine trennenden Merkmale von Klasse, Rasse oder Geschlecht kennt; angestrebt wird die Einheit aller Menschen über

Bahá'í House of Worship
all are welcome

■ Weltweit existieren derzeit nur sieben Bahai-Tempel (»Häuser der Andacht«), denen die neun Tore und die das Gebäude umgebende Parkanlage mit Fontänen gemeinsam sind. Einer dieser Tempel befindet sich in Wilmette (Photo), Illinois, USA, ein weiterer in Hofheim-Langenhain im Taunus.

DIE ZAHL 19

Im Babismus und Bahaismus gilt die 19 als heilig. Zum einen hat die Basmala, die Formel zu Beginn jeder Koransure, im Arabischen 19 Buchstaben, zum anderen beträgt die Quersumme der Buchstabenzahlenwerte des arabischen Wortes für Einheit, *wahid*, 19. Der Bab- ebenso wie der Bahai-Kalender hat 19 Monate mit 19 Tagen (die fehlenden vier Tage werden zwischen dem 18. und 19. Monat eingeschoben).

■ Der Schrein Baha Ullahs bei Akko in Israel ist die wichtigste Pilgerstätte der Bahai und gibt die Gebetsrichtung vor.

DIE ZAHL NEUN

Die zweite heilige Zahl der Bahai ist die Neun, denn der Bahaismus sieht sich als neunte Offenbarungsreligion nach sabäischer (alt-arabischer) Religion, Judentum, Zoroastrismus, Hinduismus, Buddhismus, Christentum, Islam und Babismus. Es gibt neun heilige Tage und jeweils neun »Räte«, die lokal, national oder global das Leitungs-gremium der Glaubens-gemeinschaft bilden.

solche äußeren Grenzen hinweg. Dieser Einheitsgedanke ist zentral in der Lehre des Baha Ullah, die, ausgehend vom Glauben an die Einheit Gottes, die Einheit der Religion und die Einheit des Menschengeschlechts propagiert. Man setzt sich für den Weltfrieden ein, erstrebt einen Weltstaat und ergänzt diese allgemeinen Forderungen im Einzelnen mit Forderungen nach einer Einheits-sprache und einer Einheitsschrift.

Solche universalen Ideen fangen den Zeitgeist des von der Globalisierung begeisterten 19. Jahrhunderts ein. Es versteht sich, dass für den Religionsgründer Baha Ullah die Religion das Fundament für die Einheit aller Menschen und der Weltstaat ein theokratischer sein soll. Die Krone unter den Religionen und die Führung der Weltgemeinschaft kommt dabei selbstverständlich dem Bahaismus zu, der sich als Vollendung und Abschluss aller anderen Weltreligionen begreift. Von ihnen hat er sich das Passende einverleibt und toleriert sie: Niemand, der dem Bahaismus beitritt, muss seine alte Religions-gemeinschaft verlassen; Christen, Juden, Muslime, Zoroastrier, Hindus und Buddhisten sind willkommen in den Tempeln der Bahai, den »Häusern der Andacht«, in deren Gottesdiensten außer aus den Werken des Baha Ullah aus den Offenbarungsschriften aller Weltreligionen vorgetragen wird. Propheten wie Zarathustra (s. S. 28), Abraham (s. S. 10), Buddha (s. S. 42), Jesus (s. S. 68), Mohammed und der Bab, in denen sich Gott – angepasst an die jeweilige Entwicklungsstufe der Menschheit – offenbart hat, haben ihren Platz im Bahaismus hinter Baha Ullah, der die Spitze des religiösen Fortschritts darstellt.

Der Bahaismus versteht sich als moderne, zeitgemäße Form der Religion, hält sich aber nicht notwendigerweise für die höchste Stufe: Der Fortschrittsglaube, den er vom optimistischen 19. Jahrhundert geerbt hat, gilt auch für die Zukunft, weshalb es möglich ist, dass auch den Bahaismus eines Tages das Schicksal ereilt, von einer neuen Religion beerbt zu werden.

BAHA ULLAH
BAHAISMUS

 DATEN UND FAKTEN

Biographie: Mirsa Husain Ali Nuri, später Baha Ullah (»Glanz Gottes«), wird am 12. November 1817 im persischen Teheran (heute im Iran) als Sohn einer Adelsfamilie geboren. 1844 wird er ein Jünger des Mirsa Ali Mohammed, des Bab (des »Tors« zu Gott), den er aber nie persönlich kennenlernt. Da Husain Ali seinen gesellschaftlichen Einfluss nutzt, um den Babismus zu fördern, zwingen ihn die schiitische Geistlichkeit und die Regierung nach der Hinrichtung des Bab, das Land zu verlassen: 1851 geht er ins Exil nach Kerbela (heute im Irak). Ein Jahr später kehrt er nach Teheran zurück. Dort wird ihm vorgeworfen, in ein missglücktes Attentat auf den Schah verwickelt zu sein, und er wird eingekerkert. Im Verlies soll er seine Berufung zum Religionsstifter erlebt haben. Nach der Freilassung geht Husain Ali ins Exil nach Bagdad. Von 1854 bis 1856 lebt er als Einsiedler in den kurdischen Bergen. Zurück in Bagdad, wird er zum Oberhaupt der dortigen Anhänger des Bab und offenbart sich 1863 als der von ihm vorhergesagte »Bote Gottes«. Von nun an nennen sich seine Anhänger Bahai. Die Abspaltung führt zu Rivalitäten, einige Babi versuchen, Baha Ullah umzubringen. Die osmanische Regierung schickt beide Gruppierungen in die Verbannung, Baha Ullah wird in der Festung von Akko eingekerkert. Später darf er die Festung verlassen, bleibt aber Gefangener des Osmanischen Reiches. Er stirbt am 29. Mai 1892 in Bahji bei Akko.

Quellen: Baha Ullah hinterließ zahlreiche Schriften, neben dem Kitab-i Akdas u. a. *Das Buch der Gewissheit, Edelsteine göttlicher Geheimnisse* und die *Botschaften aus Akka*.

Wirkungsstätten: Persien (heute Iran); Kerbela, Haifa, Akko(n), damals im Osmanischen Reich, heute im Irak bzw. in Israel

Heiligtümer: Der Schrein des Baha Ullah in der Nähe von Akko, Israel, ist die wichtigste Pilgerstätte der Bahai und gibt die Gebetsrichtung vor. Im nahe gelegenen Haifa befindet sich der Schrein des Bab. »Das Universale Haus der Gerechtigkeit« in Haifa ist das religiöse Zentrum der Bahai.

heilige Schriften: Grundlegend ist das Kitab-i Akdas, das »Hochheilige Buch« des Baha Ullah. Zudem wird aus den heiligen Schriften anderer Religionen gelesen, z. B. aus der Thora, der Bibel, dem Koran.

Verbreitung: Weltweit gibt es über 7 Mio. Bahai. Davon leben etwa 2,3 Mio. in Indien, etwa 750 000 in den USA und rund 12 000 in Deutschland. Obwohl sie im Iran nicht als Religionsgemeinschaft anerkannt sind, stellen die Bahai dort mit etwa 460 000 Anhängern die größte religiöse Minderheit dar.

Kernaussage: Es gibt nur einen Gott. Es gibt nur eine Religion. Es gibt nur eine Menschheit.

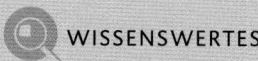 WISSENSWERTES

Das Osmanische Reich
Um 1300 begann die Herrschaft der Sultane aus der Dynastie der Osmanen. Von Anatolien aus führten sie Eroberungszüge, nahmen 1352 die erste Festung auf dem Balkan ein. Unter Sultan Mehmed II. gelang 1453 die Eroberung Konstantinopels, mit der das Byzantinische Reich endete. Im 17. Jh. erstreckte sich das Osmanische Reich von Algerien bis ans Kaspische Meer und von Ungarn bis an den Golf von Aden. Sechs Jahre nach dem Ersten Weltkrieg wurde 1922 das Ende des mächtigen Reiches besiegelt.

 EMPFEHLUNGEN

Lesenswert:
Baha'u'llah: *Der Kitab-i Aqdas. Das Heiligste Buch*, Hofheim 2000

Stephan A. Towfigh, Wafa Enayati: *Die Bahá'í-Religion. Ein Überblick*, München 2007

Tschingis Aitmatow, Feizollah Namdar: *Liebeserklärung an den blauen Planeten. Begegnung mit Bahá'í*, Hofheim 2000

Ulrike Elsdörfer (Hg.): *Globale Religionen. Ein Lesebuch zum interreligiösen Gespräch: Bahá'í, Christentum, Islam*, Sulzbach 2008

 AUF DEN PUNKT GEBRACHT

Eine Menschheit, ein Weltstaat, eine Religion, ein Gott: Der Bahaismus verschreibt sich einem großen Einheitsgedanken, führt auf islamischem Fundament Ideengut aller großen Glaubenssysteme zusammen und verheißt den Weltfrieden.

Gefühltes Wissen
Mary Baker Eddy
1821–1910

Glaube und Wissen vertragen sich nicht. Ob man an Kopernikus und Galilei denkt oder an den Streit zwischen Anhängern der Evolutionstheorie und Verfechtern der Schöpfungsgeschichte, religiöse Überzeugung und nüchterner Tatsachensinn passen schlecht zusammen. »Christliche Wissenschaft« klingt daher paradox. Und doch gibt es sie, die US-Amerikanerin Mary Baker Eddy taufte ihre religiöse Gemeinschaft demonstrativ auf den Namen »Christian Science«.

Wissenschaftlich exakt gewesen wäre »Christliches Geistheilen«, denn im Grunde geht es Baker Eddy um die religiös inspirierte Bekämpfung von Krankheiten und gesundheitlichen Beschwerden. Selbst von Kindesbeinen an von allerlei Leiden geplagt, probiert sie, weil Ärzte ihr nicht helfen können, auch alternative Heilverfahren aus, darunter den damals modischen Mesmerismus. Der zieht seine Wirkung aus der Autosuggestion; magnetisches Reiben des Kopfes zum Beispiel soll die Kraft guter Gedanken im Patienten wecken. Religiös erzogen, kommt Mary Baker Eddy auf die Idee, die Sache mit den guten Gedanken christlich umzudeuten. Nach einem Sturz teilweise gelähmt, liest sie im neunten Kapitel des Matthäusevangeliums die Geschichte von der Heilung des Gichtbrüchigen, dem Jesus (s. S. 68) sagt: »Stehe auf, hebe dein Bett auf und gehe heim!« Und siehe da: Binnen kurzem ist auch sie wiederhergestellt und baut nun auf dem Fundament inbrünstigen Glaubens eine eigene Theorie des Heilens auf, die sie zur schieren Weltdeutungslehre weiterentwickelt.

»Macht Kranke gesund, weckt Tote auf«, forderte Jesus (laut Mt 10,8) seine Jünger auf, denen das, so die Apostelgeschichte, in der Tat gelang. Baker Eddy zieht den Schluss, dass nicht der menschliche Verstand, der in der Medizin regiert, oder ein im Hirn schlummerndes Manipulationsvermögen, wie es im Mesmerismus scheint, die Ursache der Heilung ist, sondern Gott. Das wiederum heißt, dass wie zur Zeit der Urchristen auch jetzt Krankheiten und sogar der Tod besiegt werden können, und

■ Mary Baker Eddy. Photographie, 1870–1890er Jahre. Nach ihrer eigenen Wunderheilung predigte die Bostonerin, der Glaube an Gott könne alle Gebrechen heilen.

NVDAVERVNT TECTVM SVM... ...TEN · TES... PARALÝTICV ANTE IHM

A IT
IHC PARALÝ
TICO · TIBI DI
CO · SVRGE ·
TOLLE GRABATTVM TVVM ET
AMBVLA · ET SVRREXIT · ET
GRABATTVM TVLIT · ET IVIT.

zwar durch jedermann, wenn er nur glaubt – eben wie Jesus, der ein großer »geistiger Heiler« war und dessen Aufgabe, so deutet Mary Baker Eddy seinen Lebenszweck, darin bestand, Menschen mit Gottes alles heilender Kraft bekanntzumachen.

Gott ist das Gute schlechthin. Davon ist sie überzeugt. Wie aber kommen dann Sünde, Krankheit und Tod in die Welt? Baker Eddys verblüffend simple Erklärung: Es gibt sie gar nicht. Es kann sie nicht geben, denn »wenn Gott oder das Gute wirklich ist, dann ist das Böse, das Ungleichnis Gottes, unwirklich«, schreibt sie in ihrem Hauptwerk *Wissenschaft und Gesundheit mit Schlüssel zur Heiligen Schrift*. Sünde, Krankheit und Tod sind bloße Illusion, ein »Irrtum«, mehr noch: Die Welt selbst gibt es nicht wirklich. »Gott ist unsterbliche Wahrheit; Materie ist sterblicher Irrtum.«

■ Die Heilung des Gichtbrüchigen. Buchmalerei, um 1020, aus dem Goldenen Evangelienbuch (Codex Aureus) Heinrichs III. Nürnberg, Germanisches Nationalmuseum

HEILEN, HEIL UND HEILIG

Zwischen körperlicher Gesundheit und Religion besteht ein uralter Zusammenhang. »Dein Glaube hat dich gesund gemacht«, sagt Jesus (Mt 9,22); andere Religionen sehen es genauso. Das tiefe Vertrauen in Gott kann Kräfte wecken, die Wunder wirken und den Menschen »heil« machen – oder Krankheit und Tod hervorrufen, wie man aus magischen Bräuchen Afrikas und der Karibik weiß.

Die aufklärerische Kritik im 18. und der wissenschaftliche Aufschwung im 19. Jh. hatten die Religion entzaubert und dem Glauben an ein Jenseits den Boden entzogen. Mit ihrer Erfindung einer »Christian Science« wähnte Mary Baker Eddy, das Christentum und die Hoffnung auf ewiges Leben mit der Wissenschaft versöhnen zu können.

VIEW OF BOSTON HARBOR FRO

■ Blick über die Stadt und auf den Hafen von Boston, Massachusetts, USA. Photographie, um 1912. Washington, D. C., Library of Congress

Indes stellt sich die Frage, wie der Mensch solchen Irrtümern erliegen kann, wenn er als »Gottes geistige Idee« doch »vollkommen« ist; wie bloße Illusionen solche Macht über »Sein Bild und Gleichnis«, den Menschen, haben können, wenn es doch heißt: »Der Mensch ist unfähig zu sündigen, krank zu sein und zu sterben«. Oder um zur Wurzel des Problems vorzudringen: Woher rührt überhaupt dieser »Irrtum« von der illusionären Materie, den inexistenten Sünden und Krankheiten und dem nichtvorhandenen Tod? Gott kann ihn nicht erzeugt haben, und ein Satan, den die Religion sonst gern heranzieht, hat in Baker Eddys Glaubensgebäude keine Heimstatt. Entweder müsste dieser Teufel von Gott, dem ewig Guten, der lauter »Leben, Wahrheit, Liebe, Seele, Geist« ist, geschaffen worden sein, was der Lehre das Fundament entzöge – oder der Höllenfürst ist selbst nur Illusion, Irrtum und inexistent. Also tut Baker Eddy die Sache lieber ab und erklärt kurzerhand, das »ist ein Rätsel und muss ein Rätsel bleiben«.

Mary Baker Eddy war fromm, nicht gebildet; sie empfand christlich, aber wissenschaftlich dachte sie nicht. Von Wissenschaft, deren Erkenntnisse stets unter dem Vorbehalt der Verbesserung, Präzisierung und Widerlegung stehen, unterscheidet sich ihre Lehre schon durch den Anspruch auf absolute, keinen Zweifel duldende Wahrheit. Mit Formeln wie »Christian Science

DIE HEILIGUNGSBEWEGUNG

Im 19. Jahrhundert entstanden in den USA mehrere Gemeinschaften, die das urchristliche Heilen wiederzubeleben trachteten. Statt auf Medizin setzten sie auf geistige und geistliche Mittel, auf Gesundbeten, Handauflegen und andere glaubensinspirierte Praktiken. So wollten sie Krankheit und Tod besiegen und durch die vom Glauben bewirkte Heilung auch eine Heiligung – alle Gläubigen sind Heilige, lehrt das Evangelium – erfahren.

offenbart unwiderleglich« beansprucht sie eine von Gott kommende Unfehlbarkeit und verkündet: »Keines Menschen Hand führte mir die Feder, keines Menschen Zunge lehrte mich die Wissenschaft, die in diesem Buch, *Wissenschaft und Gesundheit*, enthalten ist, und weder Zunge noch Feder kann sie widerlegen.« Damit macht sie sich gegen jede Kritik immun, was weniger für Wissenschaftler als für Fanatiker charakteristisch ist. Anstelle von Argumenten und Belegen, die es in der Wissenschaft braucht, stehen denn auch bloße Behauptungen, wie sie in der Religion genügen und die selbst dann keine Begründung erhalten, wenn sie sich in krassem Gegensatz zum Augenschein befinden: »Der Mensch ist nicht Materie; er besteht nicht aus Gehirn, Blut, Knochen und anderen materiellen Elementen«, oder: »Leben ist und war immer von der Materie unabhängig und wird es immer sein« – soweit wissenschaftlich nachprüfbar, verhält es sich umgekehrt.

Mary Baker Eddys Trick ist, religiöses Empfinden als wissenschaftliches Denken auszugeben. Dazu gehören suggestive Formulierungen. Wer nicht aufpasst, nimmt die Begriffe »Wissenschaft« oder »Beweis« für bare Münze und merkt nicht, dass sie nur beschworen, aber nicht mit Inhalt gefüllt werden. »In Christian Science sind bloße Meinungen wertlos. Beweise sind erforderlich, um dieses Thema angemessen zu würdigen«, heißt es zum Beispiel; aber es kommen keine Beweise, das Wort ersetzt die Sache und macht unaufmerksame Leser glauben, sie wüssten. Zu diesem Täuschungsmanöver gehört, dass wichtige Begriffe nicht definiert werden. Vielmehr werden die Worte unter der Hand umgedeutet und in einem völlig anderen Sinn als normalerweise verwendet, so dass der Leser, ohne es zu merken, in dem Wortgeklingel die Kritikfähigkeit verliert und der Christlichen Scheinwissenschaft auf den Leim geht. »Dass der wirkliche Mensch vollkommen war, ist und sein wird, ist unbestreitbar« – das ist ein Satz, der nur Sinn hat, wenn statt des wirklichen der »ideale« oder »wahre« Mensch

Weibliche Religionsstifter sind eine echte Seltenheit. Mary Baker Eddy ist mit einer Zeitgenossin, Ellen Gould White, der Gründerin der Siebenten-Tags-Adventisten, eine der großen Ausnahmen. Zu nennen wären ferner die hawaiianische Prophetin Hapu, deren um 1825 verkündete Religion polynesische Glaubenswelten mit dem Christentum verbindet, und Gabriele Wittek aus Bayern, deren 1975 entstandene religiöse Bewegung namens »Universelles Leben« urchristliche Vorstellungen aufgreift und mit ökologischen Ideen verknüpft.

■ Die First Church of Christ, Scientist ist die erste von Christian Science erbaute Kirche und zugleich Teil des Christian Science Center, ihres Hauptverwaltungssitzes in Boston, Massachusetts, USA. Die heutige Kirche besteht aus zwei Gebäudeteilen: der ursprünglichen, 1894 gebauten Kirche in romanischem Stil, und der 1906 im Byzanz-Renaissance-Stil errichteten Erweiterung.

(worunter man dann vielerlei verstehen kann) gemeint ist.

Wie willkürlich Mary Baker Eddy vorgeht, zeigt nicht zuletzt ihre Auslegung der Bibel. Mose 1,9 (in ihrem Wortlaut: »Und Gott sprach: Es sammle sich das Wasser unter dem Himmel an besondere Orte, dass man das Trockene sehe. Und es geschah so«) erfährt diese Deutung: »Geist, Gott, sammelt ungeformte Gedanken in ihre geeigneten Kanäle und entfaltet diese Gedanken, so wie Er die Blütenblätter eines heiligen Vorhabens entfaltet, damit das Vorhaben erscheine.« Legt ihr's nicht aus, so legt ihr's unter, sagte Goethe über Leute, die ähnlich kühn interpretieren; oder um Baker Eddys Buchtitel aufzugreifen: Sie macht die Bibel ihrem Schlüssel passend.

Bleiben als Letztes die Heilungserfolge etwa bei »Rheumatismus«, »Rückgratbeschwerden« und »Verdauungsstörungen«. Da handelt es sich durchweg um Symptome, an denen die Psyche großen Anteil hat, oder um bloße Unpässlichkeiten. Zwar behaupten viele Anhänger in ihren Briefen, die Baker Eddy im Anhang ihres Grundlagenwerks mitteilt, durch Christian Science auf wundersame Weise kuriert worden zu sein. Aber hier muss man an die Anekdote von Diogenes denken. Als jemand im Heiligtum von Samothrake die vielen Votivgaben bestaunte, die aus Seenot Gerettete gespendet hatten, versetzte dieser Skeptiker ruhig: »Es wären noch viel mehr, wenn auch die nicht Geretteten etwas gespendet hätten.«

Das Wort »Wissenschaft« zu gebrauchen ist noch keine Wissenschaft, das Wort »Beweis« ist noch kein Beweis, Meinungen werden nicht zu Tatsachen, nur weil jemand daran glaubt, und der einzige Irrtum, der sicher ist, ist die Christian Science selbst.

MARY BAKER EDDY
CHRISTIAN SCIENCE

 DATEN UND FAKTEN

Biographie: Mary Baker wird am 16. Juli 1821 in Bow, New Hampshire, in den USA geboren. Die tief religiöse Frau ist Mitte vierzig, als sie nach intensiver Beschäftigung mit dem Neuen Testament plötzlich von den Folgen eines Unfalls geheilt ist. Dieses Erlebnis veranlasst sie zu weiteren Bibelstudien, zur Niederschrift einer eigenen Lehre und 1879 zur Gründung der ersten Christian-Science-Gemeinde in Boston, Massachusetts. 1908 ruft sie die Tageszeitung *The Christian Science Monitor* ins Leben. Baker Eddy – sie hatte 1877 einen ihrer Anhänger geheiratet und seinen Nachnamen angenommen – stirbt am 3. Dezember 1910 in Boston.
Quelle: In ihrem Buch *Science and Health with Key to the Scriptures* (*Wissenschaft und Gesundheit mit Schlüssel zur Heiligen Schrift*) von 1875 legt Baker Eddy ihre Lehre dar.
Wirkungsstätte: Boston, Massachusetts, in den USA
Heiligtum: Das Zentrum der Christian Science ist die Mutterkirche in Boston, The First Church of Christ, Scientist.
heilige Schrift: die christliche Bibel
Verbreitung: Der Christian Science gehören etwa 2 000 Kirchen und Vereinigungen in über 70 Ländern an. In den USA sind jedoch heute Schätzungen zufolge weniger als 1 000 Anhänger aktiv. Die ersten Gemeinden in Deutschland wurden 1897 gegründet.
Kernaussage: Gott ist das Alles-in-allem. Der Mensch ist sein Ebenbild. Materie ist Illusion.

 WISSENSWERTES

Mesmerismus
Franz Anton Mesmer (1734–1815) war ein deutscher Arzt aus Iznang am Bodensee. Nach seinem Medizinstudium in Wien begann er 1771, aus den zu seiner Zeit beliebten Magnettherapien eine eigene Theorie und Behandlungsform zu entwickeln, den »thierischen Magnetismus«, später nach seinem Begründer »Mesmerismus« genannt. Mesmer ging von einem unsichtbaren Prinzip aus, das im All wie auch in allen Lebewesen wirke. Er nannte es »All-Flut« oder »Lebensfeuer« und glaubte, es zirkuliere im Körper und steuere Nerven, Muskeln und Körperflüssigkeiten. Eine Störung dieser Zirkulation sei die Ursache aller Krankheiten, eine durch das Ansetzen eines Magneten ausgelöste Krise könne die Zirkulation wieder in Gang bringen und die Heilung bewirken. Dies dürfe jedoch nur durch einen geschulten »Magnetiseur« geschehen. Obwohl Mesmer sich auf Isaac Newtons Gravitationslehre stützte und prominente Kundschaft hatte, tat ihn die zeitgenössische Wissenschaft als Scharlatan ab; eine Expertenkommission in Wien nannte seine Methode Betrug, in Paris meinten Lavoisier und Benjamin Franklin, die Erfolge des Mesmerismus beruhten lediglich auf der Einbildungskraft der Patienten. Mesmer musste seine wissenschaftliche Karriere aufgeben. Er zog sich erst an den Bodensee, dann nach Frauenfeld in der Schweiz zurück, praktizierte dort weiter und brachte die Schrift *Mesmerismus oder System der Wechselwirkungen* heraus. 1815 starb er an einem Schlaganfall. Die katholische Kirche erklärte den Mesmerismus 1856 zum »gefährlichen Irrtum«.

 EMPFEHLUNGEN

Lesenswert:
Mary Baker Eddy: *Wissenschaft und Gesundheit mit Schlüssel zur Heiligen Schrift*, hrsg. und übersetzt von The First Church of Christ, Scientist, Boston 1997

Mark Twain: *Christian Science*, Leipzig 1907 (satirische Attacke auf Baker Eddy und ihre Lehre)

Stefan Zweig: *Die Heilung durch den Geist. Mesmer. Mary Baker Eddy. Freud*, Frankfurt / M. 1982

Heinz Schott: *Franz Anton Mesmer und die Geschichte des Mesmerismus*, Stuttgart 1985

Nathaniel Hawthorne: *Der scharlachrote Buchstabe. Die Blithedale-Maskerade*, Düsseldorf 2008 (Romane)

Hörenswert:
Wolfgang Amadeus Mozart: *Così fan tutte*. Oper 1790 (darin wird eine Heilung durch Mesmerismus parodiert)

Sehenswert:
Mesmer. Regie: Roger Spottiswoode; mit Alan Rickman, Anna Thalbach. A / CDN / D / GB 1994

 AUF DEN PUNKT GEBRACHT

Gott ist das Gute und einzig Wahre. Krankheit, Sünde und Tod sind bloße Illusionen. Für den, der an Gott glaubt, existieren sie in Wahrheit nicht. Wie Jesus und die Apostel kann er alle Gebrechen heilen.

Die 144 000 Assistenten des Königs Christus
Joseph Franklin Rutherford
1869–1942

■ Charles Taze Russell (1852–1916). Photographie, um den 8. Februar 1917. Washington, D. C., Library of Congress.
Russell gründete den Verband der Ernsten Bibelforscher sowie deren Dachorganisation, eine Firma, die sich heute Watch Tower Bible and Tract Society nennt. Zudem rief er die Zeitschrift, die heute *Watchtower* bzw. *Der Wachtturm* heißt, ins Leben.

Die Welt geht unter! Zwischen dem 21. März 1843 und dem 21. März 1844 ist es so weit: Dann wird Jesus Christus (s. S. 68) wiederkehren und die sündige Menschheit ihr verdientes Ende finden. Der baptistische Farmer William Miller in den USA hatte es ausgerechnet: Er nahm die im Alten Testament genannten »2300 Abende und Morgen« (Dan 8,14) einfach für Jahre, setzte (nach Dan 9,25) den Beginn dieses Zeitraums mit dem auf etwa 456 v. Chr. geschätzten Wiederaufbau Jerusalems an und kam so auf 1843/44.

Miller und seine Anhänger warteten vergeblich. Als auch der neu errechnete 22. Oktober 1844 ungenutzt verstrich, löste sich die Miller-Bewegung auf. Einige Parteigänger aber fanden wieder zusammen und bildeten die Endzeitgemeinde der »Siebenten-Tags-Adventisten«, die bis heute an der baldigen Ankunft (lateinisch *adventus*) des Herrn festhält und anstelle des Sonntags den Samstag oder Sabbat, den in christlicher Zählung siebten Wochentag, feiert.

Unter ihrem Einfluss stand der Kaufmann Charles Taze Russell. Die Adventisten hatten gerade als neuen Termin das Jahr 1874 ausgegeben. Als Christus wieder nicht auf dem Plan erschien, hatte Russell die rettende Idee: Christi Wiederkunft sei eben unsichtbar erfolgt; als Geistwesen sei er vom Himmel herabgestiegen, aber nur bis in die oberen Luftschichten vorgedrungen. Von dort nehme er jetzt die Welt in Augenschein, und wenn er genug gesehen habe, was im Jahr 1914 zu erwarten sei, werde er die Regierung antreten. Zur Vorbereitung auf dieses Ereignis gründete Russell den Verband der Ernsten Bibelforscher, rief als deren Dachorganisation eine Firma ins Leben, die heutige Watch Tower Bible and Tract Society (Wachtturm Bibel- und Traktat-Gesellschaft) in Brooklyn, und verbreitete seine Lehre in Reden, Büchern und einer Zeitschrift, die heute *Watchtower* beziehungsweise *Der Wachtturm* heißt.

Bekanntlich verstrich auch das Jahr 1914, ohne dass Christus auftrat – im Gegenteil. Die Ernsten Bibelforscher machte das nicht irre; womöglich passte ihnen der Weltkrieg sogar als biblisches Armageddon ins Konzept, auch wenn danach von einem Reich Christi nichts zu sehen war. Gleichviel, Russells 1916 zum Präsidenten der Firma ernannter Nachfolger, der Rechtsanwalt Joseph Franklin Rutherford, deutete die kleine Panne zweckmäßig um: 1914 markierte nun nicht mehr das Ende der Sichtungszeit, sondern deren Anfang; Jesus habe in diesem Jahr wie vorgesehen den himmlischen Thron bestiegen, sichtbar werde das aber erst in wenigen Jahren, 1925, dann komme Christi Königreich. Entsprechend prophezeite er (so 1920 der Titel seines Buches): »Millionen jetzt lebender Menschen werden nie sterben.« Das war eine Verheißung, die der Bibelgesellschaft großen Zulauf verschaffte.

Dass Christus abermals fernblieb, hielt den Lauf der Geschäfte nicht auf, ebenso wenig wie Rutherfords letzte Prophezeiung im Jahr 1941. Da rief er seine Leute auf, nicht mehr zu heiraten, weil das Weltende bevorstehe und sie im Paradies genug Kinder zeugen könnten. Doch so falsch diese Orakel waren, so groß war der organisatorische und finanzielle Erfolg. Die Anhängerschaft wuchs, eine zweite Zeitschrift (die auf Deutsch *Erwachet!* heißt) wurde ins Leben gerufen, und das Geld floss so reichlich, dass sich Rutherford eine Villa im kalifornischen San Diego bauen konnte. Er bewohne sie nur als Treuhänder, ver-

■ Joseph Franklin Rutherford. Photographie, um 1905.

ENDZEITVISIONEN
Apokalyptisches Denken ist dem Christentum, wie die Offenbarung des Johannes beweist, von Anfang an nicht fremd. Eine besondere Geschichtstheologie entwickelte im 12. Jahrhundert der italienische Mönch Joachim von Fiore. Analog zur Dreifaltigkeit dachte er sich einen dreistufigen Ablauf, wonach auf das Zeitalter des Vaters (Altes Testament) das des Sohnes (Neues Testament) folgt, an dessen Ende der Antichrist auftritt; nachdem er bezwungen worden ist, kommt als drittes das beglückende tausendjährige Reich des Geistes. Im 20. Jahrhundert pervertierten die Nazis diese Lehre: Nach ihrer Ideologie sollte auf das Heilige Römische Reich Deutscher Nation (Erstes Reich) und das wilhelminische Kaiserreich (Zweites Reich) das tausendjährige Hitlerreich (Drittes Reich) folgen.

■ Karikatur eines Adventisten, der sich in einem Safe vor dem von William Miller angekündigten Weltuntergang in Sicherheit gebracht hat

kündete er, denn nach ihrer Auferstehung würden Abraham (s. S. 10) und die anderen Erzväter dort einziehen.

Kritik wurde nicht laut, denn Rutherford führte den Verein mit straffer Hand. Die »Zeugen Jehovas« waren sein Werk. Er war es, der den Ernsten Bibelforschern 1931 ihren neuen Namen gegeben und aus den christlichen Bücherwürmern missionarische Aktivisten gemacht hatte, die er aus ihren Stuben auf die Straße trieb und zu Hausbesuchen und zum Zeitschriftenverkauf verpflichtete, ohne dass es die Firma einen Pfennig kostete. Familie und Beruf hatte das Mitglied seiner Zeugentätigkeit unterzuordnen, wozu bis heute auch der regelmäßige Besuch von Schulungen, Vorträgen und Lesungen in eigenen »Königreichssälen« gehört. Dort wird der Zeuge auf Linie gebracht, zu sagen hat er wenig. Im Unterschied zu anderen Freikirchen herrscht eine strenge Hierarchie: Rutherford schuf mit sich als Präsidenten eine geradezu theokratische Führung, die nicht von unten gewählt wird, sondern sich ihre Mitglieder und Nachfolger selbst aussucht und als »Leitende Körperschaft« die gültige Lehre festlegt. Widerspruch ist ausgeschlossen, denn Rebellion gegen die Leitung gilt als Rebellion gegen Gott, befand die Leitung 1956.

Korrekturen sind nur durch die Führung selbst möglich. So ist sie mittlerweile, weil jene Weissagung von 1941 genauso danebenging wie alle späteren Aktualisierungen, von dem Scheibenschie-

JEHOVA
Im Alten Testament wird Gottes Name mit dem Tetragramm JHWH (daher: »Jahwe«) wiedergegeben. Da man den Namen Gottes nicht unnütz verwenden soll, gewöhnten es sich die Juden an, von Gott als »dem Herrn« zu sprechen, hebräisch *adonaj*. Unter dem Einfluss dieses Wortes vokalisierte man das Tetragramm im Mittelalter zu »Jehova«.

ßen auf Jahreszahlen abgerückt. An die nahende Endzeit glaubt man jedoch nach wie vor: Dann wird Jesus in der Schlacht von Armageddon (Off 16,16) alle Reiche dieser Welt vernichten, den Satan niederwerfen und seine eigene Herrschaft errichten. Die Menschen, sofern sie nicht bereits durch die Sintflut gerichtet wurden, werden in voller Leiblichkeit auferstehen und tausend Jahre lang Gelegenheit haben, sich zu vervollkommnen. Wer nach dieser Frist die Endprüfung (Off 20,11ff.) besteht, erhält das ewige Leben und darf die zum Paradies gewordene Erde bevölkern, während Christus zusammen mit 144 000 (Off 7,4) besonders befähigten Zeugen Jehovas im Himmel regiert. Wer aber die Prüfung vermasselt, verfällt dem Tod: Zeugen Jehovas glauben nicht an eine so oder so ewige Seele, sondern nur an eine von Gott ausgewählten Geschöpfen verliehene Unsterblichkeit, wofür sie eine Stelle im Buch Hesekiel (18,4) heranziehen: »Welche Seele sündigt, die soll sterben.«

Die Zeugen Jehovas betrachten sich als Christen, halten Jesus aber nicht für Gottes Sohn beziehungsweise Gott selbst, sondern, wie die Anhänger des Arius (s. S. 88) in der Antike, für Gottes vornehmstes Geschöpf – das Gott im Jahr 1914 auferweckt habe. Abgelehnt wird infolgedessen auch die Trinität; der Heilige Geist ist bloß ein Name für Gottes wirksame Kraft, aber keine Person. Als einziges Sakrament wird das Abendmahl akzeptiert. Brot und Rotwein sind jedoch denen vorbehalten, die die himmlische Hoffnung haben, zu den 144 000 zu gehören; die anderen dürfen zusehen. Christliche Feiertage schließlich wie Ostern, Pfingsten und Weihnachten werden als heidnisch verworfen.

Die Zeugen Jehovas begannen als Bibelforscher. Die Lektüre der Heiligen Schrift steht nach wie vor im Mittelpunkt, wobei man, auffälliger als andere christliche Gruppierungen, die passenden Stellen teils wörtlich, teils im übertragenen Sinn auslegt. So verzichtet man auf den Genuss von Blutwurst oder blutigen Steaks (nach 1 Mose 9,4 und Apg 15,29), lehnt aber auch Bluttransfusionen ab, weil diese als Ernährung mit Blut interpretiert werden; ohnehin dürfe Blut, weil Jesus seines für die Menschheit vergossen habe, nicht als Nahrung entweiht werden, heißt es.

■ Eine Zeugin Jehovas spricht 1941 in London einen Passanten an. Die Pflicht, durch Hausbesuche und Zeitschriftenverkauf missionarisch tätig zu werden, hatte Rutherford eingeführt. Seitdem ist der Dienst für den Glauben den eigenen familiären und beruflichen Verpflichtungen überzuordnen.

■ Der Hauptsitz der Watch Tower Bible and Tract Society befindet sich im New Yorker Stadtteil Brooklyn, wo die Zeugen Jehovas viel Grund besitzen.

Laut Joh 17,16 mahnte Jesus seine Anhänger, kein Teil der Welt zu sein. Deshalb verweigern Zeugen Jehovas den Kriegsdienst ebenso wie den Zivildienst, und Mitgliedschaft bei der Feuerwehr, in Vereinen, Parteien und Gewerkschaften ist tabu; unter Berufung auf Joh 6,15 (Jesus flieht, weil man ihn zum König machen will) lehnen sie politische Betätigung ab und nehmen nicht an Wahlen teil. Überhaupt fühlen sie sich unter Bezug auf Röm 13,1–7 nur bis zu gewissen Grenzen an die staatliche Ordnung und die Gesetze gebunden – obwohl der Römerbrief eindeutig bestimmt, jede Obrigkeit komme von Gott, und ausdrücklich sagt: »Wer sich der Obrigkeit widersetzt, der widerstrebt Gottes Ordnung.« Über diese Behauptung kann man gewiss geteilter Meinung sein. Doch ebenso gewiss ist dies: Was Gott, Jesus und die Apostel sagen, meint stets das, was man selber denkt. Das gilt nicht nur für die Zeugen Jehovas.

JOSEPH FRANKLIN RUTHERFORD
ZEUGEN JEHOVAS

 DATEN UND FAKTEN

Biographie: Joseph Franklin Rutherford wird am 8. November 1869 in Morgan County im US-Bundesstaat Missouri als Sohn einer Baptistenfamilie geboren. Nach einem Jurastudium wird er 1892 Anwalt. Nach der Lektüre von drei Büchern der Ernsten Bibelforscher tritt er 1906 deren Gemeinschaft bei. Ein Jahr später ist er als Rechtsberater für die Watch Tower Society in Brooklyn tätig. Kurz vor dem Tod Charles Taze Russells wird Rutherford eines von drei Mitgliedern des geschäftsführenden Ausschusses der Gesellschaft. Am 6. Januar 1917 wird er zum Präsidenten der Society gewählt. Auf seine Veranlassung hin erscheint posthum der siebte Band von Russells Schriftstudien, der angeblich zur »Verweigerung der Dienstpflicht« beim amerikanischen Militär aufruft. Gegen Rutherford und sieben weitere Mitglieder der Society wird Haftbefehl erlassen; sie werden jedoch vollständig rehabilitiert. 1931 ändert die Gesellschaft den Namen in »Zeugen Jehovas«. Am 8. Januar 1942 stirbt Rutherford nach langer Krankheit in San Diego, Kalifornien.
Quellen: Ausgaben der Zeitschrift *Zion's Watch Tower and Herald of Christ's Presence (Der Wachtturm und Verkünder der Gegenwart Christi)*, 1879 von Charles Taze Russell gegründet, sowie die Veröffentlichungen der Zion's Watch Tower Tract Society
Wirkungsstätten: Brooklyn (heute ein Stadtteil von New York) und San Diego in den USA

Heiligtümer: Da sie sich selbst als Christen sehen, verehren die Zeugen Jehovas die wichtigen Pilgerstätten des Christentums wie Bethlehem, Nazareth und Jerusalem.
heilige Schriften: Neben der christlichen Bibel sind die Veröffentlichungen der Zion's Watch Tower Tract Society und Rutherfords 1920 erschienenes Buch *Millions Now Living Will Never Die* (»Millionen jetzt lebender Menschen werden nie sterben«) von großer Bedeutung für die Zeugen Jehovas.
Verbreitung: Nach eigenen Angaben haben die Zeugen Jehovas weltweit rund 6,5 Mio. Mitglieder. Der Sitz des obersten Leitungsgremiums der Wachtturm-Gesellschaft befindet sich in Brooklyn. Seit 1903 sind die Zeugen Jehovas in Deutschland vertreten. Hier haben sie rund 165 000 Mitglieder. Ihre deutsche Zentrale befindet sich in Selters im Taunus.
Kernaussage: Erwachet! Das Endgericht ist nah.

 WISSENSWERTES

Weihnachten, Ostern, Pfingsten
Seit dem 4. Jh. feiern die Christen am 25. Dezember den Geburtstag Jesu Christi – das Weihnachtsfest. Da man im antiken Rom an ebendiesem 25. Dezember das Fest des unbesiegbaren Sonnengottes, des Sol invictus, feierte, liegt die Vermutung nahe, dass nicht der reale Geburtstag des Erlösers errechnet, sondern das heidnische Fest christlich umgedeutet wurde. Teil der christlichen Tradition wurden sicher auch Bräuche der römischen Saturnalien: Zur Zeit der Wintersonnenwende war es im alten Rom üblich, den Alltag auf den Kopf zu stellen; die Sklaven durften den Herren befehlen, es wurden Geschenke verteilt. In das Osterfest, das von den Christen umgedeutete jüdische Pessachfest, ist ebenfalls heidnisches Brauchtum eingeflossen. Pfingsten war ursprünglich ein jüdisches Erntefest, Schawuot, das fünfzig Tage nach Pessach gefeiert wurde.

 EMPFEHLUNGEN

Lesenswert:
Detlef Garbe: *Die Zeugen Jehovas. Geschichte, Glaube, Organisation*, München 1999

Jana Frey: *Das eiskalte Paradies. Ein Mädchen bei den Zeugen Jehovas*, Frankfurt / M. 2003

Walter-Jörg Langbein: *Lexikon der biblischen Irrtümer. Von A wie Auferstehung Christi bis Z wie Zeugen Jehovas*, Berlin 2007

Terry Pratchett, Neil Gaiman: *Ein gutes Omen. Die freundlichen und zutreffenden Prophezeiungen der Hexe Agnes Spinner*, München 1997 (satirischer Fantasyroman über die Apokalypse)

 AUF DEN PUNKT GEBRACHT

Das Weltende ist nah! Schon bald wird Christus alle Reiche dieser Welt vernichten, den Satan niederwerfen und sein Königreich errichten. Nicht jeder darf hinein: Wohl dem, der rechtzeitig sein Geld und sein Leben in den Dienst der Zeugen Jehovas gestellt hat.

Der heilende Heilige Geist
Charles Fox Parham
1873–1929

■ Charles Fox Parham.
Undatierte Photographie

Dass schon das Sprechen über eine Sache erleichtert und hilft, ist eine alltägliche Erfahrung. Viele Ärzte wissen, dass bereits das bloße Besprechen einer Krankheit Wirkung zeigt, und gläubige Menschen setzen auf verwandte religiöse Praktiken wie Beten und Handauflegen.

Viele Wunder schon waren geschehen, und Jesu (s. S. 68) Himmelfahrt sollte nicht das letzte bleiben. Schon zehn Tage später, zu Pfingsten, trug sich, so weiß es die Apostelgeschichte, erneut Unerhörtes zu: Da »geschah plötzlich ein Brausen vom Himmel wie eines gewaltigen Windes«, und den Jüngern »erschienen Zungen, zerteilt, wie von Feuer; und er setzte sich auf einen jeglichen unter ihnen, und sie wurden alle voll des Heiligen Geistes und fingen an zu predigen in andern Zungen, wie der Geist ihnen gab auszusprechen«. Die Menge – »Ausländer von Rom, Juden und Judengenossen, Kreter und Araber« – staunt: »Wir hören sie in unsern Zungen die großen Taten Gottes reden.« Die meisten waren verwirrt; sie »entsetzten sich und wurden bestürzt und sprachen einer zum andern: Was will das werden?«, wohingegen einige Zuschauer »ihren Spott hatten und sprachen: Sie sind voll süßen Weins«. Kaum einer ahnt, dass dieses Ereignis den Startschuss bildet für das weltweite christliche Bekehrungswerk, das, anders als das Judentum, keine Sprachgrenzen kennen und alle Völker beglücken soll.

Der Heilige Geist kommt noch öfter über die Apostel und verleiht ihnen Wunderkräfte. Im Römer- wie im ersten Korintherbrief rühmt Paulus (s. S. 76) sich und seine Glaubensgenossen der im Zustand der Verzückung empfangenen Fähigkeit zur Zungenrede, zu Prophetien und Krankenheilungen. In den großen Amtskirchen von heute mit ihrem fast rationalen Glaubensverständnis ist solche urchristliche Begeisterung nicht mehr anzutreffen. Doch es gibt eine Gruppe, wo dieser Enthusiasmus samt den vom Heiligen Geist verliehenen Wundergaben, den sogenannten Charismata, sogar im Mittelpunkt steht: die Pfingstbewegung.

In den Evangelien fährt der Heilige Geist bei Jesu Taufe vom Himmel herab und markiert den Beginn seines Wirkens als Messias. Entsprechend ist für einen Pfingstchristen das entscheidende Glaubenserlebnis die Geisttaufe, seine Wiedergeburt im Heiligen

Geist, die ihn zu einem neuen Menschen macht. »Ihr werdet die Kraft empfangen, wenn der Heilige Geist auf euch herabkommt«, verspricht Jesus seinen Jüngern; auch die Pfingstler nehmen dieses Versprechen in Anspruch und sehen es erfüllt durch die ihnen gegebene Kraft insbesondere zum Zungenreden, dem sogenannten Sprachengebet vor versammelter Gemeinde.

Nicht zu verwechseln ist diese Geist- mit der einmaligen Glaubenstaufe, durch die der Erwachsene in die Pfingstgemeinde aufgenommen wird. Im Gegensatz zu ihr kann die Geisttaufe ein wiederkehrendes, durch Buße und Bekehrung innerlich vorbereitetes und von Konvulsionen begleitetes Erlebnis sein; sie erst macht den Gläubigen zum wahren Christen. Da sie sich in der Gemeindeversammlung ereignen soll, der Heilige Geist jedoch kommt, wann er will, kann es keine festen Regeln für die Gottesdienste geben, keine vorgeschriebene Liturgie. Gebete werden frei formuliert, Predigten aus dem Stegreif vorgetragen, das gemeinsame Singen kann sich mit Händeklatschen und Tanz verbinden – und vor allem: In diesem lebhaften Beisammensein kann jeden Einzelnen die Geisttaufe treffen.

Die Pfingstbewegung knüpft an das Urchristentum an, sie selbst aber ist jung. Sie entstand erst um 1900. Charles Fox Parham, Direktor des Bethel Bible College in Topeka, Kansas, empfand das Glaubensleben der etablierten Kirchen als unpersönlich, nüchtern. Neuen Schwung versprach er sich nicht von trockenem Buchwissen oder theologischen Spitzfindigkeiten, sondern von der schlichten Begegnung mit dem Heiligen Geist. Am Neujahrstag 1901 geschah es: Eine Schülerin bat ihn, ihr die Hände aufzulegen, und betete plötzlich in unbekannten Sprachen. Binnen weniger Tage folgten andere Studenten, und Parham widerfuhr dasselbe. Zwar beweist Zungenreden lediglich, dass man nicht Herr seiner Sinne ist, was viele Ursachen haben kann; doch Parham war sich sicher: Der Heilige Geist war über sie gekommen.

Eigentlich war Parham ein Anhänger der damals in den USA entstandenen Heilungsbewegungen, die das

DAS HANDAUFLEGEN
Die Handauflegung ist ein in vielen Religionen üblicher Brauch, um einen Segen zu übermitteln. Im katholischen Christentum symbolisiert sie die Übertragung des Heiligen Geistes bei Erteilung eines Sakraments. Aus der Medizin ist bekannt, dass die Berührung durch einen Arzt, Verwandten oder Freund die Gesundung fördern kann.

■ *Pfingsten.* Tafelbild, zwischen 1306 und 1312, das Giotto di Bondone (um 1266–1337) zugeschrieben wird. London, National Gallery

In Evarts, Kentucky, USA, umringen Mitglieder der Pfingstbewegung eine Frau, über die der Heilige Geist gekommen ist, während ein Mann eine Schlange über ihren Kopf hält. Das Phänomen der Zungenrede muss nicht in einem religiösen Kontext auftreten: Auch unter Hypnose kann es zur sog. Xenoglossie kommen.

urchristliche Kurieren von (psychosomatischen) Erkrankungen als unverzichtbares Glaubenselement ansahen. Parham selbst, der unter Rheuma litt, war empfänglich für den Zusammenhang von körperlicher Gesundheit und religiösem Heil. Bereits seit 1895 übte er sich im Gesundbeten, und bald nach dem entscheidenden Erlebnis Anfang 1901 zog er als Missionar los, um vom heilenden Heiligen Geist zu predigen. In dem Schwarzen William Joseph Seymour gewann er 1906 einen Propagandisten, der die junge Bewegung für weite Bevölkerungskreise öffnete. Parhams Gefolgschaft hatte sich bis dato aus Weißen zusammengesetzt. Seymour aber wandte sich auch an Schwarze, Asiaten und Mexikaner. Durch die Pfingstbewegung konnten sie die Erfahrung innerer Freiheit bei äußerer Unterdrückung machen, die emotionalen Gottesdienste gaben ihnen ein Gemeinschaftsgefühl, und dass ihnen der Heilige Geist besondere Fähigkeiten verlieh und wundersame Krankenheilungen ermöglichte, stärkte ihr Selbstbewusstsein.

Die Anziehungskraft der Pfingstbewegung hat bis heute nicht nachgelassen. Wer von der rationalen Wirklichkeit enttäuscht ist, findet in der gefühlsbetonten Glaubenswelt der Pfingstgemeinden eine Zuflucht. Hier wird niemand überfordert, vielmehr beruht die Attraktivität der Pfingstbewegung gerade auf ihrer Einfachheit, denn Emotionen hat jeder Mensch. Zudem wird das Selbstwertgefühl eines jeden erhöht, weil er glauben darf, dass in Gestalt des Heiligen Geistes Gott gerade ihn seiner Aufmerksamkeit für wert befindet. In den Teilen der Welt, wo man gute Geister als Besieger von Dämonen kennt, kommt dem Pfingstglauben auch die Nähe zu althergebrachten Riten zupass. So ist es nicht verwunderlich, dass das weltweite Bekehrungswerk, das einst mit den Jüngern begann, gerade mit der Pfingstbewegung große Erfolge zeitigt.

DAS ZUNGENREDEN

Dass die Apostel »in neuen Sprachen« (Mk 16,17), »in fremden Sprachen« (Apg 10,46; 19,6) oder schlicht in »Sprachen« (1 Kor 12,30) reden konnten, behauptet das Neue Testament des Öfteren. Schon die unterschiedlichen Formulierungen lassen ahnen, dass es sich mitnichten stets um den korrekten Gebrauch einer Fremdsprache handelt. Die Zungenrede kann auch nur »sprachähnlich«, ja bloßes Lallen, Stammeln sein.

CHARLES FOX PARHAM
PFINGSTBEWEGUNG

 DATEN UND FAKTEN

Biographie: Charles Fox Parham wird am 4. Juni 1873 in Muscatine im US-Bundesstaat Iowa geboren. Am Southwest Kansas College nimmt er 1890 zuerst ein geistliches, dann ein medizinisches Studium auf. Drei Jahre später wirkt er als Geistlicher an einer Methodistenkirche. Nachdem er einen schweren Anfall von rheumatischem Fieber überstanden hat, beginnt er, sich für die damals modische Heilungs- und Heiligungsbewegung zu interessieren. So kommt es, dass er ab 1895 Pastor einer unabhängigen Gemeinde wird. 1898 gründet er in Topeka, Kansas, ein Heilungszentrum, das Kranken die Möglichkeit zum gemeinsamen Gebet um Heilung eröffnet; außerdem gründet er ein Heim für die Ausgestoßenen der Gesellschaft. 1900 ist Parham nach einem Bericht über Zungenreden davon überzeugt, das Ende der Welt stehe bevor. Sofort gründet er eine Bibelschule, damit sich die Missionare auf das Kommen des Heiligen Geistes und das Predigen in aller Welt vorbereiten können. Am 1. Januar 1901 erlebt Parhams Schülerin Agnes Ozman tatsächlich die Geisttaufe und das Zeichen der Zungenrede; Parham und anderen Schülern wird diese Erfahrung in den folgenden Tagen zuteil. Die Ausbreitung der Pfingstbewegung gelingt aber nicht Parham, sondern William J. Seymour (1870–1922), der 1906 in Los Angeles mit seinen Erweckungspredigten Erfolg hat. Danach verliert Parham seinen Einfluss auf die Pfingstgemeinden. 1907 werden ihm in San Antonio »ethische Verfehlungen« vorgeworfen, es kommt aber nicht zur Anklage. Er stirbt am 29. Januar 1929 in Baxter Springs, Kansas.

Quellen: Parhams eigene Schriften, *A Voice Crying in the Wilderness* (»Die Stimme eines Rufenden in der Wüste«), *The Everlasting Gospel* (»Das ewige Evangelium«) sowie Artikel in der Zeitung *Apostolic Faith* (»Apostolischer Glaube«)

Wirkungsstätte: Topeka, Kansas in den USA

Heiligtümer: Weltweit sind zahlreiche Pfingstlerkirchen dem Heiligen Geist geweiht.

heilige Schrift: die christliche Bibel

Verbreitung: Von den weltweit 2,1 Mrd. Christen lassen sich bis zu 500 Mio. der Pfingstbewegung hinzurechnen. Vor allem in Lateinamerika, Afrika und Asien hängen ihr viele Menschen an. Die meisten deutschen Pfingstkirchen, von denen es rund 700 gibt, sind in dem 1979 gegründeten Forum Freikirchlicher Pfingstgemeinden zusammengeschlossen.

Kernaussage: Der Heilige Geist schenkt Heilung, Prophetie und Zungenreden. Jeder kann die Geisttaufe am eigenen Leib erfahren. Nur so wird man ein wahrer Christ.

 WISSENSWERTES

Die Freikirchen
Orthodoxe, Katholiken, Lutheraner und Reformierte werden bereits als Säuglinge getauft. Nicht so die Mitglieder der Freikirchen, die sich bewusst, aus freiem Entschluss ihnen anschließen. Dieser Umstand, verbunden mit einer meist nur flachen Hierarchie, führt dazu, dass das Gemeindeleben in der Regel lebendiger ist. Zudem betonen die Freikirchen die völlige Trennung vom Staat, dem die großen Amtskirchen mehr oder weniger verbunden sind. Das Wort »Freikirche«, in Unterscheidung zur Staats- oder Volkskirche, kam im 19. Jh. auf, das eigentliche Phänomen lässt sich aber bis ins Mittelalter zurückverfolgen – man denke an Waldenser und Hussiten.

 EMPFEHLUNGEN

Lesenswert:
Alexander F. Gemeinhardt (Hg.): *Die Pfingstbewegung als ökumenische Herausforderung,* Göttingen 2005

Michael Hochgeschwender: *Amerikanische Religion: Evangelikalismus, Pfingstlertum und Fundamentalismus,* Frankfurt / M. 2007

Norbert Scholl: *Lukas und seine Apostelgeschichte. Die Verbreitung des Glaubens,* Darmstadt 2007

Philipp Vielhauer: *Geschichte der urchristlichen Literatur. Einleitung in das Neue Testament, die Apokryphen und die Apostolischen Väter,* Berlin 1978

 AUF DEN PUNKT GEBRACHT

Wenn der Heilige Geist auf dich niederfährt, wirst du zu einem neuen Menschen wiedergeboren. Wer durch Buße vorbereitet und mit urchristlicher Begeisterung dabei ist, kann diese Geisttaufe erleben und wird vielleicht zungenreden wie die Apostel.

Der schwarze Moses
Marcus Mosiah Garvey
1887–1940

»Schaut nach Afrika! Wenn dort ein schwarzer König gekrönt wird, ist der Tag der Erlösung nahe!« Dieser Satz elektrisierte einst die unterdrückten Schwarzen in den Vereinigten Staaten und in Jamaika. Tatsächlich schien sich die Prophezeiung zu erfüllen: 1930 kam in Äthiopien Ras Tafari Makonnen auf den Thron und regierte fortan als christlicher Kaiser Haile Selassie jenes Reich, das als einziges in Afrika nicht von den Weißen kolonisiert worden war.

Die Erlösung sollte ausbleiben. Gleichwohl (oder deshalb) entstand aus der Verbindung von Christentum, Hoffnung auf Befreiung von weißer Vorherrschaft und Aussicht auf ein Gelobtes Land in Afrika eine religiöse Bewegung: die der Rastafaris, benannt nach dem äthiopischen Herrscher, als er noch den Titel eines »Ras« trug, eines Fürsten (wie er auf gut Amharisch, der damaligen Staatssprache Äthiopiens, lautet).

Als Ahnherrn ihrer Religion verehren die Rastafaris jenen Mann, auf den die Prophezeiung zurückgehen soll: Marcus Mosiah Garvey. Er selbst bestritt zwar, diese Äußerung getätigt zu haben; er war Politiker, Unternehmer und Publizist, kein Prediger. Dennoch ist es kein Zufall, dass man ihm den Satz in den Mund legte. In den 1920er Jahren war der in Jamaika geborene Garvey die wichtigste Figur der US-amerikanischen Schwarzenbewegung: als Gründer und Führer der Universal Negro Improvement Association (UNIA), des Weltbunds zur Befreiung der »Neger« (wie sich die Schwarzen damals selbst nannten); als Reeder seiner schwarzen Schifffahrtsgesellschaft Black Star Line; als Geschäftsmann, der die Negro Factories Corporation aufbaute, die die Entwicklung einer unabhängigen schwarzen Wirtschaft fördern sollte; als Publizist, der die Zeitung *Negro World* ins Leben rief; und als Propagandist, der 1920 die »Declaration of Rights

■ Marcus Mosiah Garvey. Photographie, 5. August 1924. Washington, D. C., Library of Congress.
Das Ziel des Reeders, Fabrikeigentümers, Zeitungspublizisten, politischen Aktivisten und Propagandisten der Menschenrechtserklärung der Schwarzen war es, in Afrika einen eigenen Staat aufzubauen und die Nachkommen der Sklaven in ihre »Heimat« zurückzubringen.

of the Negro Peoples of the World« verkündete, die Erklärung der Menschenrechte aller Schwarzen.

Als Präsident der UNIA wollte Garvey alle Afrikaner und die in der »Diaspora« lebenden Schwarzen einen. Sein Ziel war es, in Afrika einen eigenen Staat aufzubauen, und seine Black Star Line sollte die Nachkommen der Sklaven in ihre ererbte Heimat zurückzubringen. Dazu wollte er vom Völkerbund die ehemaligen deutschen Kolonien erwerben und daraus ein »Empire of Africa« bilden, doch drang er damit nicht durch. Ebenso scheiterte sein Vorhaben, in Liberia Siedlungen zu errichten und Schulen, Universitäten und eine Industrie aufzubauen; die dortige Regierung beugte sich dem Druck insbesondere europäischer Staaten und Firmen, die ihre Macht- und Wirtschaftsinteressen gefährdet sahen.

In den USA wurde unterdessen die Lage für den »schwarzen Moses« heikel. Wegen vermeintlichen Betrugs an der Börse kam er ins Gefängnis; seine Autorität unter den Schwarzen litt, als bekannt wurde, dass er mit dem Ku-Klux-Klan zusammenarbeitete, weil er dessen Programm rigoroser Rassentrennung unterstützte. Garvey kehrte in seine jamaikanische Heimat zurück, wo er die People's Political Party gründete, die Politische Volkspartei. Doch

■ Im Jahr 1924 marschieren uniformierte Teilnehmerinnen einer Kundgebung von Marcus Mosiah Garvey, rote Flaggen tragend, die Seventh Avenue in Harlem entlang.

■ Haile Selassie. Photographie, 1923 (?). Washington, D. C., Library of Congress. Im Jahr 1930 kam in Äthiopien Ras Tafari Makonnen auf den Thron. Unter dem Namen Haile Selassie regierte er als letzter äthiopischer Kaiser das Reich, das als einziges in Afrika nicht von den Weißen kolonisiert worden war.

eine eigene Rolle spielte der Kämpfer für die Freiheit der Schwarzen fortan nicht mehr. Schließlich wanderte er nach England aus.

In seiner Abwesenheit aber machte man in Jamaika aus dem Politiker und Kaufmann einen religiösen Propheten. »Die christliche Religion ist eine intentionierte politische Revolution, die, verfehlt, nachher moralisch geworden ist«, schrieb Johann Wolfgang von Goethe in seinen *Maximen und Reflexionen*. So auch diesmal: Der Jamaikaner Leonard Howell war die treibende Kraft, die ein politisches und ökonomisches Programm in eine Religion verwandelte, in die der Rastafaris. (Garvey selbst war übrigens kein Rastafari, sondern Methodist und später Katholik.)

Anknüpfend an Garvey predigte Howell von der Würde der »schwarzen Rasse« und mahnte zur Vorbereitung auf die Heimkehr nach Afrika. Über ihn hinausgehend sprach er von der »babylonischen Gefangenschaft« der Schwarzen in Amerika, die die Israeliten von heute seien, feierte die »schwarze Rasse als der weißen überlegen« und drohte gottgewollte Rache für die rassistische Unterdrückung an. Die Bibel erklärte er zu einer Fälschung der Weißen und forderte, ihren wahren, schwarzen Kern herauszuschälen; Haile Selassie rief er zum Messias der Schwarzen aus. Zu Letzterem regte ihn die »Holy Piby« an, eigentlich ein Pidgin-Wort für die Heilige Schrift, hier jedoch der Titel eines in Westindien kursierenden mystisch-religiösen Buches, in dem die Äthiopier

RELIGIONEN AUF JAMAIKA

Sosehr die Rastafari-Bewegung als typisch für Jamaika gilt, auf der Insel bekennt sich nur eine Minderheit von vielleicht fünf Prozent zu ihr. Anglikaner und Katholiken stellen jeweils einen ähnlichen Prozentsatz. Mehr als die Hälfte der Bevölkerung gehört protestantischen Freikirchen an. Daneben gibt es jüdische, islamische und buddhistische Minderheiten sowie Anhänger von Naturreligionen.

als Gottes auserwähltes Volk apostrophiert werden. (Mit »Äthiopiern« waren wie in der Antike alle Schwarzafrikaner gemeint; das aus dem Griechischen stammende Wort bedeutet »von der Sonne Verbrannte«.)

Laut Howell war Haile Selassie der lebendige Gott, der »Jah Rastafari«, wobei »Jah« (gesprochen: Dschah) sich von »Jahwe« herleitet und das Rasta-Wort für »Gott« ist. Selassie selbst hat sich zwar nie sonderlich für die Rastafaris interessiert, wird aber heute, über dreißig Jahre nach seinem Tod, nichtsdestoweniger als dritte und letzte Menschwerdung Gottes betrachtet, nach dem alttestamentlichen Melchisedek (1 Mose 14), der dem neutestamentlichen Hebräerbrief zufolge als Vorläufer Christi gelten darf, und Jesus (s. S. 68).

Das Ideal einer Auswanderung nach Afrika aber, das kaum jemand in die Tat umsetzte, wird heute anders verstanden: Man belässt es bei einer spirituellen Rückkehr, einer geistigen Beheimatung in Afrika, einer selbstbewussten Bejahung der afrikanischen Herkunft, und akzeptiert das Leben in Jamaika oder wo immer sich Schwarze niedergelassen haben. Der Rastaman soll Afrika in sich selbst und bei seinen Glaubensgenossen finden – eine Verlagerung und Vergeistigung ähnlich wie im Urchristentum, als das Reich Gottes auf Erden ausblieb und fortan in der Gemeinde zu suchen war beziehungsweise in den Himmel verlegt wurde. Als sichtbares Zeichen geblieben sind die Farben der äthiopischen Nationalflagge, die als Symbole für die Werte der Rastafaris stehen: Rot für die Ermordung der Schwarzen, Gold für den geraubten Reichtum, Grün für die Hoffnung auf das gelobte Afrika.

Was die Stellung zur westlichen Welt betrifft, so ist eine fundamental kritische Haltung geblieben; Lohnarbeit ist verpönt, und die etablierten weißen Kirchen werden als neues Babylon abgelehnt. Eine einheitliche Rastafari-Glaubenslehre existiert zwar nicht, doch gibt es in der Lebensweise und der Sprache typische Gemeinsamkeiten. So gilt Marihuana alias Ganja als sakramentale Pflanze und wird

Äthiopien, das seine Geschichte bis auf den legendären König Menelik zurückführt, einen Sohn Salomos und der Königin von Saba, wurde bereits im 4. Jh. christianisiert. Heute ist die Bevölkerung etwa zur Hälfte christlich bzw. islamisch; etwa ein Zehntel hängt Naturreligionen an.

■ Eine Rastafari-Malerei an den Wänden des Parris Hill in der Gemeinde St. Joseph auf Barbados

als »wisdom weed«, Weisheitskraut, auch im Gottesdienst konsumiert. Charakteristisch ist ferner eine besondere Ernährung. Sie ist wegen 1 Mose 1,29 auf Pflanzenkost beschränkt, wobei Salz für Rastafaris ebenso tabu ist wie hochprozentige Spirituosen. Das Rasta-Wort für ihre Lebensmittel ist »Ital«, was auf der Verknüpfung von englisch »vital« (essenziell, lebensnotwendig) und »I« beruht. Die Vorsilbe »I«, »ich«, ist ein Kennzeichen vieler Worte im Rastafari-Vokabular und soll die Einheit des Sprechers mit aller Natur zum Ausdruck bringen – auch mit dem Gegenüber: Es gibt kein Du, sondern nur ein Ich in der Sprache der Rastas.

So winzig die Glaubensgemeinschaft der Rastafaris ist, durch die Reggaemusiker Bob Marley und Peter Tosh und durch ihre besondere Haarmode, die Dreadlocks, beeinflussten sie namentlich in den 1970er und 1980er Jahren die Jugend des Westens. Nicht mit ihrer Religion, sondern ihrer Kultur wirken die Rastafaris bis heute auf die Welt. Ähnliches gilt für das Erbe des Marcus Mosiah Garvey. Er lebt nicht bloß als Urahn des Rasta-Glaubens fort, auch politisch hatte er Nachfolger: Seine Ansprachen, in denen er den »New Negro« beschwor und den Stolz, schwarz zu sein, inspirierten die schwarze Bürgerrechtsbewegung der 1960er Jahre, sie beeinflussten Malcom X, den Gründer der Organization of Afro-American Unity, ebenso wie Martin Luther King.

■ Bob Marley. 1980 ging er das letzte Mal mit seiner Band, The Wailers, auf Tour.

MARCUS MOSIAH GARVEY
RASTAFARI

DATEN UND FAKTEN

Biographie: Marcus Mosiah Garvey wird am 17. August 1887 in St. Ann's Bay, Jamaika, geboren. Nach einem Aufenthalt in London geht er nach New York, ruft dort 1914 die Universal Negro Improvement Association, UNIA, ins Leben. Damit die Schwarzen, wie von der UNIA gefordert, nach Afrika zurückkehren können, gründet Garvey die Black Star Line, eine Schifffahrtsgesellschaft und andere Unternehmen. Als strenger Verfechter der Rassentrennung lehnt er jede Kooperation mit Weißen ab, arbeitet gar mit dem Ku-Klux-Klan zusammen, denn »offene Feinde der Schwarzen« sind ihm lieber als »vermeintliche Freunde«. Das führt zum Konflikt mit der NAACP (National Association for the Advancement of Colored People), die sich ebenfalls für die Belange »Farbiger« einsetzt. 1923 geht die Black Star Line bankrott. Die Behörden wittern Betrug, Garvey wird zu fünf Jahren Gefängnis verurteilt. 1927 wird er begnadigt und nach Jamaika abgeschoben. 1930 verfasst er einen Zeitungsartikel über die Thronbesteigung des äthiopischen Kaisers Haile Selassie, der Garveys frühere Prophezeiung, in Afrika werde ein schwarzer König gekrönt werden, zu bestätigen scheint; so jedenfalls fassen es seine Anhänger auf. Garvey zieht 1935 wieder nach London, wo er am 10. Juni 1940 stirbt.
Quellen: Garveys eigene Schriften, darunter zahlreiche Artikel in Zeitschriften wie *The Watchman*, *Negro World*, *The Daily Negro Times* oder *The Blackman*

Wirkungsstätten: New York; London; Jamaika
Heiligtum: Im National Shrine of Jamaica ruhen Garveys Gebeine.
heilige Schriften: Grundlage des Rastafari-Glaubens ist die christliche Bibel, vor allem die Offenbarung des Johannes. Sehr wichtig sind ferner die Bücher der im 4. Jh. entstandenen äthiopischen Bibel (darunter das Buch Henoch, das Buch der Jubiläen, das Buch der Weisheit, die Esra-Apokalypse, der sog. restliche Daniel, das Buch Susanna sowie zwei Makkabäerbücher, die von der Fassung des Alten Testaments abweichen). Ebenfalls bedeutend ist die Holy Piby von Robert Athlyi Rogers, die »Bibel des schwarzen Mannes« (1924 erstmals veröffentlicht).
Verbreitung: Schätzungen schwanken zwischen weltweit 1 und 5 Mio. Rastafaris. Außer in Jamaika sind sie u. a. in Japan und Indonesien vertreten. Zu ihren Anhängern zählen mittlerweile auch Weiße und Maoris.
Kernaussage: Gott wird alle Schwarzen aus ihrer Knechtschaft befreien und in ihre Heimat Afrika zurückgeleiten.

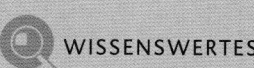

WISSENSWERTES

Bob Marley
An dem jamaikanischen Musiker Bob Marley (1945–1981) scheiden sich die Rasta-Geister. Während manche Rastafaris ihn und seine Musik ablehnen, gilt er anderen als Prophet. Marley war 1967 vom Christentum zum Rastafari-Glauben konvertiert und nutzte den Reggae, einen von ihm aus Ska, Pop und Folk kreierten Musikstil, um die Rasta-Botschaft zu verkünden. Seine Songs *Get Up, Stand Up*, *I Shot the Sheriff*, *No Woman No Cry*, *Stir It Up* und *Exodus* wurden zu Klassikern, manche tragen bereits im Titel die revolutionäre Botschaft der Rastafaris. 1976 wurde Marley Opfer eines Anschlags: Er wurde in seinem Haus niedergeschossen und schwer verletzt. Ob der Anschlag mit seinem Einsatz für die Rastafari-Bewegung zu tun hatte, wurde nie geklärt. Bob Marley starb am 11. Mai 1981 an Krebs.

EMPFEHLUNGEN

Lesenswert:
Volker Barsch: *Rastafari. Von Babylon nach Afrika*, Mainz 2003

John Hope Franklin, Alfred A. Moss: *Von der Sklaverei zur Freiheit. Die Geschichte der Schwarzen in den USA*, Berlin 1999

Britta Waldschmidt-Nelson: *GegenSpieler. Martin Luther King / Malcolm X*, Frankfurt / M. 2000

Martin Luther King: *Ich habe einen Traum*, Düsseldorf 2003

Hörenswert:
Bob Marley: *Redemption Song*. Popsong 1980

AUF DEN PUNKT GEBRACHT

Ein politisches und ökonomisches Programm zur Emanzipation der Schwarzen wird, da es an der Realität scheitert, sublimiert zur in höheren Sphären angesiedelten Religion: der der Rastafaris.

Der Thetan soll ein Titan werden
L. Ron Hubbard
1911–1986

Im Neuen Testament sind Gott und Geld Gegensätze. Merkwürdig ist daher die Beziehung zwischen Religion und Kapitalismus seit dem Mittelalter: Die Protestbewegungen des Franz von Assisi und anderer Unzufriedener entwickelten sich, als in den Städten das Handels- und Bankenwesen aufblühte; der Protestantismus entstand im 16. Jahrhundert, als sich die Geldwirtschaft breit durchsetzte. Vor allem die seither führenden Länder des Business, erst England, dann die USA, sind es, die immer neue Religionen oder Sekten hervorbringen. In Amerika, in Kalifornien, wurde bald nach dem Zweiten Weltkrieg auch jene Organisation gegründet, die heute oft für Schlagzeilen sorgt: Scientology.

Scientology versteht sich als Kirche und ist zugleich der Name der von ihr vertretenen Lehre, die ihrem Gründer, dem Science-Fiction-Autor L. Ron Hubbard, zufolge eine »Wissenschaft über den menschlichen Geist« darstellt und »geistige Gesundheit« anstrebt. Dazu dienen bestimmte, der frühen Psychotherapie entlehnte Verfahren, die der Autodidakt unter dem Begriff Dianetik (das griechische Kunstwort bedeutet »durch den Geist«) zusammenfasste und als »angewandte religiöse Philosophie und Technologie« charakterisierte. Die Idee war ihm als Kriegsverletztem im Lazarett gekommen. Dort sah er, dass Gespräche über traumatische Erlebnisse die Heilung fördern. Scientology geht jedoch weit über diese banale medizinische Tatsache hinaus.

Die Grundthese lautet, dass der Mensch aus drei Teilen besteht, aus Körper, Verstand und einem geistigen Kern, der aber durch bestimmte Faktoren an der Entfaltung gehindert wird. Diese Faktoren können in einem langwierigen Prozess der Bewusstmachung beseitigt werden, so dass der Mensch auf höhere Stadien des Seins gelangt und sogar göttliches Niveau errei-

■ L. Ron Hubbard. Photographie, o. J.
1949 sagte Hubbard auf einem Schriftstellerkongress, für einen Penny auch nur ein Wort zu schreiben, sei töricht: Um eine Million zu verdienen, sei der beste Weg, eine eigene Religion zu gründen.

chen kann. Was als Psychologie beginnt, endet somit als Religion – und ist zugleich Science-Fiction, da das geistige Wesen des Menschen nicht seine Freud'sche Psyche oder christliche Seele ist, sondern ein »Thetan«. Die Thetane sind Außerirdische, die vor Millionen Jahren von Xenu, einem bösen Herrscher der intergalaktischen Konföderation, auf die Erde verbannt wurden. Dort reinkarnieren sie seither: Sie gelangen bei der Geburt in den Körper des Menschen und verlassen ihn nach dessen Tod wieder. Sie sind unsterblich, aber von Xenus Gewalttat bis heute traumatisiert. Der Mensch ist infolgedessen beeinträchtigt, unfrei. Der Auftrag ist klar: Der Mensch muss sein Geistwesen, den Thetan, von diesen schlechten Anteilen reinigen, damit er frei und mächtig, ja allmächtig wird.

Zu diesem Zweck greift der Verstand ein. Ihm fällt die Aufgabe zu, sich seine Behinderungen bewusstzumachen, die aus früheren Existenzen ererbten ebenso wie die im jetzigen Leben erworbenen. Laut Hubbard setzt sich der Verstand aus einem analytischen und einem reaktiven Teil zusammen. Ersterer ist ein positives Werkzeug und entspricht dem Bewusstsein; er denkt logisch und arbeitet wie eine

■ Der Hauptsitz von Scientology in Los Angeles, Kalifornien, USA

Fernsehkamera der 50er Jahre, denn er zeichnet 25 Bilder pro Sekunde auf. Er löst Probleme und speichert nützliche Erlebnisse und Erfahrungen als »mentale Bilder«. Der reaktive Verstand funktioniert unbewusst und sammelt schlechte Eindrücke, frustrierende Vorfälle, Schuldgefühle als »Engramme« in seinen Speicher.

Das dianetische Verfahren verspricht, diese Engramme zu löschen. In einem sogenannten Clearing (»Klärung, Befreiung«) soll die fremdbestimmte Person, der »Pre-Clear«, in einen »Clear«, ein selbstbestimmtes, freies Wesen, verwandelt werden. Acht Stufen umfasst dieser Weg zur Erlösung, auf dem der Mensch verschiedene »Dynamiken« des Lebens oder Grade der Erkenntnis kennenlernt: Vom Trieb des

DAS GLÄSERNE MITGLIED

Ob Scientology ein totalitäres Weltbild vertritt und die Demokratie bekämpft, ist nicht zweifelsfrei belegbar – der deutsche Verfassungsschutz jedenfalls hat die Organisation unter Beobachtung gestellt. Auch dass Disziplin und Hierarchie die Scientology-Kirche prägen, deren Mitglieder mitunter zwölf Stunden am Tag für kargen Lohn arbeiten, dürfte in manchen Wirtschaftsunternehmen nicht anders sein. Dass Menschen geistig abhängig gemacht werden, gilt für viele andere Glaubensgemeinschaften ebenso. Allerdings ist die Macht, die Scientology über Personen innehat, größer, denn durch das Auditing weiß die Organisation nahezu alles über sie und kann dieses Wissen benutzen, wenn sie abtrünnig werden, denn »es ist ein schweres Verbrechen, sich öffentlich von Scientology abzukehren«. Sagte Hubbard, der 1978 in Frankreich wegen Betrugs verurteilt wurde.

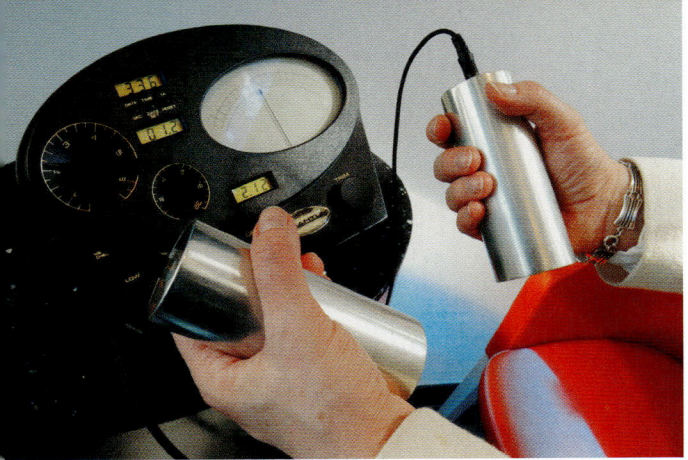

»E-Meter« werden von Scientology bei Tests und Auditing-Sitzungen verwendet. Das E-Meter ist ein Hautwiderstandsanzeiger mit zwei Blechwalzen, die der Proband in die Hände nimmt. Die elektrische Spannung soll auf die emotionale Anspannung verweisen, doch verändert sich der Ausschlag des Zeigers bereits je nachdem, wie fest man die Walzen anfasst. Schlägt das E-Meter nicht mehr aus, gilt ein Engramm als gelöscht; auf dem Weg dahin kann das Auditing zu einem stundenlangen Verhör werden. Das Gerät kostet mehrere 1 000 Euro.

Die Scientology Kirche Deutschland e. V. und die Scientology Kirche Berlin e. V. stehen unter Beobachtung des Verfassungsschutzes. Die Rechtmäßigkeit dieser Beobachtung wurde 2004 vom Verwaltungsgericht Köln bestätigt.

Individuums zur Selbsterhaltung (1) und dem Geschlechtstrieb (2) über das Bedürfnis, als Gruppe zu überleben (3), und dem Drang, als Menschheit fortzudauern (4), geht es weiter zum Bewusstsein, ein biologisches (5), ein kosmisches (6) und ein einzelnes geistiges (7) Wesen zu sein, bis endlich die höchste Stufe erreicht ist: Die Erkenntnis von sich selbst als nach Unendlichkeit strebendem, mit dem unvergänglichen Geist identischem Wesen (8). Damit wird der Mensch ein OT, ein »Operierender Thetan«. Er tritt gut hinduistisch aus dem Kreislauf von Geborenwerden und Sterben aus und ist gut mormonisch Gott geworden.

In der Praxis beginnt die Sache mit einem Fragebogen, der ersten Aufschluss über negative Seiten der Persönlichkeit gibt. Diese werden in einem Verfahren »geklärt«, das Auditing genannt wird (lateinisch *audire* heißt »hören«, doch das ist hier nur die halbe Wahrheit). Dazu »auditiert« oder besser befragt ein »Auditor«, gewissermaßen der Geistliche der Scientology-Kirche, den Laien oder Pre-Clear, wobei das »E-Meter« zum Einsatz kommt, eine Art Lügendetektor, der die elektrische Spannung auf der Haut misst. Die Methode ist nicht mehr als praktizierte Vulgärpsychologie, wie man sie sich um 1950 aus Magazinen und populären Sachbüchern anlesen konnte.

Sein Institute of Dianetics musste Hubbard Anfang der 1950er Jahre auf Veranlassung von Medizinern schließen. Daraufhin benannte er seine Organisation 1953 zur Church of Scientology um, da »Kirche« kein geschützter Begriff ist. Genauer gewesen wäre der Begriff »Firma«, da es wie bei den Zeugen Jehovas um Geld geht. Beispiel Auditing: Wer ein Einführungsauditing bucht, kommt mit 200 Euro weg, ein Intensivauditing kostet bereits 4 000 Euro, und wer das komplette Kurssystem durchläuft, muss an die 40 000 Euro berappen. Und mehr, da er zusätzlich einen »Purification Rundown« durchlaufen soll, ein Entgiftungsprogramm mit Saunabädern und Vitamingaben für rund 1 500 Euro. Zudem gibt es »Gewissheitskurse«, in denen die früheren Ergebnisse überprüft werden; Kostenpunkt: um die 2 000 Euro. Geld und Glaube – bei Scientology gehören sie untrennbar zusammen.

L. RON HUBBARD
SCIENTOLOGY

 DATEN UND FAKTEN

Biographie: Lafayette Ronald Hubbard wird am 13. März 1911 in Tilden im US-Bundesstaat Nebraska geboren. Sein Vater dient bei der Marine. 1928 verlässt Hubbard die Highschool und zieht nach Guam, wo sein Vater stationiert ist. Dort schreibt er erste Kurzgeschichten. Nachdem er an der Aufnahmeprüfung der Marineakademie gescheitert ist und ihn die Marine zudem als untauglich abgelehnt hat, studiert er Bauingenieurwesen, bricht das Studium aber vorzeitig ab. Im Februar 1932 werden erste Science-Fiction-Geschichten von ihm veröffentlicht; allein bis 1938 publiziert er über 100 Science-Fiction- und Abenteuerromane in den damals populären Groschenheften, den »Pulp magazines«. Im April 1933 heiratet er in den USA Margaret Louise Grubb. Das Paar hat zwei Kinder. 1941 dient er einige Monate in der PR-Abteilung der Marine. Kurz vor Kriegsende erleidet er angeblich, von einem Granatsplitter getroffen, eine schwere Augenverletzung, erblindet vorübergehend. Während dieser Zeit soll er seine Lehre entwickelt haben. 1947 wird Hubbard von seiner Frau geschieden. Zu diesem Zeitpunkt ist er bereits über ein Jahr mit Sara Northrup verheiratet. Als sie von der Bigamie erfährt, reicht auch sie die Scheidung ein und erhält das Sorgerecht für die gemeinsame Tochter. In den 1950er Jahren entwickelt Hubbard sein Verfahren der Dianetik, ursprünglich, um Schülern und Studenten das Lernen zu erleichtern; 1953 gründet er

Scientology. 1966 folgt die Gründung der »Elite-Einheit« Sea Org. Hubbard reist per Schiff um die Welt, um die Auditorenausbildung selbst in die Hand zu nehmen. Im Februar 1978 wird er in Frankreich wegen Betrugs zu vier Jahren Haft verurteilt, tritt die Strafe aber nie an. Hubbard stirbt wahrscheinlich am 24. Januar 1986 auf seiner kalifornischen Ranch. Offiziell ist von einem Schlaganfall die Rede; Gerüchten zufolge wurde er vergiftet.
Quellen: Hubbards eigene Schriften, darunter *Scientology. Die Grundlagen des Denkens* von 1956
Wirkungsstätten: Guam; USA
Verbreitung: Eigenen Angaben zufolge ist Scientology in 130 Ländern vertreten und hat weltweit 10 Mio. Mitglieder; in Deutschland sollen es um die 12 000 sein. Dem stehen Angaben des Verfassungsschutzes gegenüber, nach denen es nur etwa 6 000 Mitglieder sind. Weltweit gibt es wahrscheinlich nur 120 000 Mitglieder.
Kernaussage: Es ist jedem Menschen möglich, völlige Ursache über Materie, Energie, Raum, Zeit und Denken zu sein. Hat er dies erreicht, lässt sich der vom bösen Herrscher Xenu auf die Erde verbannte Thetan in ihm befreien.

 WISSENSWERTES

Pulp Fiction
Von den 1920er bis in die 1950er Jahre erfreuten sich die sog. Pulps in den USA großer Beliebtheit. In den Pulp-Magazinen wurden Abenteuer-, Western-, Liebes- oder Science-Fiction-Geschichten und -Romane diverser, auch namhafter Autoren veröffentlicht. Gedruckt wurden sie auf billigem Papier mit hohem Holzanteil; das englische Wort dafür, *wood pulp*, gab den Heftchen ihren Namen. Da nicht nur das Papier, sondern oft auch der Inhalt von minderer Qualität war, wurde der Begriff »Pulp Fiction« bald gleichbedeutend mit »Schundliteratur«, weshalb man die Pulps als Nachfolger der Groschenromane des 19. Jh.s betrachten kann. In den 1950er Jahren verloren die Pulps ihre Kundschaft an die Comics und ans Fernsehen.

 EMPFEHLUNGEN

Lesenswert:
Frank Nordhausen: *Scientology. Wie der Sektenkonzern die Welt erobern will*, Berlin 2008

Ursula Caberta: *Schwarzbuch Scientology*, Gütersloh 2007

Eberhard Kleinmann: *Psychokonzern Scientology. Ein internationales Wirtschaftsunternehmen und seine Tarnstrategien*, Stuttgart 2004

 AUF DEN PUNKT GEBRACHT

Auditing macht frei: In langwierigen und kostspieligen Sitzungen wird man unter Anleitung eines Auditors und mit Hilfe eines Hautwiderstandsmessers seine seelischen Beschädigungen los und nicht nur gesund, sondern, im besten Fall, gottgleich zum mächtigen »Operierenden Thetan«.

PERSONENREGISTER
Die Namen der Persönlichkeiten, denen ein eigener
Artikel gewidmet ist, sind **fett** hervorgehoben.

SACHREGISTER

BILDNACHWEIS

Der Verlag dankt allen, die uns Bilder zur Verfügung gestellt haben, für die freundliche Genehmigung zum Abdruck. Leider war es uns nicht in allen Fällen möglich, die Rechteinhaber ausfindig zu machen; alle Ansprüche bleiben gewahrt.

akg-images Berlin: Umschlag vorn rechts, S. 7, 10 und 4, 12, 14, 16, 28, 68, 78, 83, 84, 90, 99, 104, 111, 139, 160, 164, 168, 179, 186, 191, 198, 207, 214, 225, 237/Amelot: S. 96/Bildarchiv Pisarek: S. 220/Bildarchiv Steffens: S. 31/Cameraphoto: S. 70, 116/Hervé Champollion: S. 95, 108/Gérard Degeorge: S. 29, 140/Jean-Paul Dumontier: S. 92, 144/Werner Forman: S. 202/François Guénet: S. 18, 152/Suzanne Held: S. 154/Jazz Archiv Hamburg: S. 256/Erich Lessing: S. 15, 44, 62, 91, 100, 103, 106, 217/Philippe Maillard: S. 138/North Wind Pictures: S. 189/Pirozzi: S. 135/Sotheby's: S. 114 · AP images: S. 174, 250 und Umschlag hinten/Assemblies of God Archives: S. 248/Steve Helber: S. 197/Vahid Salemi: S. 32/Aman Sharma: S. 132 · Bildarchiv Preußischer Kulturbesitz: S. 159, 192/Ägyptisches Museum und Papyrussammlung, SMB/Margarete Büsing: S. 17 · Bridgeman Art Library: S. 54, 86, 126, 148, 226 · CORBIS/Hulton-Deutsch Collection: S. 245/Underwood & Underwood: S. 253 · everystockphoto/mamjodh: S. 76 · Birgit Fricke: S. 117 · Getty Images/AFP/Safin Hamed: S. 150, 151/AFP/Tarik Tinazay: S. 162 · Markus Havranek: S. 3, 22, 25, 262–263 · ImagesFromBulgaria.com/Kiril Kapustin: S. 134 · INTERFOTO/Bildarchiv Hansmann: S. 208/Mary Evans Picture Library: S. 56, 85/Sammlung Rauch: S. 143/Science Museum/SSPL: S. 57 · Jauch und Scheikowski: S. 8, 11, 23, 65, 73, 167, 178, 190 · picture-alliance: S. 221/dpa: S. 49, 255, 259, 260/Godong: S. 45/maxppp: S. 158, 258 · PIXELIO/Chrisandre: S. 222/Cornerstone: S. 52/Michael Mertes: S. 131 · visipix.com: S. 50 · wallyg: S. 233 · Jürgen Wildhagen: S. 35, 36

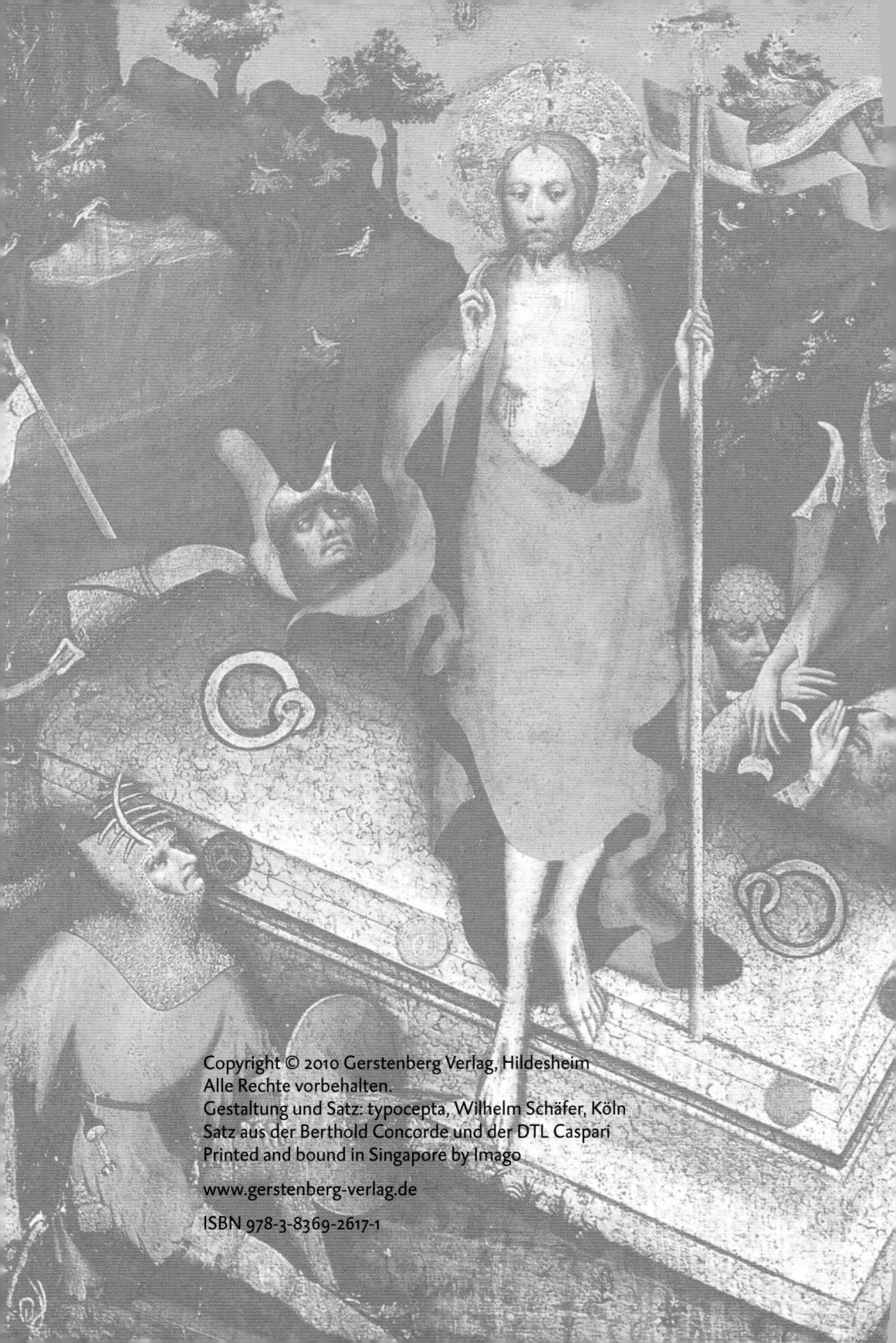

Gestaltung und Satz: typocepta, Wilhelm Schäfer, Köln
Satz aus der Berthold Concorde und der DTL Caspari
Printed and bound in Singapore by Imago

www.gerstenberg-verlag.de

ISBN 978-3-8369-2617-1